KB154243

기준 10명

기준 없이 : 칸트, 화이트헤드, 들뢰즈, 그리고 미학
Without Criteria : Kant, Whitehead, Deleuze, and Aesthetics

지은이	스티븐 샤비로
옮긴이	이문교
펴낸이	조정환
책임운영	신은주
편집	김정연
디자인	조문영
홍보	김하은
프리뷰	김미정
초판 인쇄	2024년 2월 20일
초판 발행	2024년 2월 24일
종이	타라유통
인쇄	예원프린팅
라미네이팅	금성산업
제본	바다제책
ISBN	978-89-6195-341-2 93100
도서분류	1. 서양철학 2. 미학 3. 현대철학
값	24,000원
펴낸곳	도서출판 갈무리
등록일	1994. 3. 3.
등록번호	제17-0161호
주소	서울 마포구 동교로18길 9-13 2층
전화	02-325-1485
팩스	070-4275-0674
웹사이트	www.galmuri.co.kr
이메일	galmuri94@gmail.com

일러두기

1. 이 책은 Steven Shaviro, *Without Criteria : Kant, Whitehead, Deleuze, and Aesthetics*, Cambridge, Massachusetts : The MIT Press, 2009을 완역한 것이다.
2. 단행본, 전집, 정기간행물, 보고서에는 겹낫표(『』)를, 논문, 논설, 기고문 등에는 홑낫표(「」)를 사용하였다.
3. 지은이 주석과 옮긴이 주석은 같은 일련번호를 가지며, 옮긴이 주석에는 * 표시하였다.
4. 원서의 대괄호는 ( )를 사용하였고, 옮긴이가 덧붙인 내용은 [ ] 속에 넣었다. 특히 주요한 저작의 경우 저자의 원서 쪽수 옆에 [ ]을 통해 한국어판의 쪽수를 병기했다. 예) Whitehead 1929/1978, 21[84]

차례

원래 2009년 영어로 출간되었던 나의 책 『기준 없이 : 칸트, 화이트헤드, 들뢰즈 그리고 미학』이 이제 한국어로 번역되었다는 소식에 나는 행복하다. 이 책은 알프레드 노스 화이트헤드 (1861~1947)의 철학에 대한 나의 매료됨의 결과이다. 화이트헤드는 그의 생애 동안 영국과 미국의 철학에서 저명한 인물이었으나, 그의 사후 수십 년 동안 대체로 무시되었다. 그렇게 되었던 부분적인 이유는 화이트헤드가 오늘날의 앵글로-아메리칸 철학의 두 주요 경향들(즉 한편으로는 분석적 전통, 그리고 다른 한편으로는 대륙 전통) 중 어느 쪽과도 맞지 않기 때문이다. 화이트헤드는 두 전통과 관련하여 너무나도 국외자였던 것이다.

화이트헤드는 여러 단계의 경력을 거쳤다. 그는 수학자로서 자신의 경력을 시작했으며 대영제국에 있는 케임브리지 대학교에서 가르쳤다. 그는 특히 수학의 기초에 관심을 갖게 되었다. 이 시기 그의 연구 활동은 버트런드 러셀과 협업하여 수학의 토대를 논리 안에서 찾으려는 막대한 노력인 『수학 원리』(1901~1911)에서 정점에 달했다. 이 기획은 성공하지 못했다. 나중에 쿠르트 괴델과 다른 이들에 의해 수학은 체계적이고 완전하게 토대 지어질 수 없을 것이라는 점이 증명되었기 때문이다. 1910년에 화이트헤드는 케임브리지 대학을 떠나 런던 대학으로 옮겼다. 그는 런던 대학교에서 행해진 교육개혁에 관여했다. 그는 또한 상대성이론과 양자역학이라는 새로운 발견들에 기인하여 그 당시 혁명이 일어나고 있던 물리학의 철학적 기초에 관심을 갖게 되었다. 이러한 관심은 『자연의 개념』(1919)과 『과학과 근대세계』(1924) 같은 그의 첫 번째 철학적 저작들로 이어졌다. 점차 화이트헤드의 주의는 특별히 과학철학에서 보다 광범한 형이상학적 물음들로 전환되었다. 1924년, 그는 대영제국을 떠나 하버드 대학교 철학과 교수가 되기 위해 미합중국으로 이주했다. 하버드 대학교에 있는 동안 그는 주저 『과정과 실재』(1929)를 비롯하여 여러 권의 책을 출간하였다. 그의 마지막 주요 출판물은 1938년에 출간된 『사고의 양태』였다.

1947년 화이트헤드 사후에 그의 영향력은 상당히 희미해졌다. 미합중국에서 화이트헤드는 20세기 후반 동안에는 직업적인 철학자와 다른 인문학자 사이에서보다는 신학자 사이에서 더 잘 알려져 있었다. 그러나 지난 몇십 년 동안 화이트헤드에 관한 관심이 되살아나기 시작했다. 주로 벨기에의 철학자인 이자벨 스탕게스의 노력 덕분인데, 그녀는 화이트헤드의 사상에 관해서 여러 권의 책을 써왔다. 내가 처음 화이트헤드를 읽기 시작했던 것은 바로 스탕게스를 통해서였다. 나 자신은 철학자가 아니고, 차라리 한편으로는 영화학자이자, 다른 한편으로는 과학소설에 관한 학자라고 할 수 있다. 나는 또한 대학원 학생 시절, 자크 데리다, 미셸 푸코, 그리고 질 들뢰즈 같은 포스트구조주의 사상가의 사상 속에서 훈련받았었다. 내가 화이트헤드를 이해하게 되었던 것은 스탕게스와 함께, 이러한 사상가들을 컨텍스트로 한 덕분이다.

『기준 없이』에서 나는 화이트헤드의 사상과 들뢰즈의 사상 사이의 놀랍고도 예기치 못한 친연성들에 특별한 주의를 기울였다. 이 두 사상가 모두 세계를 열린 다양체들로 이루어진 것으로 본다. 양자 모두 우리에게 이러한 다양체들이 고정된 실체들이 아니라 유한하지만 진행 중인 과정들이라고 말해 준다. 이 두 사상가는 어떤 종류의 배후에 놓여 있는 안정성을 전제하는 대신에, 상대적인 고정성들 — 다소간 안정적인 자아 및 사물들 — 이 혼돈(카오스)으로부터 발현하여 적어도 일정 시간 동안 존속할 수 있는 방식들을 해명해내고자 한다. 그들 모두 20세기 후반과 21세기 초반에 [일어날] 창발과 새로움의 산출이라는 물음들에 대한 관심을 예기한다.

나의 관점에서 무엇보다 중요한 것은 화이트헤드와 들뢰즈가 동일하게 미학을 자신들의 철학의 중심에 위치시키고 있는 방식이다. 이것이 그들을 현대 서구 사상에서 미학에 대한 근본적인 고찰에 해당하는 제삼 비판서 『판단력비판』의 임마누엘 칸트와 연결 지어준다. 칸트는 미학을 인식론(『순수이성비판』의 주제)과 윤리학(『실천이성비판』의 주제) 모두에 종속시키지만, 그렇게 함으로써 그는 미학을 예외들의 영역, 즉 경험적 지성 및 도덕법칙의 구속에서 벗어나는 경우들의 영역으로 개방한다.

화이트헤드와 들뢰즈는 모두 칸트의 미학적 예외주의를 급진적인 방식으로 받아들인다. 그들은 미감적 판단에 관한 칸트의 설명을 칸트 자신을 놀라게 했을 법한 급진적인 지점으로까지 밀어붙이지만, 그럼에도 불구하고 그것은 여전히 칸트 자신의 공식화에 근거를 두고 있다. 화이트헤드의 우주론은 그가 현실적 계기들이라고 부르는 것에서 시작되고, 들뢰즈의 존재에 관한 설명은 그가 **독특성들**singularities이라고 부르는 것에서 시작된다. 칸트는 이 두 가지를 모두 지성의 기초적(토대 짓는) 개념들에 대한 미학적 예외들, 도덕법칙의 명령들에 대한 미학적 예외들로 간주할 것이다. 그러나 화이트헤드와 들뢰즈는 마찬가지로 그러한 미학적 사례들이 우선한다고 주장한다. 그 이유는 그러한 미학적 사례들이 기존의 규범들로부터 벗어나기 때문이 아니라, 오히려 정반대이기 때문이다. 달리 말해서 그것들(미학적 사례들)이 순응하지 못하는 그 규범들은 바로 그와 같이 제멋대로인 사례들에 기초해서만 소급적으로 정립될 수 있을 뿐이며, 또한 그것들을 종합함으로써만 가능하기 때문이다.

칸트는 이미 위대한 예술 작품들은 독특하다고 말했다. 그것들은 (경험적 지식을 입법하는) 지성의 범주들을 낳을 수 없고, (도덕성을 근거 짓는) 명령이나 명법 들의 토대가 될 수도 없다. 실제로 위대한 예술 작품들은 모방될 수 없다. 그렇게 하려는 어떠한 시도도 납득할 수 없는 실패작들을 초래하기 때문이다. 오히려, 위대한 예술 작품들은 **본보기적**exemplary이다. 기껏해야 그것들은 **모방될**emulated 수 있[을 뿐이]다. 독창적인 작품들은 새로운 [독창적인] 작품들에 영감을 불어넣을 수 있다. 이때 그 새로운 작품들은 독창적인 작품들을 모방하기보다는, 자신들의 방식대로 독창적이고자 노력함으로써 자신들의 본보기를 따르려 애쓴다. 『기준 없이』에서 나는 화이트헤드와 들뢰즈 모두 본보기들과 모방에 근거한 칸트적인 미학적 실천을 취하면서도 이러한 실천을 칸트가 그것들[본보기들과 모방]을 그로부터 배제시켰던 바로 그 형이상학적 사변이라는 영역들에 적용한다고 주장한다. 미학은 더 이상 인식론과 윤리학의 규칙들에 대한 예외가 아니라, 바로 그것들의 실천을 위한 근거가 된다.

화이트헤드는 "칸트가 자신의 순수이성비판을 세웠던 그 철학적인 위치에 어떤 순수느낌비판을 구축하려는" 자신의 야심에 관해 기술할 때, 자기 자신의 기획을 가장 명확하게 설명하고 있다. 그는 "이것은 또한 칸트 철학에서 요구되었던 나머지 비판들을 대신해야 한다"라고 덧붙인다. 들뢰즈에 관해 말하자면, 그의 경력의 한 시점에 칸트에 관해 쓴 자신의 짧은 책을 "적에 관한 책으로" 묘사한다. 그러나 나중에 그는 「네 가지 시적 공식들」[1]을 통해 칸트를, 특히 전통 형이상학을 전복시키고, 시간을 운동과

---

1. *『칸트의 비판철학』(질 들뢰즈 지음, 서동욱 옮김, 민음사, 1995)에 「칸트 철학을 간추린 네 개의 시구」라는 제목으로 번역되어 있다.

측정에 대한 종속으로부터 해방시키는 『판단력비판』의 칸트에게 영광을 돌린다. 이것은 다시 한 번 우리들로 하여금 앞의 두 비판서에서 확립되었던 한계들을 훌쩍 뛰어넘도록 해 준다.

세 비판서들에서 칸트의 주된 관심은 입법적인 것이었다. 그는 사유의 한계들을 확립하고, 이를 통해 그에 앞서 존재한 서양철학을 지배했던 독단의 과잉과 절대주의를 억제하고자 했다. 그러나 그렇게 함으로써, 칸트는 또한 어쩌면 의도치 않게 사변을 위한 새로운 경로를 창조했었는지 모른다. 그러한 경로들 가운데 하나는 헤겔의 변증법적 전통이었고, 다른 하나는 물리학의 관점에서 세계를 이해하는 것이었다. 그러나 화이트헤드와 들뢰즈는 칸트 이후에 세계를 파악하는 제삼의, 보다 비밀스러운 길을 드러내 보여 준다.

『기준 없이』는 알프레드 노스 화이트헤드의 철학에 초점을 맞춘다. 그러나 이 책은 그를 칸트와의 관계 속에 위치시킬 뿐 아니라, 그의 사유를 질 들뢰즈의 사유와 나란히 놓음으로써 21세기에, 화이트헤드가 주장했던 것과 오늘날의 삶과 사회를 위한 그의 주장들이 갖는 문제 모두에 의미를 부여하려고 노력한다.

2024년 2월
스티븐 샤비로

어떤 철학적 공상

이 책은 어떤 철학적 공상에서 시작되었다. 나는 화이트헤드가 하이데거의 자리를 대신하는 세계를 상상해 본다. 지난 60년이 넘도록 하이데거가 사유함과 비판적 반성에서 얼마나 중요한 위치를 차지해 왔는지를 생각해 보라. 그러한 하이데거를 대신하여 화이트헤드가 탈근대적 사유를 위한 지침을 정했더라면 어떤 일들이 벌어졌을까? 오늘날의 철학은 어떤 것이 되어 있을까? 우리는 얼마나 다른 질문들을 던지고 있을까? 우리는 얼마나 다른 전망들에서 세계를 바라보고 있을까?

하이데거와 화이트헤드를 나란히 놓고 이야기한다는 것은 놀라운 발상이다. 『존재와 시간』은 1927년에 출간되었고, 『과정과 실재』는 1929년에 출간되었다. 이 두 엄청난 철학책은 거의 정확히 동시대에 탄생한 것이다. 두 책 모두 과학과 기술의 막대한 변화, 낡은 확실성들의 해체, 점점 빨라지는 삶의 속도, 1차 세계 대전의 공포에 뒤이은 세계 질서의 엄청난 규모의 재편성 같은 근대성의 상황(나는 근대성의 위기라고 말하지는 않겠다)에 대가답게 대응한다. 두 책 모두 토대들이 존재하지 않음을 당연시하면서, 심지어 토대들을 [마땅히 있어야 할 것임에도] 사라져 버린 것이라며 주의를 집중시키지도 않고, 그것들의 결여에 대해 염려하지도 않으면서 단지 계속 앞으로 나아간다. 또한 이 두 책은 반본질주의적이면서 반실증주의적이고, 양자 모두 사유함의 새로운 길들, 철학함의 새로운 방식들, 경이驚異의 능력을 발휘할 새로운 길들을 만들어 내는 데 적극적으로 종사한다.

그러나 이 두 책은 [그 각각의 책에서 사용되는] 개념들에서, 방법에서, 정동情動, affect 1에서, 그리고 정신에서 얼마나 다른가! 그러한 차이들을 가능한 한 분명하게 설명하기 위해서, 나는 일련의 철학적 물음을 검토하고 그에 대한 (의심할 여지 없이 편향적인) 비교들을 수행해 보고자 한다.

1. 시작에 관한 물음. 철학에 있어서 우리의 출발점은 어디인가? 하이데거는 존재에 관한 물음을 제기한다. "도대체 왜 존재자이며 오히려 무無가 아닌가?" 그러나 화이트헤드는 놀라우리만큼 이 질문에 무관심하다. 그 대신 화이트헤드는 묻는다. "어째서 항상 새로운 무언가가 존재하는가?" 화이트헤드는 우리가 궁극적인 시작들로 되돌아갈 때 드러나는 어떠한 지점도 고려하지 않는다. 화이트헤드는 교정보다는 창조에, 존재Being보다는 생성Becoming

---

1. * affect에 대해서는 옮긴이 후기를 참고하라.

에, 태곳적부터 존재하는 오래된 것보다는 새로운 것the New에 관심을 갖는다. 나는 음악에서부터 DNA에 이르는 모든 것이 끊임없이 샘플링되고 재조합되는 세계에서, 또한 의류의 유행처럼, 어떤 관념의 보존 기간이 몇 달, 그보다 못하게는 몇 주에 불과한 세계에서, 화이트헤드가 제기하는 질문이야말로 참으로 긴급하다고 제안할 것이다. 하이데거는 공포에 싸여 있는 현재의 도전들로부터 몸을 피해 달아난다. [반면에] 화이트헤드는 우리에게 이러한 현재의 도전들을 탐구의 대상으로 삼고 그것들과 교섭할 것을 촉구한다. 화이트헤드는 이렇게 묻는다. "그럼에도 불구하고 우리 문화의 끊임없는 반복과 재순환은 어떻게 진정으로 새롭고 다른 것으로 생겨 나오는 것일까?"

2. 철학사에 대한 물음. 하이데거는 철학의 역사를 심문한다. 즉 철학사가 길을 잘못 든 지점, 그것이 마땅히 열었어야 할 가능성들을 스스로 폐쇄해 버린 지점을 찾아내고자 노력한다. 이와는 반대로, 화이트헤드는 그와 같은 심문에는 관심이 없다. "고대 세계에서 말해지고 행해졌던 최선의 것에 주의를 돌리는 것만으로는 진실로 충분치 않다. 그 결과는 정적靜的이고 억압적인 것이 되며, 정신의 퇴폐적인 습관을 촉진한다"고 화이트헤드는 쓰고 있다. 철학의 역사를 고정시키려 노력하는 대신에, 화이트헤드는 놀랍도록 어색한 방식들로 그 철학의 역사를 일그러뜨린다. 화이트헤드는 철학사의 갱도를 파내어 ─ 예를 들어 플라톤이 정적인 이데아

의 세계에 반대하여 생성을 긍정하거나 데카르트가 심신이원론을 거부하는 철학사의 순간들을 발췌하면서 ― 예기치 않은 창조적인 광채를 채굴해 낸다.

3. 형이상학에 대한 물음. 하이데거는 형이상학으로부터 벗어나는 길을 추구한다. 하이데거는 그가 형이상학의 손아귀에서 빠져나올 수 있는 공간을 분명히 하려 시도하는 것이다. 하지만 화이트헤드는 형이상학 이전으로 되돌아가려는 열망도 형이상학을 넘어 도약하려는 열망도 갖고 있지 않다. 내 생각에 화이트헤드는 자신의 훨씬 더 전복적인 방식으로, 즉 자신의 범주들을 고안해내고 자신의 문제들을 통해 작업하면서 단순히 형이상학을 행할뿐이다. 따라서 화이트헤드는 형이상학으로 하여금 그것이 대개는 부정해 왔고 거부해 왔던 것들, 즉 신체, 정동, 불일치와 변화, 모든 전망들과 모든 공식화들이 갖는 철저한 우연성에 관해 말하도록 만든다.

4. 언어에 관한 물음. 하이데거는 우리에게 "존재의 목소리에 인내심을 갖고 귀 기울일" 것을 열심히 권한다. 하이데거는 언제나 언어의 수수께끼(불가해함), 즉 그것이 우리를 부르고 명령하는 방식들 앞에 공손히 무릎을 꿇고 있다. [그에 비해] 화이트헤드는 언어가 작동하는 방식들을 훨씬 더 개방적이고 다원적으로 본다. 화이트헤드는 언어가 신비들을 포함하고 있으며, 그것이 단순한 도

구나 수단에 그치지 않고 그것을 월등히 넘어선다는 점을 잘 알고 있다. 그러나 화이트헤드는 또한 우리에게 언어의 중요성을 지나치게 과장하는 것에 대해 경고한다. 화이트헤드는 항상 언어의 무력함 ─ 그것은 또한 철학을 언어에 대한 물음과 분석으로 환원시키는 것의 부적절함을 의미한다 ─ 을 지적한다.

5. 스타일에 관한 물음. 언어를 향한 한 철학자의 태도는 또한 그의 글쓰기 스타일에서 구체화된다. 하이데거의 뒤틀린 글쓰기는 강화된 낭만주의적인 진부한 시적 표현을 어근語根과 의미에 대한 자기-참조적인 질문과 결합시킨다. 그것은 그 자신이 밝히겠다고 주장하는 신비들만큼이나 거만하고 애태우게 만드는 스타일이다. 이와는 반대로, 화이트헤드의 언어는 메마르고 회색을 띠며 추상적이다. 하지만 이렇게 아카데믹하고, 지나치게 세밀하며, 거의 현학적인 산문 속에서 화이트헤드는 끊임없이 가장 놀라운 것들을 말하고 있으며 모든 단계에서 경이驚異라는 철학적 감각을 다시 점화시킨다. 화이트헤드의 글쓰기 스타일이 지닌 중립성은 그에게 구축하고, 새로운 방향으로 돌리고, 방향을 전환시킬 수 있는 자유를 제공해 준다. 그것은 일종의 전략적인 역투자counterinvestment인데, 그가 자신의 감정과 관심으로부터 한 발자국 떨어질 수 있게 해 줌으로써, 더 상위의 보편적 지식이라는 부당한 주장에 빠지지 않도록 해 준다. 화이트헤드의 언어는 특별한 종류의 초연함을 나타낸다. 즉 언어가 초연하게 되었던 바로 그 대

상을 계속해서 요구하는 그러한 초연함 말이다. [이와 같은 초연함의 대상들은] 특수자들particulars, 독특성들, 그리고 언제나 부분적인[편파적인]partial(이 단어가 지닌 두 가지 의미 모두에서, 즉 전체에 대립되는 것으로서 부분적이라는 의미에서뿐만 아니라, 당파성 또는 편견이라는 의미에서) 전망들이다.

6. 기술에 관한 물음. 하이데거는 자연을 기술의 틀 속에 "짜 넣음"으로써 잠정적인 비축물의 지위로 환원시키는 위험에 대해 우리에게 경고한다. 하이데거는 매우 포괄적이고 절대적인 방식으로 과학을 악마화하는데, 이는 유일한 권위를 자신에게 귀속시키는 과학의 주장들에 대한 거울 이미지와 같다. 그러나 우리는 단지 이분법의 어느 한쪽을 없앰으로써는 화이트헤드가 "자연의 이분화"[2]라고 부른 것을 원래대로 되돌릴 수 없다. 과학과 기술에 대

---

2. * 화이트헤드가 말하는 자연의 이분화(bifurcation of nature)는 자연을 두 구별되는 영역, 즉 실재의 영역과 현상의 영역으로 분리하는 것을 의미한다. 무엇보다 자연의 이분화는 고전적 경험론자들이 제시한 자연이 갖는 두 가지 종류의 성질들, 즉 제일 성질(충전성, 연장, 수, 운동, 정지)과 제이 성질(색, 소리, 맛 등) 사이의 구분에서 작동한다. 이러한 구분에서 경험론자들은 경험 대상 자체가 갖는 구분을 보며, 바로 거기서 그들은 자연 속에서 복잡하게 얽혀 있어서 분명하게 경계를 설정할 수 없는 성질들과 이미 성립되어 있는 혼합된 실재를 구별하려고 시도했다. 그 결과 우리의 지각과 경험은 자연의 질서에 속하는 표면적인 부가물들의 과정의 끝, 내지는 그것들의 투영으로서의 정신적 부가물이 되고 만다. 화이트헤드는 우선적으로 자연의 이분화라는 개념을 통해 자연에 대한 이러한 경험주의적 분리를 비판한다(Didier Debaise, "Alfred North Whitehead", in *Le vocabulaire des philosophes*: Volume 5,

한 화이트헤드의 설명은 하이데거의 그것에 비해 훨씬 더 미묘하다. 그 이유는 부분적으로 화이트헤드가 실제로 근대과학을 잘 이해하고 있었기 – 하이데거는 분명 그렇지 못했다 – 때문이다. 화이트헤드에게 과학적·기술적 합리성은 "추상"의 한 종류이다. 이러한 사실은 그 자체로서는 전혀 나쁜 것이 아니다. 하나의 추상은 어떤 특정한 관심에 봉사하기 위해 만들어진 단순화이며 환원이다. 그와 같은 것으로서, 추상은 없어서는 안 되는 것이다. 우리는 추상들 없이 살 수 없다. 왜냐하면 추상들만이 사유와 행위를 가능하게 해 주기 때문이다. 이러한 추상들을 그것들이 갖는 한계 너머로 확장시키면서, 그것들이 더 이상 적용되지 않는 영역들로 밀어붙일 때, 우리는 문제에 부딪히게 될 뿐이다. 이러한 것이 바로 화이트헤드가 "잘못 놓인 구체성의 오류"라고 부른 것이며, 특히 근대과학과 기술이 범하기 쉬웠던 오류인 것이다. 그러

Suppléments 1, ellipses, 2006, p. 543). 나아가 화이트헤드에 따르면 근대 과학이 가정하고 있는 자연에 관한 도식은 우리가 경험하는 구체적인 자연을 '외견상의 자연(즉 현상)'과 그러한 외견상의 자연에 관한 의식을 산출하도록 마음에 영향을 미치는 분자와 전자들로 이루어진 추측된 체계를 갖는 '원인적인 자연(즉 실재)'으로 구분한다. 이러한 외견상의 자연과 원인적인 자연이라는 분리는 화이트헤드가 자연의 이원적 분열이라고 불리는 근대 과학의 자연에 대한 '잘못 놓인 구체성의 오류'를 범하고 있는 대표적인 사례이다. 화이트헤드는 이러한 근대 과학의 자연에 관한 도식 아래에 실체-속성 형이상학 및 주어-술어 논리학이 놓여 있다고 본다. 즉 자연의 이원적 분열은 근본적으로 자연을 실체-속성의 형이상학으로 이해하는 고대 그리스 철학의 영향, 특히 아리스토텔레스의 '주어-술어' 논리학의 영향을 받은 것이다(Whitehead 1920/2004, 18[34~35]).

나 우리가 지닌 모든 다른 추상들 — 특히 우리가 언어라고 부를 수 있는 추상을 포함해서 — 은 신중함이라는 동일한 정신 속에서 접근되어야 할 필요가 있다. 진정, 과학에 관한 화이트헤드의 유보들은 언어에 관한 그의 유보들과 전적으로 나란히 간다. (당연히 하이데거는 그가 언어를 다루는 것과 같은 방식으로 과학과 기술을 다루어야 한다. 왜냐하면, 언어 자체가 하나의 기술이며 인간됨의 본질은 그것이 언어와 관련되어 있는 것과 꼭 마찬가지 방식으로 기술과도 관련되어야 하기 때문이다.)

7. 재현에 관한 물음. 하이데거는 재현적 사유에 대한 부단한 비판의 정점에 도달한 사상가이다. 하이데거는 말한다. 우리가 분주히 세계를 우리 자신에게 재현할 때, 우리는 세계가 그것의 존재 Being 안에서 세워지기를 허용하지 않는다. 이와 유사하게, 화이트헤드는 의식적 지각이란 항상 이미 우리의 신체들에 기반하고 있다는 것, 또한 (화이트헤드가 "인과적 효과성"이라고 부르는 것의 과정을 통해) 그것은 과거로부터 현재로의 계승에 기반한다는 것을 무시함으로써, 서양의 철학적 사유가 데카르트 이래로 줄곧 "명석하고 판명한" 의식적 지각(화이트헤드가 "현시적 직접성"이라고 부른 것)을 지나치게 특권화해 온 방식을 비판한다. 그러나 여기에는 강조점에서 큰 차이가 있다. 하이데거에게 재현은 문제the problem이다. 사람들은 재현을 모든 곳에서 발견한다. 그래서 사람들은 언제나 재현에 대해 방심하지 말고 늘 깨어 있어야만

한다. 화이트헤드에게 이러한 관심은 지나친 과장이고 잘못 놓인 것이다. 매일의 삶 속에서 (포스트-데카르트주의 철학이 아니라면) 재현은 비교적 중요하지 않은 역할만을 차지한다. 우리가 재현(표상)할 때조차, 우리는 마찬가지로 우리의 신체를 느끼고 있고, 우리의 신체를 가지고 느끼고 있다. 하이데거적인(또한 해체론적인) 비판은 완전히 잘못된 것은 아니지만, 그러한 비판이 흥미롭거나 중요한 것의 전부가 아니듯이 전적으로 옳다고 할 수는 없다. 그러므로 화이트헤드는 비판을 계속해서 고집하기보다는 어떻게 세계가 이미 다른 방식으로 존재하는지를 우리에게 보여 준다.

8. 주체성에 대한 물음. 하이데거는 인본주의 전통에 만연한 주관주의를 논쟁적인 방식으로 문제 삼는다. 하이데거는 탐욕스러운 권력 의지를 지닌, 자율적이고 본질화된 자아라는 환상을 붕괴시키고자 애쓴다. 물론 그러한 공격적인 문제 제기는 하이데거가 존재론적으로 인간을 "존재의 수호자"로서 특권화하면서, 또한 언어가 자신을 현시하는 장소로서 특권화한 것의 이면에 불과하다. 주체는 언어의 한 효과라고 이해되어야 한다. 왜냐하면, 언어는 우리를 불러일으키고 질문하는 것이기 때문이다. 이제 화이트헤드에게는 이와 같은 논의 전체보다 더 낯선 것은 있을 수 없을 것이다. 앞의 경우들처럼, 그 이유는 화이트헤드가 하이데거가 공격하고 있는 것을 방어하는 데 관심이 있어서가 아니라 그의 관심사들이 다른 데 있기 때문이다. 화이트헤드는 주체를 언

어의 한 효과라고 보지 않는다. 오히려 화이트헤드는 주체성을 세계 속에서 구현되는 것으로 본다. 주체는 우주의 환원될 수 없는 한 부분이며, 사물이 발생하는 방식의 한 부분이다. 경험 외에는 아무것도 없다. 왜냐하면 경험은 항상 이런 또는 저런 주체에게서 발생하기 때문이다. 그러한 주체는 인간일 수도 있지만, 또한 한 마리의 개, 한 그루의 나무, 한 송이의 버섯, 또는 모래 한 알이 될 수 있다(엄밀히 말해서 그러한 모든 존재자들은 화이트헤드가 "사회들"이라고 말하는 것, 즉 그 자신들이 문제되고 있는 주체들인 "현실적 계기들"의 다수들로 구성되는 각각의 사회인 것이다). 어떠한 경우든, 주체는 자신의 경험 안에서 그리고 그 경험을 통해서 스스로를 구성한다. 그렇게 한 이후 주체는 곧 사라지며, 다른 주체들의 경험을 위한 "여건"datum이 됨이라는 "객체적 불멸성"으로 들어간다. 이런 방식으로 화이트헤드는 인간 존재를 모든 다른 [존재자의] 주체성 위에 두는 **존재론적 특권화**를 폐기한다. 이 것은 물론 인간 존재와 다른 종류의 존재들 사이의 차이점이 적절치 않음을 의미하지 않는다. 왜냐하면, 그러한 차이점들은 온갖 종류의 이유들로 인해서 모든 종류의 상황에서 여전히 실용적으로 중요하기 때문이다. 그러나 인간적 존재의 존재론적 특권을 제거하면서도, 화이트헤드는 주체에 대한 비판이 그처럼 강박적인 방식으로 철학적 탐구의 초점이 될 필요가 없음을 암시하고 있다.

만일 화이트헤드가 탈근대적 사유의 영감의 원천으로서 하이데거의 자리를 대신했더라면, 오늘날 우리의 지적 풍경은 아주 다른 모습을 보였을 것이다. 우리가 과도하게 사로잡혔던 일부 문제들은 덜 중요했을 것이고, 다른 질문과 전망들에 자리를 내주었을 것이다. 이자벨 스탕게스가 철학에 대한 "구축론적"constructivist 접근이라고 부른 것이 끊임없는 해체의 과업들보다 우선했을 것이다. 화이트헤드의 사유는 그 자체로 일종의 우주적인 아이러니를 갖는데, 그러한 아이러니는 하이데거의 계승자들이 쉽게 빠지는 경향이 있는 나르시스적 이론화와 주류적인 미국 프래그머티즘의 공허한 자기만족 모두에 환영할 만한 대비를 제공해 준다. 화이트헤드의 형이상학은 끊임없이 개정改訂에 열려 있는 어떤 쓰러질 듯 흔들거리는 구축이지, 절대적 진리에 대한 독단적 언명이 아니다. 화이트헤드의 형이상학은 최근의 이론적 사유가 그토록 자수 우리에게 무겁게 짐 지웠던 이원성들 ― 주체인가 아닌가, 의미인가 아닌가, 휴머니즘인가 아닌가 ― 의 바깥에 존립한다. 화이트헤드는 사변과 구성, 그리고 발명이 갖는 미덕들의 좋은 예가 되면서 또한 그것들을 장려한다. 이러한 것들은 인본주의적인 또는 실증주의적인 확실성이라는 독단성에 그리고 최근 대학의 "이론"을 그토록 많이 특징지어 왔던 끊임없는 거부들, 사소한 문제를 세밀하게 구별하여 따지는 것, 그리고 상대보다 한 발 앞서는 방책에 대립하게 될 것이다.

『기준 없이』는 하나의 실험이다. 다시 말해서 그것은 하이데거 대신 화이트헤드로 몸을 돌려 귀 기울이는 관점에서 "탈근대적" 이론을, 특히 미학 이론을 다시 사유하려는 하나의 시도이다. 나는 이러한 시도를 주로 질 들뢰즈와 관련하여 화이트헤드를 독해함으로써 수행하였다. 들뢰즈는 화이트헤드에 관해서 간략하게만 썼을 뿐이다. 따라서 들뢰즈가 얼마나 화이트헤드에 대해 정통했는지, 또는 그가 어느 정도나 화이트헤드에게 영향을 받았는지는 분명치 않다. 그럼에도 불구하고, 내가 앞으로 보여주고자 시도하겠지만, 화이트헤드의 작업과 들뢰즈의 작업 사이에는 중요한 친화성과 공명 들이 존재한다. 이 책에서 나는 이 두 철학자 사이의 일종의 릴레이를 설정하고자 노력했다. 그럼으로써 두 철학자 각각이 상대방의 저작에 나타나는 난점들을 해결하는 데 도움이 되도록 말이다. 나는 들뢰즈적인 전망에서 화이트헤드를 독해함으로서 이 책을 시작했다. 그런데 이 책을 끝낼 때쯤에는 화이트헤드적인 전망에서 들뢰즈를 읽고 있는 나 자신을 발견하게 되었다. 이러한 관점의 역전은 화이트헤드를 읽고, 그에 대해 쓰면서 나에게 일어났던 결과 중 하나이다. 비판적 글쓰기는 언제나 변형의 경험이어야 한다. 여러 해 전에 미셸 푸코가 썼듯이, 만일 지식을 향한 열정의 가치가 어떤 식으로든 가능한 한 인식자가 자기 자신으로부터 멀어지는 것이 아니라 단지 가능한 지식의 양으로만 귀결된다면, 그러한 지식을 향한 열정의 가치는 무엇일까? (Foucault 1986, 8)

무엇보다도 들뢰즈가 화이트헤드와 공유하는 친화성은

비╪변증법적이면서 고도로 심미화된 비판 양식을 향해 작업해 나가는 방식인, 정동과 독특성에 대한 그의 강조에 있다. 칸트와 니체 독해에 뿌리를 둔 들뢰즈의 심미주의는 그의 작업에서 가장 오해되고 있는 측면이다. 이 점은 들뢰즈의 심미주의를 기꺼이 인정하려는 소수의 주석가에게도 여전히 스캔들로 남아있다. 『기준 없이』의 목표 가운데 하나는 비판적 심미주의critical aestheticism라는 표현으로서 가장 잘 기술될 수 있는 것을 위해 논증하는 것이다. 나는 미학과 심미주의가 꽤 오랜 시간 동안 악명 높았다는 점을 잘 알고 있다. 그러나 아마도 오늘날, 즉 우리의 모든-것-이후의post-everything 세계에서, 우리는 미학을 새롭게 일별해 볼 수 있는 시점에 도달했다고 말할 수 있을 것이다. "아름다움은 진리보다 더 광범하고 더 근본적인 개념이다"라는 그리고 심지어 "아름다움은 그 본성상 자신을 정당화하는 유일한 목적이다"라는 화이트헤드의 격언들은 전혀 불명예스럽지 않은 언명들이다. 나는 이러한 주장들을 ― 윤리에 중점을 둔 보다 최근의 학술 담론과 의식적으로 대비시키며 ― 탐구해 보고자 한다.

화이트헤드와 들뢰즈의 관념들을 통해 작업하면서 나는 거듭해서 칸트로 되돌아가는 것이 ― 아니면 적어도 칸트의 특정 영역들로 되돌아가는 것이 ― 필수적임을 발견했다. 화이트헤드와 들뢰즈는 대개는 칸트주의적 사상가 또는 "비판주의적" 사상가로 간주되지 않는다. 그들은 오히려 스피노자와 라이프니츠 같은 칸트 이전의 철학자들과 더 잘 조화를 이루는 것처럼 보인다. 화이트헤드와 들뢰즈가 칸트를 참조할 때는 대부분 헐뜯는 방식으로 그럴 뿐이다. 심지어 들뢰즈는 자신의 책에서 칸트를 "적"이라고 비난하기까지 한다. 그럼에도 불구하고 나는 칸트 사유의 특정한 주요 측면들이 화이트헤드와 들뢰즈 양자가 함께 포함하고 있는 철학적 "구축론"을 위한 길을 닦아 놓았다고 주장한다. 나는 특히 칸트의 미학(무엇보다 『판단력비판』에서의 "아름다움에 대한 분석"), 『순수이성비판』에서의 초월론적 증명(화이트헤드가 "구성적 기능으로서의 경험 활동에 대한 개념"이라고 부르는 것과 함께), 그리고 (헤겔 변증법에 대한 대안과 예상되는 비판을 제공하는) 『순수이성비판』 후반부에 해당하는 초월론적 변증론에 관해 생각해 볼 것이다.

미셸 푸코에 따르면, 그러한 텍스트들에서 드러나는 칸트는 서구 사유의 역사에서 하나의 "개시"開始를 이루었다. 왜냐하면 칸트는, 여전히 불가해한 방식이지만, 형이상학적 담론과 우리 이성의 한계들에 관한 반성을 명확하게 해명했기 때문이다 (Foucault, 1998, 76). 칸트가 그러한 개시를 아주 조금만 탐구했다는 것은 전적으로 사실이다. 왜냐하면, 칸트는 거의 대부분의 시간을 푸코가 "변증법과 인류학의 혼란스럽게 뒤섞인 잠"(같은 곳)이라고 부르는 것으로 우리를 되돌아가게 하면서 그것[자신이 열어놓은 개시의 문]을 거듭 닫아버렸기 때문이다. 그럼에도 불구하고 그러한 개시는 풍부한 암시와 가능성으로 흘러넘치는 칸트의 텍스트들의 가장자리를 차지하면서 자신들을 보다 정교하게 이론화해 줄

손길을 기다리고 있다. 화이트헤드와 들뢰즈는 이러한 대안적 가능성의 일부를 탐구한다. 칸트와의 만남(정확히 말해서 칸트에 대한 그들의 교정과 개정)은 그들 자신의 텍스트들의 중요한 차원을 형성하고 있다. 이 만남들은 또한 우리가 칸트 자신을 새로운 조명 아래에서 볼 수 있게 해 준다. 우리에게 가장 친숙한 칸트는 위르겐 하버마스의 의사소통의 규범들을 확립하는 기획 배후에 서 있는 사상가이다. 하지만 화이트헤드와 들뢰즈가 드러내 주는 칸트는 그와 같은 규범들이라는 바로 그 관념에 문제를 제기함으로써, 그러한 기획을 가장 급진적인 방식으로 의문에 부친다. 들뢰즈와 과타리가 쓰고 있듯이, "칸트의 『판단력비판』은 그의 후계자들이 여전히 따라잡지 못한, 조금의 거리낌도 없는 노년기의 작품이다. 모든 마음의 능력들이 자신의 한계들을, 즉 칸트가 그의 가장 전성기 때의 저작들 속에서 그토록 주의 깊게 세웠던 바로 그 한계들을 극복했기 때문이다"(1994, 2[8]).

화이트헤드, 들뢰즈, 그리고 칸트를 독해하는 과정에서, 『기준 없이』는 오늘날의 문화이론에서 매우 중요한 일련의 쟁점들을 검토해 볼 것이다. 내가 칸트, 화이트헤드, 그리고 들뢰즈의 연계 속에서 발견한 비판적 심미주의는 현대 예술과 미디어적 실천들(특히 디지털 영화와 비디오에서의 발전들), 현대의 과학적·기술적 실천들(특히 뇌 과학과 생물 발생학 분야에서의 최근의 진전들), 그리고 문화이론과 맑스주의 이론(예를 들면 상품 물신주의에 관한 이론, 내재성과 초월성에 관한 이론, 자기생성 혹은 자기-조직 시스템의 역할에 관한 이론, "혁신"과 "창조성"이 포스트모던적 자본주의 또는 포스트포드주의적 자본주의의 역동성에서 중심적 역할을 담당하는 방식들에 관한 이론과 같은 물음들)에서의 논쟁들을 해명하는 데 도움을 준다. 대부분의 경우 나는 이러한 문제들을 이 책에서 직접 검토하지는 않았다. 그것은 또 다른 한 권의 책을 위한 과업이 될 것이다. 하지만 그러한 문제들에 관한 나의 관심이 칸트, 화이트헤드, 그리고 들뢰즈의 텍스트들을 내가 선택적으로 독해하는 데 큰 영향을 주었다.

어떤 책도 진공 속에서 집필되지 않는다. 특히 이 책 『기준 없이』의 경우 내가 지적으로 진 빚은 엄청나게 크다. 나의 책은 주로 이자벨 스탕게스의 웅장한 책 『화이트헤드와 함께 사유하기』의 언저리에서 쓰였다고 말할 수 있다. 이 책으로 스탕게스는 내가 처음으로 화이트헤드에 접근할 수 있도록 해 주었으며, 동시에 화이트헤드와 들뢰즈의 친화성이라는 물음을 제기하도록 해 주었다. 에린 매닝과 브라이언 마수미는 내가 이 책을 쓰도록 격려하고, 준비 단계 내내 지원을 아끼지 않았으며, 그들의 연구 창작 세미나와 포럼에 나를 여러 차례 초대하여 이 책의 일부를 발표할 수 있게 했으며, 또한 책을 완성하는 데 필요한 지적 자극을 제공해 주었다. 나의 작업에 대해 함께 논의하거나, 원고의 일부를 읽고 의견을 주신 많은 분들 가운데서도 키스 로빈슨, 찰스 스티발, 다니엘 스미스, 팀 클라크, 샤신웨이, 윌리엄 플레쉬, 로버트 구딩-윌리엄스, 배럿 와튼, 그리고 MIT 출판부를 위해 내 원고를 읽어준 익명의 독자들, 몬트리올의 콩코르디아 대학교의 〈센스 랩〉 멤버들, 그리고 나의 블로그 〈피노키오 이론〉(http://www.shaviro.com/Blog)의 독자들께 특별히 감사를 전하고 싶다.

이 책의 일부 장들은 이전에 다른 곳에서 출판된 적이 있다. 1장의 이전 버전은 바바라 볼트, 펠리시티 콜먼, 그레이엄 존스, 애슐리 우드워드가 편집한 『지각기관: 미학, 예술, 삶』[3]에 수록되었고, 2장의 일부는 롤랜드 파버가 편집한 『생성의 비밀들: 화이트헤드, 들뢰즈, 버틀러를 협상시키기』[4]에 수록된 바 있으며, 3장의 한 버전은 그레그 시그워스와 멜리사 그레그가 편집한 『정동 선집』[5]에 실려 있다. 4장의 일부는 사이먼 오설리반과 스티븐 젭케가 편집한 『들뢰즈, 과타리, 그리고 새로운 것의 생산』[6]에 실려 있다. 4장의 또 다른 일부는 피터 개프니가 편집한 『들뢰즈, 과학, 잠재적인 것』[7]에 실려 있다.

3. Barbara Bolt, Felicity Colman, and Graham Jones (eds.), *Sensorium: Aesthetics, Art, Life* (London: Cambridge Scholars Press, 2007).

4. Roland Faber and Andrea M. Stephenson (eds.), *Secrets of Becoming: Negotiating Whitehead, Deleuze and Butler* (New York: Fordham University Press, 2009).

5. * 저자 스티븐 샤비로에게 확인한 결과 『기준 없이』의 3장은 『정동 선집』에 수록되지 않았고 『기준 없이』가 출판되기 전에 다른 책에 수록된 적이 없다.

6. Simon O'Sullivan and Stephen Zepke (eds.), *Deleuze, Guattari, and the Production of the New* (New York: Continuum, 2008).

7. Peter Gaffney (ed.), *Deleuze, Science, and the Force of the Virtual* (Minneapolis: University of Minnesota Press, 2009).

1장

기준 없이

"미적인 것das Schöne의 학문은 없고, 단지 비판이 있을 뿐이며, 미적 학문(미학)fine [schön] science은 없고 단지 미적 기예fine art가 있을 뿐이다"(1987, 172 [335])라고 칸트는 『판단력비판』에서 말한다. 칸트 미학에 관한 대부분의 최근 논의들은 미적인 것(그것은 일반적으로 보수적이고 시대에 뒤떨어진 낡은 것으로 간주된다)에 대한 칸트의 분석보다는, 숭고한 것에 관한 분석(그것은 근대적 혹은 탈근대적 관심과 실천 들을 선취하고 있다고 간주된다)에 집중되어 왔다. 이어지는 내용에서 나는 이러한 상식에 맞서 미에 관한 칸트의 설명이 아직까지 충분하게 인식되지 않은 여러 면모에서 아주 급진적인 성격을 갖는다는 점을 제시하고자 노력할 것이다. 왜냐하면, 미적인 것에 관한 칸트의 이론은 실제로는 정동과 독특성에 관한 하나의 이론이며, 또한 그것은 전적으로 새로운 판단 형식을 함축하고 있기 때문이다. 제삼 비판서(『판단력비판』) 안의 「미의 분석학」 절에서, 칸트는 이전의 두 비판들의 입법하고 보편화하는 기획으로부터 한 발자국 떨어져 거리를 두고 생각하면서, 입법화legitimizing와 보편화universalization 자체를 문제화한다. 미美는 개념들에 따라서 판정될 수 없다. 왜냐하면, 그것은 경험적 사실의 문제도, 도덕적 제약의 문제도 아니기 때문이다. 바로 이런 이유로 미적인 것에 관한 학이 존재하지 않는 것이다. 칸트에게서 미학은 어떠한 토대도 갖지 않으며, 우리에게 어떠한 보증도 제공하지 않는다. 오히려 미학은 모든 규범과 가치를 의문에 부치거나 위기 속으로 던져 넣는다. 비록 칸트 자신은 결국 그의 이론들이 함축하고 있는 더 급진적인 의미들을 피해 움츠러들고 말았지만, 여전히 그의 텍스트들에는 특정한 비판적 심미주의가 끊임없이 붙어 있으며, 특히 제삼 비판서(『판단력비판』)에서 더욱 그러하다. 이 책 『기준 없이』에서 내가 추구하는 목표는 칸트의 논증에 숨어있는 이러한 차원을 발견하여 밝히고, 또한 알프레드 노스 화이트헤드와 질 들뢰즈의 형이상학적 사변 안에서 이 차원이 수행하는 결정적인 역할을 추적하는 것이다.[1]

칸트가 말하기를, 미美는 인지적이지 않고 개념적이지 않다. "취미판단은 규정적인 개념들에 기초하지 않는다." 다시 말해서, 그와 같은 판단 배후에 있는 개념은 (만일 그것이 "개념"이라고 불릴 수 있다면) "우리에게 객관에 관한 어떤 것도 인식하거나 증명하도록 허용하지 않는데, 왜냐하면 그 개념은 본래 규정될 수 없고 인식을 위해서는 부적합하기 때문이다"(Kant 1987, 213 [384]).[2]

---

1. 이러한 독해와 사변을 위한 나의 출발점은 꽤 오래전에 쓴 논문 「아름다움은 눈에 있다」(Shaviro 2002)이다. 이 글에서 나는 현대 또는 "포스트모던" 미학이 숭고가 아니라 아름다운 것과 갖는 지속적인 관련성을 주장했었다. 나는 취미판단이 비개념적이라는 칸트의 주장이 낳은, 여러 관련된 세부 문제들을 탐구했었고, 칸트의 미 개념과 들뢰즈의 독특성 개념 사이에 어떤 친연성이 있음을 제시하였다. 또한 나는 칸트의 "취미의 안티노미"(1987, 210 이하)의 철저화가 칸트의 공통감을 독특성의 최상의 가능한 등급을 "배양하고 분배함"(Shaviro 2002, 17)으로 변형시키거나 혹은 오늘날 우리가 합의(consensus)가 아니라 불화(dissensus, Ranciere 2004)라고 불러야 할 것으로 변형시키도록 인도할 수 있을 것이라고 제안하였다. 앞으로 『기준 없이』가 진행되는 과정에서 이러한 모든 점이 추구되고 확장될 것이다.
2. * 해당 내용을 한국어판에서 인용하면 다음과 같다. "취미판단은 (판단력에

하나의 대상이 아름다운지 어떤지를 규정하는 객관적이거나 과학적인 방법은 없으며, 또한 – 설령 있다 하더라도 – 왜 그런지를 설명할 방법은 없다. 이것은 미감적aesthetic 판단이 지니는 이상한 지위 때문이다. 나는 한 송이의 꽃을 아름답다고 판단할 수 있지만, "아름다움美이 그 꽃 자체의 속성이 아니라는 것"을 안다. 그 꽃은 "우리가 그것을 받아들이는 방식에 그것 자체를 순응시킨다는 저 특성 덕분에만" 아름답다(145[301]). 그래서 미는 세계 안에 저기에 객관적으로 있지 않다. 그것은 자연 안에 있지 않다. 왜냐하면 그것은 오히려 우리가 자연에다 귀속시키는 어떤 것이기 때문이다. 그러므로 미감적 판단은 "그것의 규정 근거가 주관적일 뿐 다른 것이 될 수 없는 그런 판단이다"(44[192]).

그러나 동시에 미는 단지 주관적인 것만은 아니다. 그것은 우리가 보고, 듣고, 느끼거나 맛보는 그것 – 그것이 무엇이든지 상관없이 – 위에 우리가 투사한 어떤 것이 아니다. 미의 특성attribution은 어떤 자의적인 부과가 아닌 것이다. 미와 관련하여 우연히 판단을 내리고 있는 사람에게 특별한 것, 또는 특정한 것이란 아무것도 없다. 그것은 심지어 "보편적으로" 주관적인 것도 아니다. 왜냐하면, 지성의 경험적 판단과 대비해 볼 때, 취미판단은 마음이

대한 자연의 주관적 합목적성의 근거 일반의) 한 개념에 기초하고 있지만, 이 개념은 그 자체로는 규정될 수 없고 인식에 쓸모도 없는 것이기 때문에, 이 개념으로부터는 객관과 관련하여 아무것도 인식될 수도 증명될 수도 없다." 임마누엘 칸트, 『판단력비판』, 백종현 옮김, 아카넷, 2009, 330~301쪽.

자신의 범주들을 수동적인 외적 세계 위에 찍어 넣는 능동적인 활동을 포함하지 않기 때문이다. 오히려 취미판단은 주관의 편에서 보자면, 아름답다고 판단되고 있는 대상에 대한 강제되지 않은 반응을 포함한다. 미적 판단은 일종의 재인식이다. 왜냐하면 그것은 어떻게 객관이 "우리가 그것을 포착하는 방식에 그것 자신을 적응시키는지"에 대한 감상이기 때문이다. 비록 동시에 그것이 여전히 우리에게 무관심한 채로 남아있음에도 말이다.

여기서 "적응시키다"adapt라는 말을 다원적인 의미로(물론, 칸트는 이런 식으로 의도할 수는 없었겠지만) 읽고 싶어진다. 들뢰즈와 과타리(1987)는 난초와 말벌이라는 친숙한 과학적 사례를 이용한다. 난초는 말벌이 그것을 포착하는 방식에 "스스로를 적응시킨다." 그 결과로서, 말벌은 난초가 아름답다고 느낀다. 난초는 즉자적으로나 대자적으로나 아름답지 않다. 그것은 오직 말벌에게만 아름다울 뿐이다(그리고 어쩌면 우리에게도 역시 아름다울 것이다). 그렇지만 난초의 관심들은 특별히 말벌과는 아무 관계도 없다. 만일 ─ 그 꽃의 아름다움에 유혹된 ─ 인간 존재가 [말벌] 대신 꽃가루를 옮겨준다면, 똑같이 그 식물의 관심을 만족시키게 될 것이다. 따라서 난초는 말벌의 존재에 대해서조차 무관심하다. 이 두 유기체 사이의 교환은, 레미 쇼뱅을 인용하면서 들뢰즈와 과타리가 "서로에 대해 절대적으로 아무런 관계도 없는 두 존재자의 비평행적 진화"라고 부르는 것에 해당한다(1987, 10[25]).

당신은 난초의 아름다움이 화이트헤드가 『과정과 실재』에서 "느낌에의 유혹"lure for feeling(1929/1978, 25[90]과 여러 곳)이라고 부른 것에 해당한다고 말할지도 모른다. 화이트헤드는 판단들보다는 명제들에 관해서 말하기를 선호했는데, 왜냐하면 판단이라는 개념은 그릇되게도 명제와 이론의 "한 기능"이 "그것들의 참과 거짓眞僞과 관련하여 판단되어야 함"을 함축하기 때문이다(184[378]). 오히려 화이트헤드는 하나의 명제에 대한 영유enter-tainment에 있어서 "어떤 시점에서" "판단은 미적인 기쁨에 뒤덮여 빛을 잃게 된다"고 주장한다(185[379]). 물론 때로는 기쁨보다는 미적 혐오가 일어나는 것일 수 있다. 하지만 어쨌든 참이거나 거짓이거나, 유쾌하거나 혐오스럽거나, 하나의 명제는 어떤 가능태 potentiality(186[380], 196~197[400])를 가리킨다. 달리 말해서, 명제들은 현실적이지도 허구적이지도 않다. 그것들은 주어진 전망으로부터, 그리고 바로 그 전망의 구성(혹은 화이트헤드가 합생이라고 부르는 것) 안으로 진입하는 "개개의 현실태에 관해서 말해질 수 있을지도 모르는 이야기"이다(256[504]). 그와 같은 것으로서, 명제들은 현실화의 가능한 경로들이며, 비결정적인 변화의 벡터들이다. "[그러한 명제의 기본적인 역할은] 세계가 새로움으로 전진해 갈 수 있게 길을 터주는 것이다… 명제는 느낌을 위해 제안된 객체적 유혹 내의 요소이며, 느낌 속으로 수용될 때 그것은 느껴진 것이 된다"(187[383~4]). 난초는 그것 자체로는 아름답지 않다. 하지만 그것과 마주치는 말벌 혹은 정원사에게 무언가가 일어나면, 그것은 아름다운 것으로 느껴지게 된다.[3]

비록 칸트가 "명제들"이 아니라 "취미 판단들"을 가리키고 있
지만, 그는 적어도 이러한 범위에서 화이트헤드와 일치한다. 왜냐
하면, 칸트는 미적 판단들은 참과 거짓의 규정들과는 아무런 관
계가 없다고 말하기 때문이다. (또한 미적 판단들은 선과 악이라
는 도덕적 규정들과도 아무런 관련이 없다.) 이것은 하나의 미적
판단은 인지적이기보다는 정서적affective이기 때문이다. 더 정확히
말하자면, 그것은 객관적인 지식과는 전적으로 분리되어 있는 감
정이다. 칸트는 말하기를, "취미 판단은 한낱 관조적이다, 즉 그것
은 대상의 현존에 무차별적인 판단이다. 왜냐하면 그것은 대상의

---

3. 화이트헤드는 판단의 문제를 무시하지 않는다. 하지만 그는 판단을 **명제**보다
   훨씬 좁은 용어로 간주한다. 따라서 사유 속에 받아들여진 어떠한 명제든지
   그 명제는 느껴진 것이며, 그래서 하나의 느낌이 된다. 그러나 이러한 느낌들
   가운데 오직 일부만이 판단이다. "명제의 실현에 있어, '판단'이 구성 요소가
   되는 경우는 매우 드물고 '의식' 또한 그렇다고 본다"(1929/1978, 184[378]).
   보다 구체적으로, " '판단'이란 용어는 우리가 문제 삼고 있는 비교적인 느낌
   들 가운데 세 가지 종(種)과 관계된다. 이들 각 느낌에 있어 여건은, 객체화된
   결합체와 ─ 그 논리적 주어가 그 결합체를 구성하고 있는 ─ 명제와의 유기적
   대비이다"(같은 책, 270[529]). 다시 말해서, 하나의 판단은 하나의 사태("하나
   의 객체화된 결합체")와 그러한 사태에 관한 하나의 가설(하나의 "명제") 사이
   의 "느껴진 대비"를 포함한다. 그 판단의 세 가지 "종"이란 긍정적인 [형식에 있
   어서의 비교적인 느낌] (긍정-형식), 부정적인 [형식에 있어서의 비교적인 느낌]
   (부정-형식), 그리고 불확실한 [형식에 있어서의 비교적인 느낌](유보-형식)이
   다. 따라서, 화이트헤드가 판단들이라고 부르는 것은 칸트가 지성의 판단들,
   혹은 오직 "규정적인 개념들에만 기초하는 판단들"이라고 부르는 인식들에 상
   응하는 느낌들인 것이다(1987, 213). [이에 반해] 칸트의 취미 판단들 혹은 오
   직 **규정적이지 않은**(indeterminate) 개념들에만 기초한 판단들로 말하자면, 화
   이트헤드는 그것들에 상응하는 느낌들을 명제적이라고 간주할 것이지만, 판
   단을 포함하는 느낌들로서 간주하지는 않을 것이다.

성질을 오로지 쾌와 불쾌라는 우리의 감정과 결부시킴으로써만 고려하기 때문이다." 그와 같은 판단은 "개념들에 기초하지도, 개념들을 목표로 삼지도 않는다"(Kant 1987, 51 [200]). 미적 판단에 있어서 나는 그것이 무엇인지에 관해 어떤 것을 주장하지도 않으며, 마땅히 어떠해야 한다는 것에 관해서도 입법하고 있지 않다. 오히려 나는 유혹받고, 매혹당하며, 꾀임을 당하거나 배척되며, 자극받거나 설득되고 있는 중이다. 또한 화이트헤드에게 ─ 비록 칸트에게서는 명시적이지 않지만 ─ 이것은 그것을 통해 내가 나인 것으로 생성되는 과정의 부분인 것이다.

그러므로 아름다움﹡은 어떤 조건이나 상태라기보다는 차라리 어떤 사건, 과정이다. 꽃은 그것 자체로 아름답지 않다. 차라리, 아름다움은 내가 그 꽃과 마주칠 때 발생한다. 아름다움은 한순간 덧없이 지나가며, 그래서 그것에는 언제나 타자성이 스며들어 있다. 왜냐하면 비록 아름다움의 느낌이 "주관적"이기는 하지만, 나는 그것을 임의로 경험할 수는 없기 때문이다. 나는 다만 그 대상이, 어떤 방식으로든지 간에 나를 유혹하거나, 혹은 나의 아름다움의 감각을 불러일으킬 때만 아름다움을 발견할 수 있다. 또한 아름다움은 그것이 창조되는 그 만남의 순간보다 더 오래 존속하지 않는다. 아름다움은 일단 지나가면 회복될 수 없는 것이다. 아름다움은 다만 또 다른 사건, 또 다른 만남에서 새롭게 태어날 수 있을 뿐이다. 하나의 주체는 한 대상의 아름다움을 인식하지 않는다. 차라리, 그 대상은 그 주체를 유혹하는데, 이때 그 주체는 그 대상에 대해 무관심한 채로 남아 있다. 또한 그 주체는 그 대상을 느끼는데, 이때 그 주체는 대상을 알지도 소유하지도 않으며 심지어 그것에 관심을 두지 않은 채로 그렇게 한다. 그 대상은 나를 건드린다. 하지만 나는 그 대상을 포착하거나 파악하거나 존속시킬 수 없다. 나는 그것의 타자성, 그것의 낯선 광휘를 쫓아낼 수 없는 것이다. 만일 행여 내가 그렇게 할 수 있다면, 나는 더 이상 그것의 아름다움을 발견하지 못하게 될 것이다. 아! 기껏해야 그것의 유용성을 보게 될 뿐일 것이다.

이것은 미에 대한 파악이 무관심하게 되는 이유이다. 아름다운 대상은 나에게 무관심하다. 또한 역으로 나는 그 아름다운 대상에 대해 아무런 현실적 이해관심을 갖고 있지 않다. 나는 그것이 나에게 제공할 수 있는 어떠한 이득이나 그것이 나에게 줄 수 있는 어떠한 경험적 "만족감"에도, 심지어 그것이 실존하는지 실존하지 않는지에 대해서도 개의치 않는다(Kant 1987, 47). 나는 그것이 어떻게 나로 하여금 느끼도록 만드는지에만 관심을 갖는다. 즉 그것이 어떻게 나를 촉발하는지affects에만 관심을 갖는 것이다. 이것은 인지 혹은 공리적 관심의 영역 밖에서 어떻게 아름다운 대상이 나를 유혹하는지를 가리킨다. 화이트헤드의 용어들로 말하자면, "경험의 기초는 정서적emotional이다 … 그 기초적 사실은 그것의 관련성이 주어진 사물들로부터 기원하는 어떤 정서적 색조affective tone의 떠오름[발생]이다." 이 정서적 색조가 "주체적 형식"이며 바로 그것을 통해서 "경험은 구성된다"(1933/1967,

176~177[281~282]).[4]

　이러한 방식으로, 미적 경험은 정확히 그것이 이해관심을 결여하고 있는 만큼 강도적intense이다. 칸트가 말하기를, "모든 이해관심은", 그것이 경험적 관심이든 이성적 관심이든 관계없이, "필요욕구를 전제하거나 필요욕구를 불러일으킨다." [이에 반해] 오직 미적 판단만이 필요욕구로부터 초연하다. 칸트는 굶주려 죽게 된 사람이 어떤 것이라도 틀림없이 먹으려 할 것이라는 점에 주목한다. 사람들이 음식과 관련하여 자신들의 취미를 개발하고 표현할 여유를 갖게 되는 것은 오직 그들의 필요욕구가 충족되었을 때, [다시 말해] 그들이 싫증이 날 만큼 충분히 먹고도 계속해서 먹을 수 있다는 보증이 되어 있을 때이다.[5] 그것에 대한 나의 좋아함 [흡족함], 내가 그것에 의해 촉발됨이 "이해관심이 없이 자유로운" 것이 될 수 있는 것은 오직 내가 어떤 것을 필요로 하지 않을 때이다(1987, 52[201]). 아름다움에 대한 이해관심이 없는 관조는, 그것이 인간의 필요욕구들이 이미 만족되어 있는 세계를 요구하고 전제한다는 점에서, 유토피아적인 개념이다.

　미적 무관심성은 차갑고 냉정한 듯 보일 수 있지만, 그것은 중

---

4. * "주체적 형식은 그 경험의 계기에서 그 파악이 효과를 갖는 것을 결정하는 정감적 색조이다. 경험 그 자체가 어떻게 구성되느냐 하는 것은 그 주체적 형식의 복합성에 달려 있다." 알프레드 노스 화이트헤드, 『과정과 실재』, 오영환 옮김, 민음사, 2003, 281~282쪽.

5. * "필요욕구가 충족되는 때에만, 많은 사람들 가운데서 누가 취미를 가지고 있으며 가지고 있지 않은가를 구별할 수 있다." 칸트, 『판단력비판』, 202쪽.

립적이지 않다. 대상의 무차별성으로부터 주관의 무관심성에 이르기까지 ─ 혹은 전자의 과잉적인 자기 표출로부터 후자의 근거 없는 수용에 이르기까지 ─ 아름다움의 경험은 거리와 분리의 경험이다. 이 거리는 한낱 부재가 아니다. 왜냐하면, 그것은 적극적으로 느껴진 무엇이기 때문이다. 내가 아름답다고 간주하는 어떤 것을 관조할 때, 정확히 그 어떤 것이 나로부터 분리되어 있음에 의하여, 즉 내가 정상적으로 그것에 적용하게 될 범주들로부터 그것이 면제되어 있음을 통해서 내 마음이 감응하는 것이다. 바로 이것이 아름다움이 나를 나 자신 바깥으로 끌어내는 유혹이 되는 이유이다. 미적 경험은 교감 없는 그리고 일치된 의견이 없는 채로 성립하는 일종의 소통이다. 미적 경험은 그것을 공유하는 자들을 하나로 통일함이 없이도 공유될 수 있다. 이것은 전적으로 미적 경험이 실제로 "개념에 기초하지 않는 보편적인 소통가능성"(Kant 1987, 79 [231])이기 때문이다. 또한 마찬가지로 순수한, 만족 없는 소통가능성으로서의 아름다움은 그것의 이성적인 원인들과 질료적인 원인들로부터 분리된 순수한 효과이기도 하다. 화가 프랜시스 베이컨이 자신의 "울부짖는 인간" 그림들에서 "공포보다는 그 공포가 불러일으키는 외침〔자체〕를 그려내고자 했었다"(Sylvester 1987, 34, 48)고 말할 때, 그는 이 점을 잘 전달해 주고 있다. 베이컨의 외침 회화들은 불안스럽게 아름다운데, 그 그림들이 가리키는 상황들이 그렇지 않다는 점에서 더욱 그러하다.6

　　칸트의 미적 무관심성에 대한 한 좋은 동의어는 아마 정념[겪음]passion일 것이다. 정념에 대한 악평은 그것이 전적으로 이유가 없다는 데에서 비롯된다. 즉 그것은 어떠한 근거도, 고유한 계기도 갖고 있지 않다. 이런 의미에서 정념은 전적으로 자유롭다(내가 그것과 관련하여 자유롭지 않을지라도 말이다). 정념은 나의 이기심이나 "나에게 좋은 것"은 말할 것도 없고, 나의 실제적인 필요들과도 아무런 관련이 없다. 그것은 나의 것에 속하는 어떤 것이 아닌 것 같다. 그것은 나를 움직이며 몰아대며 나를 사로잡지

---

6. 질 들뢰즈(2005, 34)는 베이컨에 대한 자신의 논의 과정에서 이 화가의 아포리즘을 인용하고 있다. 공포 없는 그 외침은 원인 없는 효과, 혹은 물체들의 깊이에서의 그것 자신의 현실화의 한계들로부터 자유로운 사건에 해당한다. 또한 그것은 내가 이 책의 뒤에 나오는 장들에서 여러 차례 되돌아가게 될 "잠재적인" 것의 어떤 배치(configuration)를 가리킨다.

들뢰즈는 또한 『시네마』 둘째 권에서, 영화가 어떻게 "순수하게 광학적이고 음향적인 상황", 다시 말해서 "행동에 의해서 야기될 뿐, 행동으로 확장되지 않는" 상황을 불러일으키는가에 관한 자신의 논의 속에서 미적 무관심성이라는 칸트의 개념에 호소한다. 그와 같은 상황에서, 감각-운동 회로들은 마비된다. 광학적이고 음향적인 상황은 우리에게 행동하도록 허용하는 대신에 "우리가 용납할 수 없고 참을 수 없는 무언가를 파악하도록 만들고 또한 파악하도록 강제한다"(1989, 18). 이러한 "시각적인" 상태에서, 관객은, 그나 그녀가 행동할 수 없고 반응할 수 없으며 그나 그녀 자신과의 관계 속으로 시선을 가져갈 수 없으며, 그것의 극단에 이르기까지 동등해질 수 없다는 의미에서, 강제적으로 무관심해진다. 들뢰즈가 묘사하고 있는 그 강제[당한 상태]는 칸트에 따른다면 미적 상태를 특징짓는 능력들 사이의 자유로운 실행과는 멀리 떨어져 있는 영역으로 비칠지 모른다. 그러나 들뢰즈의 강제와 칸트의 자유로운 유희는 모두 마찬가지로 주체의 "이해 관심들"이 어떤 역할도 담당하지 못하는 상태들이다. 왜냐하면, 그러한 주체는 자기 자신으로부터 되돌릴 수 없을 만큼 멀리 떨어진 어떤 것, 현실화의 어떤 가능성도 초과하는 어떤 것을 경험하며 또한 그것과의 친밀한 접촉으로 데려가지기 때문이다.

만, 언제나 나의 통제력 바깥에 내게서 떨어진 채로 남아 있다. 정념은 과잉적이고 보충적인 어떤 것이지만, 여전히 피할 수 없는 어떤 것이다. 나는 나의 관심이나 필요욕구들과 무관하게, 또한 그것들의 손실과도 상관없이 나의 정념들을 추구하는 것이다.7

정념은 필요욕구와 분리됨과 동시에, 마찬가지로 우리가 흔히 욕망과 연결 짓는 위대함과 진지함을 갖지 않는다.8 칸트는 (『실

---

7. 이렇게 정념과 무관심을 연관지으면서, 나는 들뢰즈가 묘사한, 참을 수 없는 것의 마비시키는 시선(vision, 앞의 주석을 보라)과 앤디 워홀이 자신을 묘사한 "기본적으로 수동적인 놀람"의 "무감동한 응시"(Wahol 1975, 10 ; Shaviro 2004, 138 참조) 사이에 존재하는 어떤 평행선을 그리고 있다. 이것들은 대립되는 것처럼 보일 수 있지만, 모두 일상적인 이기심에 대한 "미적" 유보를 향하고 있다. 달리 말하면, 그 둘은 모두 이전에 구성된 주체에 영향을 미쳐, 그것을 자기를 구성하고 자기를 강화하는 궤도에서 강제로 추방하는 어떤 "미끼"(lure)를 포함한다. 이러한 미적인 무관심성 혹은 정념의 궁극적인 형식은 소위 스탕달 증후군이 될 것인데, 거기서 어떤 아름다운 예술 작품과의 조우는 황홀경과 환각 상태들로 인도한다(다리오 아르젠토의 영화 〈스탕달 신드롬〉[1996] 참조).

물론 정념이나 무관심성은 인지심리학이나 경제학 및 정치학의 "합리적 선택" 이론에서 전적으로 고려 밖에 있는 것으로 남아 있는 인간 경험의 차원이다. 만일 그것이 (신고전주의) 경제학이 희소성이나 제한된 자원에 직면할 때 사람들이 어떻게 "선택"하느냐에 관한 "과학"이라면, 그래서 만일 그것이 사람들이 "자신들의 이기심을 충족시키는 것을 목표로 한다"는 가정과, "사람들이 자신들의 무제한적인 필요와 요구를 충족시키기 위해 노력한다는 점에서 합리적"(Investopedia 2008)이라는 가정에 기초한다면, 정념과 미적 무관심성은 선험적으로 그리고 그 정의에 따라서 경제학으로부터 배제된다. 그것들은 차라리 조르주 바타이유(1985, 116~129)가 소진이라고 부르는 것, 또는 유용성의 요구들로 환원될 수 없는 "저주받은 몫"(1988)이라고 부르는 것에 속한다.

8. * 칸트의 'Begehrung'는 한국어판 『순수이성비판』(백종현 옮김, 아카넷, 2006)에서 '필요욕구'로 번역되었다. 그런데 한국에서는 보통 'desire'를 '욕망'으

천이성비판』에서 이론화한 것으로서의) "욕구 능력"과 『판단력비판』의 주요 주제인 "쾌와 불쾌의 감정"(Kant 1987, 16[160]) 사이의 차이를 분명히 한다. 칸트는 욕구를 "자기의 표상들에 의해 이 표상들의 대상들의 현실성의 원인인 능력"(같은 책)이라고 정의한다. 이것은 [이해하기] 어려운 정식화이지만, 그 진술의 의미를 해명할 만한 가치가 있다. 칸트에게 욕구란 의지를 규정하는 것이다. 그것은 부정성과 부재의 견지에서 이해될 수 없는데, 왜냐하면 그것은 마음의 어떤 능동적이고 자율적인 역량이기 때문이다. "욕구의 대상"은 주체가 결여하고 있는 어떤 것이 아니다. 반대로, 그것은 그 주체가 상상하고 창조해 내는 것이다. 욕구하는 행위는 원인이며, 욕구되는 대상의 실존은 결과이다.

　　요약하자면, 욕망은 현실the real을 생산한다.[9] 칸트는 실패하고

로 옮긴다. 들뢰즈 철학에서도 사정은 마찬가지이다. 샤비로가 사용하고 있는 『순수이성비판』의 영어판과 샤비로 자신 역시 Begehrung을 'desire'로 번역하고 있다. 이 책『기준 없이』에서는 칸트의 논의를 다루는 맥락에서는 '필요욕구' 내지 '욕구'로 옮기고 샤비로 자신의 논의 맥락에서는 '욕망'으로 옮긴다.

9. 들뢰즈와 과타리(1983, 25[61])는 욕망에 대한 헤겔과 라캉의 "결핍"이라는 정의에 반대하여 욕망이 실재를 생산한다고 주장할 때 엄격하게 칸트주의자이다. 하지만 그들은 주체를 욕망의 생산 과정의 시작이 아니라 끝에 놓는다는 점에서 칸트보다는 화이트헤드에 더 가깝다. "주체는 욕망하는 기계들과 나란히 단순한 잔여물로서 생산된다. … 경이로운 '바로 그거였구나!'라는 감탄의 형태로 소비의 합언적 종합을 이룬다"(같은 책, 17~18[45]). 이런 의미에서 주체는 욕망하는 생산의 영역에서 보충적인 비틀림, 즉 자기-향유를 낳는 어떤 자기-반성적 비틀림으로 정의된다. "맑스가 말했듯이, 고통조차도 자기-향유의 한 형태이다"(같은 책, 16[45]). 이것은 주체가 항상 자기초월체(superject)(1929/1978, 29[97~98])이며, 그것은 창조의 과정 이전이 아니라 이후에 오

충족되지 못한 욕구들의 경험적 현존은 이러한 정식화에 모순되지 않는다고 주장한다. 왜냐하면 어떤 욕구가 "불충분한" 것으로 판명이 나서, 그 결과 그것이 호출하는 물체적인 힘들이 그것의 대상을 온전하게 현실화할 수 없을 때조차도, 힘의 이동으로서의 욕구와 그것이 얻으려고 노력했던 결과 사이에는 어떤 긍정적인 "인과관계"가 여전히 존재하기 때문이다(같은 책, 17[161]). 이것은 또한 마찬가지로 욕구와 도덕성을 연결해 주는 것이기도 하다. 욕구 능력은 그것의 순수한 형식에서 이성이며 보편적 법칙이다. 왜냐하면 욕구 능력은 정언명령을 입법하고 산출하기 때문이다. 물론, 경험적 행위들이 법칙에 대한 존경이라는 동기와는 다른 동기들을 갖고 있으므로, 결코 정언명령에 완전히 순응하지 않는 것과 꼭 마찬가지로, 경험적 욕망들은 결코 순수하지 않고 언제나 "병리적"이거나 관심으로 물들어 있다. 그럼에도 불구하고 심지어 가장 제한되어 있고 병리적인 욕망조차도 법칙을 위반하기는커녕, 일종의 "보이지 않는 것들의 증거"로서 법칙을 증언해 준다.

　그러므로 우리는 욕망을 정념에, 이성을 쾌와 불쾌의 감정

는 것으로서, 정확히 그것 자체가 이러한 만족의 한 생산물인 한에서 "만족"(25~26[91]), 혹은 "자기-향유"(145[307], 289[560])를 경험한다는 화이트헤드의 학설과 일치한다. 화이트헤드와 들뢰즈와 과타리 그들 모두에게서 이러한 역전은 (칸트에게서와 같이, 자아에서 세계로의 운동이 아니라) 세계에서 자아로의 운동을 함축하며, 또한 암시적으로 욕망보다는 정념[수동]/무관심에 특권을 부여한다.

에, 도덕적 무사심성을 미적 무관심성에, 두 번째 비판의 관심들을 세 번째 비판의 관심들에 대립시킬 수 있다. 욕구는 자율적이고 절대적이며 보편화하는 것인데 반해, 정념은 타율적이고, 우연적이며, 독특하다. 이성은 모든 관심을 초월한다. 미적 느낌은 어떤 관심이든지 간에 그것들 밑에 혹은 그것들에 앞서 존재한다 subsist. 욕망은 능동적이며 표현적이다. 왜냐하면, 그것은 주체로부터 출현하여 세계를 위해 입법하기 때문이다. 이와 대조적으로, 정념passion은 세계로부터 출현하여 주체를 향해 접근해 가거나 자기 자신을 주체에게 제안한다. 보다 정확히 표현하자면, 정념은 (그 말의 어원이 보여주듯이) 수동적passive일 뿐 아니라, 과장해서 말하자면 수동적인 것 그 이상이다. 주체는 그것이 [명령에 따라] 행동하기보다는 스스로를 재-창조하도록 자극받는다. 욕구는 자아가 자신을 세계 속으로 투사하고, 세계를 다시 형성하는 방식이다. 미적 느낌은 세계가 자신을 자아 속으로 투사하고, 그래서 자아를 재형성하는 방식이다.

이러한 차이점들은 능력들에 관한 칸트의 학설에 대응된다. 칸트는 말한다. "영혼의 모든 능력들 혹은 성능들은", "더 이상 공통의 근거에서 파생될 수 없는 세 가지 능력, 즉 인식능력, 쾌-불쾌의 감정, 욕구능력으로 환원될 수 있다"(1987, 16[160]). 능력들의 학설은 오늘날 거의 통용되지 않는다. 하지만 설령 그것이 허구에 불과할지라도, 여전히 그것은 유용하며 무언가를 해명해 주는 학설이다. 왜냐하면, 능력들의 학설은 칸트에게 결정적으로 중요한 구조적인 구분들을 끌어내도록 허용해 주기 때문이다. 인식과 욕구는 능력들Vermögen에 해당하는 반면에, 미적 능력은 감정Gefühl이기 때문이다. 인식과 욕구는 주체로부터 세계로 나아가는 데 비해, 아름다움美에 대한 쾌감은 어딘가로부터 나와, 주체 안으로 들어온다. 인식에서처럼 욕구에서도 경험은 주체와 함께 시작된다. 이에 반해, 미적 감정에서 경험은 바깥에서 시작하여 주체 안에서 정점에 이르거나, 귀착한다.

마찬가지로 이 모든 것은 지성의 개념들과 이념들 사이를 구분하는 칸트의 관점에서 말해질 수 있으며, 또한 이념들 가운데서도 미감적 이념들과 이성이념들 사이를 구분하면서도 말해질 수 있다. "가장 일반적인 의미에서 이념들이란 (주관적인 또는 객관적인) 어떤 원리에 따라 한 객관과 관계 맺는 표상들이다. 그럼에도 그것들은 그런 한에서 결코 대상의 인식이 될 수는 없다"(1987, 214~215 [386]). 그토록 많은 우리의 사유가 사태들에 관한 언명이 아니며, 그토록 많은 우리의 발언이 진술적이지 않다. 그리고 그러한 비인지적인 "현시들"presentations은 그것들 자체로 두 가지 종류에 속한다. 미감적 이념들은 "내적 직관들로서 그러한 이념들에는 어떠한 개념도 온전히 충전할 수가 없다"(182~183[349]).[10] 이와 대조적으로, "이성이념도 결코 인식이 될

---

10. * 이러한 비인지적인 표상들을 칸트는 다음과 같이 구분하고 있다. "이제 나는 이 원리가 다름 아니라 **미감적 이념들**을 현시하는 능력이라고 주장하는 바이다. 그런데 나는 미감적 이념이라는 말로 많은 것을 사고하도록 유발하지

수 없다. 왜냐하면, 그것은 (초감성적인 것에 대한) 하나의 개념을 함유하고 있으되, 이 개념에 적합한 하나의 직관은 결코 주어질 수 없기 때문이다"(215[387]). 미감적 이념은 [상상력의] "해설불가능한 표상들"이고, 반면에 이성이념은 [이성의] "입증불가능한 개념들"(215[387])이다. 하나의 미감적 이념은 미에 대한 독특한 암시이다. 왜냐하면, 그것은 "많은 것을 사고하도록 유발"하지만 그럼에도 "어떠한 언어도 그것을 온전히 표현할 수 없고 그것을 파악하도록 우리에게 허용하지 않기 때문이다"(182[348]). 오히려 하나의 이성이념은 숭고와 관련이 있다. 왜냐하면, 그것은 사유에 저항하며 그것을 복종시키지만, 그렇게 함으로써 언어의 초과 excess를 유발하는 것으로 보이기 때문이다. 나는 숭고의 경험을 이해할 수 없지만, 내가 그것을 이해할 수 없음에 관하여 끝없이 말할 것을 강요받는다.[11]

만 그럼에도 어떠한 특정한 사유, 다시 말해 어떠한 특정한 개념도 그것에 충전할 수 없는, 따라서 어떠한 언어도 그에는 온전히 이를 수 없고 설명할 수 없는, 그러한 상상력의 표상을 뜻한다. ― 이러한 미감적 이념은 이성이념의 대립물(대응물)이고, 이성이념은 거꾸로 그에는 어떠한 직관(즉 상상력의 표상)도 충전할 수 없는 개념이라는 것을 쉽게 알 수 있는 바이다"(칸트, 『판단력비판』, 348쪽).

11. 숭고에 대한 이러한 접근은 내가 주로 칸트에 관한 주석으로서 고려하는, 해체(deconstruction)의 전략으로 보일 것이다. 철학자로서의 자크 데리다의 전 생애에 걸친 과업은 기본적으로 칸트가 초월론적 가상들(transcendental illusions)이라고 부르는 것을 비판하는 칸트적인 과업이었다. "[그러한 초월론적 가상들은] 인간의 궤변이 아니라 순수이성의 궤변이어서, 만인 중 가장 현명한 사람일지라도 그것에서 벗어나지는 못할 것이고, 많은 노력 끝에 어쩌면

칸트는 잘 알려져 있듯이 제일 비판서(『순수이성비판』)에서 "내용이 없는 사고는 공허하고, 개념이 없는 직관은 맹목적이다"(Kant 1996, 107 [274])라고 쓰고 있다. 여기에는 직관과 개념은 항상 함께 가야 한다는 의미가 가정되어 있다. 그러나 이제 제삼 비판서(『판단력비판』)에서 칸트는 내용 없는 사유와 맹목적인 직관의 현행성actuality을 발견한다. 왜냐하면 이성이념들은 정확히 말해서 그 어떠한 내용도 [그것들을] 채울 수 없는 사고들이며, 또한 미감적 이념들은 어떠한 개념도 승인하지 않는 직관들이기 때문이다. 일단 우리가 지성의 영역을 떠나게 되면, 우리는 개념들과 직관들 사이의 어떤 근본적인 비대칭을 발견하게 되는데, [그러한 비대칭성 속에서] 그것들 각각은 다른 것의 능력들을 초과하는 것이다. 두 번째 비판서(『실천이성비판』)에서, 우리는 특정 개념들 — 비록 우리가 그것들이 증명될 수 없다는 것을 알고 있음에도 불구하고 — 을 긍정하도록 의무 지어진다. 그러나 적어도 우리는 여전히 개념들을 갖고 있으며, 또한 그러한 개념들을 입법하는 의지

착오는 방지할지 몰라도, 그를 끊임없이 성가시게 하는 가상을 소멸시킬 수는 없을 것이다"(Kant 1996, 380~381 [558~559]). 데리다는 그가 합리성 자체의 본성을 구성하고 있는 이러한 가상들을 부단히 심문하고, 인내심 있고 신중하게 그것들을 제거하기 위해 노력한다는 점에서, 다른 한편으로는 그러한 제거가 결코 결정적이거나 최종적이지는 않을 것이라는 점을 여전히 의식하면서 그렇게 한다는 점에서, 칸트의 프로그램을 따르고 있다고 말할 수 있다. 요컨대, 데리다는 칸트적 숭고에 대한 위대한 20세기 사상가인 데 비해, 화이트헤드와 들뢰즈는 칸트적인 아름다운 것에 관한 (내 마음에는 더 흥미로운) 사상가들이다.

는 여전히 궁극적으로는 우리 자신의 의지이다. 제삼 비판서(『판단력비판』)는 훨씬 더 멀리 나아간다. 왜냐하면 그것은 능동적이고 본래적인 자아뿐만 아니라, 개념들까지도 전적으로 배제하기 때문이다. 미감적 이념들은 그것들이 개념적이지 않은 것과 마찬가지로 도덕적이지도 않다. 미美는 이해되거나 의지되는 것이 아니라 느껴지는 것이다. 직관은 사유로부터 분리된다.

『과정과 실재』에서 화이트헤드는 이러한 분리를 지적하기 위해서 직관들과 개념들에 관한 칸트의 유명한 언명을 두 번이나 인용한다.[12] 그는 아이러니하게 "칸트의 원리"를 수용하는데, 이는 오직 "칸트 자신이 사용했던 것과 정확히 반대되는 방식으로"(1929/1978, 139[298~299]) 그 원리를 적용하기 위해서 그렇게 하는 것이다. 화이트헤드는 칸트의 체계가 "직관은 결코 맹목적이지 않다"라는 "숨겨진 전제"에 토대를 두고 있다는 것을 암시한다. 왜냐하면, 다시 말해, 모든 포착apprehension은, 원리적으로 보거나 사실적으로 볼 때, 이미 개념들에 의해 지배받고 있기 때문이다. 그러나 이러한 전제는, 일단 우리가 칸트의 "직관의 정신성에 사로잡혀서 직관이 의식에 필연적으로 뒤얽혀 있다는 강박적 생각"(같은 책)[13]을 거부한다면, 마땅히 거부되어야 한다. 몇 쪽 뒤

---

12. * 또 다른 한 번의 인용은 1928/1978, 155[325].

13. * "칸트는 '직관'의 정신성에 사로잡혀 있었고, 그래서 그는 직관이 의식에 필연적으로 뒤얽혀 있다는 생각을 한시도 버리지 못하고 있었다. 칸트의 숨겨진 전제는 '직관은 결코 맹목이 아니다'라는 것이다." 화이트헤드, 『과정과 실재』,

에서 화이트헤드는 "모든 경험의 행위에는 인식을 위한 객체들이 존재한다"[14]고 말하면서, 그 객체들은 원리상 알려질 수 있다는 칸트의 주장을 받아들인다. 그러나 화이트헤드는 곧바로 그러한 객체들이 실제로 인식되어 있다든가, 혹은 인식이 어떠한 주어진 경험 안에도 실제로 포함되어 있다고 가정할 이유는 없다고 덧붙인다. 대개는 그렇지 않다는 것이다. "지성적 기능이 경험의 행위 속에 포함되어 있다는 것"은 사실은 대단히 드문 경우에 속한다. "인식은" 분명히 가장 흔한 경우가 아니기 때문이다(155~156[326]).[15]

그러므로 화이트헤드는 그 자신의 철학과 칸트의 비판철학 사이의 차이점을 다음과 같이 기술한다. "칸트에게 세계는 주관으로부터 출현한다. 유기체 철학에서는, 주체가 세계로부터 출현한다"(Whitehead 1929/1978, 88[206]). 화이트헤드는 "칸트의 위대함"이 "그가 경험의 행위를, 주관성에서 객관성으로 또는 객관성을 주관성으로 변형시키는 구성적 기능으로 개념화시켜, 처음으로 완전하고도 분명하게 철학에 도입했다"는 점에 있다고 말한다.

299쪽.

14. * Whitehead 1929/1978, 156[326].

15. * 여기서 샤비로는 본인의 논지를 위해서 화이트헤드의 원문의 맥락과는 다른 의미로 해당 원문의 일부를 인용하고 있다. 원래의 문장은 이렇다. "따라서 유기체 철학에 따른다면, 어떠한 경험의 행위 속에도 인식을 위한 객체가 있는 셈이 된다. 하지만 그 경험의 행위 속에도 인식을 위한 지성의 기능이 포함되어 있지 않을 경우 인식이란 존재하지 않게 된다."(화이트헤드, 『과정과 실재』, 326쪽) 이 원문 자체는 칸트의 경우처럼 지성의 개념이 포함되지 않은 경우 인식이란 불가능하다는 점을 화이트헤드가 인정한다는 것을 나타낸다.

그러나 문제는 "칸트에게 있어 경험을 성립시키는 과정이 주관성으로부터 현상적인apparent 객관성으로의 이행"이라는 점이다. "유기체 철학은 이러한 분석을 역전시킨다. 그래서 과정을 객체성으로부터 주체성에로, 즉 외적 세계를 여건으로 만드는 객체성으로부터 하나의 개체적 경험을 성립시키는 주체성에로 나아가고 있는 것으로 설명한다"(156[326]). 따라서 화이트헤드는 자신의 철학을 칸트의 비판철학에 대한 역전, 교정, 그리고 완성으로서 제시한다. 다시 말해 "유기체 철학은 칸트가 그의 『순수이성비판』에서 제시했던 철학적 입장에 서서 순수한 느낌의 비판을 구축하려고 열망한다. 이는 또한 칸트 철학에서 요구되었던 나머지 비판들을 대체하는 것이 되어야 한다"(113[250]). 이런 식으로, 그는 칸트 자신의 비판들이 갖는 "초기의 과잉 주관성"에 대한 어떤 철학적인 "자기-교정"을 수행한다(15[72]).[16]

화이트헤드는 칸트의 물음, 즉 어떻게 주체가 경험 안에서 그리고 경험을 통해서 출현하는가라는 "구성적 기능"의 문제를 계속 묻고 있다. 칸트와 화이트헤드는, 데카르트가 그랬던 것처럼 경험 바깥에, 경험에 선행하여 현존하는 하나의 주체를 전제하지 않는다. 또한 그들은, 흄이 그랬던 것처럼 경험의 흐름 속으로 주체를 용해하지도 않는다. 하지만 칸트는 첫 번째 비판(『순수

16.* "철학이란 그 자신의 초기의 과잉 주관성을 의식하고 행하는 일종의 자기 교정이다." (Whitehead 1929/1978, 15[72])

이성비판』)에서 경험은 근본적으로 의식적이고 인지적이라고 가정하고 있다. 이와는 반대로 화이트헤드는 주체의 경험에서 의식은 대체로 무시될 수 있다(300[593])고 말한다. 대부분의 경우, 다른 존재자들은 물론이고 인간 존재의 경우에도, 경험은 "의식의 층보다 밑에 있는 우리의 물리적 느낌 속에 암암리에 들어 있다"(229[457]). 이러한 "물리적 느낌들"은 주체에 앞선다. 왜냐하면, 후자(주체)는 통합(유사−수학적인 의미에서)으로서, 혹은 전자[물리적 느낌들]의 (순차적으로나 인과적으로나) "끝[목표]"으로서 가장 잘 기술되기 때문이다. 주체는 그것을 구성하는 느낌들에 의해서 유혹받는다. 즉 주체는 오직 그러한 느낌들을 통해서만 존재하게 되는 것이다. 주체는 실체가 아니라 어떤 과정이다. 그리고 이 과정은 대개는 의식적이지 않다. 그것은 단지 예외적인 환경들 아래서만 그렇게 될 뿐이다. 바로 이러한 점이 화이트헤드가 주체와 객체, 자아와 세계 사이의 칸트적인 관계를 역전시키면서 지식을 평가절하하는 이유이다.

이것은 또한 화이트헤드가 주체는 자기−영속적이지 않고 지속적으로 새롭게 되어야 한다고 말하는 이유가 된다. 주체는 주어진 어떤 순간에서든지 그것 자신에게 생명을 불어넣는 그 느낌들보다 오래 살아남지 못한다. "아무도 같은 강물을 두 번 다시 건너지 못한다는 고대의 가르침이 확장된다. 어떤 사상가도 두 번 사고하지 않는다. 이를 보다 일반화시켜 말한다면, 어떤 주체도 두 번 경험하지 않는다"(1929/1978, 29[98]). 각각의 새로운 경험은, 심지어 우리가 "동일한" 경험이라고 생각하는 것의 반복조차 신선한 창조를, 새로운 주체를 함축한다. 이렇게 말하는 것이 우리가 한순간에서 다음 순간으로 이행하면서 실제로 느끼는 연속성의 느낌을 부인하는 것은 아니다. 그와 같은 연속성의 느낌은, 화이트헤드의 용어로, 계승이라는 개념을 통해 쉽게 설명된다. 왜냐하면 모든 새로운 경험의 "여건"은 대체로 동일한 물체 집합체 bodily mass 안에 위치하거나 그 동일한 [물체 집합체 내부의] 가까운 이웃 안에 위치하는, 직접적으로 과거인 경험들의 단편들로 이루어져 있기 때문이다. 그러나 화이트헤드에게 결정적으로 중요한 점은 이러한 연속성의 느낌이 자명하지 않으며, 미리 앞서 주어지지도 않는다는 것이다. 우리는 그것을 전제하거나 당연시할 수 없다. 그것은 오히려 가장 긴급하게 설명이 요구되는 것이다. 왜냐하면, 시간 속에서 현존하는 모든 것들의 경우와 마찬가지로, 주체가 갖는 그 결핍 상황the default situation이 소멸하는 것이기 때문이다. 시간에 대해 "끊임없는 소멸"이라고 한 로크의 말은 『과정과 실재』 전체를 중심 주제처럼 관통한다(예를 들어 29[98], 147[310], 208[420] 이하).

나는 화이트헤드에게 주체는 또한 자기-초월체super-ject이기도 하다는 점을 이미 언급했었다. 다시 말해서, 자기-초월체로서의 주체는 경험의 배후에 놓여있는 어떤 것이 아니라, 경험으로부터 발현하는 어떤 것, 경험에 다시 보태지는 어떤 것이다. 이러한 사실은 화이트헤드가, 마치 "포스트모던" 사상가들이 종종 그렇게 했다는 혐의를 받듯이 주체를 폐기한다는 것을 의미하지 않는다. 사실 화이트헤드에게는 정확히 칸트에게서만큼이나 경험 바깥에 아무것도 없으며, 그래서 주체 없이는 경험도 없다. 화이트헤드는 "우주 전체는 주체의 경험에 대한 분석에서 드러나는 요소들로 이루어져 있다"(같은 책, 166[346]).[17] 항상 어떤 주체가 있다. 비록 그것이 반드시 인간적 주체가 아닐지라도 말이다. 하나의 바윗덩어리조차 ─ 그 점에 관해서는 심지어 하나의 전자electron조차도 ─ 경험들을 가질 것이며, 따라서 일정 정도로는 하나의 자기초월적 주체로서 간주되어야 한다. 떨어지는 한 덩어리의 바위는 지구의 중력장을 "느끼"거나 "지각"한다. 물론 그 바위는 의식적이지 않다. 하지만 그것은 지구에 의해서 **변용되며**affected, 그래서 이러한 **변용됨**being affected은 그것의 경험인 것이다. 하나의 자기초월적 주체를 형성하는 것은 의식이 아니라, 통일성, 종결, 그리고 초월성이다. 각각의 주체는 "그 자신을 위한 어떤 개체적인 것이며, 그렇기 때문에 그것은 그 밖의 현실태를 초월한다"(같은 책, 88[206]). 그것은 [그 밖의] 모든 것과 다르다. 왜냐하면 그 무엇도 그것을 대체하거나 그것과 교환될 수 없기 때문이다. "'모나드'라는 용어도 그 탄생과 소멸 사이에 개재되는 결정적 순간에 있는 이러한 본질적 통일성을 표현한다"(Whitehead 1933/1967, 177[282]).[18] 하나의

---

17. * "우주 전체는 주체의 경험에 대한 분석에서 드러나는 요소들로 이루어져 있다고 보는 것이 주관주의적 원리이다." 화이트헤드, 『과정과 실재』, 346쪽.
18. * 이어지는 본문은 다음과 같다. "이 세계의 창조성이란 새로운 초월적 사

주체는 그것이 현실화하는 순간에, 전적으로 환원불가능하게 독특한 것이다. 물론 바로 뒤에, 그 순간은 지나가고, 그래서 그 주체는 다른 계기들을 위한 "여건"으로서 "객체화"된다. 그러나 그것은 또 다른 이야기이다[또 다른 주체의 이야기가 된다].

나는 화이트헤드가 스스로 선포한 칸트에 대한 전도轉倒에 계속 머물러 왔는데, 왜냐하면, 나는 칸트 자신이 『판단력비판』에서 이미 이러한 전도 또는 자기-교정과 같은 것을 수행하고 있다는 점을 제시하고 싶었기 때문이다. 왜냐하면, 거기서 칸트는 이해하지도 입법하지도 않지만 다만 느끼고 반응하는 주체를 제안하고 있기 때문이다. 그러한 미감적인 주체는 자신의 형식을 외부세계 — 그러한 형식이 부과되지 않는다면 혼돈스럽게 될 외부 세계 — 에 부과하지 않는다. 오히려 이 주체는 그것 자체가 바깥-세계, 곧 (월러스 스티븐스의 말로 표현하자면) "마음이 생각할 수 있기 전에 존재를 채우는" 세계에 의해서 형식을 부여받는다. 그렇게 형식을 부여받은 미감적 주체는 관조적contemplative이다. 왜냐하면 그 주체는 능동적이지도 수동적이지도 않으며, 심지어 실제로 자기-반성적이지도 않지만, 문법적으로는 (불행히도 독일어나 영어에는 존재하지 않는) 중동태middle voice로 가장 잘 묘사되기 때

실 속으로 몸을 던지는 과거의 맥박치는 정서라고 할 수 있다. 그것은 루크레티우스가 말하고 있는, 세계의 한계를 초월하여 던져져 나는 창과도 같다고 할 수 있다." 알프레드 노스 화이트헤드, 『관념의 모험』, 오영환 옮김, 한길사, 1997, 282쪽.

문이다. 미적 관조에서 나는 특정한 감정을 소유하지 않으며, 그런 만큼 바로 나의 현존 자체가 이러한 감정들 위에 매달려 있다. 칸트는 미적 표상의 유일한 "원인성"은 "그 표상 자신〔을 소유하고 있는〕상태를 〔우리 안에서〕보존하는 것"이라고 말한다… 우리는 아름다운 것에 대한 우리의 관조 안에 머무른다. 왜냐하면 이 관조는 자기 자신을 강화하고 재생산하기 때문이다"(1987, 68[218]). 그것은 일종의 자기-촉발하는 auto-affecting 단락회로이다. 관조된 대상은 관조하는 주체 안에서, 그리고 그 주체를 위해서 영속화되며, 주체는 그 대상을 통해 영감을 받은 느낌들과 공명하는 한에서만 존속한다 subsists. 다소 역설적이지만, 우리는 주체가 그것 안으로 들어오는 객체화된 "여건"을 통해 자기-촉발된다고 말할 수 있다. 느낌들은 자신들을 위하여 존재하는 주체로부터 분리될 수 없다. 하지만 그 주체 자체는 그러한 느낌들 덕분에, 그리고 그러한 느낌들과의 관계 속에서만 존재한다고 말할 수 있다.

이렇게 자기-촉발하는 단락회로로 표현되면서, 그것을 규정하기 위한 어떤 개념도 없는 아름다움美은 언제나 단칭적 singular이다. 미감적 판단은 고유한 상황에 반응하는 것이다. 그래서 그것은 반복되거나, 일반화되거나, 규칙들로 코드화될 수 없다. 칸트의 용어로 표현하면 우리는 "단칭 판단의 보편성"(1987, 144[300])에 직면하게 된다. 즉 아름다움에 대한 주장은 절대적인 것이지만, 동시에 단지 이 한 가지 사례에만 국한된 것이기도 하다. 아름다움과 마주할 때마다 매번 각기 완전히 새로운 것을 만나게 되고, 각각의 미적 판단은 우발성에 반응한다. 그렇기 때문에 아름다움은 전달[소통]불가능하다. 왜냐하면, 그것은 "공식에 담아 지시 규정으로 삼을 수 없는 것처럼"(177[342]) 베끼거나 모방할 수 없기 때문이다. 오히려 칸트는 아름다움은 **범형적**이라고 말한다(175[339]). 예를 들어, 천재의 예술작품은 "모방할 수 있는 것이 아니라 다른 천재가 따라야 하는 모범이다. … 그 모범을 따르는 다른 천재는 그 모범에 의해 자신의 독창성에 대한 느낌을 불러일으키고, 이를 통해 규칙의 구속으로부터의 자유를 예술에서 행사할 수 있다"(186~187[354]). 즉, 우리가 아름답다고 생각하는 것을 모방하거나 재현하거나 다른 사람(또는 심지어 우리 자신)에게 설명할 수는 없지만, [그 범형을] 본받는 행위를 하도록 영감을 줄 수 있다. 그리고 우리가 아름다움에 대한 내적 감각이나 특정한 취미판단의 근거를 전달할 수 없을 때, "보편적으로 전달[소통]할 수 있는"(157[315]) 유일한 것은 "그와 같은 것으로서의 판단력을 우리가 사용할 수 있게 하는 주관적 조건들"(155[313])뿐이다. 요컨대, 아름다움의 창조와 감상에 대한 규칙, 방법, 토대, 기준은 존재하지 않는다. 우리가 가진 전부는 아름다운 것의 예들과 그것들과 같아지거나 능가하기 위해 노력하는 "주관적 조건들"이다.[19]

---

19. 데리다의 **범형성**(exemplarity)에 대한 빈번한 논의, 다시 말해 범례(the ex-emple)와 그 범례가 자신에 대해 한 사례가 되는 바인 것 사이의 비합치성에 관한, [즉] "하나의 범례가 언제나 그것 자신을 넘어서는" 방식에 대한 빈번한

칸트의 미학은 그의 체계의 한 부분일 뿐이다. 그는 미적 판단들을 (경험적 사실의 문제들에 관여하는) 지성의 판단들 및 (정언명법들 또는 명령들에 해당하는) 도덕적 판단들과 구별하기 위해서, 미적 판단은 비인지적 판단이라고 주장했다. 다양한 종류의 판단을 구분하고 각 판단의 능력과 한계를 명확히 하려는 이러한 시도는 오늘날에도 여전히 중요하다. 왜냐하면 그것은 이성의 전체주의, 또는 (그 점을 보다 완곡하게 표현하자면) 과학자, 철학자, 정치적 독재자, 종교적 광신자들이 모든 학문 분야에 대해 동일한 근본적인 비판 기준을 적용할 수 있는 어떤 통일된 평가 영역을 강요하려는 시도에 대해 경고하기 때문이다. 그와 같은 강요는 모든 종류의 새로움, 창조성, 혹은 발명의 종말을 의미할 것이므로 치명적인 결과를 초래할 수밖에 없다. 말할 것도 없이, 총체화하려는 이성의 이러한 꿈은 원칙적으로 바람직하지 않은 만큼이나 실현도 불가능하다. 그러나 칸트가 바로 이성의 본성에 내재된 자기-기만, 즉 "초월론적 가상"이라고 부르는 것인 이 꿈은 결코 사라지지 않는 꿈이기도 하다. 우리는 불을 향해 달려드는 나방처럼 이러한 가상에 유혹받고 있기 때문에 항상 칸트의 경고가 필요한 것이다. 물론, 결국 이성, 진리, 토대, 보편타당한 기준에 대한 열광은 다른 어떤 열정만큼이나 독특하고 근거 없으

논의는 『판단력비판』에서의 범형성에 관한 칸트의 논의들에 대한 여백들에 매우 많이 쓰여 있다(1994, 34).

며 다루기 어려운 것이다. 화이트헤드가 말했듯이 "이론의 일차적 기능은 느낌을 위한 유혹"(1929/1978, 184[378])이며, 우리는 그러한 이론과 유혹 없이는 아무것도 할 수 없다.

『판단력비판』은 칸트의 체계에서 단지 지엽적인 역할만을 담당하는 것처럼 보일 수 있다. 하지만 화이트헤드가 철학은 이성 대신 "순수 느낌에 대한 비판"으로 시작해야 한다고 말한 것은 제삼 비판(『판단력비판』)을 우선시해야 한다는 것을 의미한다. 화이트헤드에게 정동情動, affect은 인식에 선행하며, 인식보다 훨씬 더 넓은 범위를 가지고 있다. 따라서 지성과 도덕성은 모두 미학에 종속되어야 한다. 주체가 자신의 느낌들로부터, 그리고 세계와의 만남을 통해서, 그 자신을 구성하거나 종합한 후에야 비로소 주체는 그 세계를 이해하거나 변화시킬 수 있는 것이다.

칸트의 이러한 수정 또는 "교정"은 오늘날 그 어느 때보다 더 적절한 것이다. 칸트는 무엇보다도 과학과 예술을 분리하여 각각의 적절한 한계를 정의하려고 노력했다. 실제로 이는 과학의 침입으로부터 예술과 인문학을 보호하는 것을 의미했으며, 이는 오늘날에도 여전히 중요하다. 그러나 우리는 또한 프레드릭 제임슨의 말처럼, "미적 생산"이 "지배적인 문화적 논리 또는 헤게모니적 규범"이 된 놀라운 발명과 끊임없는 혁신의 시대에 살고 있다(1991, 4~6). 심지어 실증주의적 과학조차도 미학의 조건에 점점 더 가까워지고 있다. 예를 들어, 이론 물리학은 그것이 [목표에 도달했다고 믿는 순간] 점점 더 멀어져만 가는 "모든 것에 대한 최종 이론"을 추구하기 때문에, 경험적 검증의 문제는 뒤에 남겨둔 채, 자신의 유일한 정당성을 정리定理,theorems의 아름다움, 수학의 우아함, 내적 자기 일관성에 두고 있는 것 같다.

유전학과 생명공학은 외부 세계를 이해하는 것이 아니라 우리 자신을 실험하고 변화시키는 것이기 때문에 훨씬 더 당혹스럽다. 우리는 우리 자신을 복제하고, 유전자 구성을 조정하고, 유전자 분할을 통해 우리 자신을 교배하며, 실리콘 칩을 뇌에 집어넣으며, 기계와 신경계를 직접 연결하고, 신경 전달 물질과 호르몬 수치를 마음대로 재설정할 수 있는 능력을 개발하기 직전에 와 있다. 이러한 실천들은 본질적으로 위험하고 예측할 수 없다. 어떻게 우리는 그것의 결과가 "우리"라는 존재 자체를 변화시키는 그러한 "지식"의 형태를 체념하면서 받아들일 수 있을까? 이러한 학문 분야들이 우리가 판단의 근거로 삼는 규범과 기준을 침식시키거나 부적합하게 만들 때, 우리는 그것들을 어떻게 판단할 수 있을까? 이러한 실천들의 발전으로 인해 자아, 생명, 인간성, 자연 같은 기본 개념들로 우리가 의미하는 바를 더욱 근본적으로 재정의해야 할 때 우리는 무엇을 할 것인가? 새로운 생물학은, 다른 모든 새로운 예술작품과 마찬가지로, 우리가 알고 있다고 생각하는 모든 것을 버리고 기존의 기준 아래서는 포섭될 수 없는 단칭 판단들을 내릴 것을 요구한다. 그러한 경우들에서 미학은 인지보다 우선하는데, 왜냐하면 우리는 새로운 범주들을 통해서만 이해될 수 있는 실천들을 다루고 있기 때문이다. 이때 바로 그러한 실천들 자체가 그러한 새로운 범주들을 창조해 내는 것이다. 그러므로 우리가 해야 할 질문은 "어떻게 하면 유효한 기준과 비판적 기준을 확립할 수 있는가"가 아니라, 차라리 "어떻게 하면 혁신과 변화를 막기 위해서만 작용하는 그러한 기준과 표준에서 벗어날 수 있을까?"이다.

2장

현실적 존재와 영원한 객체

질 들뢰즈는 알프레드 노스 화이트헤드에 관한 자신의 확장된 논의로만 이루어진 『주름』의 한 짧은 장章에서 다음과 같은 질문을 하기 위해 화이트헤드를 칭송한다. "사건이란 무엇인가?"(Deleuze 1993, 76[140]). 화이트헤드의 작업은 사건이 철학적 사유의 중심으로 옮겨지는 세 번째 시기 — 스토아학파와 라이프니츠를 뒤이은 — 를 보여 준다. 화이트헤드는 철학사에서 한 중요한 전환점을 나타내는데, 그 이유는 그가 사실상 모든 것은 사건이라고 단언하기 때문이다. 화이트헤드는 말하기를, 세계는 사건들로 이루어져 있기에, 사건 이외에는 아무것도 없다. 즉 사물들보다는 일어나는 사건들, 명사보다는 동사, 실체보다는 과정이 참으로 존재하는 것들이다. 그것을 들뢰즈는 다음과 같이 요약하고 있다. "하나의 사건은 단지 한 남자가 차에 치였다는 사실만을 의미하는 것이 아니다. 거대한 피라미드는 하나의 사건이며, 또한 한 시간, 삼십 분, 오 분이라는 기간 동안의 그 피라미드의 지속도 마찬가지로 사건이며, … 자연의 이행, 신의 이행, 또는 신의 한번 바라봄[시선]도 사건인 것이다"(같은 책, 76[140]). 생성은 존재의 가장 깊은 차원이다.[1]

겉으로 보기에 견고하고 항구적인 대상조차 하나의 사건이

---

1. 이 장과 『기준 없이』 전체를 통해서 수행되는 화이트헤드와 들뢰즈 사이의 유사성에 관한 나의 논의는 이 두 사상가를 비교하고 있는 최근의 여러 연구에 깊이 빚지고 있다. 특히 키스 로빈슨(2006), 제임스 윌리엄스(2005, 77~100), 그리고 마이클 헤일우드(2005)의 연구들에 힘입고 있다.

다. 아니, 더 낮게 표현하자면, 사건들의 다양체와 계열이다. 자신의 초기 형이상학 저술인 『자연의 개념』에서 화이트헤드는 런던의 빅토리아 제방(차링 크로스 제방) 위에 놓인 클레오파트라의 바늘의 예를 든다(165[192] 이하). 물론, 지금 우리는 그 기념물이 단지 "거기에" 있는 것은 아니라는 사실을 알고 있다. 그 기념물은 역사를 갖고 있다. 그 화강암 덩어리는 대략 기원전B.C.E 1450년 어느 때인가 인간의 손에 의해 조각되었다. 그것은 기원전 12세기에 헤리오폴리스로부터 알렉산드리아로 옮겨졌고, 다시 기원후 1877~1878년에 알렉산드리아에서 런던으로 옮겨졌다. 그리고 어느 날, 아마 그것은 파괴되거나 존재하기를 그치게 될 것이다. 그러나 화이트헤드에 의하면, 그 바늘에는 위의 사실 이상의 무엇이 더 존재한다. 클레오파트라의 바늘은 그 위에서 어떤 엄청난 역사적 사건들 – 조각됨, 옮겨짐이라는 사건들 – 이 때때로 잇달아 일어난 견고하고 무감동한 대상에 불과한 것이 아니다. 오히려 그 바늘은 모든 순간 사건적이다. 매초 마다, 겉보기에는 전혀 움직임이 없이 서 있을 때조차, 클레오파트라의 바늘에는 적극적으로 어떤 사건이 일어나고 있다. 그것은 결코 동일한 것으로 머물러있지 않다. "자연의 생生의 저 부분을 전자電子들의 무도舞蹈로 간주하는 물리학자는 그 바늘이 매일 약간의 분자들을 잃거나 다른 분자들을 얻었다고 당신에게 말해줄 것이다. 그리고 평범한 사람이라도 그 바늘이 더러워졌거나 이따금 씻겨져 깨끗해진 것을 볼 수 있다"(같은 책, 167[194]). 매 순간, 클레오파트라의 바늘이 그저 그 자리에-서-있음은 하나의 사건이다. 즉 그것은 하나의 쇄신, 새로움, 신선한 창조인 것이다.

그것이 화이트헤드가 사건들 – 그것을 그는 또한 "현실적 존재들"actual entities 혹은 "현실적 계기들occasions"이라고 부른다 – 이 실재를 이루는 궁극적인 구성요소라고 말할 때 그가 의미하는 것이다. 하지만 나는 여기서 좀 부주의하게 이야기하고 있다. 『과정과 실재』(1929/1979)에서 화이트헤드는 계기들과 사건들 사이, 존재자들과 사회들 사이를 엄격하게 구분한다. 화이트헤드는 "'사건'이라는 용어를 하나의 연장량extensive quantum을 지니면서 결정적인 방식으로 상호 연관되어 있는 현실적 계기들의 결합체nexus라는 보다 일반적인 의미로 사용한다. 하나의 현실적 계기란 단 하나의 구성원만을 갖는 제한된 유형의 사건이다"(73[181]). 극단적으로는, 하나의 사건은 단지 하나의 특정한 계기, 생성의 한 단일한 사건일 것이다. 그러나 더 일반적으로 말해서, 사건은 일단의 그렇게 일어난 사건들의 집합, 생성들의 다수성, 즉 화이트헤드가 결합체라고 부르는 것이다. 하나의 결합체는 "현실적 존재들의 공재togetherness라는 개별적 사태"이다(20[80~81]). 다시 말해서, 그것은 시간과 공간 속에서 인접한, 혹은 그렇지 않으면 서로 밀착되어 있는 계기들의 수학적 집합이다. 한 결합체를 구성하는 요소들이 단지 인접에 의해서뿐만 아니라, 또한 그러한 요소들 전체에 공통된 "한정 특성"defining characteristic에 의해서 통일되어 있을 때, 그리고 그러한 요소들이 모든 것을 서로에게서 "계승"했거나, 아니면 하나의 공통된 과정을 통해서 획득했을 때, 화이트헤드는 그러한 결합체를 하나의 사회라고 부른다(34[108]). 하나의 사회는 "자기 존속적self-sustaining이다. 달리 말해, … 그것은 그 자신의 존재 이유이다. … 존속하는 실재적인 현실적 사물들", 따라서 우리가 매일의 경험에서 만나게 되는 모든 실재적인 현실적 사물은 "모두 사회다"(1933/1978, 203~204[321]). 또한 화이트헤드는 때때로 그것들은 존속하는 객체(1929/1978, 35[109], 109[242])라고 부른다. 클레오파트라의 바늘은 하나의 사회, 혹은 하나의 존속하는 객체이다. 그 점에 있어서는, 나 자신 또한 마찬가지인 것이다 (1929/1978, 161[337]).

요약하자면, 하나의 "계기"는 그것을 통해 어떤 것이 생성되는 과정이며, 하나의 "사건"은 — 하나의 결합체 혹은 사회에 적용한다면 — 그러한 계기들의 연장적 집합이거나 시간적 계열들이다. 개별적인 생성들과 그러한 생성들의 점진적인 합쓺 사이의 대비는, 화이트헤드의 형이상학에서 결정적인 중요성을 지닌다. 현실적 계기는 들뢰즈가 독특성 — 만곡彎曲점 혹은 불연속적인 변형점 — 이라고 부르는 것과 비슷한 무엇이다. 어떤 현실적 계기도 무로부터 ex nihilo 생겨나지 않는다. 오히려 그것은 과거의 계기들로부터 주어진 자신의 "여건들"data을 계승한다. 하지만 각각의 현실적 계기는 그러한 앞서 존재하는 여건들 또는 선행하는 계기들을 다루는 그 자신의 새로운 방식에 힘입어서 마찬가지로 자기–창조적 내지는 자기 원인적causa sui이다. 이런 이유로, 다른 계기들과 동일한 현실적 계기란 존재하지 않는다. 왜냐하면, 각각의 계기들은 세계 속에 새로운 무언가를 도입하기 때문이다. 이것은 각각의 계기가 그 자체로 고려할 때 하나의 양자量者, quantum, 즉 분리되어 별개인, 나눌 수 없는 생성의 단위임을 의미한다. 그러나 이것은 마찬가지로 그러한 계기들의 범위가 엄격하게 제한된다는 것을 의미한다. 일단 하나의 현실적 계기가 발생하면 그것은 이미 끝난, 이미 죽은 것이 된다. 일단 그것이 자신의 최종적 "만족"에 도달하게 되면 그것은 더 이상 아무런 활력도 갖지 못한다. "현실적 계기는 결코 변화하지 않는다"고 화이트헤드는 말한다. "그것은 다만 생성하고 소멸할 뿐이다"(1933/1967, 204[321]). 그리고 소멸된 계기는 오직 "여건"으로서만 존속한다. 다시 말해 그것은 임의의 후속하는 계기가 그 문제의 계기를 새로운 자기 창조의 과정에서 변형시키기 위하여, 그 [후속하는 계기가] 자신의 차례에 취하게 될 일종의 원재료로서만 존속하는 것이다.

현실적 계기들의 직접적인 생성 및 소멸과는 대조적으로, 변화는 항상 비교를 함축한다. 그것은 계기들 사이의 이행 또는 한 생성의 사건으로부터 다른 생성의 사건으로의 "계승의 경로"(1029/1978, 279[543])로서 이해될 수 있다. 따라서 변화는 화이트헤드가 볼 때 넓은 의미에서 이해된 한 사건의 특징이다. "'변화'라는 개념의 근본적인 의미는 결정된 사건 속에 포함되어 있는 현실적 계기들 사이의 차이이다"(같은 책, 73[182] ; 80[194] 참조). 이것은 하나의 중대한 결과를 갖는다. 즉 그것은 생성이란 규칙적이고 원자적이며, 그래서 항상 반복되거나 다시 새로워질 필요가 있다는 것을 의미한다. [그래서] 화이트헤드는 "생성의 연속성"은 없고, 다만 "연속성의 생성"만이 있다(35 [111])고 말한다.[2] 생성은 연속적이지 않다. 왜냐하면, 각각의 계기, 각각의 생성 활동은 고 유하기 때문이다. 달리 말하면 "새로움의 산출"은 새로운 형태의 "구체적인 공재", 혹은 화이트헤드가 **합생**concrescence이라고 부르 는 것이기 때문이다. 새로운 무엇인가가 우주에 더해졌다. 그 새 로운 것은 이전에 거기에 존재했던 것 ─ 그것이 무엇이건 간에 ─ 과

---

2. 로빈슨(2007)은 화이트헤드와 들뢰즈 사이의 한 가지 중요한 차이점은 정확 히 "들뢰즈는 생성의 연속성에 전념하고 있지만, 화이트헤드는 연속성의 생성 에 전념한다는 점에 있다"라고 주장한다. 이 두 사상가에게서 그 문제는 통일 성(unity)과 다수성(multiplicity)에 관한 서로 충돌하는 주장들을 어떻게 해 결하는가 혹은 들뢰즈와 과타리(1987, 20[46])가 우리 모두가 추구하는 "마술 적인 공식 ─ 즉 다원론 = 일원론(PLURALISM = MONISM)" ─ 이라고 부른 것을 어떻게 달성하느냐이다. 스피노자와 베르그손을 따르면서 들뢰즈는 철 저한 연속성 쪽을 택하는데, 그렇기 때문에 화이트헤드 ─ 그의 사건들에 대 한 양자(量者)이론은 환원 불가능한 다원성에 더 많은 강조를 둔다 ─ 보다 더 일원론 쪽으로 기울어진다.

어쨌든, 화이트헤드의 "사건의 획기성 이론"(event epochalism) 또는 현실적 계기들의 수준에서의 원자론이 갖는 장점은 그것이 화이트헤드에게 ─ 조지 R. 루카스가 설명했듯이 ─ "베르그손과 제임스에게서 공통적으로 나타나는 '생성의 역설'이 갖는 회의론적 함축을 피할 수 있도록 허용해 준다는 것이다. 그 역설은 생성의 무차별적인(undifferentiated) 연속성은 시작도 끝도 없기 때문에 그 자체로 규정적이거나 구체적인 것으로서 생각될 수 없고, 다수의 구분되는 존재자들을 낳는다고 의미 있게 말해질 수 없다는 것이다"(Lucas 1990, 113).

화이트헤드를 생성의 연속성에 대한 (보다 베르그손적이거나 들뢰즈적인) 의 미로 개정하려는 시도에 대해서는 샤신웨이(2005)를 참조하기 바란다.

의 철저한 분리를 나타낸다. 그것으로서는 연속성은 언제나 생성되어야 하는데, 정확히 그 이유는 연속성은 결코 미리 주어져 있지 않기 때문이다. 어떤 존속하는 객체 ─ 클레오파트라의 바늘이나 나 자신과 같은 존속하는 객체 ─ 의 현존이 함축하는 연속성은 언제나 활동적으로 생산될 필요가 있는 어떤 것이다. 영원히 존재하는 것은 아무것도 없다. 그래서 마치 관성에 의해서나 그것 자신의 내적 힘을 통해서인 것처럼 자신을 존립시키는 것은 아무것도 없다. 차라리 하나의 객체는 자신을 쇄신하거나 몇 번이고 되풀이하여 자신을 새롭게 창조하는 한에서만 존속할 수 있다.3

그렇기 때문에 매 순간, 클레오파트라의 바늘의 연속적인 현존은 하나의 새로운 사건이다. 당신은 동일한 오벨리스크와 두 번 마주칠 수 없다. 바늘에 대한 나의 지각에서와 마찬가지로 나 자신에 대해서도 동일한 논리가 적용된다는 점에서 더욱더 그러하다. 어떤 주어진 순간에도 그 바늘과 나의 마주침은 그 자체로 하나의 사건이다(Whitehead, 1920/2004, 169[196~197]). 그러한 마주

---

3. 이것은 화이트헤드가 스피노자의 코나투스의 기본 원리, 즉 "각각의 사물은 그 자체로 존재하는 한 자신의 존재를 지속하기 위해 노력한다," 그리고 이러한 노력은 "그 사물 자체의 현행적 본질이다"(de Spinoza 1991, 108 : 『윤리학』, 제3부, 명제 6 및 7)라는 주장을 거부한다는 것을 함축한다. 화이트헤드가 보기에 사물들은 자신의 존재를 지속하기 위해 노력하는 것이 아니라 오히려 과거의 그것들과는 다른 존재가 되기 위해 노력하며, 그것들 자신이 수용하는 "여건"에 어떤 변화를 일으키기 위해서 노력한다. 한 존재자의 '만족'은 자신의 존재를 지속하는 것이 아니라 차이와 새로움을 성취하는 것으로, 즉 세계 속으로 새로운 것을 도입하는 것으로 이루어진다.

침은 처음 그 바늘을 보았을 때 느낀 나의 놀라움이라는 모습을 띌지 모른다. 또는 그 바늘의 심미적 특징들에 대한 나의 가까이 다가간 응시라는 모습이나, 내가 부주의하게 걸어갈 때 가까스로 그것을 의식적으로 알아봄이라는 형태로, 또는 내가 그것을 보지 못한 채로 부딪혔을 때 느끼게 되는 이마의 고통으로, 여러 해 전에 그것을 보았던 희미한 기억이라는 형태로, 혹은 심지어 런던에 가 본 적이 없다면, 화이트헤드의 책 속에서의 그것에 대한 나의 독서라는 형태를 취할 수 있을 것이다. 그러한 각각의 마주침은 새로운 사건이다. 또한 사건이 일어나는 각각의 자아들 역시 새로운 사건이다. 그 바늘을 지각함은 이미 구성된 주체로서의 나에게서 일어나는 무엇이 아니라, 오히려 나를 하나의 주체로서 새롭게 구성해 주는 무엇이다. 다시 말해서 칸트의 사유 및 대부분의 포스트칸트주의적 사유에서 "세계는 주체로부터 출현하는"데 반해서, 화이트헤드의 철학에서 그 과정은 역전된다. 그래서 "주체는 세계로부터 출현한다" – '주체라기보다는 자기초월체'[가 세계로부터 출현하는 것이다](Whitehead 1929/1978, 88 [207]). 그러한 자기초월체는 그 계기가 뒤에 남겨놓은 나머지이다. 나는 세계를 향해 투사하는 혹은 현상학적으로 세계를 "지향하는" 어떤 존재가 아니며, 오히려 바로 그것의 세계와의 조우의 과정에서 탄생할 뿐인 존재("주체"), 그래서 마치 용해 상태로부터 침전된 소금처럼 그러한 조우로부터 침전되게 되는 존재("자기초월체")이다.[4]

화이트헤드에게, 우리가 일반적으로 물리적 대상들과 정신적 또는 주체적 활동이라고 부르는 것 사이의 **존재론적** 차이란 존재하지 않는다. 화이트헤드는 "사유와 사물의 철저한 이원론"(James 1996, 28)을 거부한다는 점에서, 또한 "구체적인 것 안에 있는 사유들이 사물들과 동일한 재료로 구성되어 있다"(37)고 주장한다는 점에서 윌리엄 제임스와 입장이 일치한다. 클레오파트라의 바늘의 순전한 물질적 현존은 하나의 사건이다. 또한 그 바늘에 대한 나의 지각 역시 하나의 사건이기는 마찬가지이다. 따라서 화이트헤드는 들뢰즈가 존재의 "일의성"Univocity이라고 부르는 것을 주장하게 된다. 즉 "존재는, 자신을 언명하는 것이 다를 때조차, 자신을 언명하는 모든 것을 통해 단 하나의 같은 의미에서 언명된다"(Deleuze 1994, 36 [103]). 물론, 바늘에 대한 나의 지각은 내가 그것을 바라보든 그렇지 않든 상관없이 저기 있는 바늘 자체와 동일한 것은 아니다. 그러나 보다 정확히 말하자면, 빅토리아 제방에 있는 그 바늘은 내가 빅토리아 제방에 놓여 있는 그 바늘을

---

4. 화이트헤드의 합생 및 자기초월적 주체에 대한 설명과 질베르 시몽동(2005)의 개체화(individuation) 개념 사이에 존재하는 공명들에 관해서는 더 많은 논의가 필요하다. 시몽동은 용해 상태에서부터 침전된 결정체의 사례를 광범위하게 참조하는데, 여기서 나는 그것을 은유로 빌려왔다. 이에 더하여, **불균등성(disparation)**으로서의 지각, 즉 "자신의 발생에 앞서 양립 불가능했던 것을 '결합시키는' 어떤 관계 체계를 창조해 내는 개체화"의 과정에 관한 시몽동의 설명(Toscano 2006, 139)은 "흔히 '관계'라고 불리는 것은 '대비'로부터의 추상물이다"(1029/1978, 228 [455])라는 화이트헤드의 주장과 "존재자들이 강화된 대비의 강도"(279 [543])를 얻고자 노력하는 "궁극적으로 대립을 대비로 전환시키려 노력하는 과정"(348 [658])에 대한 그의 묘사와 상당히 유사하다.

지각하는 사건과는 다르다. 하지만 이러한 사건들은 모두 동일한 본성에 속한다. 왜냐하면, 그 사건들은 모두 동일한 방식으로 "말해지"거나 표현되기 때문이다. 또한 그것들은 하나의 동일한 세계 안에 함께 현존하기 때문이다.[5]

사건들에 대해서 적합하게 말한다는 것, 그것은 일의적으로 말하는 것인데, 그렇게 하기 위해서 화이트헤드는 데카르트 이래로 서구 사유를 재배해 온 "사유의 주어-술어 형식들"(1929/1978, 7[58])을 거부한다. 주어-술어적 사유 속에서, 아래에 놓여 있는 실체 또는 주체는 그것에 어떠한 "제2성질들"이 귀속되든 혹은 그것에 대해 무엇이 서술되든 동일한 것으로 남는다고 추정된다. 기껏해야 스피노자에게서처럼 고전적 사유는 여전히 우리에게 한

---

5. 로빈슨(2007)은 화이트헤드가 일의성이라는 용어에 대해 들뢰즈가 부여하는 의미에서 과연 어느 정도로 [그 용어에] 전념하고 있는지에 대해 의문을 제기한다. 로빈슨은 "화이트헤드의 사유 안에서 존재의 유비적 구조에 대한 가정이 여전히 지속되고 있음"을 보는 반면에, 들뢰즈의 철저한 일의성의 학설은 유비적 사유를 완전히 배제한다. 유비는 그 배후에 유사성을 함축하지만, 들뢰즈는 언제나 모든 명백한 유사성들을 잠재우고 파멸시키는 원초적 차이를 주장한다. 들뢰즈에게 유비적인 추론은 필연적으로 이원론적이고 재현주의적 사유로 되돌아가 붕괴됨을 의미한다. 따라서 화이트헤드가 유비를 계속 사용한다는 것은 "들뢰즈와의 돌이킬 수 없는 단절"을 수반할 것이다. 이와 같은 점이 사실일지라도, 그리고 아무리 화이트헤드가 그의 저작의 다른 여러 곳에서 유비적 추론에 많이 의존한다고 해도, 로빈슨의 논증에는 내가 여기서 주목하고 있는 의미에서 사건이 표현되는 방식의 일의성에 대한 화이트헤드의 공헌을 배제하는 것은 아무것도 없다. 그리고 실제로 로빈슨은 그가 화이트헤드와 들뢰즈 사이에서 주목하는 차이점들이 근본적인 양립 불가능성들이라기보다는 "균형" 또는 강조점의 문제라고 결론짓고 있다.

편으로 "하나의 실체, 자기원인causa-sui"과 다른 한편으로 이 실체의 많은 변용들, "그것의 개별화된 양태들" 사이의 구분을 남겨줄 뿐이다. 화이트헤드는 자신의 철학이 "스피노자의 사유 도식과 밀접하게 동맹을 맺고 있다"고 표명한다. 하지만 그는 "'양태들'의 임의적인 도입"(6~7 [58])에 기인한 〔스피노자〕 체계의 결함을 비판하고 있다. 달리 말해, 스피노자에게 있는 그 난점은 그가 자신의 철학을 "일원론적 실체 위에 기초 지으면서, 그것의 현실적 계기들이 열등한 양태들"이라고 본 점에 있다는 것이다. 화이트헤드의 철학은 "이러한 관점을 역전시킨다"(81 [194]). 실체와 양태의 구분 모두를 함께 폐기하면서, 화이트헤드는 스피노자를 일원론의 논리에서 다원론의 논리로 전환시킨다(74 [182]). 『과정과 실재』에서, "형태학적 기술은 역동적 과정으로 대체된다. 마찬가지로 스피노자의 '양태들'은 이제 순전한 현실태들이 된다. 그래서 비록 그것들에 관한 분석이 우리의 이해를 증대시켜 줌에도 불구하고, 그것은 그 어떠한 상위의 실재들의 발견으로도 우리를 인도하지 않는다"(7 [58]). 화이트헤드에게는, 양태들 외에는 그 무엇도, 즉 양태들을 포섭하는 그 어떤 통일된 실체도 — 심지어 내재적으로조차도 — 존재하지 않는다. 심지어 신도 능산적 자연이면서 소산적 자연, 즉 "창조성의 피조물이면서 동시에 창조성의 조건이다. 신은 모든 피조물과 함께 이러한 이중의 특성을 공유한다"라고 화이트헤드는 제안한다. 그것 자체로, 모든 개별적인 현실적 존재는 스피노자의 실체 개념을 만족시킨다. 즉 그것은 자기원인적인 것이

다. 존재하는 것은 양태들, 변용들, 혹은 현실적 계기들뿐이다.6

그러므로 화이트헤드에게는 정신과 물질 간의 불변의 본질적
구분, 또는 주체와 객체 사이의 구분은 존재하지 않는다. 마찬가
지로 인간과 비인간 사이의 견고하고 본질적인 구분도 존재하지
않으며, 심지어 생명 있는 존재와 생명 없는 존재 사이의 구분도
존재하지 않는다. 그것은 이러한 구분들이 중요하지 않아서가 아
니다. 종종 이런 구분들은 가장 커다란 실용적 중요성을 지닌다.
나는 인간 존재를 내가 돌을 다루는 것과 같은 방식으로 대해서
는 안 된다. 그러나 우리는 이러한 구분들이 언제나 상황에 의존
적이라는 점을 기억할 필요가 있다. 그것들은 정도의 차이들이지,
본질적인 차이나 종적인 차이가 아니다. 화이트헤드는 의인론적
이지 않고 인간 중심적이지 않은 형이상학을 생산하기를 추구한
다. 이것은 화이트헤드가 한 사람의 세속주의적이고 자연주의적
인 사상가이긴 하지만, 매우 특별한 부류의 그런 사상가라는 것
을 의미한다. 화이트헤드는 그가 존재론적 원리라고 부르는 것을
고수하면서 초자연주의적 설명들을 거부한다. 존재론적 원리는
"모든 현실적 존재들은 유일한 근거들"(1929/1978, 24[89])이며, "어
떤 근거에 대한 탐구는 언제나 그런 근거의 전달 수단이 되는[그

---

6. 화이트헤드가 제임스의 다원론을 지지하면서 스피노자의 일원론을 거부한
것은 제임스의 (그리고 베르그손의) 연속적 변화, 생성 혹은 과정, 혹은 그가
창조성이라고 부르는 것의 의미에 찬성하면서 스피노자의 코나투스에 대한 그
의 거부와 함께 간다.

근거의 담지자인] 현실적 사실에 대한 탐구이다"(40[120])라는 주장이다. 왜냐하면, "알 수 없는 곳으로부터 세계 속으로 유입되는 것은 아무것도 없다. 현실 세계에 있는 것은 무엇이든지 어떤 현실적 존재와 관련을 가질 수 있"(244[483])기 때문이다. 이것은 경험론이 궁극적으로 옳다는 것을 의미한다. 왜냐하면, 모든 우리의 지식은 경험으로부터 오며, 그래서 경험 밖 또는 경험을 넘어서는 것은 그 어떤 것도 존재하지 않기 때문이다. 심지어 신의 개념조차도 세속화되고 경험적 용어로 설명되며 현상적 경험의 범위 안에서 위치 지어질 필요가 있다(207[417]).

이런 점에서 볼 때, 화이트헤드가, 들뢰즈가 그를 좇아 그러하듯이, 자신의 논증들을 실험과학의 성과들과 화해시키고자 한다는 점을 주목하는 것이 중요해진다. 너무 많은 20세기의 철학자들이 과학과 기술을 경험에 대한 남용적인 "틀에 끼워 넣음"(하이데거), 또는 "도구적 이성의 위기"(호르크하이머와 아도르노)로서 거부한다. 그러나 화이트헤드는 자기 시대의 과학—상대성 이론, 다소 좁은 범위이기는 해도 양자역학—으로부터 긍정적으로 자극을 받았다. 화이트헤드의 목표 중 하나는 시대에 뒤떨어진 고전적 사유(데카르트적이고 뉴턴적인 사유)의 전제들로부터 자유로운 20세기 물리학이 그랬던 것만큼 철저한 방식으로, 형이상학을 창조해 내는 것이었다. 이것은 결코 (일부 실증주의자들과 분석철학자들이 그러기를 바라듯이) 철학이 과학 속으로 포섭된다는 것을 의미하지 않는다. 들뢰즈 못지않게 화이트헤드는 철학적 기획과 과학적 기획 사이에 놓인 본질적인 차이와 전자의 후자로의 환원 불가능성을 주장한다. 하지만 화이트헤드의 형이상학은 언제나 물리 과학의 성과들에 대한 존중을 전제한다. 오늘날 화이트헤드의 사유는 (들뢰즈의 사유처럼) 복잡성 이론(Robinson 2005)과 뇌 과학(Pred ; Meyer 2005) 같은 현대의 과학적 탐구와 토론이 생생하게 진행 중인 분야들과의 풍요로운 만남을 가질 수 있다.

그러나 화이트헤드의 존재론적 원리는 물리 과학－그것의 '근거에 대한 탐구'의 거부, '왜'에 대한 질문들로부터 '어떻게'에 관한 질문들을 분리시킴－이 실재에 관한 이해에 전적으로 적합한 것이 되지 못한다는 점을 함축한다. 실재에 관한 물리 과학적 탐구는 불완전하다. 이자벨 스탕게스(2005, 37 이하)가 쓰고 있듯이, 과학은 세계를 이해하기 위한 필수적인 조건이지만 충분한 조건은 아니다. 과학적 설명의 수준에서 멈춰 선다는 것은 "자연을 실재의 두 체계", 즉 한편에 "분자와 전자들"의 영역이 있고 다른 한편에 나무의 녹색임, 새들의 노래, 태양의 따뜻함과 같은 정신현상들(로크의 "제이성질들")이라는 또 다른 영역이 있는 "자연의 이분화"(Whitehead 1920/2004, 30~31 [47~48])를 받아들이게 되는 것이다. 이러한 자연의 이분화를 극복하기 위하여 화이트헤드는, 라이프니츠처럼 모든 현상을 위한 충족이유를 추구한다. 또한 라이프니츠를 주석하면서 들뢰즈가 말하고 있듯이(1993, 41 [58]), "하나의 원인cause은" 여기서 추구되고 있는 이유reason가 아니다. 혹은 적어도, 물리 과학이 추적하는 인과성은 하나의 이유에 대해 **충분하지 않다**. 나중에 들뢰즈가 설명하듯이, 라이프니츠의 충족이유의 원리는 "한 사물에게 일어나는 모든 것 ─ 인과 작용을 포함해서 ─ 은 하나의 이유를 지닌다. 만일 어떤 사건이 한 사물에서 발생한 것 ─ 그 사물이 그 사건을 겪든 혹은 그 사건을 일으키든 간에 ─ 이라고 불린다면, 충족이유란 그 사건을 자신의 술어들의 하나로서 포함하고 있는 것"(같은 책)이라고 말해질 수 있다. 우리는 하나의 주어진 사건 안에서 작동 중인 인과성의 물리적 연쇄를 무시할 수 없다. 그러나 우리는 설명을 거기서 멈추기를 원하지 않는다. 우리는 화이트헤드가 말하듯이(Stengers 2005, 42에서 재인용), 이러한 인과성의 연쇄 배후에 있는 이유, 그것을 현재의 바로 그것으로 만들어주는 "결단"decision을 "이해하길 요청한다." 화이트헤드는 그러한 "'결단'은 하나의 현실적 존재에 대한 인과적 부가물로서는 구성될 수 없다. 결단은 바로 현실태의 의미를 구성한다"(1929/1978, 43[125])라고 우리에게 경고한다.

따라서 화이트헤드의 존재론적 원리는 라이프니츠의 충족이유의 원리와 동일한 형이상학적 요구를 나타낸다. 다만 화이트헤드가 다시 한번 더, 라이프니츠의 사유에서 발견되는 사유의 주어-술어 형식을 거부한다는 점은 제외한 채로 말이다. 화이트헤드에게 사건들은 사물들에서 발생하지 않는다. 오히려 사건들 자체가 유일한 사물들이다. 하나의 사건은 "〔사물들에〕 속하는 술어들 가운데 하나가" 아니라, 바로 그 사물 자체인 것이다.[7] 라이프니츠가 모든 목적인과 충족이유를 존재의 근거이자 "예정조화"의 건축가인 신에게 돌리는 곳에서, 화이트헤드는 이러한 논리를 역전시킨다. 화이트헤드의 설명 속에서 신은 충족이유들 또는 목적인들, 또는 모든 한정된 존재들의 근거라기보다는 오히려 그것들의 결과이다. 술어의 세계라기보다는 하나의 과정의 세계 속에서, 그 모든 현실적 계기를 위한 충족이유는 그 계기 자체에 의해서 "결단되며", 아울러 전적으로 그 계기 자체에 내재한다. 각각의 현실적 계기는 그 자신의 사적인 "예정조화"의 건축가이다(Whitehead 1929/1978, 27[94]; 224[447] 참조). 라이프니츠의 신과 대조적으로 화이트헤드가 "신의 결과적 본성"(345[652~3] 이하)이라고 부르는 것은 이러한 많은 작은 사적인 조화들을 어떤 예외도 없이 하나의 거대하고 공적인, 결코 완성되지 않는 개념적 조화작용 속으로 모으면서 오직 사후적으로ex post facto 작용할 뿐이다.

이 모든 것은 새로운, 모더니스트적인 종류의 "조화" ─ 부조화dissonances를 배제하지 않지만, 마찬가지로 자신 안에 그것들을 포함하고 있는 조화 ─ 를 함축한다. "안티테제들" 혹은 "외견상의 자기-모순들"을 다루면서, 화이트헤드의 신은 라이프니츠의 신성

---

7. 내가 이미 언급했듯이, 사건들이 일어나는 사물들은 현실적 존재들이나 현실적 계기들이 아니라, 사회들 그리고 존속하는 객체들이다. 동시에 이러한 사회들 그리고 존속하는 객체들은 그것들 자체로는 "역사적 경로들"(Whitehead 1929/1978, 63[163]) 혹은 그것들을 함께 연결하는 "계승의 경로들"(180[370])을 수반하는 일련의 현실적 계기들로 이루어진 것에 불과하다.

divinity의 방식처럼 대안적 가능성 가운데 선택하지도, 헤겔의 절대자가 보여주는 방식처럼 대립들을 더 상위의, 자기-반성적이면서 자기-차이화하는 통일로 "지양"止揚하지도 않는다. 차라리, 화이트헤드의 신은 "대립을 대비로 전환시키는 의미의 전환"을 작동시킨다(1929/1978, 348[658]).[8] 라이프니츠의 신이 불공가능성들incompossibilities을 배제함으로써 "모든 가능한 세계들 가운데 최선의 세계"를 선택하는 지점에서, 화이트헤드의 신은 어떠한 선호나 제한도 없이, "불일치하는 다양한 현실적 사물들"을 긍정한다(349[661]). 혹은 들뢰즈가 쓰고 있는 것처럼 라이프니츠와 대비해 볼 때 화이트헤드에게서는 이분화, 분기分岐, 불공가능성, 그리고 불일치는 잡다한 요소들로 이루어진 동일한 세계에 속한다. 심지어 신조차 가능한 세계들을 비교하여 그 가운데서 가장 풍요로운 공가능한 세계를 선택하는 존재Being이기를 그친다. 신은 과정Process, 즉 불공가능한 것들을 긍정하면서 동시에 그것들을 통과하는 하나의 과정a process으로 생성되는 것이다(Deleuze 1993, 81[150]).[9]

---

8. 이 부분은 여기서 내가 제공할 수 있는 것보다 더 확장된 설명이 필요하다. 화이트헤드가 제시하는 안티테제들에 대한 해결 — "의미의 전환"을 작동시키고 개념적 대립들을 미적 "대비들"로 전환시키는 것 — 은 칸트가 『순수이성비판』의 「초월론적 변증학」 장에서 "안티테제들" 혹은 "이율배반들"을 결정적으로 헤겔적이지 않은(또는 반헤겔주의를 예상하게 하는) 방식으로 처리한 것과 강력한 친화력을 갖는다.

9. 팀 클라크(2002)는 들뢰즈가 화이트헤드를 이접(disjunction), 불공가능성, 그

이런 접근 방식은 화이트헤드의 세계 이해에 어떤 차이를 만들어주는가? 그의 "유기체 철학"은 더 전통적인 종류의 경험론 및 자연주의와는 어떻게 비교될까? 내 생각에, 가장 중요한 차이점은 이렇다. 자연의 이분화를 거부하면서, 그리고 모든 현상들을 위한 충분 이유를 요구하면서, 필연적으로 화이트헤드는 근대과학적 이성을 정초하는 전제, 즉 "분열된 주체"(Lacan 1978, 138 이하) 또는 "경험적-초월론적 이중항"으로서의 인간의 얼굴(Foucault

---

리고 "카오스모로지"(chaosmology)의 사상가로서 독해한 것에 의문을 제기한다. 『과정과 실재』와 그 밖의 저작들에서의 신에 대한 화이트헤드의 설명을 면밀히 독해하면서, 클라크는 화이트헤드가 차이, 불공가능성, 개방성, 그리고 "이접적 종합"을 들뢰즈 자신이 그랬던 것과 같은 급진적인 방식으로 긍정하지는 않고 있다고 결론짓고 있다. "화이트헤드의 체계 안에서, 우주는 원칙적으로 "철저하게 개방된" 것이라기보다는 단지 "반만 개방된 채로 남아 있다"(같은 책, 202).

다시 말해서, 화이트헤드는 비록 라이프니츠의 바로크적 조화를 넘어섰지만, 그는 "음조의 소멸", "다조성", 그리고 (불레즈의 말을 인용하여) 들뢰즈가 모더니스트 "신(新)-바로크"에서 발견한 "다성[음악]들 중의 다성[음악]"(Deleuze 1993, 82[151])으로 옮겨가지는 않는다. 여기서 조화는 단지 메타포에 불과한 것이 아니다. 그러나 들뢰즈의 "조화"의 미학을 살펴볼 때, 나는 블레즈와 같은 작곡가들의 12음법에서 정점에 도달한, 서양 콘서트 음악에서 조화가 [내포하는] 점진적인 확장과 해방이라는 모더니즘적 서사에 대한 들뢰즈의 암묵적 지지에서 벗어날 필요가 있다고 생각한다.

나는 5장에서 화이트헤드의 신 개념에 대한 물음으로 되돌아갈 것이다. 그러나 클라크의 해석을 인정하면서도, 화이트헤드는 신과 '카오스모스'에 관해서는, 적어도 내가 여기서 그것을 인용하는 방식에서는 들뢰즈의 독해를 전적으로 배제하지 않을 만큼 충분히 개방적이다. 전반적으로 나는 화이트헤드의 사상을 정확하게 재구성하는 것보다는 화이트헤드와 들뢰즈 사이의 만남, 즉 두 사람에 대한 우리의 이해를 변화시키는 만남의 윤곽을 그리는 데 더 큰 관심을 갖고 있다.

1970, 138 이하)에 도전한다. 화이트헤드에게, 실험자는 실험과 결코 분리될 수 없다. 왜냐하면, 그것들은 모두 동일한 방식으로 세계 안에 존재하고 있기 때문이다. 나는 내가 나 자신을 관찰하는 방식과 전적으로 다르게 다른 존재들을 관찰할 수 없다. 관찰하는 자아(초월론적 주체로서의 자아, 혹은 명확한 진술enunciation의 주체)와 관찰되고 있는 자아(세계 안의 대상으로서의 자아, 혹은 진술statement의 주체) 사이에 존재하는 형상적이고 항구적인 구분이란 존재하지 않는 것이다. 따라서 현상학도 실증주의도 있을 수 없고, 인지주의도 행동주의behaviorism도 있을 수 없다. 화이트헤드는 생물학적 세계를 기술하기 위해서, 심지어 무생물(무기물)의 세계를 기술하기 위해서, 그가 인간 세계를 기술할 때 사용하는 것과 동일한 용어를 사용함으로써 이러한 점을 강조한다. 그는 의지, 욕망, 그리고 창조 같은 범주들이 단지 우리[인간 존재들]에 대해서만 아니라, 비인간nonhuman 존재자 그리고 심지어 비유기적inorganic 존재자들에 대해서도 마찬가지로 타당하다는 점을 제안한다. 화이트헤드는 아무 어색함 없이 어떤 식물의 "느낌들"과 "만족들"에 대해서, [더 나아가] 클레오파트라의 바늘, 또는 심지어 하나의 전자와 같은 비유기적인 대상의 "느낌들"과 "만족들"에 대해서 쓰고 있다. 모든 사건 혹은 모든 존재는 그가 "정신적" 극과 "물리적" 극, 그리고 "사적인" 영역과 "공적인" 영역이라고 부르는 것을 갖고 있다. 우주의 광대한 상호연결들 속에서 모든 것은 지각하면서 지각된다.

아무리 기묘해 보일지라도 그것은 일의성에 대한 화이트헤드의 추구의, 또는 마누엘 데 란다(2006)가 **평평한 존재론**flat ontology이라고 부르는 것의 한 필연적 귀결 – 즉 다양한 등급들에 속하는 존재들과 재귀성과 복잡성의 다양한 수준들에 속하는 존재들이 모두 동일한 방식으로 다루어지게 되는 존재론[10] – 이다. 화이트헤드가 하나의 전자 또는 하나의 유적monument의 "정신적 극"에 대해 쓸 때, 우리는 "정신 작용들은 필연적으로 의식을 수반하지는 않는다"는 점을 기억해야만 한다. 실제로, 흔히 그러한 정신 작용들은 전적으로 의식 없이 일어나기 때문이다(Whitehead 1929/1978, 85[201]). 화이트헤드는 자신의 용어들을 인간 사유, 감정, 그리고

---

10. 현실적 존재들과 사회들 사이에 있는 화이트헤드의 구분, 또는 (원자적인 것인) 계기들과 (변화를 수반하는) 사건들이 하나의 평평한 존재론의 선언을 침해하며, 화이트헤드가 그토록 극복하는 데 관심을 기울였던 바로 그 자연의 분기를 재도입한다는 것이 때때로 주장되곤 한다. 내가 이미 제시한 바 있듯이, 화이트헤드는 의미 있는 변화를 지닌 현실태, 혹은 그가 "새로움을 향한 창조적 전진"(Whitehead 1929/1978, 28[96], 그리고 여러 곳)이라고 부른 것을 긍정하기 위해서, 또한 베르그손과 자본주의적 소비사회에서의 끊임없는 유행의 교체 모두를 비판하면서, 생성을 에른스트 블로흐가 "순전히 목적 없는 무한성과 끊임없는 변화 가능성이라고 부른 것 – 모든 것이 끊임없이 새로워져야 하는 곳에서, 모든 것은 단지 과거의 그것으로 남아있게 되고, … 단지 끝없는, 내용 없는 지그재그만 남게 된다"(Bloch 1986, 140) – 으로 환원시키기를 거부하기 위해서, 이러한 구분을 필요로 한다.

어떤 경우에서든지, 저 평평한 존재론의 선언은 적어도 우리가 살아있는 경험 속에서 만나게 될 모든 것에 적용된다. 왜냐하면, 중성미자로부터 전체로서의 카오스에 이르기까지 모든 것은 화이트헤드의 용어의 정의 속에서는 평등하게 하나의 "사회"이기 때문이다.

행위에 관한 우리의 일상적 용어로부터 끌어온다. 이런 방식으로, 그는 자신의 철학이 모든 종류의 실증주의, 혹은 보다 최근 제거적 유물론이라고 불리는 것으로부터 떨어져 있는 거리를 표시한다. 그러나 화이트헤드는 마찬가지로 자신의 입장을 인간을 특권화하려는 모든 단순한 시도 혹은 때때로 고발되곤 하는 "범심론"으로부터 구분하기 위해, 철저하게 이러한 용어들을 탈의인화시킨다deanthropomorphizes. 우리 인간 존재들이 어떤 특별한 정신성을 지니고 있는 데 반해, 나무들이나 바위들과 전자들은 그렇지 못하다는 것은 사실이 아니다. 그 차이는 차라리 정도의 차이일 뿐이다. 나무와 바위나 전자의 현존에 기여하는 하나의 계기의 정신적 극은 결코 전적으로 결여된 것이 아니라, 그것이 너무 미약해서 "무시될 수 있을" 뿐인 것이다. 이와 대조적으로, 우리 인간의 의식에 기여하는, 혹은 우리의 동일성에 기여하는 하나의 계기의 정신적 극은 강렬하고intensive 활동적이며 대체로 지배적이다.

"정신성"과 "지각" 같은 단어들이 갖는 의인론적인 — 또는 적어도 인지적이고 합리주의적인 — 내포를 피하기 위해서, 화이트헤드는 하나의 현실적 계기가 또 다른 현실적 계기를 취하고 감응하는 행위에 대해 파악prehension이라는 용어를 사용한다. 명석하고 판명한 인간의 감각 지각은, 데카르트로부터 20세기의 실증주의자들에 이르는 고전 철학 전통에서 생각되듯이 파악의 한 종류이다. 하지만 그것이 파악의 유일한 종류는 결코 아니다. 우리의

삶들은 "비-감각적 지각"(Whitehead 1933/1967, 180~181 [287~289])
의 경험들로 가득 차 있다. 다시 말해서, 직접적 과거에 대한 우리
의 알아차림으로부터(181 [288]) "신체를 '가지고서'라는 것'*witness of
the body*"(Whitehead 1929/1978, 312 [598])에 대한 우리의 느낌들에
이르는 비감각적 지각의 경험들이 있는 것이다. "우리는 동시적인
의자를 본다. 그러나 우리는 그것을 우리의 눈으로*with our eyes* 본
다. 그리고 우리는 그 동시적인 의자를 만져본다. 그러나 우리는
그것을 우리의 손으로*with our hands* 만진다"(62 [162]). 아니면 다시 한
번, "우리는 우리의 눈으로*by our eyes* 보고, 우리의 혀로*by our palates*
맛본다"(122 [267]). 같은 방식으로, "한 마리의 해파리는 앞으로 나
아가거나 뒤로 물러서며, 그렇게 함으로써 자신 밖의 외부 세계와
의 인과관계에 대한 어떤 지각이 있음을 나타낸다. 한 그루의 식
물은 습기 찬 땅을 향해 아래쪽으로 자라며, 빛을 향해서는 위
로 자란다"(176 [364]). 이 모든 것이 파악이다. 그렇다면 땅은 자신
에게 에너지를 제공하는 태양을 파악한다. 돌은 자신이 그 위로
떨어지는 땅을 파악한다. 클레오파트라의 바늘은 자신의 물질적
환경들을 파악한다. 그리고 나는 다른 사물들 가운데서 그 바늘
을 파악한다. 하나의 새로운 존재는 다른 존재들을 파악함으로
써 존재하게 된다. 모든 사건은 다른 사건들에 대한 파악이다.[11]

---

11. 들뢰즈는 다음과 같이 쓰고 있다. "모든 것은 자신에 대해 선행하는 것들과
   자신에게 부수하는 것들을 파악하며, 정도들에 따라서 하나의 세계를 파악
   한다. 눈은 빛에 대한 한 파악이다. 생명체들은 물, 토양, 탄소, 그리고 염분을

반드시 주목되어야 할 점은, 이 모든 것이 주체와 객체 사이의 만남뿐만 아니라, 한 객체와 또 다른 객체 사이의 만남에도 적용된다는 사실이다. 그뿐만 아니라 흔히 개별 주체의 "동일성[정체성]"이라 불리는 것에도 적용된다는 사실이다. 자기-동일성, 즉 한 주체의 자기 자신에 대한 관계는 한 주체가 객체와 맺는 관계와 동일한 구조를 갖는다. 그것들은 모두 파악들에 근거를 두고 있다. 내가 클레오파트라의 바늘을 지나칠 때마다, 혹은 그것을 생각할 때마다 나는 그것을 새롭게 파악한다. 그러나 또한 마찬가지로, 나는 끊임없이 나 자신을 파악한다. 즉 나는 매순간 바로 한순간 전의 나였던 것을 파악함으로써, 즉 "일 초의 십 분의 일과 일 초의 이 분의 일 사이"의 과거의 나였던 것을 파악함으로써, 나 자신을 존재 안에서 새롭게 하는 것이다. 그와 같은 직접적 과거는 "지나가 버렸지만, 그럼에도 그것은 여기 있다. 그것은 의심할 바 없는 우리의 자아이며, 우리의 현재적 존재의 토대

파악한다. 주어진 어떤 순간에 피라미드는 나폴레옹의 군사들을 (사십 세기가 우리를 응시하고 있다) 파악하며, 그 역도 마찬가지이다"(Deleuze 1993, 78[144]). 하지만 나 자신의 요약과 마찬가지로 들뢰즈의 요약을 살펴본다면, 두 가지 조심해야 할 점이 순서대로 나온다. 첫째로, 디디에 드베즈가 지적하듯이, 이 모든 예들은 보다 적절하게 말하자면 현실적 존재들 자체를 가리키기보다는, 화이트헤드가 사회들이라고 부르는 것을 가리킨다(Debaise 2006, 73~75). 둘째로, 들뢰즈는 파악의 시간적 차원에 대해 언급하지 못했다. 하나의 현실적 존재는 그 자신과 동시적인 것을 파악하지 않으며, 단지 그것의 과거 속에 놓여 있는 것만(비록 이것은 대개 자신의 직접적 과거이며, 따라서 그 구분은 대부분 눈에 띄지 않지만)을 파악한다.

이다"(Whitehead 1933/1967, 181 [288~9]). 하나의 "존속하는 객체"는 오로지 시간을 통해서만 존속할 수 있으며, 현실적 계기들의 역사적 경로를 거쳐 계승된 발생적 성격(Whitehead 1929/1978, 109[242])에 힘입어서, 그것이 겪는 생성들 한가운데서 특정한 "동일성"을 보존할 수 있다. 나는 끊임없이, 그리고 활동적으로 직접적 과거로부터의 이러한 계승에 착수하는 한에서, 단지 "하나의 특성을 유지"할 수 있는(35 [1090]), "동일한" 존재인 것이다. 나의 자기-동일성, 또는 내가 나 자신과 관계하는 방식이 그러한 계승의 표현이다. 달리 말해서, [나의 자기-동일성은] 내가 거듭해서 그것[계승]을 수용하고 반영하며 변형시키는 과정[인 것이다.]12 그래서 얼마간의 차이는 있겠지만, 동일한 것이 클레오파트라의 바늘

---

12. 달리 말해서, 나는 푸코가 "자기 배려", 또는 "자아(self)와 자기(itself)의 관계"를 구성하고 지배하는 실천(Foucault 1997, 300)이라고 부르는 것에 계속 사로잡혀 있다. 이러한 자기-구성의 과정과 그러한 과정이 "사고의 주어-술어 형식들" – 혹은 그 문제에 대해서 "주어-술어"의 접근 방식을 비판하거나 해체하는 사고 형태들로부터, 그러나 어떠한 대안적이고 구성적인 설명도 제안함이 없이 – 에서 주체가 개념화되는 방식들과 어떻게 다른지에 대해서는 훨씬 더 많은 것이 언급될 필요가 있다.
   나는 과정으로서의 주관성에 관한 화이트헤드의 이해가 (그리고 이 문제에 관해서는 푸코의 설명도 마찬가지인데) 칸트의 "내감의 형식"으로서의 시간과 통각의 초월적 통일로서의 "나"의 구성에 대한 논의들과 관련하여 가장 잘 파악될 수 있다고 생각한다. 화이트헤드(1929/1978, 156[326])는 칸트의 추상적 시간성을 베르그손의 "구체적 지속", 또는 더 낫게는 윌리엄 제임스가 "외양적 현재"라고 부른 것으로 대체함으로써 칸트적 분석을 "반전"(invert)시키거나, 내가 선호하는 표현을 빌리자면 인지적 기초에서 경험적 기초로 "전환"(convert)시킨다.

에 대해서도 말해질 수 있을 것이다. 유일한 차이는 내가 과거로부터의 계승에 착수하는 것이 식물·돌·전자가 자신들의 계승에 착수하는 것보다 더 높고, 더 반성적인 수준에서 이루어진다는 점에 있다.

존재가 일의적이고 모든 것이 사건이라면, 그래서 인간적인 것과 이성적인 것이 그 어떤 특별한 특권도 갖지 못한다면, 그렇다면 인식론은 마땅히 그것이 데카르트 이후의(특히 칸트 이후의) 사유에서 일반적으로 차지하던 중심적 역할로부터 강등되어야만 한다. 화이트헤드 철학의 전체적인 강조점은 "우리의 관념들을 감각-지각과 관련된 인식이론에로의 참여로부터 자유롭도록 구해 내는"데 있다(Whitehead 1929/1978, 73 [181]). 우리가 어떻게 아는가에 관한 이론을 우리가 무엇을 아는가에 관한 이론으로부터 분리시키는 것은 더는 의미가 없다. 화이트헤드는 전통 철학의 인식론적 탐구들 배후에 놓인 알려지지 않은 존재론적 전제들을 지적한다. 데카르트의 방법적 회의, 흄의 회의론, 칸트의 초월론적 연역이 그것들이다. 그 모든 경우들에서, 연속성과 인과성은 실제로는 그것들을 회의 속에 빠뜨린다고 주장하는 논증들(혹은, 칸트의 경우에는, 그것들을 근거 짓고 정당화한다고 주장하는 논증들)에 미리 전제되어 있다. 예를 들어, 흄은 우리가 사건들 사이의 필연적 연관에 관해서 정말로 알 수 있는 모든 것이란 기억에서의 그것들의 항상적인 결합이라고 주장함으로써 인과성에 의문을 제기한다. 그와 같은 결합은 우리의 습관과 연상에 기원을 두고 있는 것이 틀림없다고, 즉 그것은 세계 속에 있기보다는 오히려 우리의 마음속에 있는 것이라고 흄은 말한다. 그러나 화이트헤드는 바로 이러한 구분을 거부한다. 화이트헤드는 "무엇 때문에 흄이 '원인'이라는 개념에 적용했던 동일한 비판을 '습관'이라는 개념에 대해서는 면제시켰는지 이해하기 어렵다"고 논평한다. [다시 말해,] "우리가 '원인'에 대한 '인상'을 가지고 있지 않은 것과 꼭 마찬가지로, 우리는 '습관'에 대한 '인상'도 가지고 있지 않다. 원인, 반복, 습관은 모두 같은 배를 타고 있는 것이다"(같은 책, 140[300~301]).

달리 말해서, 습관들이나 정신의 연합들은 화이트헤드가 인과적 효과성 ─ "직접적 과거로부터의 파생과 직접적 미래에로의 이행의 감각"(같은 책, 178[366]) ─ 이라고 부르는 것이 숨은 전제로 있지 않으면 그 자체로서는 정립될 수 없다. 그래서 흄이 주관적인 인상들을 객관적인 사태들로부터 분리시키고, 전자로부터 후자를 추론해 낼 수 없다고 주장하는 지점에서, 화이트헤드는 이 두 겉보기에 명백히 분리된 영역이 갖는 논리들 및 내용들이 실제로는 전적으로 동일하다는 점에 주목한다. 어째서 정신적 사건들이 다른 모든 종류의 사건과 다르게 취급되어야 하는지에 대한 이유는 없다. 그러한 사건들(정신적 사건이든 그 외의 다른 사건이든) 모두가 경험의 동일한 흐름의 부분들인 것이다. 만일 흄이 일관된 입장을 취한다면, 그 자신이 인과성을 거부한 동일한 근거들 위에서 습관, 기억, 그리고 정신적 연합을 거부해야만 할 것이다.

그로부터 얻을 수 있는 교훈은 인식론적인 메타적 질문들("어떻게 우리는 무엇이 존재하는지를 아는가?" "우리는 무엇이 존재하는지에 관해 우리가 안다고 우리가 생각하는 바를 진정으로 아는 것일까?")은 그것들이 명백하게 가리키는 일차적-질서에 속하는 질문들("무엇이 존재하는가?")과 동일한 존재론적 지위를 갖는다는 사실이다. 그러므로 화이트헤드는 인식론적 반성의 전체 과정을 중단시킨다short-circuits. 메타언어는 존재하지 않으며, 인식론은 존재론 속으로 무너져 들어가 버린다.

인식론에 대한 이러한 거부는 들뢰즈가 "우리가 화이트헤드에게서 발견하는,『과정과 실재』를 현대 철학의 가장 위대한 책들 중 하나로 만들어주는 경험-이념적인 개념들의 목록"(Deleuze 1994, 284~285 [595])을 찬양하도록 인도한 것이기도 하다. 들뢰즈는 화이트헤드의 범주들의 확산하는 목록 – 여덟 개의 "현존의 범주들", 스물일곱 개의 "설명의 범주", 그리고 아홉 개의 "범주적 제약들"과 더불어 "궁극자의 범주"를 포함하는 목록(Whitehead 1929/1978, 20~28 [92~96]) – 을 칸트의 『순수이성비판』에서의 열두 개의 지성의 고정된 범주들과 대립시킨다. 칸트의 범주들은 논리적이고 인식론적이다. 그것들은 "재현의 세계에 속하며"(Deleuze 1994, 284 [595]), 또한 우리가 감각들로부터 수용하는 여건들을 조직하는 – 그렇게 함으로써 우리 자신에게 현재하는 – 방식들에 관계한다. 화이트헤드는 그것들을 "심리학에서 추방되었지만 여전히 형이상학을 따라다니는, 낡은 '능력들'이라는 유령들[케케묵은 관념의 망령들]"(1929/1978, 18 [78])이라고 부른다. 이와 반대로, 화이트헤드 자신의 범주들은 "우리 경험의 가장 구체적인 요소들에 〔기초하는〕… 우리의 반성적 경험 속에 불가피하게 전제되는 일반 개념들"(같은 책)이다. 그것들은 저 경험을 재현하지 않는다. 또한 그것들은 어떻게 우리가 경험 속에 있는 것들을 아는 것이 가능한지를 설명해 주지도 않는다. 그러한 개념들은 경험에 적용될 수 없다. 왜냐하면, 그것들은 이미 경험 자체 내부에within 자리 잡고 있기 때문이다. 들뢰즈는 그러한 개념들에 관해서 "실제로 개방적이면서 어떤 경험론적이고 다원론적인 의미의 이념을 증언하는 기초 개념들…. 그러한 개념들은 실재적 경험의 조건이지, 결코 가능한 경험의 조건으로 그치는 것이 아니다"(Deleuze 1994, 284~285 [595])라고 쓴다.

칸트의 지성 범주들은 보편적이며, 그것들을 외적 실재 — 만일 지성 범주들이 그것에 부여되지 않다면 조직화되어 있지 않을 외적 실재 — 에 부여하는 마음에 본래부터 갖추어져 있는 것이다. 그러나 화이트헤드의 범주들은 마음에 의해 부여되지 않는다. 그러한 범주들은 "여건" — 사건들 또는 현실적 계기들 — 에 내재하며, 바로 그러한 여건들로부터 범주들은 추상의 과정을 통해서 발생한다. "구체적이고 특수한 사실이 보편적인 것들로부터 어떻게 구성될 수 있는지를 묻는 것은 전적으로 잘못이다"라고 화이트헤드는 말한다. "그 대답은 '결코 그럴 수 없다'이다. 진정한 철학적 물음은, 구체적 사실이 그 자신으로부터 추상되는, 그러면서도 그 자신의 본성상 관여하고 있는 그런 존재들을 어떻게 나타내 보일 수 있는가?이다(1929/1978, 20[81])."[13] 화이트헤드는 선험적인 범주들을 그것들에 대해 외적인 것으로 남아 있는 현상들 위에 부여하기보다는, "경험–이념적인" 범주들을 그것들에 참여하고 있는 사건들로부터 추상한다. 사건들을 분석하면서 화이트헤드는 주체의 선차성을 가정하지 않으며, 오히려 주체가 그 안에서 자신을 발견하게 되는 세계의 발생과 나란히 주체의 발생을 추적한다. 또한 화이트헤드는 모든 가능한 경험을 위한 필증적인apodictic 조건들을 제안하기보다는, 창발의 구체적인 과정들을 규정하는, 실재적 경험의 조건들의 윤곽을 그려낸다. 화이트헤드는 칸트의 "세계를 사유에 따라 균형을 맞추려고 노력하는 – 사유한다는 것의 옹색한 공급을 잊어버리고 있는 – 시도"를 거부한다. 하지만 화이트헤드는 "비판적 이성의 과업은 여러 구성물들constructs에 대한 분석이며, '구성 작용'construction은 '과정'이라는 칸트의 근본 원칙에 여전히 동의한다(같은 책, 151 [318]). 이런 방식으로 화이트헤드는 결코 단순히 칸트를 비판하기만 하지 않는다. 오히려 화이트헤드는 칸트의 "초월론적 관념론"을 들뢰즈가 "초월론적 경험론"transcendental empiricism이라 부르는 것과 같은 어떤 것으로 전환시킨다.[14]

---

13. 들뢰즈와 과타리(1994, 7)도 유사하게 "철학의 제일 원리는 보편자들은 아무 것도 설명하지 않으며, 그것들 자체가 설명되어야 한다는 것이다"라고 말한다. [『철학이란 무엇인가』의 한국어판에는 해당 내용이 빠져 있다.]

들뢰즈 자신의 "초월론적 경험론"은 그의 잠재적인 것the virtual이라는 개념을 중심에 둔다. 나는 이 많이 토론된 개념은 칸트의 용어들 속에서 가장 잘 이해될 수 있다고 생각한다. 잠재적인 것은 모든 경험의 초월론적 조건이다. 그리고 잠재적인 것 속의 이념들Ideas — 그것들은 언제나 문제제기적problematic이거나 문제를 제기하고 있는problematizing 것인데 — 은 칸트에게서의 "규제적 이념들"(Deleuze 1994, 168[370] 이하)에 대한 들뢰즈의 개념적 대응물이다. 들뢰즈가 지적하듯이 칸트에게서 "문제제기적 이념들은 객관적이면서 미규정적이다." 그것들은 직접적으로 현시되거나 재-현될 수 없다. 하지만 그것들의 바로 그 미규정성이야말로 "지각 내부에 있는 하나의 초점 혹은 지평으로서 작용하는 하나의 완벽하게 실증적이고, 객관적인 구조이다"(같은 책). 독단적 형이상학의 잘못은 이러한 이념들을 구성적으로 사용하는 데 있다. 즉 자신의 대상들을 규정적이고 초월적인 존재들로 간주하는 것에 잘못이 있다. 이러한 독단적 형이상학의 잘못은 [그러한 이념적] 대상들이 "주어질 수도 인식될 수도 없다"는 사실을 망각하고 있다는

---

14. 로빈슨(2006, 72)이 힘차게 쓰고 있듯이, "이해를 위한 핵심적 맥락은 … 화이트헤드를 단순히 칸트-이전의 형이상학적 실재론자로 읽는 것을 화이트헤드 [자신이] 거부한다는 점이다. … 오히려 화이트헤드의 칸트-이전주의(pre-Kantianism)는 들뢰즈에게서와 마찬가지로 그의 사유에서 거의 같은 역할을 담당한다. [그것은] 창조성과 생성의 본질적으로 포스트-칸트주의적인 철학을 설계하기 위한 준비로서 칸트주의의 아포리아들에 접근하고 직면하는 하나의 방식인 것이다]. [따라서] 화이트헤드는, 들뢰즈가 포스트-칸트주의자인 것과 같은 방식으로, 깊이 포스트-칸트주의 철학자이다."

것이다. [다른 한편, 이러한 독단적 형이상학과] 상관적인 회의론의 잘못은 이념들이 미규정적이고 재현불가능하기 때문에 그것들은 다만 주관적인 것에 불과하고, 따라서 그것들의 대상들도 허구적인 것에 지나지 않는다고 생각한다는 점이다. 이러한 회의론의 잘못은 "문제들이 객관적 가치를 지니고 있다"는 점과, "'문제제기적' 이란 오로지 특수하게 중요한 종류의 주체적 행위들만을 의미하는 것이 아니라, 그러한 행위들이 몰두하는 것으로서의 객체성의 한 차원을 의미한다는 점을 망각하고 있다"(같은 책, 168[371])는 데 있다. 이러한 두 가지 오류에 반대하여 칸트는 이념의 규제적이면서 초월론적인 사용을 지지한다. 하나의 규제적 이념은 어떠한 특수한 해解도 미리 규정하지 않는다. 그러나 하나의 지침으로 혹은 참조 틀로서 작동하면서, 그 규제적 이념은 해解들, 혹은 "결단들"이 그로부터 출현할 수 있게 되는 조건들을 설립하기 위해서 문제제기적으로 작용한다. 이런 종류에 속하는 과정을 사실로 가정하면서 칸트는 초월론적 영역이라는 개념, 즉 들뢰즈가 잠재적인 것이라고 부르게 될 것의 개념을 고안해 낸다.

물론, 칸트의 초월론적 논증과 들뢰즈의 잠재적인 것에 관한 호소 사이에는 중요한 차이점들이 있다. 하나는, 칸트의 입장은 입법적이고 법률적이라는 점이다. 달리 말하자면, 칸트는 합법적인 이성 사용을 합법적이지 않은 이성 사용으로부터 구분할 것을 추구한다. 들뢰즈는 (아르토를 인용하면서) "차라리 신의 판단을 끝장낼 것"을 추구한다. 그의 기준은 법률적인 것이기보다는 구성주의적이며, 힘들이 하는 것의 적법성을 평가하기보다는 힘들을 그것들이 할 수 있는 것의 한계로까지 밀어붙이는 것에 관계한다. 또한, 칸트의 초월론적 영역은 모든 가능한 경험의 필연적인 형식 — 오직 그 형식만 — 을 규정한다. 이와는 대조적으로, 들뢰즈의 잠재적인 것은 현실적인 경험에 대해서 "발생적이고 생산적"이다(Deleuze 1983, 51~52). 마지막으로, 칸트의 초월론적 영역은 주체성의 구조를 갖는다. 적어도 그것은 "통각의 초월론적 통일"에서의 "나"라는 꾸밈없는 형식의 역할을 담당한다. 그러나 들뢰즈의 잠재적인 것의 영역은 "비인칭적이고 전-개체적인 초월론적 장"이다. 그것은 의식의 형식을 지니지 않는다. 칸트의 잘못을 이렇게 바로잡으면서, 들뢰즈는 자신이 다음과 같이 니체가 했던 것의 공로를 인정했던 바를 스스로 행한다. 즉 니체는, 바로 맑스가 〔헤겔의〕 변증법으로 그렇게 했던 것처럼 〔칸트의〕 비판을 물구나무 세웠다.

칸트를 초월론적 관념론에서 초월론적 경험론으로, 입법적-법률적인juridico-legislative 기획에서 구축론적 기획으로 전환시키는 것은 가능적인 것the possible에서 잠재적인 것으로, 또한 가능성이라는 단지 형식적인 조건들에서 현실화의 구체적 조건들로 옮겨가는 것을 의미한다. 따라서 들뢰즈가 행한 칸트의 변형은 곧장 잠재적인 것과 가능적인 것 사이의 그의 유명한 구분으로 우리를 이끈다. 들뢰즈에게 가능한 것은 오직 무모순성이라는 원리를 통해서만 정의되는, 공허한 형식이다. 어떤 것이 가능하다고 말하는 것은 그것의 개념이 오직 논리적 근거들 위에서만 선험적으로a priori 배제될 수 없다는 것에 지나지 않는다. 이것은 가능성the possibility이란 순수하게 부정적인 범주라는 것을 의미한다. 왜냐하면, 가능성은 그것 자신의 고유한 존재를 결여하고 있기 때문이다. 단지 가능성만으로는 발생 능력이 있거나 생산적이지 않다. 따라서 가능성은 어떤 것을 발생하도록 하기에는 **충분치** 않다. 가능성은 충족이유의 원리를 충족시켜 주지 못하는 것이다. 들뢰즈가 "가능한 것은 실재적인 것에 대립된다"(Deleuze 1994, 211[455])고 말한 것은 바로 이런 이유에서이다. 단지 가능적일 뿐인 어떤 것은 현존을 요구할 권리가 없으며, 따라서 본래적인 방식의 존재intrinsic mode of being를 지니지 않는다. 가능성이 갖는 유일한 실증적인 특성들이란 그것이 자신이 아닌 실재적인 것에서 빌려온 특성들이다. 가능한 것은 "개념 안에서의 동일성이라는 형식을 가리킨다." 가능한 것은 "실재하는 것의 이미지로서 파악된다. 반면에 실재하는 것은 가능한 것과 유사한 어떤 것으로 파악된다"(211~212[456]). 다시 말해서, 사실상 그것이 실존하지 않는다는 우연성을 제외한다면, 가능한 것은 정확하게 실재하는 것과 비슷하다. 그리고 실재하는 것은 가능한 것으로서 이미 미리-형태를 나타내고[예시되고] 마음속에 그려졌던 것을 작업해냄에 지나지 않는다. 이러한 유사성들의 거울 놀이 속에는 새롭고 예상치 못한 것이란 아무것도 없다. 가능성이 실현될 때 – 그 가능성이 실존하게 될 때 – 그 어떤 현실적인 창조도 일어나지 않았던 것이다. 들뢰즈가 말하고 있듯이, "그것이 하는 것 전부가 유사한 것을 통해 유사한 것을 이중화하는 것일 때, 그 실존이 개념에 무엇을 덧붙였는가를 이해하기란 어렵다"(212[456]).

다른 한편, 잠재적인 것은 그것 자신의 권리상 전적으로 실재적이다. 왜냐하면 잠재적인 것은 "그 자체로 어떤 충만한 실재성을 소유하"기 때문이다(같은 책, 211[455]). 그러한 실재가 현실적이지 않다는 것은 합당하다. 잠재적인 것은 아직 소비되지 않은 에너지들의 장場 혹은 아직 접속되지 않은 잠재성들potentialities의 저장소와 같다. 다시 말해서, 잠재적인 것은 원자들로 구성되어 있지 않다. 그것은 물체body나 연장extension을 갖고 있지 않기 때문이다. 그러나 잠재적인 것이 제공하는 변화를 위한 잠재력[포텐셜]potential은 그것 자신의 방식으로 실재적이다. 들뢰즈가 그토록 자주 사용한 프루스트적 공식화에서 볼 수 있듯이, 잠재적인 것은 "현실적이지 않으면서 실재적이며 추상적이지 않으면서 이상적이다"(208[450]). 사실 우리는 잠재적인 것을 전적으로 물리주의적인 용어들로 설명할 수 있다. 즉 질베르 시몽동(2005)이 들뢰즈에게 큰 영향을 주었던 저작 속에서 했던 것처럼, 또한 보다 최근에 마누엘 데 란다(2002)가 했던 것처럼 말이다. 그러나 들뢰즈는 흔히 잠재적인 것을 현실적인 것을 조건 짓고 발생시키는 어떤 초월론적인 장이나 구조로 기술한다. 잠재적인 것은 창발 혹은 창조의 원리인 것이다. 그러한 것으로서 잠재적인 것은 자신으로부터 창발하는 현실태들을 미리 나타내거나 앞서 규정하지 않는다. 오히려, 잠재적인 것은 각각의 현실적 존재들이 새로운 어떤 것으로서, 즉 선행함이나 유사성이 없는 어떤 것, 이전에 그와 똑같은 방식으로 우주 안에 현존했던 적이 결코 없는 어떤 것으로 출현하도록 허용해 주는 강제적인 힘 혹은 원리이다. 잠재적인 것이 가능적인 것과 전적으로 구분되는 것은 바로 이런 이유에서이다. 어느 편인가 하면, 잠재적인 것은 니체의 힘에의 의지나 베르그손의 생의 약동 élan vital에 더 가깝다. 이 모든 것은 내적 본질들로서가 아니라, 포스트-칸트주의적인 차이의 "종합들"로서 이해되어야 한다. 즉 정태적 존재를 위한 초월론적 조건들이라기보다는 역동적 생성을 위한 초월론적 조건들로서 이해되어야 한다(Deleuze 1983, 51~52을 보라).

잠재적인 것은 발생하는 모든 것을 위한 충족이유를 제공함으로써 현실적인 것을 위한 초월론적 조건으로서 작용한다. 이것은 우리를 충족이유와 통상적으로 사용되는 인과성 간의 구분(혹은 더 낫게 말해서 벌어진 간격)으로 다시 데려간다. 물리과학이 추적하는 것과 같은 선형적 인과성은 언제나, 그리고 오직, 물체들 사이의 어떤 관계이다. 들뢰즈가 『의미의 논리』에서 쓰고 있듯이, 그것은 "자신들의 장력들tensions, 물리적 성질들, 능동들[작용들]actions과 수동들[겪음들]passions, 그리고 상응하는 '사건들의 상태들'을 수반하는 물체들의 문제이다. 그러한 사건들의 상태들, 작용들과 수동들은 물체들[을 구성하는] 혼합물들에 의해서 결정되며…, 모든 물체들은 원인들 — 서로에 대한 관계 속에 있는 원인들이다"(Deleuze 1990, 4[48~49]). 세계 안의 모든 것은 그와 같은 물리적 원인들에 의하여 결정된다. 그러한 물리적 원인들은 모든 사건을 위한 필연적인 조건을 이룬다 ― 그러나 우리가 보았듯이, 충족이유를 이루지는 않는다.

이러한 선형적인 인과성, 그리고 이러한 필연성은 칸트가 흄의 회의론에 대항하여 보증을 추구했던 것들이다. 그러나 만약 우리가 흄에 대한 화이트헤드의 비판을 받아들인다면, 우리는 칸트의 바로 그와 같은 보증을 위한 추구가 불필요한 것이라고 결론지을 수 있을 뿐이다. 인과적 효과성은 언제나 이미 물체들의 깊이들에서 작용 중이다. 칸트는 흄이 가졌던 최초의 의심스러운 전제에 의문을 제기하지 않는다. 즉 칸트는 저 인과성이 세계 안의, 저 밖에서out there 발견될 수 없다는 것과 그래서 결과적으로 그것은 오직 지각자의 마음 안에서, 이 안에in here만 위치할 수 있다는 전제를 의문시하지 않는 것이다. 흄은 마음이 사물에 대해 인과성을 기입하는 작용의 기초로서 습관에 호소한다. [그에 비해,] 칸트의 초월론적 논증은 이러한 경험적 일반화를 선험적인a priori 필연성으로 전환시킨다. 그러나 칸트는 여전히 화이트헤드가 로크와 흄으로부터 파생된 주관주의적subjectivist이고 감각주의적sensationalist인 원리들이라고 부른 것(1929/1978, 157 [329])을 수용하고 있다. 그 결과, 칸트의 초월론적 연역은 여전히 "전사傳寫와 재생의 논리" 안에 사로잡혀 있는 데 불과하며(Deleuze and Guattari 1987, 12[29]), "경험적인 것으로부터 초월론적인 것을 전사시킨

것"으로 남아있다(Deleuze 1994, 143 [318]). 칸트는 세계로부터 유래하는 인과적 효과성의 구조를 세계를 파악하는 주체로 변형시킨 것에 불과하다. 가능한 것은 단지 실재적인 것을 이중화시킬 뿐, 실재적인 것에 그 무엇도 보태주지 않는다.

들뢰즈는 다른 종류의 초월론적 논리학을 가정함으로써, 칸트의 논증을 가능성에서 잠재성으로, 인과적 효과성을 보증하는 것에서 충족이유를 제공하는 역할로 전환시킨다.[15] 서로에 대한 물리적 원인들이라는 현실적이고 물질적인 "연결"connection과 나란히 어떤 잠재적인 관계, 혹은 그것들 사이에 있는 "효과들" 또는 비물체적 사건들을 연결 지어주는 "결합"bond이 존재한다(Deleuze 1990). 잠재적인 것은 자신들의 원인들과는 분리된 효과들의 영역이다. 다시 말해서, [그것은] "인과적인 의미에서의 결과들, 그러나 또한 마찬가지로 음향적·광학적·언어적 '효과들'", 혹은 영화 속에서 "특수효과"라고 불리는 것"에 해당한다(7 [56]). 물론 물체들의 물리적 세계에서 결과들은 원인들의 뒤를 잇는다. 그러나 초월론적으로는 그러한 비물체적인 특수한 효과들은 기이한 선행성을 설립한다. 그것들의 물리적 원인을 별도로 한다

---

15. 화이트헤드(1929/1978, 157 [330])는 명시적으로 쓰고 있다 : "주관주의적 원리란, 경험의 행위에서의 여건이 순전히 보편적인 것들만으로 충분히 분석될 수 있다는 것을 말한다."
"감각주의적 원리란, 경험의 행위에서의 최초의 활동은, 수용의 주체적 형식 없이, 여건을 있는 그대로 주관적으로 마음에 품는다는 것이다. 이것은 순수한 감각의 학설이다."

면, 그래서 어떠한 물체적인 구체적 예시들로부터도 독립적으로 고려한다면, 그것들은 발생적 조건들과 같은 무엇이다 ─ 즉 물리적으로 자신들을 발생시키는 바로 그 과정들을 위한 "의미들"이고 "이유들"(화이트헤드가 목적인이라고 부르는 것)에 해당하는 것이다.

들뢰즈는 그와 같은 생산능력을 지닌 사후 효과들을 "준準, quasi-원인들"이라고 부른다. 준-인과율 "비실재적이고 유령과도 같은 인과율"(33 [94])이며, 결정작용determination이기보다는 암시 작용insinuation이다. 그것은 살아있는 현재가 갖는 물질적인 밀도 안에서가 아니라, "두께도 연장延長도 없는 순간"에 발생하는데, 그러한 순간은 각각의 현재를 다시 과거와 미래로 나눈다"(164 [283]). 그 준-원인은 "자신의 효과 바깥에서는 아무것도 아니다." 하지만 그것은 자신의 효과와 동일시될 수도 그것으로 환원될 수도 없다. 왜냐하면, "그것[잠재력=준-원인]은 이러한 효과에 끊임없이 붙어 다니기 때문이다. … 그것은 그 효과와 어떤 내재적인 관계를 유지하는데, 그 관계는 그 생산물이 생산됨과 동시에, 그 생산물을 생산자에 속하는 무엇으로 만들"(95 [182])기 때문이다. 그것 자체로, 잠재적인 준-원인은 단지 "열외-존재"extra-being라는 성질을 가질 뿐이다. 그것은 "불모적이고, 효과 없으며, 사물의 표면에 존재한다"(7 [55]). 그러나 동시에 그것이 맺고 있는 무한한 관계들 덕분에, 또한 그것이 "현재로부터 달아나는"(165 [283]) 한에서, 준-원인은 또한 어떤 창조성의 원리이다. 앞을 내다보면서, 그것은 현실화의 과정을 유도하며induce, 반면에 뒤를 돌아보면서, 그것은 그 [현실화의] 과정에 대한 어떤 표현expression이 된다. 그러므로 들뢰즈의 초월론적 영역은 "메아리, 재개再開와 공명의 체계, 기호들의 체계를 형성하는 비인과적 상응들의 집합체(170[290]), 간단히 말해서 결코 필연적인 사태를 만들어내는 인과성[인과관계]이 아니라 표현적인 준-원인성을 형성하는 비인과적 상응들의 집합체이다. 오직 이렇게 유령과 같은 역설적인 방식으로만, 들뢰즈는 현실적인 것을 복사하지도, 또한 그것에 미리 앞서 형태를 부여하지[예시하지]도 않는 초월론적인 것을 정립할 수 있는 것이다.

이 모든 것이 화이트헤드와 무슨 관계가 있단 말인가? 내가 아는 한, 화이트헤드는 잠재적virtual이라는 단어를 결코 쓰지 않았다. 그러나 로빈슨이 주목하듯이, 화이트헤드의 "현실적인 것the actual과 가능체the potential의 구분은 들뢰즈의 현실적인 것과 잠재적인 것의 구분과 닮았다"(Robinson 2006, 72). 또한 화이트헤드에게 가능태는 언제나 단순한 가능성possibility 이상의 어떤 것이고, 그와는 다른 어떤 것이다. 사건들이나 현실적 존재들과 나란히, 화이트헤드는 또한 그가 "영원한 객체들"이라고 부르는 것을 내세운다. 영원한 객체들은 "순수한 가능태들"Pure Potentials(Whitehead 1929/1978, 22[85]), 또는 "생성의 과정을 위한 가능태[가능체]들"(29[99])이다. 만일 현실적 존재들이 생성의 독특한 계기들이라면, 영원한 객체들은 그러한 계기들 속으로 진입하고, 그러한 계기들을 한정하는 것을 돕는 " '성질'과 '관계' "(191[391])를 제공한다. "하나의 영원한 객체의 가능태가 하나의 특정한 현실적 존재 안에서 실현될 때, 그것은 바로 그 현실적 존재의 한정성에 기여한다." 그것[영원한 객체]은 "현실적 존재에 하나의 특정한 특성을 부여한다"(23[87]). 따라서 영원한 객체는 보편자들(48[135], 158[331]), 술어들(186[380~381]), 플라톤적 형상들(44[127]), 그리고 관념들(52[143]; 149[315])이 오래된 형이상학 체계들 속에서 수행했던 역할 중 어떤 것을 담당한다. 하지만 우리는 화이트헤드에게 하나의 "구체적이고 특수한 사실"이란 단순히 "보편자들로부터 세워질 수 없다"는 점을 이미 보았다. 그것은 그와는 정반대이다. 보편자들, 또는 "영원한 사물들"은 "시간적인 사물들"(40[119])로부터 추상될 수 있고 추상될 수 있어야만 한다. 그러나 그것들은 자신들이 형성하는inform 경험적이고 시간적인 존재자들이 없다면 그 자체로서 생각될 수 없다. 그러므로 영원한 객체들은 선험적인 논리적 구조들도, 플라톤적 본질들도 아니며, 구성적인 이성적 이념들도 아니다. 영원한 객체들은 실사實辭적이기보다는 부사적이다. 왜냐하면, 그것들은 어떻게 현실적 존재들이 서로 관계를 맺으며, 서로를 취하며, 각각 "다른 현실적 존재들의 구성[구조]안으로 진입하는지"(148~149[313~314])를 규정하고 표현하기 때문이다. 칸트의 이념들 그리고 들뢰즈의 이념들과 마찬가지로, 영원한 객체들은 규제적으로, 또는 문제제기적으로 작용하는 것이다.16

더 정확하게 말하자면, 화이트헤드는 영원한 객체를 다음과 같이 정의한다. 즉 "그에 대한 개념적 인지에 있어 시간적 세계의 어떠한 특정의 현실적 존재와도 필연적 관련이 없는 그런 존재는 모두 '영원한 객체'라 불린다"(1929/1978, 44[128]). 이러한 정의는 영원한 객체들이 색(푸름 또는 회색임)과 촉감(부드러움 또는 거침 같은) 감각적 질들, 형태들(나선 또는 12면체)과 수들(7 또는 마이너스 2의 제곱근) 같은 개념적 추상들, 도덕적 성질들(용감한 또는 비

---

16. 따라서 영원한 객체에 관한 화이트헤드의 설명은 칸트의 초월론적 논증과 강한 친화성을 갖는다. 칸트가 초월론적인(transcendental) 것을 초재적인 (transcendent) 것과 단순한 감각의 흐름, 양자 모두에 대립되는 것으로서 정립함으로써 관념론과 경험론을 모두 거부하기를 추구했던 것처럼, 화이트헤드도 마찬가지로 서로 대립되지만 상호보완적인 두 철학적 입장들에 대항하여 그렇게 주장한다. 한편으로, 감각여건들(sensa) 또는 퀄리아(qualia)의 객관적 실재성을 주장하는 것은 주류 경험론과 실증주의를 거부하는 것이다. 로크부터 흄을 거쳐서 20세기 중반 실증주의에 이르기까지 감각여건들은 실재 안에 존재하는 것이 아니라 단지 마음에만 존재하는 "이차적인 성질들"로 간주되었다. 화이트헤드(1929/1978, 326[622])가 "그것은 근대과학의 해석에 커다란 어려움을 야기한다"라고 우스꽝스럽게 지적했듯이, "사적인 심리적 영역들"이라는 학설은 오늘날에도 여전히 세계에 대한 우리의 상식적 이해의 한 특징으로 남아 있다. 다른 한편으로는, 영원한 객체들은 그것들에 대한 "개념적 인식"이 "어떤 현실적 존재들에 속하는 실제적인 느낌을 구성하는 작용"(같은 책, 44[128])이어야만 존재한다고 주장하는 것은 모든 형태의 관념론(고전적이든 포스트-헤겔적인 다양성이든)을 거부하는 것이다. 무한한 정신이나 절대자(화이트헤드가 『과정과 실재』의 여러 곳에서 호의적이지 않게 언급하고 있는 브래들리의 무한한 정신이나 절대자와 같은)란 있을 수 없다. 내가 앞으로 5장에서 논의하겠지만, 영원한 객체들의 총체를 직시(envision)할 수 있는 신조차도 반드시 어떤 초재적인 존재가 아니라 어떤 경험적인 존재라고 보아야만 한다.

겹한 같은), 물리학적 원리들(인력引力 또는 전하電荷 같은), 그리고 그 밖의 보다 많은 것들을 포함한다. 하나의 영원한 객체는 또한 그 속에서 "하나의 느낌이 느낄 수 있는 어떤 규정 방식"이 될 수 있다. "그것은 정서이든가 강도强度이든가, 역작용adversion이든가 혐오aversion이든가, 쾌감이든가 고통이든가"(291 [563])이다.[17] "감각여건"sensa ─ 혹은 오늘날 통상 "감각질"qualia이라 불리는 것 ─ 은 "영원한 객체의 가장 하위 범주"(114 [252])이다. 그러나 또한 구성 요소들로서 더 단순한 영원한 객체들을 갖는 "복잡한 영원한 객체들"이 있다. 이런 방식으로, 정동들affects 또는 정서들emotions 은 영원한 객체들이다. 또한 "대비들, 또는 패턴들", 또는 다른 영원한 객체들 사이의 관계 맺음의 어떤 방식을 표현할 수 있는 그 밖의 모든 것도 영원한 객체들이다. 사실, "우리가 '대비'에서 '대비의 대비'로 나아가고 이어서 더 높은 등급의 대비로 끝없이 계속 나아갈 수 있을 것이라는 데서 보이듯이, 범주들의 무한정한 진행"(22 [85])이 존재한다. 그 수준[등급]과 복잡성은 한계 없이 증식한다. 그러나 수준[등급]에 관계없이, 영원한 객체들은 그럼에도 불구하고 (플라톤의 형상과는 대조적으로) 그것들이 특정한 현실적 계기들에 의해 "선택되고" "느껴질 때", 오직 경험 내부에서만 만나질 수 있는 이념적 추상들이다.

---

17. 여기서 환기되어야 할 중요한 사실은 화이트헤드에게 모든 존재자는 느끼고 또 느낌을 갖는다는 것이며, 이는 단지 지각 있는 존재자들에만 해당되지 않는다는 점이다.

화이트헤드의 "영원한"eternal이라는 단어의 사용은 사건들, 생성들, 그리고 끊임없는 변화와 새로움에 기초한 철학이라는 맥락에서는 좀 낯선 조치로 보일 수 있을 것이다. 그래서 실제로, 마치 이런 점을 인정하기라도 하듯이 화이트헤드는 "만일 영원한 객체라는 용어가 마음에 안 든다면, 대신 '가능체'potentials라는 용어가 어울릴지 모르겠다"(1929/1978, 149[315])라고 말한다. 그러나 만일 화이트헤드가 "영원한 객체"라는 명칭을 계속 사용하기를 선호한다면, 이는 정확히 그가 ― 니체, 베르그손, 그리고 들뢰즈와 마찬가지로 ― 영원성과 시간 사이의 플라톤적 분리, 불완전하고 낮은 유동하는 세계에 대립해서 영속적이고 완벽한 보다 높은 세계("어떤 정태적이고 영적인 천국"〔209[421]〕)를 대비시키는 이원적 대립을 거부할 것을 추구하기 때문이다. 그러나 그 두 세계는 반드시 끊임없이 상호 침투되어야만 한다. 왜냐하면, "영속성은 오직 유동성으로부터만 추출될 수 있고, 일시적인 계기는 영속성에 복종함으로써만 충분한 강도를 확보할 수 있다. 이 두 요소를 분리시키는 사람들은 명백한 사실조차도 해석할 수 없게 될 것"(338[639])이기 때문이다. 현실적 존재들은 끊임없이 소멸한다. 그러나 그것들 사이의 관계들, 혹은 그것들이 만들어내는 패턴들은 되풀이되거나 지속하려는 경향이 있다. 따라서 "영속하는 것은 '실체'가 아니라 '형상'이다." 그런데 형상들조차도 절대적으로 존속하는 것은 아니며, 끊임없이 "변화하는 관계를 감수한다"(29[98]). 이 점을 주장하면서, 화이트헤드는 플라톤을 ― 마치 그가 정확히 유사한 방식으로 스피노자, 라이프니츠, 흄, 그리고 칸트를 변화시키듯이 — 관념론에서 경험론으로 전환시킨다.[18]

화이트헤드가 실체들뿐만 아니라 형상들을, 또는 현실적 존재들뿐만 아니라 영원한 객체들도 반드시 실재적인 것들로서 받아들여야 한다고 말할 때, 그는 윌리엄 제임스의 근본적 경험론의 정신 속에서 주장하고 있는 것이다. 제임스에게 경험은 실재의 유일한 기준이다. 왜냐하면, 우리는 "순수 경험의 세계" 속에 살고 있기 때문이다(James 1996, 39~91). 고전적 경험론은 정서들, 대비들과 패턴들, 그리고 화이트헤드가 "영원한 객체들"로 분류하는 그 밖의 모든 다른 현상들과 마찬가지로, 관계들을 이해할 수 있게 만드는 데서 커다란 난점을 지닌다. 이러한 것들이 "사물들"로서 인지되거나, 직접적인 "감각 인상들"로서 인지될 수 없기 때문에, 그것들은 정신적인 허구들(습관들, 파생물들, 이차성질들 등등)이라는 지위로 추방된다. 그러나 제임스는 순수 경험의 세계

---

18. 소멸하는 실체들과 항상적인 형식들의 구분은 — 사이버네틱스에서 복잡성 이론에 이르기까지 — 그토록 많은 "포스트모던적" 사유와 "포스트휴먼적" 사유가 실체보다는 형식에 관심을 갖는 방식과 관련되어 있다. 캐서린 헤일스(1999, 27 외 여러 곳)가 말했듯이, 포스트모더니티는 현전과 부재의 변증법보다는 패턴과 무작위성의 변증법을 그것의 특징으로 한다. 오늘날 우리가 어떠한 수의 물질적 실체들에서든지 그것들에서 무차별하게 순간화될(instantiated) 수 있는 반복적 패턴을 믿는 한, 우리는 모두 여전히 플라톤주의자이다. 동일한 수학 방정식들이 날씨의 전개, 생태계에서의 포식자와 먹이 사이의 균형 변화, 심장 박동의 불규칙성들, 주식 시장의 변동 등을 기술하기 위해서 사용될 수 있다. 화이트헤드는 이렇게 습관적인 플라톤주의를 인정하면서 동시에 그 한계들을 지적하기를 추구한다.

속에서 "관계들"은 남김없이 모두 "사물들"만큼이나 실재적이라고 말한다. 왜냐하면, "경험들을 연결시켜주는 관계들은 반드시 그 자체가[그 자신들 역시] 관계들로 경험되어야만 하기 때문이다. 그 래서 어떤 종류의 경험된 관계든지 그 체계 안에 있는 그 밖의 다른 모든 것들만큼이나 '실재적'이라고 간주되어야 한다"(같은 책, 42). 화이트헤드는 동일한 논리를 통해, 영원한 객체들은 자신들이 한정하는qualify, 또한 [역으로] 자신들을 선택하고 포함하며 구현하는 현실적 존재들만큼이나 실재적인 것으로 간주되어야 한다고 주장한다. 영원한 객체들은 실재적이다. 왜냐하면, 그것들은 그 자체가 "경험된 관계들", 혹은 경험의 원초적인 요소들이기 때문이다.[19]

---

19. 다비드 라푸자드(2000, 190)는 제임스를 초월론적 경험주의자로 독해한다. 고전적 경험주의가 "감성적 최소 단위(minima) ― 정신적 원자들 ― 의 무정부적인 분배"로 시작하는 곳에서, 제임스의 "근본적 경험주의"는 그 대신 들뢰즈가 내재성의 평면이라고 부르는 것 혹은 "비인격적이고 전-개체적인 초월론적 장"을 가정한다. 그와 동시에, 모든 경험의 선험적인(a priori) 조건으로의 "나"라는 순수 형식을 가정하는 칸트와 후설의 초월론적 환원과 대조적으로, 제임스의 초월론적 "순수 경험"은 주관성이나 의식의 형태를 취하지 않는다. 그것은 오히려 "모든 형식의 순수"하고 "전통적으로 구분되는 범주들로부터 자유로운"(같은 책, 193) 어떤 유동(flux)이다.

화이트헤드는 자신은 제임스의 작품에서 암시적이었던 초월론적 논증을 단순히 좀 더 명확하게 해명할 뿐이다. 그는 제임스를 따라 "순수 경험"을 근본적인 범주로 제시한다. 즉 "주체의 경험을 떠나서는 아무것도, 아무것도, 아무것도 존재하지 않는다"(Whitehead 1929/1978, 167[347]). 그리고 그는 이 모든 경험 속에서 "우리는 윙윙거리는 세계 속에 있는 자신을 발견한다."(같은 책, 50[139])라고 말하면서, 의식의 흐름이 갖는 "피어오르고 윙윙거리는 혼란"

그러나 비록 영원한 객체들이 전적으로 실재적이기는 해도, 현실적 존재들과 동일한 것은 아니다. 들뢰즈의 잠재성들처럼, 영원한 객체들은 정확히 말해서 현실적이지 않다. 이것은 바로 영원한 객체들이 그것들 자체로는 인과적으로 규정되지 않고, 따라서 그 어떤 것도 발생하도록 만들 수 없기 때문이다. 영원한 객체들은 그것들의 본성에서 미결단성indecision과 미결정성indetermination을 포함하고 있다. 그것들은 항상 다르게 될 수 있었을 선택들, 우발성들, 상황들을 함축하고 있는 것이다. 이 벽 조각은 노랗다. 하지만 그것은 푸를 수도 있었다. 이것은 영원한 객체들의 역할이 수동적이라는 것을 의미한다. "하나의 영원한 객체는 언제나 현실적 존재들을 위한 하나의 가능태이다. 하지만 그 자체로서의, 즉 개념적으로 느껴진 것으로서의 영원한 객체는 시간적 세계의 특정한 현실적 존재들 속으로의 그것의 물리적 진입이라는 사실과 관련하여 중성적이다"(44[128]).[20] 당신은 하나의 순수한 가능태로서 이해되는, 노랑 "자체"yellowness "in itself"가 이 특정한 벽 조각의 현실적인 노란색과 전적으로 무관하다고 말할지도 모른다. 노랑 자체는 그 어떤 인과적 효과성도 지니지 않으며, 그것

에 대한 제임스의 유명한 기술을 의도적으로 되풀이한다.

20. * "영원한 객체는 항상 현실적 존재들을 위한 가능태이다. 그러나 그 본질상 그것은 개념적으로 느껴지는 것으로서, 시간적 세계의 임의의 특정 현실적 존재에로의 그 물리적 진입과 관련하여 중성적이다." 화이트헤드, 『과정과 실재』, 128쪽.

을 통해 그것[노랑 자체]이 어느 특정한 현실적 사건의 상대로 승인되게 되는(또는 승인되지 않게 되는) "결단"에 아무런 영향을 주지 않는다. 들뢰즈의 준-원인들처럼, 영원한 객체들은 중성적이고, 불모적이며, 효과 없고, 그것들이 무관심한 만큼이나 무력하다.

동시에, 모든 사건, 모든 현실적 계기는 이러한 단순한 가능태들 중 일부의 현실화actualization를 포함한다. 각각의 현실적 존재는 화이트헤드가 특정한 영원한 객체의 현실적 존재 속으로의 진입ingression이라고 부르는 것을 통해서 규정된다. " '진입'이라는 술어는, 어떤 영원한 객체의 가능태가 특수한 현실적 존재의 한정성에 기여하면서 거기에서 실현되는 특수한 방식을 가리킨다"(Whitehead 1929/1978, 23 [87]). 각각의 현실적 존재는 영원한 객체에 의해 자신에게 제공되는 가능태들 가운데서 선택함으로써, 결단의 과정 속에서 자기 자신을 창조한다. 각각의 현실적 존재의 합생은 일부 영원한 객체들에 대한 거부를, 또한 적극적인 "마음속에 품음"이나 다른 영원한 객체들에 대한 "느낌 속으로의 수용"을 포함한다(188 [385]). 그리고 일종의 순환적인 과정을 통해서, 그러므로 품어지거나 수용된 그 영원한 객체들은 자신들을 선택한 그 현실적 존재를 한정하고 규정하는 데 기여한다. 바로 이것이 그러한 특정한 벽 조각이 실제로 노란*is* yellow 이유why – 또는 그보다 낮게는 방식how – 인 것이다. 자기 자신을 현실적 존재의 현실화를 위해 제공함으로써, 그리고 자신을 선택하고 현실화하는 그 현실적 존재들을 규정함으로써, 영원한 객체들은 현실적 세계의 구성에서 초월론적인, 준-인과적인 역할을 수행하는 것이다.[21]

화이트헤드는 또한 순수한 가능태들[인 영원한 객체들]은 "추방될 수 있는" 반면에, 현실적 존재들은 "반드시 느껴져야만 한다"는 점을 언급함으로써, 영원한 객체들과 현실적 존재들 사이의 차이와 관계를 설명한다(239[475]). 가능태들은 임의적이다. 그것들은 실행될 수도 있고 그렇지 않을 수도 있다. 그러나 현실적 존재들은 회피될 수 없다. 실제로, "한 주체의 현실 세계 안에 들어 있는 현실적 존재는, 비록 그것이 모호하고 하찮은 것이고 또 저변에 가라앉아 있는 것일지라도, 일부 단순한 인과적 느낌을 통해 그 주체의 합생에 개입하지 않으면 안 된다"(같은 책). 사실, 하나의 현실적 존재는 화이트헤드가 **부정적 파악**이라 부르는 것의 과정에 의해서 제거되거나 배제될 수 있다. 왜냐하면, [부정적 파악이란] "주체 자신의 실재적인 내적 구조에 〔어떤 주어진〕 사항이 적극적으로 기여하지 못하도록 그 사항을 완전히 배제하는 것"[을 말하기 때문이다](41[121]). 그러나 이것조차 일종의 우회적인 승인이며, 단지 무시될 수 없는 무언가에 대한 적극적인 반응이다. 심지어 "어

---

21. 따라서 화이트헤드에게서 현실적인 것과 가능체(the potential)는 상호적으로 서로를 규정한다. 그것은 마치 들뢰즈에게서 현실적인 것과 잠재적인 것이 상호적으로 규정하고 있는 것과 같다. 제임스 윌리엄스(2005, 77~100)는 이 두 사상가에게서의 상호적 규정이라는 개념을 엄밀하게 검토하고 있다.

떤 현실적 존재의 부정적 파악은 그것의 정서적인 주체적 형식을 동반한 적극적 사실이다"(41~42[122]).[22] 하나의 현실적 존재는 인과적 효과성을 지닌다. 왜냐하면 그 현실적 존재는 그것 자체로서 전적으로 규정되어 있기 때문이다. 즉 그것은 경험적으로 "주어져" 있으며, 이러한 "소여성"givenness은 필연성Necessity을 의미하기 때문이다(42~43[124~125]). 일단 현실적 존재들이 자신들의 과정을 완성하게 되고, 그러한 현실적 존재들 속으로 영원한 객체들의 진입이 고정되고 나면, 그것들은 "모든 미결정성"을 갖지 않게 된다… 그것들(그 현실적 계기들)은 어떠한 미결단성도 지니고 있지 않은 완전한 결정적 사태인 것이다(29[99]). 그러므로 모든 사건은 어떤 "굽힐 수 없는 완강한 사태"(239[475]), 즉 어떠한 가능체potential도 남아있지 않고, 현재의 그것 이외에 다르게 될 수 없는 사건의 상태에서 절정에 이른다. 하나의 사건은 정확히

---

22. 엄밀히 말하자면, 화이트헤드는 "부정적 파악"이라는 용어를 현실적 존재의 배제와 영원한 객체의 배제, 둘 모두를 가리키기 위해서 사용한다. 그러나 비록 현실적 존재에 대한 부정적 파악이 "그것[인과적 느낌]의 독특한 중요성을 제거할 수 있지만", 그럼에도 불구하고 "어떤 점에서는, 인과적 느낌의 흔적에 의해서, 그 멀리 떨어진 현실적 존재도 [여전히] 긍정적으로 파악된다. 영원한 객체의 경우에는 그와 같은 필연성이 존재하지 않는다"(1929/1978, 239[474]). "모든 현실적 존재들은 긍정적으로 파악되지만, 영원한 객체들은 오직 선택적으로만 파악된다"(같은 책, 219[438]). 현실적 존재는 (정신분석적) 억압과 같은 것을 통해서만 배제될 수 있는 반면, 영원한 객체는 부정적 파악의 대상이될 때 실제로 남김없이 제거된다고 말할 수 있을 것이다. 이는 영원한 객체의 본성으로부터 따라 나온다. 왜냐하면, 영원한 객체들은 실재적이지만, 그것들은 "사실"이 아니며 인과적 효과성을 갖지 않기 때문이다.

가능태(그리고 미결정성)로부터 현실태actuality(그리고 완전한 결정)로 이행하는 그러한 운동으로 이루어져 있다. 이 현실화의 과정은 순전하고 무사심한(미적인) "영원한 객체에 대한 완벽한 '마음에 그림'envisagement"(44 [128])로부터 이러한 객체들 중 일부에 대한 어떤 실용적 관심, 그리고 "피할 수 없고 굽힐 수 없는 엄연한 완강한 사실"(43 [125]) 내부에 있는 그것들의 혼입incorporation에 이르는 궤도를 따른다.

그러므로 완전히 자신을 결정하는 과정에서 하나의 현실적 존재는 소멸하며, 또한 자신의 차례가 되면 파악하게 될 다른 현실적 존재들을 위한 "여건"으로만 존속하게 된다. 다른 한편, 하나의 영원한 객체는 자신이 그 속으로 진입하게 되는 사건, 또는 자신을 포함하는 사건에 의해서 소진되지 않는다. 그것은 "가능태라는 자신의 '특성'을 결코 상실하지 않는다"(239 [475]). 영원한 객체는 다른 사건들, 다른 현실화들을 위해 쓰일 수 있는 것으로 남는다. 이것은 초월론적인 것이 갖는 또 다른 특징이다. 칸트적인 이념들과 자신의 문제제기적인 잠재적인 것이라는 개념 둘 모두를 가리키면서 들뢰즈가 비슷하게 말하고 있듯이, "참된 문제들은 이념들이다 … 그리고 … 이런 이념들은 '자신들의' 해解들과 함께 사라지는 것이 아니다. 왜냐하면, 이념들은 해의 필수 불가결한 조건이고, 그래서 이 조건이 없다면 결코 어떠한 해도 존립할 수 없을 것이기 때문이다"(Deleuze 1994, 168 [371]). 영원한 객체들과 문제제기적인 이념들은 결코 사라지지 않는다. 그것들은 자신들이 조건 짓고, 또한 자신들을 구현하는 현실태들 외부에서는 포착될 수 없는 "필수 불가결한 조건들"인 것이다. 그러나 그것들은 마찬가지로 그러한 현실태들로 환원될 수 없으며, 따라서 현실태들 안에 포함될 수 없다. 영원한 객체들 [자체는] 현실적이지 않지만, 현실적인 것에 끊임없이 붙어 다닌다. 그것들은 마치 유령들처럼, 자신들의 진입과 현실화 바깥에서, 또한 그 안에서 사물들이 발생하는 현재의 논리, 즉 "지각자의 외양外樣뿐인 현재"(Whitehead 1929/1978, 169[351])의 논리와는 다른 어떤 시간적 논리에 따라서 존속하는 것이다. 이러한 외부, 이러한 열외-존재, 이러한 "단순 정위"(같은 책, 137)가 없는 공간, 그 속에서 "어떤 미래와 현재가 매 순간 현재를 나누고, 그것을 동시에 두 방향으로, 무한히ad infinitum 과거와 미래로 다시 나누는"(Deleuze 1990, 164) 이러한 시간. 이 모든 것이 초월론적인 것의 영역이다.

칸트의 초월론적 연역은 (적어도) 두 가지 목적에 봉사한다. 그것은 법률적 사용과 문제제기적 혹은 사변적 사용 모두를 지닌다. 법률적 사용은 합리성의 적법한 조건들을 규정하려는 것이다. 즉 "이성을 그것의 정당한 요구에 있어서는 안전하게 하며, [그것의] 근거 없는 모든 주장들은 기각시키려는 것이다"(Kant 1996, 8[168]).[23] 연역의 문제제기적 혹은 사변적 사용은 다음과 같은 세

---

23. * 칸트의 『순수이성비판1』(아카넷, 2006) 한국어판의 해당 부분 번역을 소개하면 다음과 같다. "이 시대는 또한 이성에 대해, 이성이 하는 업무들 중에서도 가장 어려운 것이 자기 인식의 일에 새로이 착수하고, 하나의 법정을 설치

가지 질문 — 즉 '나는 무엇을 알 수 있는가? 나는 무엇을 해야만 하는가? 나는 무엇을 소망해도 좋은가?'(735[933])에 대답하기 위한 것이다. 칸트를 초월론적 관념론에서 초월론적 경험론으로 전환시키면서, 화이트헤드와 들뢰즈는 이러한 초월론적 연역의 두 가지 사용 모두를 개조한다. 초월론적 연역의 법률적 사용은 우리가 이미 암시했듯이 이성이 자신에게로 방향을 돌려 스스로를 면밀히 조사하는 칸트의 법정으로부터 내재적인 기준에 따르는 평가로 교체된다.[24] 그리고 초월론적 연역의 문제제기적 사용 또

하여 정당한 주장을 펴는 이성은 보호하고, 반면에 일리 없는 모든 원리에 대해서는 강권적 명령에 의해서가 아니라 이성의 영구불변적인 법칙에 의거해 거절할 수 있을 것을 욕한다. 이 법정이 다름 아닌 순수이성비판 바로 그것이다." 168쪽.

24. 나는 이미 정당화 문제에 대한 들뢰즈의 거부, 즉 "신의 심판을 끝장내고자 하는" 그의 열망에 관해 언급했다. 그러나 들뢰즈의 내재적이고 구축론적인 사유 방식은 마찬가지로, 그 자체로 일종의 비판적 자기반성을 포함하며, 따라서 한계에 대한 초월론적 물음을 제기한다 : "당신은 결코 기관 없는 신체에 도달하지 못한다. 당신은 그것에 도달할 수 없으며, 영원히 그것에 도달할 수 없고, 그것이 한계이다"(Deleuze and Guattari 1987, 150[287]). 실험적이고 구축론적인 실천은 자신이 할 수 있는 것을 최대한으로 긍정하기를 추구하는데, 이는 들뢰즈가 스피노자의 코나투스에 대한 논의(Deleuze 1988)와 니체의 능동적 힘의 학설(Deleuze 1983)에서 발전시킨 개념이다. 그러나 이것은 정확히 힘 또는 실천을 한계까지 밀어붙여서 궁극적인 한계로서의 기관 없는 신체와 대면한다는 것을 의미한다. 여기에서 우리는 막힘과 흐름, "텅 빈 신체들"과 "충만한 신체들", 성취들과 추가적인 문제설정들에 관한 물음에 직면하게 된다.

화이트헤드는 비판을 할 때 늘 신중하다. 그는 다른 철학 체계들을 논의할 때 항상 한계들 내에서 그것들의 타당성을 인정하지만, 그러한 한계들을 넘어서려는 시도는 비판한다 : "철학의 가장 큰 오류는 과잉 주장이다. 일반화

한 변형되는데, 그 이유는 화이트헤드와 들뢰즈가 칸트와는 다른 종류의 질문들을 던지기 때문이다. 화이트헤드와 들뢰즈가 묻고 있는, 그들이 영원한 객체들과 잠재적인 것에 관한 자신들의 초월론적 논증들을 가지고 대답하기를 추구한 근본적인 질문들은 다음과 같다. 즉 언제나 새로운 무언가가 존재하는 것은 어떻게 된 일인가? 어떻게 새로움과 변화가 가능한가? 어떻게 우리는 과거와 다른, 또한 단지 과거에 의해 미리 결정되는 것에 불과한 것이 아닌 미래를 설명할 수 있을까? 또한 이 모든 질문들 배후에는 내가 처음에 시작할 때 제기했던 질문이 놓여 있다. 즉 "사건이란 무엇인가?"

칸트의 질문으로부터 화이트헤드와 들뢰즈의 질문들로의 전환은 우리의 근대성의 진보(만일 우리가 여전히 그것을 그렇게 부를 수 있다면) 속에 깊이 새겨져 있는, 주로 역사적인 전환에 해당한다. 물론, 칸트는 잘 알려진 바와 같이 "인간이 자기 자신에게 부여한 미성숙으로부터 지적인 성년기로의 탈출"(Kant 1983,

---

를 목표로 하는 것은 타당하지만 그 성공에 대한 예측은 과장되어 있다. 과잉 주장에는 두 가지 주요 형태가 있다. 그 한 가지 형태는 내가 다른 곳에서 '잘못 놓인 구체성의 오류'라고 불렀던 것이다…또 다른 형태의 과잉 주장은 확실성에 관한, 그리고 그 전제에 관한 논리적 절차를 잘못 평가하는 데 있다."(Whitehead 1929/1978, 7~8[60]). 여러 면에서 이것은 합리론의 독단적 과잉을 거부하면서도, 그 대신에 일반화된 (그리고 결국 자기 불신을 초래하는) 회의주의를 채택하지 않는 칸트의 기획과 매우 닮아 있다. 물론 차이점은 정서나 기질의 차이이다. 다시 말해서 화이트헤드의 온화하고 편안한 비판 방식은 칸트가 보여 주는 고도의 진지함과 엄격함과는 거리가 멀다.

41 [28])이라고 정의했던 계몽의 가장 위대한 사상가 중 한 사람이다.[25] 대략 두 세기쯤 뒤에 칸트의 계몽에 관한 텍스트를 논평하면서 푸코는 "계몽시대라는 역사적 사건은 우리를 성숙한 성인으로 만들지 않았으며, 우리는 아직도 여전히 그 단계에 도달하지 못했다"라고 쓰고 있다(Foucault 1997, 319). 그럼에도 불구하고 푸코는 칸트가 서 있는 위치가 "출발점 — 아마도 근대성의 태도라고 부를 수 있을지 모를 것의 윤곽"(309)을 제공해 주었다고 찬미한다. 그래서 푸코는 칸트의 반성을 "하나의 태도, 에토스, 철학적 삶"의 형태로 계속할 것을 우리에게 촉구한다. [그에 따르면] "그러한 것들 속에서 현재의 우리에 대한 비판은 우리에게 부과된 한계들에 대한 역사적 분석이 됨과 동시에 그러한 한계들을 넘어설 가능성을 갖는 실험이 된다"(319). 이것이 바로 칸트적인 초월론적 논증에 대한 화이트헤드와 들뢰즈의 쇄신들 배후에 놓여 있는 과업이다. 앎, 의무, 믿음에 관한 정초주의적 질문들로부터 사건들, 가능태들, 그리고 그것들을 현실화하는 과정에 관한 프래그머틱하고 구축론적인 질문들로의 전환에 관해서 말하자면, "모든 견고한 것들이 공기 속으로 녹아 없어지는 때에", 또한 "근대성의 거대 서사들은 죽었다"(Lyotard 1984)는 말을 우리가 듣는 때에, 또한 심지어 첫째로 "우리는 근대인이었던 적이 없다"(Latour

---

25. * 한국어판의 번역은 다음과 같다. "계몽이란 인간이 스스로의 잘못으로 초래되는 미성년 상태로부터 벗어나는 것이다." 이마누엘 칸트 외, 『계몽이란 무엇인가』, 임홍배 옮김, 2020, 도서출판 길, 28쪽.

1993)는 말을 듣는 시대에, 그것은 칸트에 대한 배반이 아니라, 그의 유산에 대한 긴급하고도 필수적인 쇄신이다. 왜냐하면, 들뢰즈와 과타리가 제안하는 바와 같이, "아마도 이 세계에 대한 믿음 내지 이 삶生에 대한 믿음이야말로 우리에게 주어진 가장 어려운 과제, 혹은 오늘날 우리의 내재성의 평면plane of immanence 위에서 여전히 발견되어야 하는 실존 양식의 과제일 것이기 때문이다"(Deleuze and Guattari 1994, 75 [111]). 화이트헤드가 "철학의 용도"로서 "사회적 조직을 조명하는 근본적인 관념들의 활동적인 새로움을 보존하는 것"이라면서 마음속에 그리고 있는 것은 바로 우리 자신을 이런 종류의 믿음으로 전향시키는 것을 목표로 삼는 그러한 과업이다(Whitehead 1938/1968, 174 [237]).

3장

정서의 맥동

화이트헤드는 "경험의 기본 토대는 정서적인 것emotional이다"(1933/1967, 176[280])라고 주장한다. 이 장에서 나는 화이트헤드의 "느낌의 이론"(1929/1978, 219[437] 이하)을 통해 작업해 나갈 것이며, 어떻게 이 이론이 인간적인 (그리고 또한 단지 인간적이지만은 않은) 경험에 관한 정동affect에 기초한 설명으로의 길을 열어주는가를 보여줄 것이다. 화이트헤드에게 우리가 어떻게 느끼는가, 그리고 우리가 무엇을 느끼는가에 관한 질문들은 대부분의 철학과 비판주의(칸트의 비판들을 포함해서)가 탐구의 중심으로 삼는 인식론적이고 해석학적인 질문들보다 더 근본적이다. 느낌에 대한 이러한 강조는, 이번에는, 정동으로-채워진 주체성에 관한 새로운 설명으로 우리를 이끈다. 넓게 보면, 화이트헤드의 정동 이론은 존재론(하이데거)이나 윤리학(레비나스)보다는 미학을 철학적 탐구의 중심에 둔다. 미학은 화이트헤드가 세계에 관한, 그리고 세계 속에 있는 존재자들에 관한 우리의 관심이라고 부르는 것에 대한 표지이다(1933/1967, 176[280~281]).[1]

---

1. 앞으로의 논의에서 나는 '느낌'(feeling), '정서'(emotion), '정동'(情動, affect)이라는 용어를 거의 서로 변환 가능하도록 사용하겠다. 이는 화이트헤드 자신의 용법에 따른 것이다. 그럼에도 불구하고, 나는 브라이언 마수미가 정동(affect)과 정서(emotion)를 중요하게 구분한 것을 염두에 두고 있다(Massumi 2002, 27~28과 여러 곳). 마수미에게 정동은 일차적이고, 무의식적이며, 탈주체적 또는 선-주체적이고, 탈기표적이며, 특성이 없으며, 강도적인 반면에, 정서는 파생적이고, 의식적이며, 특성을 지니며, 의미 있는, 이미 구성된 주체에 귀속될 수 있는 어떤 "내용"이다. 내 생각에 이 구분은 화이트헤드에게도 적합하지만, 그는 이를 용어적으로 구분하여 표시하지는 않았다. 나는 화이트헤드

화이트헤드는 자신의 철학을 어떤 "순수한 느낌의 비판"(1929/ 1978, 113 [250])이라는 모습을 취하는 것으로 특징짓는다. 우리가 이미 보았듯이, 칸트를 언급한 것은 결코 사소하거나 단지 우연에 불과한 것이 아니다. 화이트헤드는 철학에서 칸트의 코페르니쿠스적 혁명이 이룬 가장 위대한 성취를 "경험의 행위를 구성적 기능으로 개념화"(156 [326])시켰다는 점에서 찾았다. 다시 말해, 화이트헤드는 철학적 구축주의를 창시한 공적을 칸트에게 돌린다.[2]

의 "느낌"이 일차적으로는 마수미의 "정동"과 대체로 일치한다고 주장할 것이다. 하지만 화이트헤드는 우리 자신과 같은 "고등한"(high-grade) 유기체들에서, 마수미가 의미하는 "정서"와 같은 것이 어떻게 보다 원초적인 종류의 느낌으로부터 발생하는가에 대한 발생적 설명을 제공하기 위해서 계속 앞으로 나아간다.

2. 구축론 철학자로서의 화이트헤드에 대한 나의 감각은 이자벨 스탕게스의 화이트헤드에 관한 위대한 책(Stengers 2002b)에서 비롯되었다. 스탕게스에게 철학적 구축론은 비토대론으로서, 진리가 모든 경험으로부터 독립하여 이미 세계 안 저기에 존재하거나 마음속에 존재하면서 발견되기를 기다리고 있다는 개념을 거부한다. 대신에, 구축론은 다양한 과정과 실천을 통해 경험 내부에서 어떻게 진리들이 생산되는지를 살펴본다. 이것은 진리가 존재하지 않는다거나 단지 주관적일 뿐임을 의미하지 않는다. 오히려 이것은 진리는 항상 어떤 현실적 과정에서 구현되며, 이 과정으로부터 분리될 수 없음을 의미한다. 인간의 주체성은 그러한 과정 중 하나이기는 하지만 그렇다고 유일한 것은 아니다. 구축론은 인간의 인식을 모든 것의 중심에 두지 않는다. 왜냐하면, 진리를 생산하고 구현하는 과정들이 반드시 인간적인 과정들인 것만은 아니기 때문이다. 브뤼노 라투르(2005)와 마찬가지로, 스탕게스에게서 진리를 생산하는 실천들과 과정들에는 인간 존재들뿐만 아니라, 동물, 바이러스, 암석, 기상 시스템, 중성미자와 같은 "행위자"들이 포함된다. 구축론은 또한 상대주의를 함축하지 않는다. 스탕게스가 들뢰즈와 과타리에게서 인용한 한 구절에서, 구축론은 "진리의 상대성이 아니라, 반대로, 상대적인 것의 진리"를 주장한다(Stengers 2006, 170, Deleuze and Guattari 1994, 130 [187]를 인용함). 이러한

칸트는 "사물 자체"를 알 수 있는 가능성(혹은 심지어 의미 있음마저)을 부정하며, 그 대신에, 우리가 경험하고 관찰하는 것 – 그것이 무엇이건 간에 – 과 언제나 이미 구성적으로 밀접한 관계에 있는 방식들에 주의를 기울이게 한다. 달리 말해서, 칸트는 우리의 경험에 대해 독립적인, 즉 우리의 경험에 앞선, 그 자체로서 단지 저기에 존재할지 모를 어떤 실재를, 우리 마음속에서 재현함이라는 개념을 거부하는 것이다. 왜냐하면, 세계에 대한 우리의 관찰, 혹은 세계 속의 어떤 사물에 대한 우리의 관찰은 우리가 관찰하고 있는 것이 무엇이든지 간에 그것과 상호작용하고, 그 속에 개입하며, 그래서 그것의 본성을 변화시키기 때문이다. 이런 방식으로 세계에 대한 우리의 주관적 경험 자체는 바로 그것을 통해 세계 – 우리 자신을 포함한 세계 – 가 구성되는 재귀적인reflexive 과정이다. 칸트에게서처럼 화이트헤드에게서는, 비주관적으로 혹은 초경험적인 방식으로extraexperientially, 즉 영원의 상 아래에서sub specie aeternitatis 세계를 인식할 가능성은 존재하지 않는다. 왜냐하면, "우주 전체는 주체의 경험에 대한 분석에서 드러나는 요소들로 이루어져 있으며" 그 이외에는 아무것도 없기(같은 책, 166[346]) 때문이다. 구축론자[구성주의자]로서 화이트헤드는 때때로 그렇게 취급되는 것과는 다르게, 칸트 이전의 사상으로의 후

상대적인 것의 진리와 이 진리의 생산에서 비인간적인 작인들을 주장할 때, 구축론은 그토록 많은 탈근대적인 철학, 실제로 칸트 이후의 철학을 특징짓는 인간 중심주의와 반실재론과는 대조적으로, 궁극적으로 실재론이다.

퇴라기보다는 매우 많이 칸트주의적이거나 포스트칸트주의적인
사상가이다.

심지어 칸트의 저 악명 높은 "사물들 자체"에 관한 이론조차
도 그의 구축론의 한 결과이다. 왜냐하면, 우리가 알거나 기술할
수 없는 "사물들 자체"의 현존에 관한, 또한 그럼에도 불구하고
우리가 긍정할 수밖에 없는 그것들의 불가지성不可知性과 파악 불
가능성에 관한 칸트의 집요한 주장이 갖는 바로 그 요점은, 객체
들은 우리가 그것들을 포착할 수 있는 제한적이고 불완전한 방
식들을 넘어서 존속한다는 것이기 때문이다. 여건은 항상 그것에
대한 우리의 재현의 한계를 넘어선다. 우리가 구성한 인식은 언제
나 잠정적이며 진행 중에 있다. 우리의 생각과 행위만으로는 세계
를 만들어낼 수 없다. 우리의 정신적 과정들이나 재현의 형태들
은 언제나 제한되어 있고, 늘 자신의 한계에 직면하도록 강제된
다.[3] 비록 화이트헤드는 직접적으로 한계의 문제에 관심을 두고

---

3. 칸트는, 미리 예견이라도 한 듯이, "인식론적 장애물로부터 긍정적인 존재론적
조건으로" 근거를 옮기는 것으로 이루어진 헤겔의 지성화의 운동 ─ 그 결과
"우리의 사물 〔자체〕에 대한 불완전한 지식은 그 자체로 불완전하고 일관성이
없는 그 사물이 갖는 긍정적인 특징으로 바뀐다"(Žižek 2006, 27) ─ 을 거부
한다. 헤겔이 보기에, 칸트는 [마음 또는 정신의] 한계를 설정하면서도, 그와 동
시에 그러한 한계설정을 수행하는 자로서의 마음(mind) 또는 정신(Spirit)의
힘을 [그 자신이] 긍정하고 있다는 사실을 깨닫지 못하고 있다. 그러나 칸트가
사유의 한계를 선언할 때, 그는 정확하게 우리가 사물을 인식하는 방식에 대
한 사물의 철저한 외부성을 주장한다. 칸트는 사물들 자체에 대한 가정된 자
체-격리와 완전성에 관한 이상주의적 주장을 하는 것이 아니다. 오히려 그는
사물들 자체를 근본적으로 불완전하고 일관성이 없다고 가정하는 것조차 이

있지 않지만, 유사한 방식으로 그는 어떠한 형이상학 체계도 완결적이지 않다는 것을 우리로 하여금 떠올리게 만든다. 화이트헤드는 자신의 철학을 포함하여 "어떤 철학도 차례가 되면 뒷전으로 물러나게 마련이다"라고 말한다(Whitehead 1929/1978, 7[59]). 더 직접적으로 말해서, 모든 파악은 파악되고 있는 중인 "여건"에 대한 특정한 선택 – "객체화"와 "추상"(160[335]) – 을 포함한다. 사라지고 있거나, 남겨진 어떤 것이 늘 있기 마련이다. "구성적 기능으로서의 경험" 바깥에는 아무것도 없다. 하지만 경험 그 자체는 언제나 부분적partial(그 단어가 지닌 두 가지 의미들인 '불완전한'incomplete과 '편파적인'biased 모두의 의미에서)이다.

그럼에도 불구하고 화이트헤드는 "과잉 주관성"(Whitehead 1929/1978, 15[72])을 보여 주었다는 이유로 – 그가 16세기부터 18세기까지의 다른 철학자들을 비판한 것처럼 – 칸트를 비판한다. 칸트는 단지 마음에 대해 지나치게 많은 것을 요구할 뿐이다. 그는 인간 존재들과 그 밖의 다른 고등 유기체들에 특유한 그러한 특정

미 너무 많은 것을 주장하고 있는 것이라고 제안하고 있는 것이다. 따라서 미연에 칸트는 헤겔이 행하는 일종의 자기-확대, 자기-반성적 조치를 자격 박탈하고 있다. 사물에 대한 우리의 이해의 불완전성은 사물들 [그] 자체가 갖는 특징으로 정립될 수 없다. 인식의 한계들 그 자체는 인식될 수 없다. 이러한 급진적인 의미로 한계들을 설정하면서, 칸트는 (그 자신의 인지적 편견에도 불구하고) 선(先)인지적이고 정동적인 관계들의 의미를 향한 길을 열어준다. 그러나 헤겔이 선(先)인지적인 것, 또한 비(非)인지적인 것을 부정적 인식, 그리고 부정적인 것에 대한 인식으로 전환할 때, 그는 정동을 위한 여지를 남겨두지 않는다. 칸트의 헤겔에 대한 관계는 보다 확장된 논의를 할 만한 가치가 있다.

한 종류들의 추상을 과도하게 특권화시키고 있다(172[357]). 칸트에 따르면, 우리의 마음은 그가 "지성의 개념들" 혹은 범주들이라고 부르는 것에 따라 경험을 구조화함으로써 경험을 형성한다. "우리의 모든 인식이 경험과 함께 시작된다는 것은 의심할 여지가 없다"라고 칸트는 쓰고 있다. "그러나 우리의 모든 인식이 경험과 **함께** 시작된다고 할지라도, 그렇다고 해서 우리의 인식 모두가 경험**으로부터** 생겨난다는 것을 의미하지는 않는다"(Kant 1996, 43~44[215]). 칸트에게서 지성의 범주들은 경험으로부터 파생될수 없다. 비록 그것들이 다만 경험의 한계 내에서만 정당하게 적용될 수 있다고 할지라도 말이다. 범주들을 우리의 "인식의 자발성"(106[274])에 속하는 것으로 간주하면서, 칸트는 사실상 코기토 — 그것이 단지 멀리서 관찰할 뿐인 세계로부터 독립하여, 그 세계에 의해 제약되지 않으며, 또한 암시적으로는 세계에 대해 우월한 위치에 있는 데카르트적 주체 — 를 다시 긍정하고 있는 것이다. 비록 칸트가, 「순수이성의 오류추리들」에서, 데카르트적 자아에 대한 모든 실체화된 주장을 분쇄하고 있지만, 그럼에도 불구하고 그는 모든 인식 활동이 수반하는 "통각의 초월적 통일"이라는 유령 같은 형태의 저 자아를 여전히 보존하고 있다. 이런 방식으로 칸트는 자신이 발견한 구축론의 범위를 제한할 위험을 무릅쓰고 있다. "구성적 기능으로서의 경험"은 오직 이성적인 존재들을 위해서만 예비되어 있다. 동시에, 그러한 존재들 자신은 그와 같은 경험이 지닌 예측할 수 없는 변화들에 대해 취약하지 않다. 칸트의 주체는 경험을 독점화할 뿐만 아니라, 그러한 경험 속에 잠기는 것으로 부터 면제되어 있다.

많은 포스트-칸트주의자들처럼 화이트헤드는 이러한 면제 와 분리를 거부한다.[4] 구축론이 완성되기 위하여 인간적 또는 이 성적 주체가 특별히 특권화될 수는 없는 것이다. 그리고 경험에 대한 초월론적 전제들은 경험 **내부로부터** – 내재적으로, 우발적으 로, 그리고 역사적으로 – 발생해야만 한다. 칸트가 말하는 기초적 인 "직관의 형식"조차 그 "여건으로서의 현실 세계로부터 파생" 되어야 하며, 따라서 칸트가 그 용어에 부여한 의미로서의 '순수 한' 것이 아니다"라고 화이트헤드는 말한다(Whitehead 1929/1978, 72[180]). 이러한 요구조건에 따를 때 경험에 대한 초월론적 전제 조건들은 고정된 논리적 범주들이기보다는 오히려 과정들이어야 만 한다. 그리고 그것들은 이미 본래 있어야 할 제자리에 있게 될 어떤 주체의 "자발성"에 귀속될 수 없다. "칸트에게서 경험을 성립 시키는 과정은 주관성으로부터 현상적인 객관성으로 나아가는 과정"이라고 화이트헤드는 말한다. 그러나 화이트헤드 자신의 철

---

4. 들뢰즈가 쓰고 있듯이, 포스트칸트주의자들은 "대상들과의 관계에서 단순히 조건화하는 것만이 아니라 진정으로 발생적이고 생산적인 어떤 원리를 요구 한다 … 그들은 또한 칸트에게서 서로 외부적인 것으로 남아 있는 항들 사이 의 기적과 같은 조화들이 여전히 생존함을 비난했다"(Deleuze 1983, 51~52). 물론, 들뢰즈는 니체를 포스트칸트주의 프로그램을 가장 완벽하게 수행한 사 상가로 인정한다. 화이트헤드는 니체에게 거의 관심을 보이지 않지만, 유사하 게 칸트를 급진화하고 개정한다.

학은 "이러한 분석을 역전시키며, 그래서 과정을, 객관성으로부터 주관성으로 향하는 진행으로 설명한다"(같은 책, 156[326]). 주체는 구성적 경험의 전제가 되는 존재가 아니라 구성적 경험으로부터 출현한다. 마찬가지로, 경험의 모든 주어진 활동의 "주체적 통일"은 그러한 경험에 미리 앞서 존재하지 않으며, 주체적 통일 그 자체가 경험의 전개 과정에서 생산될 뿐이다.5 그러므로 화이트헤드는 칸트의 "초월론적 관념론" — 그의 "주관적 경험으로부터 생긴 하나의 구성물로서의 객관 세계에 관한 학설"(같은 책) — 을 윌리엄 제임스의 "근본적 경험론"의 질서 위에서 더 나아간 무엇으로, 또는 나중에 들뢰즈가 "초월론적 경험론"이라고 부르게 될 것의 질서 위에서 더 나아간 무엇으로 대체한다.6

그러므로 칸트적 "비판"과 관련하여 화이트헤드에게 중요한 점은 그것이 수행하는 이성의 한계들에 대한 규정도 아니고, 지

---

5. 화이트헤드는 이를 "주체적 통일성의 범주"(1929/1978, 26[92~93], 223~225 [445~450])라고 부르는 형태로 설명한다. 더 일반적으로, 화이트헤드의 모든 범주들은 칸트의 종합적인 선험적(a priori) 관념들을 "경험적-이상적으로" 변형한 것들이다. 초월론적 조건으로서의 "주체적 통일성"에 대한 질문 전체와, 화이트헤드가 어떻게 그것을 필연적인 전제로부터 "범주적 제약"(같은 책, 26[92]) — 또는 내가 사후전제(postsupposition)라고 부르고 싶은 것 — 으로 변형시키는지에 대해서는 보다 더 확장된 논의가 필요하다.

6. 칸트에 대한 이러한 비판적 개정에도 불구하고, 화이트헤드는 "[주관성에서 객관성으로, 또는 객관성에서 주관성으로의] 순서는 "구성적 기능" — 그것이야말로 정말로 중요한 것이다 — 으로서의 경험에 관한 [칸트의] 일반적인 관념과 비교할 때 중요하지 않다"라고 주장한다는 점을 기억하는 것이 결정적이다(Whitehead 1929/1978, 156[326]).

성 개념들의 연역도 아니다. 오히려 중요한 것은 수용성 혹은 감성의 조건들에 대한 비판이 제시하는 구축론적 설명이다. 달리 말하자면, 화이트헤드는 칸트의 "초월론적 논리학"Transcendental Logic — 그러한 도식에 따라서 질서화된 경험은 "인과, 실체, 성질, 양에 관한 사고 양태들의 도식화의 산물이다"(Whitehead 1927/1978, 113[250]) — 을 거부하는 것이다. 그러나 화이트헤드는 전반적으로 볼 때 초월론적 감성론 — 그 속에서 칸트는 시간과 공간에 관한 자신의 "해명"exposition을 제공하고 있다 — 을 수용한다. 이러한 "감성 자체의 규칙들"(Kant 1996, 107 [274])이라는 표현은 화이트헤드에게는 "〔칸트의〕 중요한 논제여야 했던 것의 왜곡된 단편"(Whitehead 1927/1978, 113 [250])에 불과하다. "초월론적 감성론"에서의 칸트의 위대한 발견은 시간과 공간이 "뉴턴의 '절대' 시·공간 이론"과는 대립적으로 "구성물들"constructs이라는 점에 있다(Whitehead 1029/1978, 70~72 [175~180]). 그러나 또한 마찬가지로 구성물로서의 그러한 시간과 공간은 범주를 결여하고 있으며 비-개념적이다.7 "공간은 선험적 직관이지, 개념이 아니"(Kant 1996, 79 [246])라

7. 칸트는 종종, 심지어 화이트헤드에게조차도, 뉴턴 물리학 및 유클리드 기하학에 선험적 근거를 제공함으로써 이들을 '구원'하려 한 것으로 받아들여진다. 하지만 나는 사실상 "정확히 그 반대가 진실에 가깝다"라는 가라타니 고진(2003, 63)의 주장에 동의한다. 가라타니가 보여주듯이, 시간과 공간, 그리고 시간과 공간의 수학에 관한 칸트의 논의의 배후에 놓인 전체적인 강조점은 이러한 것들이 갖는 분석적인 논리적 필연성들이 아니라, 종합적인 조건들을 보여주는 데 있으며, 따라서 그것들은 실제로 구성될 필요가 있고, 단순히 당연한 것으로 간주되거나 전제될 수 없다는 것을 보여주는 것이다(같은 책,

는 점을 우리에게 상기시킨다. 마찬가지로 시간은 "논변적인 개념, 이른바 보편적인 개념이 아니다. 그것은 오히려 감성적 직관의 순수 형식이다"(86 [252]). 바로 이런 이유로 시간은 "다름 아닌 내감의 형식, … [다시 말해] 모든 현상 일반의 선험적인 형식적 조건이다"(88 [254]). 공간과 시간은 감성적 직관의 내재적 조건들이다. 달리 말해서, 그것들은 대상들이 우리에게 제공하는 "여건"을 수용하는 — 그와 같은 여건을 제공해 주는 대상들 자체가 거기에 일치해야만 하는 논리적 범주들이기보다는 오히려 — 방식들을 가리킨다. 왜냐하면, 시간과 공간은 단지 수용의 형식들일 뿐이어서, 인식을 위해서는 적합하지 않다. 사실, 칸트는 공간과 시간은 — 어떤 것도 그것들로부터 떨어져서는 인식될 수 없다는 점에서 — "[두] 인식의 원천들"(92 [259])이라고 말한다. 그러나 공간과 시간은 여전히 인식에 선행한다. 공간과 시간은 그것들 자체로서는 인식의 토대를 제공해 주거나 인식을 보증해 주기에는 충분치 않은 것이다.

　이러한 점들이 칸트가, 적합한 인식에 대한 자신의 요구와 함께 "초월론적 감성론"에서 "초월론적 논리학"으로 옮겨가는 이유다. 화이트헤드에 따르면, 칸트가 범한 큰 실수는 흄의 근본적인 가정, 즉 주관적 감각들의 완벽한 원자론 혹은 "여건으로서의 인상들 서로 간의 근본적인 비결합성"(Whitehead 1927/1978, 113 [250])이라는 가정을 수용한 것이다. 흄에게서 "경험의 행위에서의 최초

55~63).

의 활동은, 수용의 주체적 형식 없이 여건을 있는 그대로 주관적으로 마음에 품는다는 것이다"(157[330]). 『순수이성비판』에서 칸트의 목표는 이런 입장에서 도출되는 회의론적 결과들을 피하는 것이다. 하지만 칸트는 "단순한 감각"*mere* sensation의 혼돈과 함께 출발함이라는 전제에 결코 의문을 제기하지 않는다. 그는 어떻게 하면 그러한 혼돈에 질서가 부여될 수 있으며, 또한 혼돈을 이루는 요소들이 연결될 수 있을지를 흄이 성취할 수 있었던 것보다 더 만족스러운 방식으로 보여주고자 시도했을 뿐이다. 흄은 경험의 기초적인 안정성을 보장하기 위한 설명으로서 단지 습관을 제외한 그 무엇도 제공하지 않는다. "초월론적 논리학"에서 나타나는 칸트의 설명에서 지성은 자신의 범주들을 가지고서, 만일 그렇지 않다면 아무런 결합도 존재하지 않고 어떠한 특성도 지니지 않을 개별적 인상들의 요동 위에 개념적 질서를 강력하게 부과한다. 이런 방식으로 문제를 해결하면서 칸트는 "인간이 행하는 여러 방식의 기능들 가운데서 보다 고차적인 작용"(113[251])에 배타적으로 의존하면서, 보다 더 "원초적인 유형의 경험"(113[251])을 무시한다. 칸트는 화이트헤드가 "철학자들 사이에 유행하는 과도한 주지주의적 편견"(141[301])이라고 비판하는 것을 계속 보유하고 있는 것이다.

「초월론적 논리학」에서 하고 있듯이 경험에 질서를 부여함으로써, 칸트는 질베르 시몽동이 **질료-형상론**(Simondon 2005, 45~60)이라고 부르는 것의 전통 ─ 적어도 아리스토텔레스에로까지 거슬러

올라가는 — 내부에 머물러 있다. 이것은 형상과 질료의 이원론이다. 질료-형상론은 물질성, 혹은 "감성적인 것"(감각들을 통해서만 포착될 수 있는 것)은 수동적이고 비활성적이며 본질적으로 형태가 없으며, 따라서 물질성이나 감성적인 것은 그것의 외부로부터 혹은 위로부터 부여되는 지성적인 형상에 의해서만 조직화될 수 있다고 가정한다. 시몽동은 엄격한 이원론을 수반하는 질료-형상론은 어떠한 현실적인 형성과정이나 구성과정에서든 작동하고 있는 모든 중간단계[매개]들intermediaries을 무시하고 있음을 논증한다. 사실, 질료는 결코 전적으로 수동적이거나 비활성적인 것이 아닌데, 왜냐하면 그것은 언제나 초기 구조를 포함하고 있기 때문이다. 질료는 이미 에너지의 일정한 분배들, 그리고 특정한 방향이나 방식들로 형태 지어지기 위한 포텐셜들potentials을 포함하고 있다(당신이 나무판을 대패질할 때 그 나무판의 결 방향에 따라[그 결을 거스르지 않고] 작업한다면, 더 쉽게 깎일 것이다[Massumi 1992, 10 참조]). 그 자체로 볼 때, 그것은 자신을 "에너지의 **변환**transduction"의 과정을 통해서 한 물질 혹은 또 다른 물질로 '변환'할 수 있는 한에서만 유효할 수 있기 때문에, 형상은 결코 절대적이지 않으며, 그러므로 단순히 외부로부터 부여되는 것이 아니다. 달리 말해서 형상은 에너지적이다. 즉 형상은 에너지를 전달해 주는 일련의 변형들을 통해서 작용하고, 따라서 물질에 "형상을 부여하며"inform, 교환과 소통의 과정에서 물질에 작용하며affecting 물질을 변조시킨다modulating. (마셜 매클루언이 쓰고 있듯이, 미디어는 메시지다. 즉 [섀넌-하틀리 정리라고 불리는] 섀넌의 커뮤니케이션 이론의 질료-형상론적 가정들과는 상반되게, 그 어떤 메시지도 혹은 그 어떤 형식적 구조도 그것의 매체에 무관심할 수 없는데, 메시지나 형식적 구조는 바로 그 매체에 의해서 그리고 매체를 통해서 전달되기 때문이다.)

초월론적 논리학과는 대조적으로 초월론적 감성론에서 칸트는 질료-형상론에 전적으로 집착하지는 않는다. 칸트는 실제로 공간과 시간은 지각의 "순수 형식들"이며, 또한 "감각 일반은 그것의 질료이다"(Kant 1996, 95 [262])라고 말한다. 그러나 칸트의 논의는 또한 조금 다른 논리의 흔적들, 즉 중간단계들에 대해 보다 개방적인 논리를 보여 준다. 왜냐하면, 시간과 공간은 범주나 개념이 아니기 때문에, 그것들은 논리적 가지성可知性, intelligibility의 형식들("인과, 실체, 성질, 양")이 행하는 것과 같은 방식으로 자신의 대상들과 관계 맺을 수는 없다. 시간과 공간은 형태가 없고 조직되지 않은 질료에 능동적으로 각인된 조직화의 원리들이 아닌 것이다. 시몽동의 전문 술어로 말하자면, 공간과 시간은 어떤 유연하고, 항상 변화하는 **변조**modulation인데 반해서, 범주들은 고정되고, 항상 동일한 틀에 넣어 **만들기**molding(Simondon 2005, 47)이다.[8]

---

8. 들뢰즈가 ― 시몽동의 용어를 명시적으로 차용하면서 ― 쓰고 있듯이, 전통 철학은 "개념은 능동적인 형식이고 대상은 단지 잠재적인 질료일 뿐이라는 개념-대상 관계를 설정한다. 그것은 하나의 [조형]틀이자 조형의 과정이다." 하지만 칸트와 함께, 시간과 공간에 대한 그의 새로운 취급 덕분에 모든 것이 바

시간과 공간은 모종의 유연성을 갖고 있다. 왜냐하면, 그것들은 자발성spontaneity의 원리들이 아니라 수용성receptivity의 원리들이기 때문이다. 칸트에게서 감성 혹은 수용성은 대상 그 자체에 대한 인식과는 낮과 밤처럼 전혀 다른 것으로 남아있다고 말한다. 감성은 – 인지적인 것이기보다는 오히려 – "무엇인가의 현상"에 관계하며, "우리가 그것에 의해 촉발되는 그 방식"에 관계한다(Kant 1996, 96[263~264] – 강조는 샤비로).

그리고 이것이 결정적으로 중요한 점이다. 비록 "물자체"物自體, Ding an sich는 알려질 수 없고 인식될 수 없지만, 그럼에도 불구하고 그것은 어떤 특정한 방식으로 우리를 촉발한다. 또한 "우리가 촉발되는 방식"이라는 문장의 의미를 전달하고 표현함으로써, 공간과 시간은 대상들 사이에서, 객체와 주체 사이에, 그리고 주체와 주체 그 자신 사이에 내재적이고, 비인지적인 결합들을 확립한다. 그러한 정동적인affective 관계들은 공간과 시간 안에서의 모든 경험의 경로에 고유한 것이다. 화이트헤드는 칸트가 "자신의 초월론적 감성론을 주관적 과정에 대한 단순한 기술로 간주하고"(Whitehead 1929/1978, 113[250]), 모든 경험의 필연적 조건들에 관한 설명을 제공한다는 보다 근본적인 과업을 초월론적 논리학을 위해 남겨두었다는 사실을 한탄한다. 그러나 일단 우리가 화

펴다. 다시 말해서 "그 개념-대상의 관계는 칸트에게서 계속 살아남아 있지만, 그것은 변조(modulation)를 구성하고 더 이상 틀(mold)을 구성하지는 않는 나-자아(I-Self) 관계를 통해 이중화된다"(Deleuze 1997, 30).

이트헤드가 제안하는 더 근본적인 방식으로 초월론적 감성론을 고려한다면, 형식 없음, 혹은 아무런 연결 없이 원자화된 인상들이라는 문제는 존재하지 않는다. 또한 그러므로 그러한 인상들에 형식을 제공하기 위해, 혹은 그것들을 모두 결합시키기 위해서, 위로부터 온 지성의 범주들을 부여할 필요가 없게 되는 것이다. 화이트헤드가 쓰고 있듯이, 그러한 느낌의 과정 속에서 인과성은 외생적으로 확립되어야 할 필요가 없다. 왜냐하면, "여건은 이미 그 자신의 상호결합성을 내포"하고 있기 때문이다(같은 책[같은 책, 250~251]).

이런 방식으로 이해된, 칸트의 초월론적 감성론은 화이트헤드의 가장 중요한 개념들 가운데 하나인 "주체적 형식"이라는 개념을 위한 기초를 제공한다. 화이트헤드의 설명 속에서, 모든 파악은 세 가지 요인으로 구성된다 : (a) 파악하는 '주체', 이른바 그 속에서 그러한 파악이 하나의 구체적인 요소가 되는 현실적 존재 ; (b) 파악되는 '여건' ; (c) 어떻게 그러한 주체가 그러한 여건을 파악하는지에 해당하는 '주체적 형식' 등이다. 다른 곳에서, 이 동일한 세 가지 요인들의 또 다른 목록 속에서, 화이트헤드는 주체적 형식을 "그 경험의 계기 안에 있는 그 파악의 효과성을 규정하는 정감적 색조affective tone"라고 정의하고 있다(1933/1967, 176[282]). 그러한 요인들 가운데 처음 두 요인, 즉 "주체" 혹은 "경험의 계기", 그리고 "여건" 혹은 "파악되는 객체"는 전통적 인식론에서의 주체와 객체의 역할 — 비록 그러한 비교가 정확하지는 않지만 – 을 대신할 것이다.9 그러나 세 번째 요인, 즉 어떻게how 혹은 정감적 색조야말로 진정 결정적으로 중요한 요인이다. 어떠한 주어진 "여건"이든지 그것은 객체적이고 전적으로 한정되어 있다고 화이트헤드는 말한다. 그 자체로는, 여건은 언제나 동일한 것이다. 그러나 이러한 자기 동일성은 주어진 존재가 그 여건을 수용(파악하거나 지각)하는 특정한 방식을 전적으로 결정하지는 – 비록 그러한 여건을 어느 정도 제한하기는 하지만 – 않는다. "어떻게 그 주체가 그 객체적 여건을 느끼는지"(1929/1978, 221 [441])에 관해서는 어떤 미결정성의 여백, 혹은 "결단"을 위한 여지(43 [125])가 항상 존재한다.

이러한 여백은 새로움novelty을 허용해 준다. 그 이유는 다음과 같다. "느낌의 본질적인 새로움은 그 주체적 형식에 속하는 것이다. 최초의 여건, 그리고 객체적 여건인 결합체조차도, 다른 주체에 속한 다른 느낌에 제공된 적이 있었을지도 모른다. 그러나

9. 그러한 차이들은 파악이 반드시 의식적일 필요는 없으며, 또한 실제로 대부분의 경우 전적으로 무의식적이라는 사실을 포함한다. 또한 [그러한 차이들에는] "주체"가 그것의 "여건" 또는 "객체"와의 만남에 앞서 존재하는 것이 아니며, 오직 그러한 만남의 과정에서만 생산될 뿐이라는 사실도 포함된다. 존재자 사이의 어떠한 만남에서도 "주체와 객체는 상대적인 용어들"이다(Whitehead 1933/1967, 176 [281]). 화이트헤드는 17~18세기 인식론에서 특권을 누렸던 "명석하고 판명한" 지각은 전형적인 것이 아니라 파악의 매우 특수한 한 경우일 뿐이라고 간주한다. 데카르트에서 칸트에 이르는 철학자들이 그런 경향을 보여 주었듯이, 이러한 [파악의 한 특수한] 사례로부터 일반화시키는 것은 정확히 감각주의적 원리와 "기능의 인간적인 양태들 가운데 보다 더 고등한 것"에 대한 과대평가로 이어진다.

주체적 형식은 직접적인 새로움이다. 그것은 그 주체가 그 객체적 여건을 느끼는 방식how이다."(Whitehead 1929/1978, 232[461]) 모든 주체적 형식은 다른 모든 주체적 형식과 다르다. 어떤 주체도 그 밖의 다른 모든 주체가 느꼈던 것과 정확히 동일한 방식으로 주어진 여건을 느끼지 않기 때문이다.[10] 이것은, 다른 사물들 가운데서, 새로움은 본질essence이라기보다는 어떤 방식의 기능a function of manner이라는 것을 의미한다. 화이트헤드에게 중요한 질문은 어떤 것이 무엇이냐가 아니라, 어떻게 그것이 존재하는가 ― 혹은 보다 정확하게 말해, 어떻게 그것이 다른 사물들에 작용하는가affects, 그리고 작용받는가 ― 이다. 만일 존재Being가 고전 형이상학자들에게는 하나의 실사substantive이고 하이데거에게는 어떤 동사라면, 화이트헤드에게 그것은 부사적이다. "현실적 존재가 어떻게 생성되고 있는가라는 것이 그 현실적 존재가 어떤 것인가를 결정한다는 것 …. 현실적 존재의 '있음'은 그 '생성'에 의해 구성된

---

10. 이는 문제의 "주체들"이 동일한 인격 또는 자아의 연속적인 사례들인 경우에도 마찬가지이다. 만일 일 분 전의 경험에 대한 나의 기억이 내가 지금 느끼고 있는 것에 추가되었다면, 바로 그 이유 때문만으로도 나는 [지금] 일 분 전과 같은 방식으로 주어진 여건을 느끼지 않는다. 이것이 바로 화이트헤드가 "어떠한 두 개의 현실적 존재도 동일한 우주로부터 유래하지 않는다. 비록 두 우주 사이의 차이가, 한쪽에는 포함되어 있지만 다른 쪽에는 포함되어 있지 않은, 일부의 현실적 존재들로만 이루어진다고 하더라도 말이다"(1929/1978, 22~23[86])라고 말할 때 의미한 바이다. "0.1초 전과 0.5초 전 사이"(Whitehead 1933/1967, 181 [288])의 나의 우주와 현재 순간 바로 지금 나의 우주 사이의 차이는, 전자에 대한 나의 경험은 객체화되고 후자에 의해서 파악된 여건에 추가되는 "현실적 존재"라는 점이다.

다"(23[87]).

수용의 방식으로서의 "주체적 형식"에 대한 이러한 강조는 화이트헤드를 칸트의 초월론적 감성론과 연결해 주는 것이다. 칸트가 특권화하고 인식의 전면에 내세우는 모든 것에 대해서 화이트헤드는 그것에 선행하며 또한 그것으로 환원될 수 없는 어떤 운동에 이끌린다. 직관의 내적·외적 형식들인 시간과 공간은 그것들이 지성을 위한 조건들이기 이전에before 느낌의 양식들이다. 이러한 점은 "우리가 대상들에 의해 촉발되는 방식으로 표상들을 얻는 능력(곧 수용성)"이라는 감성에 대한 칸트의 정의로부터 따라 나온다. 칸트는 계속해서 말한다. 이것이 "대상들이 우리에게 주어지는" 방식이다(Kant 1996, 72[239]). 화이트헤드는 이러한 공식화에서 많은 것을 보존한다. 첫째, 외부 세계의 순전한 소여성과 우리들이 그것과 만날 때 수반하게 되는 수용성에 대한 칸트의 집요한 주장이 있다. 이것은 "피할 수도 없고 굽힐 수도 없는 엄연한 사실"(1929/1978, 43[125]), 그리고 "현실적 계기를 위해 기회를 제공함과 동시에 제한하기도 하는 굽힐 수 없는 엄연한 사실"(129[279])에 관한 화이트헤드 자신의 집요한 주장과 유사하다. 다음으로, 칸트가 감각여건sensa(흄의 순전한 감각인상들)의 관점이 아니라, 현실적인 "객체들"이라는 관점에서 자신의 설명을 표현하고 있다는 사실이 있다. 이것은 실재를 구성하는 궁극적인 요소들로서의 "현실적 존재들" 또는 진정한 사물들res verae에 대한 화이트헤드의 호소와, 17~18세기 경험론의 "관념들"이 언제나 이미 (경험론자들 자신의 유심론적 전제들에도 불구하고) "외적 사물들"(55[148])을 가리키고 있다는, 혹은 그러한 관념들이 "이러저러한 개별적 존재들에 '한정되어'" 있다(138[296])라는 그의 주장에 부합한다. 마지막으로, 그러한 대상들이 그것들에 대한 우리 편에서의 모든 지식에 선행하여, 혹은 원인과 결과의 모든 형식적 과정에 선행하여(칸트는 오직 인과성을 보다 뒤에 나타나는 단계에서, 즉 자신의 지성 범주들의 "연역"deduction에서나 설명하거나 받아들이기 때문에), 우리를 촉발한다affect는 암시적인 승인이 존재한다. 이것은 칸트가, 그에 앞서 흄이 그랬듯이, 암시적으로(그리고 자신의 전제들과 모순되면서) 화이트헤드가 "인과적 효과성"의 양태(168~183[349~375])라고 부르는 것에 따라서 존재자들 상호 간을 결합해 주는, "계승"과 영향이라는 관계들의 실존을 수용하고 있음을 의미한다. 이 모든 방식으로, 칸트는 화이트헤드의 "느낌의 이론"으로 들어가는 문을 열어주고 있는 것이다.

"주체적 형식"에 관한 자신의 분석을 통해서, 화이트헤드는 지성understanding보다 느낌에 특권을 부여하며, 인지적인 경험보다는 정감적인affective 경험에 대한 설명을 제공한다. 설령 우리가, 칸트가 그랬듯이, "감각여건"(감각질, "현시적 직접성"의 양태에서의 감각-지각의 기본적인 원자들)에 제한하여 초점을 맞춘다 해도, 그러한 감각여건들의 "주요한 특징"은 "그것들이 갖는 막대한 정서적 의미관계이다"(Whitehead 1933/1967, 215[337~338]). 모든 지각 경험을 채우는 그 "정감적 색조"(176[280])는 인식을 규정할 뿐만 아니라 또한 그것의 범위를 초과한다. 우리는 먼저 우리 앞에 존재하는 것을 지각하고, 그러고 나서 그러한 지각들에 정서적으로emotionally 반응하는 것이 아니다. 오히려 순서는 그 반대라고 화이트헤드는 말한다. 왜냐하면, "감각지각으로부터 파생될 수 있는 직접적 정보는 전적으로 동물 신체의 기능들에 관련되어 있기"(215[337]) 때문이다. 지각은 무엇보다도 우선 신체적으로 변용됨being affected의 문제이다. 외부 세계와의 접촉은 신체를 강화하거나 약화하고, 자극하거나 억제하며, 신체의 다양한 기능들을 촉진하거나 손상시킨다. 따라서 모든 지각 혹은 모든 파악은 신체를 자극하여 "역작용 adversion이나 혐오aversion"를 일으킨다 ─ 그런데 이것은 이미 파악의 "주체적 형식"인 것이다(Whitehead 1929/1978, 184[378]). "신체적 기능들 속에 내재하는[11] "정감적 색조들의 질적 특성들"이 공간 속의 "영역들의 특성들로 변환되는 것"(Whitehead 1933/1967, 215[337])은 (적어도 우리 자신과 같은 "고등한" 유기체들에서는) 오직 나중에 가서이다. 그래서 감각지각들은 명제들로 취해질 수 있게 되며, 그것에 의해서 외부 세계 속에 있는 지식의 대상들을 특징짓기 위해서(혹은 그것들에 관한 정보를 우리에게 제공하기 위하여) 사용될 수 있는 것이다. 우리는 우선 그러한 대상들을 느낌으로써 그것들에 반응한다. 우리가 느끼고 있는 것이 무엇인지를 식별하고 인식하는 것은 그 이

---

11. * 『관념의 모험』 원문에 따르자면 '계승된'으로 읽는 것이 타당한 듯하다.

후의 일일 뿐이다.

느낌으로서의 지각에 관한 화이트헤드의 설명은 윌리엄 제임스의 정서 이론theory of emotions을 정교화한 것이자 그것을 확장시킨 것이다. 제임스는 "우리는 울었기 때문에 슬픔을 느끼고, 때렸기 때문에 분노하게 되며, 몸을 떨었기 때문에 무서워지는 것이지, 각각의 경우에 우리가 슬프거나 분노하거나 무섭기 때문에 울고 때리고 몸을 떠는 것이 아니다"(James 1983, 1065~1066[2040])라고 주장한다. 정서들은 신체적 상태들을 일으키지 않는다. 오히려 반대로, 신체적 상태가 먼저 오고 나서 정서들이 그것들로부터 발생하는 것이다. 엄밀히 말해서 이것은 인과성에 관한 논증이기보다는 표현에 관한 논증이다. "흥분을 일으키게 하는 사실"에 관한 우리의 "지각"은 "신체 변화"라는 모습을 취한다. 그런데 "신체 변화들이 일으키는 그 동일한 변화들에 대한 우리의 느낌은 정서이다IS"(1065[2040]). 제임스가 실제로 강조하는 점은 인과관계의 순서를 역전시키는 것 ─ 그 결과로 (우리가 대개 생각하는 것과는 반대로) 신체적 상태가 원인이 되고, 정신적 상태가 결과가 되는 관계로 바뀌는 것 ─ 이 아니다. 오히려 제임스는 정동情動의 어떤 급진적 일원론 속에서, 이러한 조건들의 동일성을 주장한다. "[나의 정신 상태를 더 면밀하게 살펴볼수록] 내가 갖고 있는 어떤 기분moods이든, 감정affections이든 또는 열정passions이든 모두 우리가 흔히 그런 것들의 표현 또는 결과라 말하는 신체 변화들로 구성되고 만들어져 있다는 것이 진실인 것을 더욱더 확신하게 된다"(1068[2045]). 신체를 마음으로부터 분리시킴, 혹은 (신체적인) 표현을 그것이 (정신적으로) 표현하는 것으로부터 분리시킴은 존재하지 않는다. 지각은 이미, 즉시[매개 없이][12], "신체적 변화들"이라는 모습을 취하는 어떤 능동[행위]/수동[겪음]이다. 내가 어떤 지각을 수용하는, 혹은 그것의 "감각여건들"을 포착하는 방식은 나의 신체가 변화하는, 혹은 변화한 방식이다. 지각 혹은 자극, 행위 혹은 신체적 변화들, 그리고 정서 혹은 반응은 모두 하나의 동일한 사건이다. 우리가 그것들을 서로로부터 분리시킬 수 있게 되는 것은 오로지 그다음에 일어나는 반성[의 단계에나 가서]이다(이것은 화이트헤드에게서, 오직 반성의 단계에 다다라서만, 또한 추상의 과정을 통해서만 우리가 파악의 "주체적 형식"을 파악되는 중에 있는 여건으로부터 분리할 수 있다는 점, 또한 그러한 주체적 형식과 여건 모두를 그 "현실적 존재" ─ 그 파악이 그러한 현실적 존재의 한 "구체적인 요소"가 되는 ─ 로부터 분리할 수 있다는 것과 정확히 상응한다.)

제임스는 정서를 특정한 종류의 경험으로 기술한다. 화이트헤드는 **모든** 경험을 정서적emotional이라고 기술함으로써 이러한 논증을 철저화하며 그것의 범위를 확장시킨다. 이것은 순전한 감

---

12. 여기서 "즉시"(immediately)는 해체되지 않는 동일한 현재의 순간을 의미한다. 물론, 제임스는 그러한 "시간의 현재 순간" 또는 그가 "외양적 현재"라고 부르기를 선호한 것이 결코 문자 그대로 순간적인 것이 아니라, 항상 일정한 두께의 지속을 갖고 있다고 주장한다(James 1983, 573~574[1101]).

각-지각을 포함한다. 또한 느낌은 마찬가지로 의식적이지 않은, 그리고 반드시 인간적일 필요는 없는 "경험"의 양태들을 포함한다. 사실, 화이트헤드의 철학은 "'느낌'을 현실 세계의 도처에 있는 것으로 상정한다"(1929/1978, 177[364]). 화이트헤드에게, "느낌들"은 "긍정적 파악들" 일반과 동일한 것인데, 그것들은 존재들이 서로 상호작용하는, 혹은 상호 감응하는 모든 방식들이다 (220[440]).[13] 무언가를 느낀다는 것은 그 무언가에 의해 변용된다는 것이다. 그런데 그 느끼고 있는 존재가 변용되는, 혹은 변화되는 그 방식은 그것이 느끼는 것의 바로 그 내용이다. 그러므로 우주 안에서 발생하는 모든 것은 어떤 의미에서는 느낌의 삽화이다. 심지어 근대 물리학이 발견한 소위 "'텅 빈 공간眞空, empty space 속에 들어 있는 현실적 계기들"도(177[365]) 그렇다. 물론 진공 속 양자의 끊임없이 변화하는 파동들은 의식 혹은 감각-지각과 같은 그 무엇도 포함하고 있지 않다. 그러나 우리가 이러한 파동들

---

13. 좀 더 정확히 말하자면, 화이트헤드는 하나의 현실적 존재가 다른 현실적 존재들을 느끼거나 상호 작용하는 "물리적 파악"과 하나의 현실적 존재가 "영원한 객체들"(성질들과 개념들을 포함한, 가능태들)을 느끼거나 상호 작용하는 "개념적 파악들" 사이를 구분한다. 또한 대부분의 파악은 이 두 가지 유형의 "혼종들"이다. 하지만 모든 경우에, 파악은 하나의 현실적 존재가 무언가를 느끼는 과정이다.

하나의 현실적 존재가 다른 존재들(또는 영원한 객체들)을 느껴짐이나 어떠한 그와 같은 상호작용으로부터 배제하는 "부정적 파악"도 있다. 하지만 화이트헤드는 이러한 것들은 "그것들(부정적 파악들)이 긍정적 파악들에 종속된 것으로 취급될 수 있다"(1929/1978, 220[440])고 말한다.

을 검사해 볼 때, "우리가 발견하게 되는 것은 모호한 성질의 '베터'적 한정을 갖는 느낌의 유입이다"(177 [364]). 전체적으로 볼 때, 소립자 물리학의 "파장과 진동"(163 [340])에서부터 인간의 주관적 경험의 가장 섬세한 미묘함에 이르는 "느낌의 범주들의 계층체계"(166 [345])가 존재한다. 그러나 모든 경우에, 현상들은 그것들이 인식되고 범주화될 수 있기 전에 느껴지며, 느낌의 양태들로서 파악된다. 이런 방식으로, 화이트헤드는 — 꼭 칸트가 공간과 시간을 감성의 초월론적 조건들로서 확립하는 것처럼 — 느낌을 경험의 한 기본 조건으로서 가정한다.

이것은 우리를 초월론적 감성론으로 다시 데려간다. 만일 시간과 공간이 형식들 — 제각각 내적 직관과 외적 직관의 형식 — 이라면, 느낌은 그것들의 공통된 발생적 모체matrix가 된다. 내가 사물들을 공간과 시간 속에 위치 짓는 것은 느낌의 수용하는 활동을 통해서이다. 달리 말해서, 느낌은 모든 존재들이 그것을 통해서 공간화되고 시간화되는 과정인 것이다. 따라서 화이트헤드는 "공간은 어떠한 사물들 자체의 속성을 표상하거나 [사물들 자체를 그것들의 상호 관계에서 전혀 표상하지 않는다]"(Kant 1996, 81 [247]), "시간은 스스로 독립적으로 존속하는 무엇도 아니고, 사물들의 객관적인 규정으로서, [그러니까 우리가 사물들에 대한 직관의 모든 주관적인 조건을 도외시해도 여전히] 사물들에게 남을 그런 어떤 것도 아니다"(87 [253])는 점에 대해서 칸트에게 동의한다. 공간과 시간은 정감성affectivity의 기본적 형식들이다. 그것들은 미리 가정될 수는 없지만, 경험의 과정 속에서, 그리고 경험의 과정을 통해서 구성될 필요가 있다. 따라서 화이트헤드는 "공간은 그 아래에서만 우리에게 외적 직관이 가능한, 감성의 주관적 조건일 뿐이다"(81[247]), 또한 "시간은 그 아래에서만 모든 직관이 우리 안에서 일어날 수 있는, 주관적 조건일 뿐이다"(88[254])라는 칸트의 주장에 동의한다. 이 점에 관해 화이트헤드가 칸트와 달라지는 결정적인 차이는 화이트헤드에게, 그와 같은 "주관적 조건들"은 인간적인(이성적인) 정신들에만 적용되는 것이 아니라, 모든 존재들에게 적용된다는 점에 있다. 시간과 공간은 오직 우리 [인간]만이 세계에 부과하는 인식론적 필수조건들이 아니라, 세계 안의 모든 존재들이 자신들의 경험의 과정에서 실제로 산출하는 주관적 조건들인 것이다.

시간과 공간이 지닌 구성된, 조건적인 본성에 관한 이러한 주장과 조화되도록, 화이트헤드는 그가 "단순 정위의 오류"(1929/1978, 137[294]; 1925/1967, 49[92] 이하 인용)라고 부르는 것을 비난한다. 이러한 오류는 "하나의 물질 조각"이 "다른 공간의 영역과 다른 시간의 지속에 대해서 그 물질이 가지고 있는 본질적 관련을 떠나서 그 물질은 그것이 존재하고 있는 곳, 즉 공간의 어떤 유한한 특정 영역에, 그리고 시간의 어떤 유한한 특정한 지속 내부에"(1925/1967, 58[94~95]) 절대적으로 위치할 수 있다고 믿는 것으로 이루어져 있다. "계기하는 시간적 계기들sucessive temporal occasions의 개체적 독립"(1929/1978, 137[294])과 그것과 상관된 "공간 속에서의 절대적 위치들"(71[178])이라는 개념을 가정하는 것은, 느낌이 관계적이며 그래서 "본질적으로 [합생을 초래하는] 이행"(221[440])이 되는 방식을 무시하는 것이다. 느낌은 항상 이곳에서 저곳을 가리킨다. 그래서 느낌은 과거로부터 계승되며 미래를 향해서 투사한다. 느낌의 과정을 통해서, 공간 속의 다른 점들은 "하나의 공통된 세계의 연대성 속에서 통일되는 것이다"(72[180]). 또한 모든 느낌의 과정은 시간을 산출한다. 즉, 느끼는 그 존재의 "끊임없는 소멸"로서뿐만 아니라, "과거의 '힘'power에의 순응에서 기인하는 현재의 출현"으로서도 [시간을 산출하는 것이다](210[423]). 시간을 이행으로 특징지어주며, 공간 속의 한 점이 다른 점과 맺는 관계들을 만들어주는, 이와 같은 과거의 "힘"은 반복의 힘이다. 모든 "현재" 순간은 강제적으로 앞서 발생한 것을 "계승하며", 그럼으로써 그것을 반복한다. "그 '단순 정위'의 개념"은 오류이다. 왜냐하면, 그것은 "'반복'에 대한 어떤 형식의 승인", 또는 본질상 다른 시간과 관련되기 마련인 시간에 대한 어떠한 승인과도 모순되기"(137[294]) 때문이다. 하나의 특정한 시공간적 위치를 확립한다는 것은 언제나 무엇보다도, 반복을 긍정한다는 것이며 또한 그럼으로써 다른 곳과 다른 때에, 즉 공간의 다른 확장들과 시간의 다른 기간들을 참조함으로써 어떤 차이를 확립한다는 것이다.[14]

---

14. 이처럼 시간을 '이행'으로 설명하기 위해서 나는 키스 로빈슨(2006, 74~77)의

이때 현실적 존재들은 공간 안에서 원초적으로 위치 지어지며, 시간에 의해서 순서 지어진다. 차라리, 공간적 위치와 시간적 연속 자체가 이러한 현실적 존재들의 생성을 통해서 발생한다. 다시 말해서, 하나의 존재는 그것에게 영향을 주었고 그것을 형성한 다른 존재들을 느낌으로써 자기 자신을 구성하거나 창조한다. 그래서 그 존재는 다른 존재들을 공간적으로 그리고 시간적으로 자기 자신과 구분되는 존재로 느끼게 된다. 각각의 새로운 존재의 이러한 스스로를 구분시키는 활동, 또한 시간과 공간의 결과적인 분화는, 바로 느낌의 과정이 지니는 하나의 필연적인 부수물이다. 모든 "정서의 맥동"(Whitehead 1929/1978, 163[340])은 시공간의 신선한 창조이자 직접적인 소멸, 혹은 "객체화"이다. "과거의 현재와의 정서적 연속은 … 각각의 시간적 계기의 자기-창조를 파생시키는 기본요소이다. … 과거가 어떻게 소멸하느냐 하는 것은 미래가 어떻게 생성하느냐 하는 것이다"(Whitehead 1933/1967, 238[369]). 현실적 존재가 — "베르그손의 용어를 빌린다면 — 온전하게 '공간화된' 것은" 하나의 현실적 존재가 소멸할 때 — 즉 그것이 더 이상 능동적으로 느낌의 과정에 관여하지 않을 때 — 일 뿐이다

논의를 많이 끌어다 썼다.

반복이 새로움, 또는 차이를 낳는다는 생각과 관련해서는 당연히 나는 그 생각을 질 들뢰즈에게서 끌어왔다. 즉 차이로서의 반복은 들뢰즈 사상의 핵심 모티브이다. 하지만 차이에 대한 긍정으로서의 반복에 대한 들뢰즈의 감각은 주로 그의 니체의 영원회귀에 대한 분석을 통해 발전했으며, 화이트헤드에게는 거의 빚진 것이 없어 보인다.

(Whitehead 1929/1978, 220[438]; 209[422] 참조). 마찬가지로 그 현실적 존재는 온전하게 시간화되는데, 그 이유는 "연장적 연속체의 원자화는 또한 그것의 시간화이기"도 하기 때문이다(72[180]).[15] 오직 하나의 느낌의 과정이 스스로를 완성시키고 소멸했을 때만, 그 현실적 존재는 [앞으로 다른 현실적 존재에 의해] 느껴지게 될 하나의 여건으로서, 즉 "시점이 정해져 있는 일정한 사실"(230[459])로서 한정될 수 있다.[16]

---

15. 이 후자의 발전은 베르그손이 받아들이지 않을 만한 것에 해당한다. 왜냐하면 그는 내적 직관의 형태로서의 시간, 그리고 단순한 공간에 대한 그러한 시간의 절대적 우선성을 주장하기 때문이다. 화이트헤드의 시간화와 공간화 사이의 평행관계는 아인슈타인의 상대성이론과 그에 따른 시공간의 개념적 통일성과 조화를 이루고자, 베르그손이 했던 것보다 더 적절하게 노력한 것에서 비롯된다. 비록 화이트헤드는 느낌에 대한 자신의 관념이 베르그손의 "'직관'이라는 용어의 사용"(1929/1978, 41[121])과 "… 어떤 친족 관계"를 갖는다고 말하고 있지만, 그는 또한 베르그손의 직관 개념은 "정서와 목적이라는 주체적 형식으로부터 추상된 것처럼 보이기"(33[106]) 때문에 불완전하다는 반론을 제기한다.

16. 이것은 또한 마수미(2002)의 용어로 비인격적인 "정동"(affect)이 인격적이고, 심리적인 "정서"(emotion)로 포착되고, 포함된 지점이다.
     화이트헤드의 공간과 시간 이론에 대한 전반적인 물음은 여기서 주어질 수 있는 것보다 훨씬 더 길고 신중한 해명이 필요하다. 현재의 맥락에서, 나는 단지 어떻게 화이트헤드가 베르그손과 마찬가지로, 들뢰즈가 칸트의 혁명적인 "운동-시간 관계의 역전"이라고 부르는 것의 계승자이며, 따라서 "시간이 운동에 종속되는 대신에 … 이제 운동이 시간에 종속되는 것"(Deleuze 1984, vii)인지를 강조하고 싶을 뿐이다. 그 결과로서, "시간은 더 이상 연속(succession)으로서 정의될 수 없고", "공간은 공존(coexistence)으로 정의될 수 없다"(viii). 반대로, 연속과 공존은 그 자체로는 시간화 및 공간화라는 보다 근본적이고 창조적인 과정의 효과로만 이해될 수 있다. 칸트의 새로운 개념화에 따르면, 영향을 미치고 영향을 받는 어떤 힘(ix)으로서의 "시간은 주체 안으로 이러한 조건들 아래서, 모든 느낌은 "'벡터적 느낌', 즉 결정되어 있는 저편으로부터 느끼며, 결정되어야 할 저편을 지시하는 느낌이다"(Whitehead 1929/1978, 163[340]). 현대 물리학(상대성이론과 양자역학)에 의해 기술되는 것처럼, 물질세계에서, "모든 기본적인 물리량들은 벡터이지 스칼라가 아니다"(177[364]) ; "스칼라적 양이란 벡터적 양에서 파생되는 구성물이다"(212[428]). 스칼라에 대한 벡터의 우위, 혹은 원자론적 용어들에 대한 관계론적 용어들의 우위는 그 어떤 시공간의 점도 전반적인 "물리적 전자기적 장"(98[223]) — 그것이 포함하는 힘들의 상호작용과 양자들quantum의 상호작용과 함께 — 으로부터 고립될 수 없다는 것을 의미한다. 지성 범주들의 위로부터의 강제적 부여가 아닌, 이러한 내재적인 결합 관계는 물리적 인과관계를 위한 진정한 기초이다. 그와 상응하는 방식으로, 화이트헤드의 느낌의 이론에서는 "직접적 지각의 생경한 원초적 성격은 계승이다. 계승되는 것은 그 기원의 명증성을 동반한 느낌의 색조이다. 달리 말하면 벡터적인 느낌의 색조이다"(119[262]). 화이트헤드는 느낌들에 관해 이야기하기 위해서 벡터라는 언어를 사용한다. 왜냐하면, 그는 한편으로 물리학적 인과성(하나의 존재가 에너지나 운동을 또 다른 존재에게 전

_____

이동한다." 이것이 바로 [칸트의] 초월론적 감성론이 화이트헤드의 느낌의 학설을 위한 기초를 제공하는 방식이다. 화이트헤드가 시간화와 공간화를 "느낌"의 선험적인 운동에 귀속시킬 때, 그는 감성적 직관은 비인지적이거나 선인지적이라는 칸트 자신의 주장을 확장하고 급진화하고 있는 것이다.

달하는 방식)과, 다른 한편 지각(하나의 존재가 또 다른 존재를 느끼고, 그것에 반응하는 방식) 사이에 본질적인 구분을 두지 않기 때문이다. 존재 A가 결과로서의 존재 B의 원인이라고 말하는 것은 존재 B가 존재 A를 파악한다고 말하는 것이다. 화이트헤드에 따르면, 기계적인 (또한 양자-역학적인) 상호작용들조차 느낌이다. 그래서 가장 단순한 물리적 느낌조차 "지각 활동"이면서 동시에 "인과 causation의 작용"(236[470])인 것이다. 우리가 색과 같은 감각여건들을 수용할 때 수반하는 "정서적 느낌"emotional feeling은 소립자들이 서로 관계하는 방식과 본질상 기본적으로 다르지 않다. 지각 활동이 단지 범위에 있어서 훨씬 더 넓을 뿐이다 (163[340]). 그러한 것으로서, 느낌은 모든 관계와 소통의 원초적인 형식이다.

지금까지의 논의를 요약하자면, 느낌은 벡터적 전달로서, 연관reference으로서, 그리고 반복으로서 생각될 수 있다. 이러한 세 가지 규정은 서로 밀접하게 얽혀 있다. 모든 느낌은 또 다른 느낌에 대한 연관을 포함한다. 그러나 연관은 벡터의 선을 따라 움직인다. 연관으로서의 느낌은 공간을 통한 전달이며, 크기일 뿐 아니라 운동의 방향이다. 이러한 전달은 또한 시간의 산물이기도 하다. 벡터 안에서, 시간은 어떤 방향을 갖는다 : 시간의 화살은 언제나 이미 결정된 것으로부터 아직 결정되지 않은 것과 앞으로 결정될 것으로 움직이는 중이다. 그 느끼고 있는 존재는 그것이 느끼는 모든 다른 존재들에 의해서 "제약되거나", 그것들의 한 "결과"이다(Whitehead 1929/1978, 236 [470]). 또한 이 존재는 이번에는 그들 자신의 방식으로 이 존재를 느끼는 후속하는 존재들을 위한 하나의 조건 혹은 원인이 된다. 그러므로 모든 존재는 "그것이 그 여건을 느낀다는 점에서"(85 [202]), 그것이 과거로부터 수용하는 "여건에 순응한다." 그러나 자신의 여건을 느끼는 활동 속에서, 모든 존재는 또한 그러한 여건들 사이에서 [어떤 여건을] 선택하고, [여건들의] 형태를 부여하며, [여건들을] 변화시켜, 결국 최종적인 결정에 도달한다. 그렇게 함으로써, 그 존재는 자신의 차례에 있는 다른 존재자들에 의해 느껴지도록 스스로를 제공하며, 그 결과 그것은 "그 자신을 넘어서는 것과 관계"하게 된다"(72 [180]). 그 존재의 "객체화"는 일단 그것이 완전하게 결정되었으면, 그것의 반복을 허용해 준다. 그런데 이러한 반복은 과거에 대해서뿐만 아니라 미래에 대해서도 결정적이다. 왜냐하면, 모든 새로운 생성의 과정은 "새로운 직접성으로 변형된 반복을 포함"(137 [293])하기 때문이다.

느낌의 활동은 본래 갖추어지고 미리 결정되어 있는 관계 맺음이라기보다는, 어떤 마주침 − 어떤 우발적 사건, 어떤 외부로의 열림 − 이다. 그런데 느낌은 그것이 마주치는 것은 무엇이건 간에 − 심지어 바로 그것에게 "순응함"이라는 활동에서조차 − 그것을 변화시킨다. 바로 이런 이유로, 느낌은 인식cognition으로 환원될 수 없다. 느낌은 우리가 이미 알고 있는 어떤 것이 아니다. 마음에 관한 인식이론들이 지니는, 또한 해석에 관한 해석학적 양식들이 갖는 문제는, 그것들이 아직 알려지지 않은 것을 이미 알려진 것, 즉 이미 규정된 것으로 환원한다는 점에 있다. 그러한 이론들은 나의 알지-못함이 다만 나에게는 어떤 우발성이며, 무지는 내가 그 안에 빠져 있는 어떤 특정한 상태라고 가정한다. 그 이론들은 내가 알고자 하는 대상이 그 자체로 이미 완벽하게 결정되어 있다고 상상한다. 만약 내가 그것을 알게 된다면 말이다. 이 때문에 그러한 이론들은 "구성적 기능으로서의 경험"을 무시하고 자신들의 주의를 이미 경험된 것과 이미 구성된 것으로 제한하고 만다. 그것들은 전체 중 절반만 파악한 것에 불과하다. 왜냐하면, 그러한 이론들은 과거를 향해 후퇴하는 벡터를 추적하고 있지만, 미래를 향해 나아가는 벡터를 추적하고 있지는 않기 때문이다. 그것들은 현실적인 것the actual은 파악하고 있지만, 가능태, 아직-존재하지-않음은 놓치고 있는 것이다. 그것들은 "느낌의 순응"의 가치를 인정하고 있지만, 벗어남脫線, deviation과 새로움은 무시하고 있는 것이다. 그것들은 그것이 무엇이든 간에, 이미 느껴진 것, 선택된 것, 결정된 것을 분석한다. 하지만 그것들은 선택과 결정의 바로 그 과정 — 느낌 자체가 바로 그 과정이다 — 을 놓치고 있다.

이 모든 것이 지난 수십 년에 걸쳐 모더니즘적 비평이론과 포스트모더니즘적 해체론이 우리에게 의심하라고 가르쳐 왔던, 저 가장 순전한 낭만주의적 재잘거림, 지성에 대항하는 생명의, 사유에 대항하는 느낌의 순진한 저항의 부류로 보일지 모른다. 하지만 나는 그것이 화이트헤드의 "순수느낌비판"에 대해, 또한 초월론적 관념론으로부터 초월론적 경험론으로 이행하는, 화이트 헤드가 칸트 철학에 대해 행한 전환을 엄격하게 표현한 것이라고 주장하고 싶다. 이러한 전환의 과정은 이중적이다. 첫째, 화이트 헤드는 칸트의 초월론적 감성론을 고쳐 쓴다. 그 결과 시간과 공간이라는 직관은 질서 지어진 세계를 산출하는 것이 아니라, 오히려 그로부터 파생된다(72[180]). 그리고 둘째, 화이트헤드는 초월론적 감성론의 영역을 확장시킨다. 그 결과 그것은 또한 칸트가 초월론적 논리학에 할당했던 ─ 인과율과 같은 ─ 모든 작용을 포함하게 된다. 이것은 자발적 느낌에 대한 감상적 숭배와 같이 치켜세우는 그 무엇과도, 또는 창조적 상상력에 대한 어떤 낭만주의적 이론과도 무관하게, 화이트헤드가 자발성이라는 칸트의 개념을 전적으로 제거한다는 것을 의미한다. 칸트에게 "우리 인식의 자발성", 또는 지성은 "감성적 직관의 대상을 사유하는 능력"으로서, 직관 자체와는 전적으로 구별된다. 화이트헤드는 그러한 [지성의 자발성과 감성적 직관의 수용성이라는] 이원론을 거부한다. 화이트헤드는 (흄과 칸트 양자 모두에 반대하여, 그러나 로크에게서 그가 발견하는 일부 암시들에 일치하여) 감각적 인상들에 대한 순전한 수용은 이미 그러한 감각적 인상들이 "이러저러한 개별적 존재에 한정되어 있다는" 사실을 함축한다고 주장한다(138[296]). 따라서 화이트헤드는 ─ 사유를 포함한 ─ 모든 경험의 기원을 변용됨의 어떤 과정, 즉 칸트가 감성적 직관의 수용성이라고 부른 것 내부에 위치하는 과정으로 돌린다.[17]

그런데 전통 형이상학이 형상과 질료, 또는 정신과 육체, 또는 본질과 우유성偶有性을 대립시킨 방식으로, 작용은 수동적 수용과 대립될 수 없다. 오히려 수동성이 수용성의 한 차원인 꼭 그만큼 활동성도 수용성 자체의 한 차원이다. 모든 경험, 모든 느낌은 동시에 과거로부터의 "계승"이며 참신한 창조이다. 그래서 이러한 두 차원 모두 어떤 개방된 정동성open affectivity 내부에 포함된다. "현시적 직관으로부터 정서적 경험을 분리시킨다는 것", 즉 칸트가 전제한 분리이면서 인식을 위해 필수적인 분리는, 사실은 아주 드물게 발생하는 것이다. 왜냐하면, 그러한 분리는 오직 "사유가 행하는 고도의 추상"(162~163[340])이기 때문이다. 더 일반적으로 말해서 원초적인, 즉 전적으로 순응적인 느낌들로부터, 더 이후의 또는 더 고등의 보완적 느낌의 단계들에 이르는 어떤 연속체가 존재한다. 순응적 느낌에서, 느낌의 방식은 느낀 것을 재생한다(163[342]). 그 결과 순응적 느낌은 "단순히 객체적인 내용을

---

17. 이런 의미에서 "감성적 직관의 수용성"에는 물리적 파악들, 또는 현실적 존재들에 대한 파악들(감각여건들)뿐만 아니라, 화이트헤드가 "개념적 파악들" 또는 "영원한 객체들"에 대한 파악들(개념들과 순수한 잠재태들 — Whitehead 1929/1978, 23[88] 참조)이라고 부르는 것도 포함된다. 모든 감각, 지각 또는 파악의 행위에서 "어떤 의미에서 하나의 현실적 존재자는 다른 현실적 존재자 안에서 반복되므로, 뒤따르는 존재자를 분석할 때 앞선 존재자에 의해 '결정된' 구성요소를 발견할 수 있다"(139[298]). 이것은 칸트의 초월론적 논리학을 군더더기로[불필요한 것으로] 만들어준다. 왜냐하면, 칸트가 성취하고자 하는 모든 것은 초월론적 분석론['초월론적 감성론'의 오기로 보인다 — 옮긴이]의 작용들에 기초하여 이미 수행되었기 때문이다.

주체적 느낌들로 변형시킨다." 반대로, 보완적 느낌들은 객체적 여건에 대한 주체적 사유화를 능동적으로 포함한다(164~165[343]). 다시 말해서, 보완적 느낌들은 어쩌면 여건을 바꾸거나 바꾸기를 원하거나, 여건을 거부하거나, 아니면 그 주어진 여건을 다른 (기억된 혹은 상상된) 여건과 비교하고 대조하거나, 그 여건에 대한 최초의 순응적 반응들에 대해 자기-반사적으로self-reflexively 반응하거나 등등, 거의 무한히ad infinitum 진행될 것이다.[18] 그러나 이 모든 것은 여전히 수용성의 형식들이며, 여전히 여건을 느끼는 방식들이다. 우리가 수용성으로부터 자발성으로, 관계적 호응으로부터 순수한 창시성pure originality으로, 또는 정서로부터 "명석하고 판명한" 인식으로 [직접적으로] 이행하는 지점이란 존재하지 않는다. 가장 복잡하고 반성적인 사유의 양태들조차 여전히 보완적 느낌의 예증들일 뿐인 것이다. 그러한 것으로서, 보완적 느낌들은 자신들을 잉태한 최초의 순응적 느낌들과의 "본질적인

---

18. 부정(여건을 부정하는 것)은 여러 형태의 보완적 느낌 속에 그 자리를 갖고 있다. 화이트헤드는 "의식적 지각의 일반적인 경우는 부정적 지각이다", 더 일반적으로 말해서 "의식은 부정의 느낌이다", 그리고 부정을 통해 의식은 "마침내 자유로운 상상력의 절정에 오른다"(1929/1978, 161[337])라고 주장하면서, 심지어 부정에 특별히 중요한 위치를 부여한다. 이런 점에서 화이트헤드는 헤겔적 부정성이 갖는 역할을 인식하고 인정하고 있다. 그럼에도 불구하고 부정은 여전히 일종의 느낌이며 드물고 흔하지 않은 느낌이다. 화이트헤드에게 헤겔적 전통은 그것이 부정의 정서적 뿌리와 정서적 힘에 주목하기보다는 부정을 존재의 중심에 두고 부정의 논리를 인지적 원리로 취급할 때, 모든 철학의 악습인 과장과 "허풍"에 빠지게 된다(7~8[59~60]).

양립 가능성"을 계속해서 "수반하며", 그 결과 "그 과정은 기능의 필연적인 연속성을 드러낸다"(165[343]).

만일 느낌이 — 인식이 아니라 — 모든 경험의 기초라면, 그래서 만일 "주체의 경험을 떠나서는 아무것도 없다. 아무것도. 단지 무無일 뿐"(Whitehead 1929/1978, 167[347])이라면, 그러한 경험을 조직하고 질서 짓는 유일한 방식은 어떤 내재적인 방식, 즉 주체적 경험 자체 안으로부터 발생하는 방식이어야만 한다. 우리는 설령 흄의 회의론적 사변들이 옳다고 해도, 실제로 경험이 반드시 혼돈상태가 될 필요는 없으리라는 것을 알고 있다. 우리의 경험은 항상 어떤 내재적인 질서를 보여 준다. 다시 말해서 어느 편인가 하면, 사실상 경험은 너무 많은 질서를 갖고 있다. 랭보적인 "모든 감각들의 고장"은 결코 충분히 경험을 혼란에 빠뜨리지 못한다. 대부분의 전통 형이상학은 "명석하고 판명한" 인식 속에서 경험의 질서를 토대 짓는 일에 관심이 있다. 마치 만일 철학이라는 강력한 지도指導의 손이 없다면, 모든 것이 즉각 실패로 돌아가기라도 하는 듯이 말이다. 그러나 화이트헤드는 그와 같은 두려움이 근거 없다는 것을 알고 있다. 이성적인 질서를 보호하는 것은 문제가 아니다. 참된 어려움은 질서를 어떻게 **설명**할 것인가, 또는 경험을 계속해서 조직하고 규제하는 — 경험을 흔들어 섞기 위해서 우리가 무엇을 행하든, 또한 인식이 부재할 때조차도 — "본질적인 양립 가능성"을 어떻게 **설명**할 것인가에 있는 것이다. 달리 말하자면, 화이트헤드는 오늘날 우리가 "창발적 질서" 혹은 자기-조직화라고 부르게 될 것에 관심을 갖고 있는 것이다. 그러한 질서의 원천으로서 칸트의 초월론적 논리학을 거부하면서, 화이트헤드는 초월론적 감성론에 대한 그 자신의 개정된 버전만을 계속 견지한다.

이것은 질서에 관한 화이트헤드의 내재적 기준이 오직 미적인 기준일 뿐이라는 것을 의미한다. 진리와 지성은 이러한 과업에 적합하지 않다. 왜냐하면, 느낌은 인식보다 더 기본적이며, 그래서 "명제가 참이라는 것보다 명제가 흥미를 끈다는 것이 더 중요하"기 때문이다(Whitehead 1929/1978, 259[509]). 실제로, "다른 요인들과 별도로 떨어져서 그 자체로 볼 때 진리-관계는 중요하지 않은 것으로 보인다"(Whitehead 1933/1967, 265[406]). 진리를 "흥미롭게" 만드는 이러한 "다른 요인들"은, 정확히, 비인식적 느낌이다. 진리에 대한 판단들 혹은, – 화이트헤드가 선호하듯이 – "명제들" 또는 "이론들"은 그것들이 느껴질 때만, 또한 그것들이 느껴지는 한에서만 중요한 것이다. 이렇게 주장할 때의 화이트헤드는 아주 많이 제임스적인 프래그머티스트이다. 진리에 관한 그 프래그머티즘적인 테스트는 그것[이론 내지 명제]이 지속시키는 흥미이다. "이론의 원초적인 기능은 느낌을 위한 유혹이며, 이를 통해서 향유와 목적의 직접성을 제공하는 것이다"(1929/1978, 184[378]). 진리는 최종적으로 경험적 검증의 문제가 아니라, "향유와 목적"의 문제, 혹은 (화이트헤드가 더 자주 쓰는 용어로) "만족"의 문제이다. 바로 그렇기 때문에 "아름다움美은 진리보다 더 광범하고, 더 근본적인 개념"(1933/1967, 265[405])이다.[19]

느낌을 진리에 종속시키기보다는, 아름다움^美에 연결 지으면서, 화이트헤드는 우리가 칸트에게서 발견하는 (또한 보다 일반적으로 철학적 전통 안에서 발견하게 되는) "에스테틱"aesthetic이라는 단어가 지닌 두 가지 의미를 결합시킨다. 한편으로, 초월론적 감성론은 감각과 감성의 형식들과 관계하며, 다른 한편으로, 제삼 비판서(『판단력비판』)에서의 미감적 판단력비판Critique of Aesthetic Judgement은 아름다움과 숭고함에 대한 경험들과 관계된다. 비록 칸트 자신은 그 두 가지 의미들 사이에 존재하는 상이점에 관해 언급하지 않지만, 다른 사상가들은 그것이 문제제기적임을 발견했던 것이다. 들뢰즈가 쓰고 있듯이, "감성론은 심하게 뒤틀린 이원론으로 고통을 겪고 있다. 한편으로, 그것은 가능한 경험의 형식으로서의 감성에 관한 이론을 가리킨다. 다른 한편으로,

---

19. 다시 한번, 이것은 "진리의 상대성이 아니라, 그와 반대로, 상대적인 것의 진리"를 의미한다는 점을 지적하는 것이 중요하다. 제임스와 화이트헤드의 실용주의는 엉터리 상대주의가 아니라 진리의 상황에 놓여있음(situatedness)에 관한 주장이다. 그럼으로써 "중요하지 않은" 진리 또는 강하게 느껴지지 않는 진리는 참되기를 그치지 않는다. 또한 거짓 명제가 단지 강렬한 느낌이나 커다란 미적 호소가 투자된다는 이유만으로 참이 되지는 않는다. 그러나 만일 그것[거짓된 명제]에 느낌이 투자된다면, 그것은 중요한 것으로 [생성]될지도 모른다. 그리고 거짓 명제가 '유혹'으로서 효과적으로 작동할 때, 그래서 그것에 큰 느낌이 투자될 때, [생겨나는] 한 가지 결과는 그 명제를 참되게 만들기 위해서 세계를 변화시키는 쪽으로 작동하려는 '욕구'를 불러일으킬 수 있는 점이다. 이것이 바로 변화와 창조적 전진의 기초이다. 즉 [거짓 명제일지라도 유혹으로서 작동하여 욕구를 불러일으킴은] "존재하지 않지만 존재할지도 모르는 것의 실현"(Whitehead 1929/1978, 32[104])[에 해당하는 것이다].

그것은 실재적 경험에 대한 반성으로서의 예술에 관한 이론을 가리킨다. 이 두 가지 의미가 함께 묶이기 위해서는 경험 일반의 조건들이 반드시 실재적 경험의 조건들이 되어야 한다"(Deleuze 1990, 260[414~415]). 들뢰즈가 보기에 그와 같은 변형은 일부 모더니즘 예술의 실천들에서 성취된다. 제임스 조이스의 『피네건의 경야』와 곰브로비치의 『코스모스』, 그리고 그 밖의 다른 작품들에서, "실재적 경험의 조건들과 예술 작품의 구조들은 다시 통합된다"(261[415]).[20]

그러나 화이트헤드는 특별히 모더니즘적인 미적 실험을 특권화하지 않으면서 감성론의 두 가지 의미를 통일시킨다. 이것은 화이트헤드에게 아름다움美의 문제는 칸트의 경우처럼 단지 예술 작품의 창조와 수용에만 속하는 문제가 아니라, 더 일반적으로 감성적 경험에 속하는 문제이기 때문이다. 초월론적 감성론과 미

---

20. 다른 곳에서 들뢰즈는 동일한 점을 약간 다르게 말한다. 감성론은 "두 가지 환원 불가능한 영역들로 나뉜다. 즉 가능한 경험에 대한 실재적인 것의 순응만을 포착하는 감성적인 것에 관한 이론의 영역과 그것이 사유되는 한에서 실재적인 것의 실재성을 다루는, 아름다운 것에 관한 이론의 영역으로 나뉜다. 우리가 일단 실재적 경험의 조건들을 규정한다면 모든 것은 변하게 되는데, 그러한 실재적 경험의 조건들이란 조건 지어지는 것보다 크지 않으며 범주들과도 본성상 다르다. 감성론의 두 가지 의미는 감성적인 것의 존재가 예술 작품에서 자신을 드러내게 되는 지점에서 ─ 이때 동시에 예술 작품은 실험으로 나타나는데 ─ 하나가 된다"(Deleuze 1994, 68[166]). 여기서 강조점은 특정한 모더니즘 예술의 실천들보다는 철학적 구축론 ─ 특히 니체와 베르그손의 포스트-칸트주의 사상이 칸트의 초월론적인 가능성의 조건들을 현실적인 것의 발생적 조건들로 전환시키는 보다 광범위한 방식에 놓인다는 것이다.

감적 판단력비판 사이의 – 칸트는 언급하지 않았던 – 결합은 감성적 직관의 작용들과 미에 대한 판단들이 똑같이 수용적이면서 자발적이지 않은 느낌들을, 그래서 그것들에 대해 어떠한 적합한 개념들도 있을 수 없는 그런 느낌들을 포함한다. 두 경우 모두 속에는, 주체 쪽에서의 창조적인 구성의 어떤 활동이 존재한다. 하지만 그러한 구성은 주어진 여건에 대해 호응적인 것이며, 그래서 임의적으로 부여된 것으로서, 혹은 단지 주관적인 것으로서 기술될 수 없다. 시간과 공간을 현상에 귀속시킴도, 아름다움美을 현상적 대상들에 귀속시킴도 인식적 토대들 위에서는 정당화될 수 없다. 그럼에도 불구하고 그러한 귀속들 모두는 진지하게 고려되어야만 할 보편화된 주장들을 펼친다.

화이트헤드는 감성론의 두 가지 의미 사이에 존재하는 이러한 연속성들을 강조한다. 그는 감성적 직관의 모든 활동 속에 있는 한 요소로서의 "주체적 형식"의 창조가, 그것이 감각적 여건을 선택하고 패턴화하며 강화할 때 포함하고 있는, 이미 어떤 원초적인–예술적proto-artistic 과정임에 주목한다. 언제나 "감각–지각에 의해 부여되는 어떤 특정한 미적 태도"가 이미 존재하는 것이다 (Whitehead 1933/1967, 216[338]). 가장 공리주의적인, 결과–지향적이고 행위–지향적인 지각의 양태들조차도 그럼에도 불구하고 여전히 광범위하게 수용적인 것으로 남아 있으며, 또한 그 때문에 어떤 "정서적 색조"와 미적 관조의 일정한 정도를 포함하는 것이다. 또한, 화이트헤드는 덧붙인다. "그러므로 예술은 가능하다"(같은 책). 느낌의 과정 속에서, "경험의 어떤 부분도 아름다울 수 있으며, 넓은 의미에서 미적인 사물들의 어떠한 체계도 그런 한에서 그 자신의 실존 속에서 정당화된다"(265[405~406]). 비록 그러한 내재적인 연관들을 명백하게 만드는 과업은 화이트헤드의 몫이겠지만, 그것들은 감성적 수용과 미적 판단에 대한 칸트 자신의 설명들 속에 암시적으로 이미 존재하고 있다. 들뢰즈가 유감스럽게 생각한 그 "심하게 뒤틀린 이원론"으로 이끄는 것은 단지 정감affect보다 인식을 우선시하는 칸트 자신의 특권화인 것이다.

만일 "경험의 기초가 정서적"이라면, 경험의 정점 — 화이트헤드가 경험의 "만족"[21]이라고 부르기를 좋아하는 것 — 은 감성적[미적]일 수 있을 뿐이다. 이것은 화이트헤드가 "우주의 목적론은 아름다움美의 산출을 겨냥하고 있다"(Whitehead 1933/1967, 265[405~406])는 도가 지나치게 들릴 만큼 과장된 주장을 위한 이유이다. 화이트헤드는 아름다움美를 "하나의 경험의 계기 속의 여러 요소

---

21. 화이트헤드는 "만족"(satisfaction)을 전문적인 술어로 사용한다. 그는 그것을 어떤 현실적 계기 또는 경험의 "최종적 통일"로서, 그리고 "완전히 결정된 사태로 [생성된] 그 합생의 정점에 이르러 하나의 완결된 확정적 사태가 되는 것"(Whitehead 1929/1978, 212[426])으로서 정의한다. "만족"은 분명히 어떤 경험이 행복하거나 호의적이거나 실망스럽지 않은 것으로 밝혀졌음을 의미하지 않으며, 단지 그 경험의 과정이 종결되었고, 그래서 이제 자신들의 차례를 맞이하여 파악하게 될 다른 경험들을 위한 하나의 "굽힐 수 없는 완고한 사실" 또는 "여건"으로만 존속한다는 것을 의미한다. 현재의 맥락에서 중요한 점은 감응적(affective) 조우를 객관적으로 인식 가능한 사태들로 변형시키는 그 동일한 운동이 동시에 그 사태를 미적 관조를 위한 대상으로 제공한다는 사실이다.

들의 상호적 적응"이라고 정의한다. 즉 그것은 모든 그러한 계기의 주체적 형식 속에 있는 "패턴화된 대비들"의 "조화"Harmony이다. 그러한 패턴화된 대비의 목적은 경험이 갖는 "느낌의 강도"(252[390])를 가능한 한 많이 증대시키는 것이다. 그와 같은 강도의 쌓기는 우주 안의 모든 존재들에 적용되는, 화이트헤드의 감성론의 기본 원리이다. 계층의 낮은 끝에서 (소립자의 진동과 같은) 가장 기초적인 "정서의 맥동"조차도 "대비를 위한 넓이의 근원적인 공급"(Whitehead 1929/1978, 163[340])을 보여 준다. 그런데 가장 높은 끝에서는, 신마저도 기본적으로 어떤 심미가an aesthete이다. [자신의 존재 기반에서] "신은 보존에도 새로움에도 무관심하다" … "창조적 전진에 있어서 신의 목적은 강도를 불러일으키는데 있다"(105[236])고 화이트헤드는 말한다. "창조적 전진"이라는 화이트헤드의 전체적인 원리와 모든 존재의 기초가 되는 "궁극자의 범주"(21[83])는, 도덕적이고 정치적인 개량이라는 빅토리아 시대의 개념들이나 끝없는 축적이라는 자본주의적 이상과는 아무런 관계가 없다. 창조적 전진은 차라리 "만족의 깊이"를 위한 어떤 강도적이고 질적이며 미적인 충동이다. 정서들은 강도화된 것이며, 그래서 불공가능성들이 배제되는 대신에(즉 부정적으로 파악되는 대신에) 보다 커다란 "질서의 복잡성"(100[226]) 속에서 긍정적으로 통합될 수 있는 대비들로 변형될 때, 경험은 더 풍요롭게 만들어진다. 그러나 이러한 과정은 평온한 과정이거나 진부하게 긍정적인 과정이 아니다. 그래서 확실히 화이트헤드는 "질서"

를 어떤 본래적인 선^善으로서 간주하지 않는다. 그 "패턴화된 대비들"은 너무 심미적으로 조정되지 않아야 한다. 어떤 종류의 정적인 완전성이라도 그것에 의해 창조적 전진은 질식되고 만다. 오히려 그것은 "미적 파괴라는 정서적 경험"(Whitehead 1933/1967, 256~257[395])으로부터 유래하는 갱신을 위한 충력the impetus for renewal을 요구한다. 화이트헤드는 "위험을 잉태하는 것은 미래에 속하는 일"(1925/1967, 207[332])이라는 점을 늘 우리에게 상기시킨다. 화이트헤드의 느낌의 감성론은 그러한 위험에 대한 하나의 표현이며, 동시에 그러한 위험에 맞서 싸워나갈 최상의 수단들인 것이다.

4장

빈틈의 생명

화이트헤드와 들뢰즈는 모두 창조성, 새로움, 갱신, 그리고 새로운 것을 형이상학적 사변의 중심에 둔다. 이러한 개념들(아니면 적어도 그러한 단어들)은 오늘날 우리에게 아주 친숙한 개념들이어서 — 어쩌면 구역질이 날 만큼 친숙해서 — 서구 사상사에서 그것들이 표시하는 단절이 얼마나 급진적인 것인지를 파악하기 어려울 지경이다. 사실, 우리가 오늘날 그토록 당연시하는 변화와 새로움의 가치에 대한 인정은 그 자체로는 상대적으로 최근에야 시작된 새로운 경향이다. 플라톤에서 하이데거에 이르는 철학은 전반적으로 회상anamnesis, reminiscence과 탈은폐aletheia, unforgetting, 기원과 정초들을 지향하며, 미래보다는 과거를 지향하는 경향을 갖는다. 화이트헤드는 그가 "새로움의 산출"을 "궁극적인 개념" 혹은 "궁극의 형이상학적 원리"(1929/1978, 21 [53~54])로서 가리킬 때, 이러한 전통과 결별하고 있다. 이러한 사실이 의미하는 것은 새로운 것이 자신들보다 더 광대한 요소들의 관점으로부터 더 이상 "분석될 수 없는" 근본 개념들 가운데 하나라는 것이다(Whitehead 1938/1968, 1 [11]). 유사하게 들뢰즈는 새로운 것은 그것 자체로서 하나의 가치라고 주장한다. 즉 "자신의 시작함과 또다시 시작함의 역량을 지닌, 그 새로운 것은 영원히 새로운 것으로 남는다." 진정으로 새로운 것과 관습적이고 확립된 것 사이에는 "형상적 내지 종적인 … 차이"가 존재한다(Deleuze 1994, 136 [304]). 그러므로 들뢰즈와 과타리는 "철학의 목표는 항상 새로운 개념들을 창조하는 것"(Deleuze and Guattari 1994, 5 [13])이라고 말한다. 철학적 개념들은 영원하지 않다[모든 시대를 위한 것이 아니다]. 그것들은 미리 앞서 주어지는 것이 아니다. 그래서 그것들은 "마치 천체들처럼, 기성의 것으로 우리를 기다리고 있지 않다." 대신에, 그것들은 항상 "발명되고, 축조되며, 혹은 차라리" 새롭게 "창조"되어야만 한다. 다시 말해서, "철학자들은 자신들이 창조하지 않은 개념들을 … 신뢰하지 말아야 한다"(5~6[14]). 화이트헤드와 들뢰즈 양자 모두에게, 새로움은 사유를 위한 최상의 기준이다. 심지어 진리조차도 새로움과 창조성에 의존하는 것이며, 그 역은 아니다. 창조성 그 자체로 말하자면, "화이트헤드가 실제로 그 술어를 만들어낸 것"으로 보이는데, [이 창조성이라는 술어는] "문학, 과학, 그리고 예술들 사이에서의 교환을 위해 여전히 선호되는 통용화폐인, 우리의 술어로서 빠르게 대중화되었고 도처에 편재하게 된 결과 그것의 발명[그 술어를 화이트헤드가 발명했다는 사실]은 살아있는 기억에서, 그리고 모든 사람들 가운데서도 [그 누구보다 먼저] 화이트헤드에 의해서, 재빨리 가리어지게 된 것으로 보인다 (Meyer 2005, 2~3).

오늘날 창조성에 대한 우리의 믿음의 의미는 무엇이며 그것의 함축은 무엇인가? 새로운 것은 어떻게 사유 안으로 들어오는가? 들뢰즈는 "모든 가치의 재평가"와 끊임없는 "새로운 가치들의 창조"(Deleuze 1994, 136[303])라는 니체의 요구에 명시적으로 호소한다. 또한 화이트헤드와 들뢰즈는 똑같이 "생명이란 발명이며 끊임없는 창조"(Bergson 2005, 27)라는 베르그손의 주장에서 영감을 얻고 있다. 그러나 실제적인 전환점은 베르그손과 니체에 앞서 한 세기 전, 철학에서의 칸트의 코페르니쿠스적 혁명에서 왔다. 칸트 자신은 명시적으로 새로운 것의 가치를 높게 평가하고 인정하지 않았지만, 그는 그와 같은 가치평가 혹은 가치의 재평가를 최초로 사유할 수 있도록 만들었다. 칸트는 이것을 철학의 초점을 본질에 관한 물음들(그것은 무엇인가?)에서 방식에 관한 물음(그것은 어떻게 해서 가능한가?)으로 전환시킴으로써 수행했다.[1] 칸

---

1. 화이트헤드는 비판하면서 다음과 같이 진술하고 있다. "18세기 이래로, 철학에서 우리는 무엇을 인식하는가?(What *do* we know?)라는 물음은 우리는 무엇을 인식할 수 있는가?(What *can* we know?)라는 물음으로 변형되었다. 앞의 질문은 모든 지식이 그와 같은 감각지각적 자료들(sense percepta)의 시공간적 패턴을 의식하는 데서 시작된다고 하는 전제에 의거하여 독단적으로 해결되어 왔다"(1938/1968, 74 [108]). 이러한 진술은 명백히 칸트에 대한 직접적인 비판이자 거의 모든 포스트칸트주의 철학에 대한 비판이다. 화이트헤드는 칸트가 철학의 중심을 존재론적 물음에서 인식론적 물음으로 전환시킨 방식에 대해 애통해한다. 그러나 화이트헤드의 칸트 철학에 대한 가장 큰 반대는 경험을 "현시적 직접성"의 영역에 제한시켰던 그의 선행[철학]자들의 입장을 보유함으로써 칸트가 우리는 무엇을 인식할 수 있는가라는 물음을 해결한 "독단적" 방식이라고 화이트헤드가 본 것에 관한 것이다.

그러나 나는 칸트의 획기적인 중심의 전환 ─ "하다"(do)에서 "할 수 있다"(can)로의 전환 ─ 은 마찬가지로 확장시키고 권능을 부여하는 조치로서 독해되어야 마땅하다고 생각한다. 그것은 경험적인 것을 선취하고 있지는 않지만, 그것을 절반 정도는 충족시키고 있기 때문에 가능태를 위한 장소를 열어주며, 또한 그럼으로써 베르그손적인 열린 미래를 위한 장소, 즉 과거에 의해 미리 앞서 결정되지 않는 열린 장소를 열어놓는다. "어떻게 해서 그것이 가능한가?"를 묻는다는 것은 본질(essence) 대신 방식(manner)에 중점을 두는 것이다. 칸트는 자신에 앞서 라이프니츠가 명시적으로 행했고 또한 자신의 뒤를 이어 화이트헤드가 명시적으로 행하게 될 것을 암시적인 방식으로 행하고 있는 것이다. 다시 말해서 "화이트헤드는 철학에서 하나의 매너리즘(mannerism), 즉 처음

트는 존재에 대한 절대적 규정의 탐구를 거부한다. 왜냐하면, 그러한 탐구는 수행될 수 없는 과업이며, 따라서 참으로 의미 없는 과업이기 때문이다. 그 대신, 칸트는 그것이 무엇이든 모든 다양성과 끝없는 변화 가능성 속에 존재하는 것의 현존을 위한 필연적인 조건들 – 혹은 오늘날 우리가 구조적 전제[조건]들이라고 부를 수 있는 조건들 – 을 정의하고자 한다. 달리 말하면, 칸트는 우리는 결코 그가 확립하는 사유의 조건들 혹은 한계들을 넘어서 사유할 수 없다고 우리에게 경고한다. 그러나 칸트는 또한 마찬가지로, 일단 그러한 조건들이 주어져 있으면, 현상의 내용은 미리 앞서 규정될 수 없다고 우리에게 말한다. 사물들이 그 안에서 현상하는 **방식**들은 제한되지만, 그렇다고 해서 현상들 자체가 제한되는 것은 아니기 때문이다. 현상들은 미리 앞서 인식될 수 없고, 경험의 과정에서 마주쳐야만 하는 것이다. 이러한 사실은 경험이 언제나 우리를 놀라게 만들 수 있다는 것을 의미한다. 우리의 범주들은 결코 결정적이거나 모든 것을 다 포함하는 것일 수 없다. 형이상학적 독단론에 반대하는 칸트의 논증 – 그것은 화이트헤드와 들뢰즈 두 사람 모두 승인하는 것인데 – 은 존재는 항상 열려있다는

에는 아리스토텔레스의, 다음으로는 데카르트의 본질주의에 대립하는 사유 방식을 발명해 낸다"(Deleuze 1993, 53[101]). 화이트헤드와 들뢰즈 양자 모두가, 라이프니츠 신정론의 "대담한 속임수"(Whitehead 1929/1978, 47[134])라고 화이트헤드가 부르는 것을 칸트적 비판이 인정하지 않았던 세계 속에서, 라이프니츠의 매너리즘적 기획을 다시 소생시키고 있는 것으로 보일지 모른다.

점을 필연적으로 함의한다. 전체는 주어져 있지도, 주어질 수도 없다. … 왜냐하면 그것은 개방자the Open이기 때문이다. 또한 그러한 전체의 본성은 부단히 변화하는 것, 혹은 새로운 무언가를 낳는 것, 간단히 말해서, 지속하는 것이기 때문이다(Deleuze 1986, 9). "새로움에의 창조적 전진"(Whitehead 1929/1978, 222[443])은 항상 가능하며, 언제나 곧 발생할 것이다.

이것은 마찬가지로 소여(혹은 칸트가 "감성적 직관"이라고 부른 것)의 다양성diversity이 환원불가능함을 의미한다. 다양성은 칸트의 비판철학 내에서, 비록 그것이 마찬가지로 칸트가 "통각의 초월적 통일"이라 부르는 것의 표제 아래 하나로 모임에도 불구하고, 그 자체로서 보존된다. 칸트가 "나는 생각한다는 나의 모든 표상에 수반할 수 있어야만 한다"(1996, 177[346])라고 말할 때, 그는 데카르트와 흄 양자 모두에 대항하여 논증하고 있는 것이다. 흄은 "내가 가장 내밀하게 나 자신myself이라고 부르는 것 속으로 들어갈 때, 나는 늘 이런저런 일부 특정한 지각들을 우연히 만나지만", 결코 그러한 특정한 지각들에 더하여 [그러한 지각들] 아래 놓여있는 "자아"self 같은 것은 발견하지 못한다(Hume 1978, 252)는 점에 주의하면서, 데카르트의 코기토를 조롱한다. 칸트는 하나의 실체적 존재로서의 데카르트적 자아를 거부하면서 흄을 따른다. 그러나 반면에 칸트는 흄에게 대립하면서 통일성이 하나의 형식으로서, 또는 하나의 조직화하는 원리로서 보존되어야 한다고 주장한다. 만일 우리의 지각들이 실제로 흄이 주장하는 것처럼 혼란스럽고 다른 지각들에 대해 무관계한 것이라면, 우리는 결코 경험과 같은 그 어떤 것도 가질 수 없게 될 것이다. 오직 지각들의 다수성multiplicity의 모든 요소에 나는 생각한다가 수반할 때만, 혹은, 보다 정확하게는, 오직 이러한 다수성의 모든 요소들에 적어도 그렇게 [나는 생각한다라는 초월론적 통각이] 수반할 수 있을 때에만, 그러한 지각들을 하나의 다수성으로서, 혹은 칸트가 직관의 "잡다"雜多,manifold라고 부른 것으로서 생각하는 것이 가능해지는 것이다.

화이트헤드는 잡다에 관한 칸트의 논증을 급진화한다. 칸트가 통각의 초월적 통일 안에서의 감성적 잡다의 형식적 통일을 주장하는 것과 꼭 마찬가지로, 화이트헤드는 − 주체적 통일성, 주체적 조화, 주체적 강도 그리고 자유와 결정성이라는 자신의 범주적 제약들과 함께 − 모든 존재들의 합생 혹은 최종적 만족에서의 다양한 여건들과 다수의 파악들의 형상적 통일을 주장한다(1929/1978, 26~27 [92~95]). 생성의 과정이 진행되는 동안, 파악된 여건은 "통일되어 있지 않거나", 아직은 통일되어 있지 않다. 그러나 그것들은 적어도 [장차의] "통일을 위해서 양립가능하다"(26 [92~93]: 주체적 통일성의 범주). 그러한 과정이 완료될 때 마침내 통합은 발생한다. 다수의 파악들은 그것들의 특수한 "주체적 지향"에로의 "순응"에 의해 결합되거나 조정된다 − 비록 이러한 "지향"이 미리 앞서 존재하는 것은 아니지만, 오직 그 자체로서 "순응"의 과정에서 발현한다. 그 과정은 순환적이고 자기 목적적autotelic이다. 이 과정은 어떠한 외적 기준에 의해서도 인도되지 않는다. 오히려 우리는 한 존재자의 존재 방식manner을 정의해 주는 "주체적 지향"이 무엇보다도 먼저 어떤 선별의 원리, 또한 어떤 자기-선택의 활동이라고 말할 수 있을 것이다. 각각의 현실적 계기는 그것이 만나는 여건들 가운데서 선별하며, 또한 그렇게 함으로써, 경험의 "예정 조화"를 위한 그 자신의 내재적인 기준을 설립하면서 자기 자신을 창조한다(27 [94] : 주체적 조화의 범주). 이러한 기준들criteria은 논리적이기보다는 오히려 감성적aesthetic이다. 왜냐하면, "주체적 지향"에서 지향되는 것은 단순한 양립가능성이나 무모순성이 아니라, 적극적인 "느낌의 강도"이기 때문이다(27 [95] : 주체적 강도의 범주). 이런 식으로, "각각의 개별적인 현실적 존재들의 합생은 내적으로는 결정되어 있으되 외적으로는 자유롭다"(27 [95] : 자유와 결정성의 범주). 그것은 자기-발생적이고 자기-통합적이다. 그러나 그것은 마찬가지로 우연성에 열려 있다.

화이트헤드는 주체적 통일성을 어떤 고정된 형식이 아닌 진행 중의 과정으로 봄으로써, 그리고 이러한 과정을 사유의 문제가 아닌 느낌의 문제로 기술함으로써 칸트와 달라진다. 또한 마찬가지로 화이트헤드는 통일성unity을 하나의 "제약"obligation으로서, 이미 현존하고 있는 조건이기보다는 완수될 필요가 있는 요구로서 가정한다. 칸트에게서, 주체의 형식적 통일은 단적으로 주어져 있는 것이다. 반면에 화이트헤드에게서 이러한 통일은 매 순간 새롭게 산출되어야만 한다 — 주체 자체가 매 순간 새롭게 산출되어야만 하기 때문이다. 이러한 사실이 의미하는 것은 주체적 통일은 (칸트에게서 그렇듯이) 경험의 틀이 아니라는 것이며, 차라리 경험의 어떤 필연적인 귀결이라는 것이다. 그리고 그것은 새로움으로 통하는 문을 여는 것에 해당한다. 모든 통일성의 달성은 이전에는 결코 존재한 적이 없는 어떤 것이다. 달리 말해서, [그것은] 다른 무엇, 철저하게 새로운 무엇[인 것이다]. "하나의 현실적 계기는 그것이 통일하고 있는 다자 가운데 어떠한 존재와도 다른 새로운 존재이다. … 궁극적인 형이상학적 원리는 이접적으로 주어진 존재들과는 다른 또 하나의 새로운 존재를 창출해 내는, 이접에서 연접으로의 전진이다. … 다자는 일자가 된다. 그래서 다자는 그 일자에 의해서 하나씩 증가된다"(1929/1978, 21 [84]). 영속적인 통일은 존재하지 않는다. 다만 통일로의 끊임없는 이행만이 존재할 뿐이다. 따라서 화이트헤드는 칸트의 통각의 초월적 통일을 시간화한다. 시간 속에서의 주체적 통일의 발생은 끊임없는 새로움의 산출이다.

화이트헤드는 ─ 그에 앞서 니체와 베르그손이 그랬던 것처럼 ─ "불변하는 질서가 궁극적인 완전성으로 간주되었고, 그 결과 역사적 우주는 단순한 현상에 불과하다는 관념을 불러일으키면서 부분적인 실재의 지위로 격하되었다"(Whitehead 1938/1968, 80[115])면서 유럽 전통 철학의 사유 방식을 비난한다. 칸트는 그가 "사물들 자체"를 "우리에게 현상하는 것으로서의 사물들"과 구분하고 있는 한에서, 이러한 비판의 범위 안에 포함되는 것으로 여겨질 것이다. 그러나 비록 칸트가 실재와 현상이라는 오래된 이원론을 아주 포기하지는 않지만, 적어도 그는 그러한 이원론을 철저하게 재평가하고 있다. 왜냐하면 『순수이성비판』에서, 불변하는 실재적인 것은 도달할 수 없고 알려질 수 없는 것으로서 추방되며, 따라서 형이상학적 사변의 고유한 대상이 될 수 없기 때문이다. 예지계睿智界, noumenal realm를 인식의 모든 가능성으로부터 제거하면서 칸트는 "사실상 알지 못하는 곳으로부터 세계 속으로 유입되는 것은 아무것도 없다. 현실 세계에 있는 것은 무엇이든 어떤 현실적 존재와 관련을 가질 수 있다"(Whitehead 1929/1978, 244[483])고 주장하는 화이트헤드의 "존재론적 원리"의 또 다른 하나의 판본을 승인하고 있다. 칸트의 술어들로 바꿔 말하면, 이것은 현상체들phenomena은 — 배후에 놓여 있는 원인들로서 (가정되는) 예지체들noumena이 아니라 — 다른 현상체들과만 관계될 수 있다는 것을 의미한다. 우리를 촉발하는 모든 것, 우리에게 문제가 되는what matters to us 모든 것은, 끊임없이 변화하는 현상들의 영역 내부로 추락하게 된다.[2] 이런 방식으로 칸트는, 비록 자신은

---

2. 문제가 되는 것(What matters), 혹은 차이를 만드는 것이 여기서 중요한 것이다. "현실태에 관한 우리의 향유는 선하거나 악한 가치의 실현이다. 그것은 가치 경험이다. 그것의 기본적인 표현은 '주의해라, 여기에 중요한 무엇인가가 있으니!'이다. 확실히 — 그것은 거의 무의식적인 주의를 불러일으킨다. 주의는 중요한 무엇인가에 세 가지 특성을 부여한다"(Whitehead 1938/1968, 116[162]). 이것은 "차이를 만들어내는 차이"라는, 정보에 관한 그레고리 베이트슨의 유명한 정의와 비교될 수 있을 것이다(2000, 459).

완전히 깨닫지 못했지만 변화, 생성, 새로운 것의 창발을 "불변의 질서"나 "정태적인 형식들"에 종속시키기보다는 오히려 그것들을 사유할 수 있도록 만들었다.[3]

칸트는 새로운 시간 개념, 즉 철학적 전통을 전도시키는 새로운 시간 개념을 도입함으로써 "불변의 질서"를 특권화할 토대를 침식시킨다. 칸트 이전에 시간은 근본적으로는 그것에 의존하지 않는 대상들 사이의 관계들에 대한 외적인 측정[단위]으로만 간주되었다. 하지만 들뢰즈가 쓰고 있듯이, 칸트와 함께, 운동의 측정[단위]인 시간을 대신하여, 또한 따라서 "운동에 종속되는 것"으로서의 시간을 대신하여 … "이제 시간에 종속되는 것은 운동이 된다"(Deleuze 1984, vii). 생성이 정태적인 존재로부터 해방되고, 새로운 것이 영원한 것보다 특권적인 지위를 차지할 수 있게 되는

---

3. 니체는, 그의 『우상의 황혼』의 「어떻게 '실재하는 세계'가 마침내 우화가 되었나 : 오류의 역사」라는 장에서(1968, 20), "도달할 수 없고, 증명될 수 없으며, 약속될 수도 없는, 하지만 단지 어떤 위로와 의무와 명령으로 생각될 뿐인 실재 세계"를 갖는 "쾨니히스베르크적"(칸트적)인 순간과 "그 실재하는 세계"가 "인식될 수 없"기 때문에 더 이상 "위로, 구원, 의무"의 원천이 될 수 없[다고 주장하는 이후의 실증주의의 닭 우는 소리(새벽)를 구별한다. 나는 그 대신 그러한 순간들을 융합하기를 선택할 것이다. 왜냐하면 그것은 어떻게 니체, 화이트헤드, 그리고 들뢰즈가 똑같이 그들 중 어느 누구도 기꺼이 인정하려고 하지 않는 것 이상으로 상당한 정도로 칸트에게 의지하고 있는가를 보여주는 데 도움이 되기 때문이며, 또한 내가 아래서 논의하겠지만, 칸트의 "의무"감을 수반하는 도덕성에 관한 이론과 그것이 내포하는 이중 인과성에 관한 설명이 니체가 기꺼이 인정하고 있는 것(심지어 니체의 용어들에서조차)보다 더 그것에 대해 강력한 힘을 지니기 때문이기도 하다.

것은 오직 시간이 단순한 측정 단위가 아니라, 현존의 내적인 원리가 될 때이다. 시간이 베르그손이 지속이라고 부르는 것이 지니는 강도적인 형태를 취할 수 있게 되는 것은 오직 시간이 더 이상 단순한 양적인 측정 수단이 아닐 때인 것이다. 베르그손은 칸트에 대해 매우 비판적인 경향이 있다. 그러나 들뢰즈는 사실은 "베르그손은 그 자신이 생각하는 것보다 훨씬 더 많이 칸트에 가깝다. 왜냐하면, 칸트는 우리가 시간에 대해 내적이라는 의미에서, 시간을 내면성interiority의 형식이라고 정의했기 때문이다"(Deleuze 1989, 82)라고 지적한다. 다시 말해서, 칸트가 시간을 감성적 직관의 내적인 형식이라고 정의할 때, 그는 실제로는 시간이 우리 안에 있다고 말하거나, 시간이란 우리가 세계에 부과하는 어떤 것이라고 말하고 있지 않다는 것이다. 오히려 칸트는 우리가 시간 안에 있으며, 우리의 주체성은 오직 시간 속에서 그리고 시간을 통해서만 분명하게 해명될 수 있다고 말하고 있다. 일단 내면성이 시간화되고 나면 데카르트적 코기토의 정태적인 형태는 유지될 수 없게 된다.

따라서 칸트는 시간의 경첩을 떼어내거나 시간의 이음매를 분쇄하여 탈구시킨다(Deleuze 1984, vii). 왜냐하면, 단지 운동을 측정하기보다는 적극적으로 운동을 명확하게 표명하는 시간이란 "지속 없는 순간들"(Whitehead 1938/1968, 146[201])이나 "순간적이고 부동적인 구획들"(Deleuze 1986, 3)로 나뉠 수가 없기 때문이다. 칸트에 따르면 "모든 시간적 지속이 사상되어 있을 뿐 아니라 그 상호관계의 성격이 오직 공간 속에서의 물질의 순간적인 분포에 의해서만 규정되고 있는 그런 순간에 놓인 자연의 완전한 실재성"이라는 뉴턴적 허구(Whitehead 1938/1968, 145 [200])를 견지하는 것은 더 이상 가능하지 않다. 따라서 자신의 코페르니쿠스적 전회와 함께 칸트는 20세기의 포스트-뉴턴적 물리학 — 그것에 대해 화이트헤드는 "과정과 활동 및 변화가 있는 그대로의 직접적인 사태이다. 순간에는 아무것도 존재하지 않는다. … 그러므로 단순한 기본적인 존재들로 간주되는 순간 같은 것은 존재하지 않기 때문에, 순간에 놓인 자연이란 것도 존재하지 않는다. 따라서 사태들 간의 온갖 상호관계는 본질적으로 이행을 함의하고 있어야만 한다"(1938/1968, 146 [202])라고 쓰고 있다 — 에서 절정에 달하는 길을 따라 내려가기 시작한다.

물론, 칸트의 시간에 대한 급진적인 재개념화는 그가 여전히 인간의 주체성을 특권화하고 있는 한에서 여전히 절충적이다. 시간성에 관한 칸트의 설명은 단지 인간적인 혹은 이성적인 "나"와만 관계한다. 다시 말해서 현상세계와 조우하지만, 그것으로부터 계속 자신을 분리시킨 채로 존재하는 자아에만 관계하는 것이다. 화이트헤드가 지적하고 있듯이 칸트의 "주관주의적" 입장은 "시간적 세계는 단지 경험되는 것일 뿐"이고, 따라서 실제로 고려되는 것이 아니(Whitehead 1929/1978, 190 [388])라는 것이다. 사실상, 화이트헤드 자신은 근대〔즉 포스트칸트적〕 철학의 주관주의적 편견을 전적으로 수용한다"(166 [346]). 그와 같은 접근은 "궁극적 실재가 경험의 작용과 동일시되는, 우주론의 합리적 도식"(160 [304])

을 위한 기초이다. 하지만 칸트가 갖는 문제는, 그가 『순수이성비판』에서 채택한 형태의 주관주의적 학설에 따른다면, 시간적 세계 내의 그 어떠한 요소도 그 자체로서는 경험자가 될 수 [없을] 것 – 오직 초월적 주관만이 그렇게 될 수 있다 – 이라는 데 있다 (190[388~389]). 이것은 칸트가 자신의 코페르니쿠스적 혁명을 충분히 멀리 밀고 나가지 못했음을 의미한다. 칸트는 시간성과 경험에 관한 자신의 개념들이 갖는 급진적인 귀결들에 저항한다. 왜냐하면 만일 현상세계가 전적으로 시간적이라면, 그래서 전적으로 경험의 세계일 뿐이라면, 우리는 현상세계가 그것 바깥에 여전히 남겨져 있는 어떤 주체에 의해서 "단지 경험되는 것일 뿐"이라고 더 이상 말해서는 안 되기 때문이다. 오히려 현상세계는 그것을 이루고 있는 모든 존재들의 주체적 경험들로 구성된다. 만일 "이행"이 참으로 보편적이라면, 지속, 혹은 원초적인 시간성primodial temporality은 우주 안에 존재하는 모든 존재자들 – 따라서 단지 인간 주체에 대해서만이 아니라 – 의 내적 차원일 것이다.

칸트와 마찬가지로 화이트헤드는, "뉴턴의 '절대' 시·공의 이론"(Whitehead 1929/1978, 70[176]) – 그 이론에 따르면 "시간은 스스로 독립적으로 존속하는 것 … 현실적인 대상이 없더라도 여전히 현실적으로 있는 무엇일 터이다"(Kant 1996, 87[253]) – 을 거부한다. 시간은 미리 앞서 주어지지 않는다. 시간은 실제로 주체적 경험의 과정에서 산출되거나 구성될 필요가 있는 것이다. 하지만 화이트헤드는 주체성과 시간 사이의 그와 같은 특별한 관계는 인간 혹은 합리적 주체들에게만 적용될 수 있는 것이 아니라고 말함으로써, 칸트의 시간 이론을 급진화한다. 오히려 **모든 존재가 주체**라는 의미에서만, 또한 그러한 한에서만 시간은 주체적이다. 그 때문에 화이트헤드는 칸트의 "과잉 주관성"(15[72])을 그가 개조된 주관주의적 원리라고 부르는 것으로 대체한다. 자세히 말하면, "하나의 현실적 존재가 다른 현실적 존재들에 의해 특징지어지는 통로는, 그 현실적 존재가 주체로서 향유하는 현실적 세계에 대한 '경험'이다. 우주 전체는 주체의 경험에 대한 분석에서 드러나는 요소들로 이루어져 있다…"(166[346]). 시간은 경험 속에서, 경험을 통해서 산출된다. 또한 경험은 이번에는 함축적으로 시간적이다. 그러나 이러한 순환성은 오직 우리에게만 적용되는 것이 아니다. 이러한 확장된 의미로 고려할 때, 칸트의 코페르니쿠스적 혁명은 더 이상 인간적 주체성을 만물의 중심에 두지 않는다. 오히려 ─ 코페르니쿠스의 실제적인 성취에 더 잘 조화되면서 ─ 그것은 그러한 주체를 탈중심화한다. 왜냐하면, 주체성은 첫째로 인간의 독점적인 특권이 아니기 때문이다. 둘째로, 주체성은 실사적인 무엇[실체적인 어떤 것]이기보다는 어떤 방식 혹은 어떤 형식적 원리이다. 또한 마지막으로, 주체성은 탈중심화된다. 왜냐하면 주체성은 그 자신이 산출하는 바로 그 현상, 즉 시간의 내적 추이에 종속되기 때문이다.[4]

---

4. 칸트의 "코페르니쿠스적 혁명"은 대개 퀑탱 메이야수가 "상관주의"라고 부르는 것에 관한 주장으로 읽힌다. 다시 말해서, 그 이론은 "관계의 두 상관항들의 형이상학적 실체화나 재현주의자들의 사물화에 대해서 사유와 그것의 상관

그러므로 칸트적인 시간성은 자아를 그것 자신으로부터 갈라놓는다. 들뢰즈가 이를 요약하고 있듯이, 우리는 "끊임없이 시간의 종합을 수행하는 활동인" 나je를 "시간 속에서 "끊임없이 변화하는" 존재인 자아moi로부터 구별해야 한다. 주체의 이러한 두 차원은 "그것들을 서로에게 연결해 주는 ─ 그러나 근본적 차이라

자 사이의 관계가 갖는 확고한 우선성을 긍정하는" 이론이다(Brassier 2007, 18). 따라서 칸트의 사유는 인간 중심적인 것이 될 것이다. 이것은 그레이엄 하먼이 "사람들과 다른 모든 것 사이의 하나의 외로운 균열"이라고 부르는 것을 우리에게 남길 것이다. 심지어 "현상[페노메나]과 본체[누메나]의 구별"은 "인간들에 의해서만 존속되는 어떤 것"이다(Harman 2007, 172). 메이야수, 브라시에, 하먼은 불모적이며 지지될 수 없는 이 "인간-세계의 연결에 우리를 오도 가도 못하게 가둬 놓는" "존재와 사고의 이 방정식"을 거부할 것을 촉구한다(Harman 2007, 173).

내 주장의 요점은 칸트에 대한 이 아주 명백한 독해에 이의를 제기하는 데 있지 않다. 나는 다만 칸트의 비판서들에서 발견될 수 있는, 다른 방향들, 다른 가능성들(potentialities)이 있다는 점을 제안하고자 할 뿐이다. 칸트가 본질들보다는 조건들을 강조했던 것은 그의 인간중심주의와 그의 "주관성의 과잉"과 분리될 수 있다. 사실상, 이것이야말로 정확히 바로 화이트헤드가 하고 있는 일이다. 후설과 다른 현상학자들이 계속해서 상관주의를 당연시한 지점에서(Brassier 2007, 19 ; Harman 2007, 173), 화이트헤드는 가능성의 조건과 시간의 발생적 역할에 대한 칸트의 분석을 인간 존재자들이나 이성적 정신들이라는 특권화된 영역에 한정시키지 않고 우주 안에 존재하는 모든 존재자들에게 확장함으로써 상관주의와 인간중심주의를 정확하게 거부한다.

우리는 베르그손에 대해서도 아마 똑같이 말할 수 있을 것이다. 들뢰즈가 쓰고 있듯이, 후설이 "모든 의식은 어떤 것에 대한 의식이다"라고 주장함 ─ 상관주의를 손상되지 않은 상태로 남겨둔 조치 ─ 으로써 "의식과 사물의 이원성"의 극복을 추구한 지점에서, 베르그손은 보다 철저하게 "모든 의식은 어떤 것이다" ─ 따라서 사유를 전적으로 현상세계 내부에 둘 것을, 혹은 윌리엄 제임스의 경험의 단일한 흐름 내부에 둘 것을 주장하며, 또한 그렇게 함으로써 상관주의적인 이원론을 완전히 회피할 수 있게 된다(Bergson 1986, 56).

는 조건 아래에서 — 시간의 선線에 의해서 분리된다"(Deleuze 1984, viii). 따라서 제일 비판서[『순수이성비판』]에서 주체성은 이중의 측면을 지닌다. 한편으로, 규정의 능동적 과정으로서의 "나"가 존재한다. 다른 한편으로, 이러한 과정을 통해서 순간마다 규정되는 어떤 것인 "자아"가 존재하는 것이다. 한편으로 시간은 주체의 활동 안에서 발생하며, 다른 한편으로 주체성은 시간의 추이 안에서 그리고 시간의 추이를 통해서 발생한다. 이러한 두 측면 사이의 간격이 새로움을 가능하게 만들어주는 것에 해당한다. 혹은, 그 점을 더욱 강조하자면, 그러한 간격은 사물들이 동일한 것으로 남아있는 것을 불가능하게 만듦으로써 불가피하게 창조성을 요청한다.

나와 자아의 이중화는 『실천이성비판』에서 이성적 존재로서의 주체 — 그것의 의지는 보편적 법칙의 규정적 형식의 역할을 담당한다 — 와 경험적 주체 — 그것의 의지는 외생적이고 우발적으로 규정된다 — 사이의 이중화의 형태로 다시 반복된다.[5] "의지의 **자율성**"은 "선택 능력의 **타율성**"에 대립된다(Kant 2002, 48[92]).[6] 이러한 대립

---

5. 나는 『순수이성비판』의 "나", 즉 시간의 종합의 초월론적 원리를 『실천이성비판』의 "나", 즉 예지적 자아, 혹은 합리적이고 입법적인 주체와 합체[혼동]하려는 것이 아니다. 물론 이것들은 전적으로 다른 존재자들이다. 오히려 나는 두 비판 사이에 존재하는 **구조적** 평행관계에 주목하고 있다. 즉 그것들 모두가 능동적인(생산적인, 조건 짓는) 역할과 수동적인(수용적인, 조건 지어지는) 역할 사이에서 분열된 주체를 정립하는 방식에 주목하고 있는 것이다.
6. 칸트의 "선택"이, 자유의 행위에 대립된, 외적으로 결정된 의지의 이질성과 맺

은 "자신들의 질료에 의해서가 아니라, 다만 자신들의 형식에 의해서만, 의지의 규정 근거를 가지는 원리들"(40[79])로서의 도덕법칙들의 규정으로 직접 인도한다. 만일 도덕법칙이 여하한 직극적인 내용을 갖는다면, 만일 도덕법칙이 "보편성의 순전한 형식" 이상의 어떤 것이라면, 그것은 정언적이기보다는 우연적인 것이 될 것이며, 실제로 규정하기보다는 자신의 대상에 의해 규정을 받게 될 것이다. 그래서 들뢰즈는 『실천이성비판』에서 텅 빈 형식으로서의 법칙은 『순수이성비판』에서 순수 형식으로서의 시간에 대응한다"(1984, x)라고 말한다. 두 비판서 모두에서, 규정된 경험적 주체는 그것을 규정하는 보다 상위의 원리(순수 형식 혹은 텅 빈 형식)와 분리되어 있으면서도, 또한 여전히 그러한 원리에 종속되어 있다. 칸트는 이러한 원리에 자발성spontaneity과 자율성autonomy을 부여하며, 그렇게 함으로써 그것을 (비경험적인) 주체로서 특징짓는다. 그러나 두 비판서 모두에서 이러한 원리는 오늘날 우리가 더욱더 종합과 주체화의 비인격적이고 무無주체적인 asubjective 과정으로 간주할 수 있을 그 무엇에 대응한다.

는 연관성은 신자유주의 경제학과 "합리적 선택"의 정치학이 지닌 헤게모니를 고려할 때, 특히 오늘날 상기될 필요가 있다. 이러한 접근 방식들의 경우, 모든 것은 희소성 또는 제한된 자원들의 세계에서 다양한 가능성 가운데서 선택하는 개인들에 의해 결정되고 있으며 또한 결정되어야만 한다. 칸트적인 관점에서 볼 때 이런 종류의 시장-주도적인 "선택"은 자유 또는 자율성에 관한 여하한 진정한 개념과도 절대적으로 양립 불가능하다. 부정확하지는 않더라도 좀 투박하게 표현하자면, 당신은 소비주의와 "자유 시장"을 가질 수도 있고, 또는 민주주의와 자기-결정권을 가질 수도 있지만, 둘 다 가질 수는 없다.

이와 같이 주체의 형식을 주체화의 과정으로 대체한 것은 포스트-칸트주의 사상에서 일어난 결정적인 조치이다. 들뢰즈는 칸트가 "이른바 초월론적인 것[구조들]을 심리적 의식의 경험적 활동들로부터[경험적 활동들을 기초로] 전사시키는" 방식을 종종 비판한다(Deleuze 1994, 135 [302]). 그와 같이 "경험적인 것으로부터 초월론적인 것을 전사시키는 것"은 사유를 악순환에 빠뜨린다. 모든 가능한 경험을 조건 짓기로 되어있는 그 능동적인 힘은 그것 자체가 그러한 [가능한] 경험을 수동적으로 모델로 삼고 있으며, 따라서 이번에는 그러한 경험에 의해서 조건 지어지는 것이다. 주체성은 미리 형성되어 있거나 미리 형태를 부여받은 것인데, 왜냐하면 그것은 이미 그 주체의 형식을 갖고 있는 무언가에 의해서 발생되기 때문이다. 칸트적인 초월론적 주체가 갖는 그 문제는 그것이 "인격의 형식, 인격적 의식의 형식, 그리고 주체적 동일성의 형식"을 보유하고 있다는 점에 있다(Deleuze 1990, 98 [188]). 만일 이러한 순환성이 실제로 사실이라면 새로운 그 무엇도 결코 출현할 수 없을 것이다. 바로 이것이 칸트가 "초월론적인 것의 경이로운 영역"에 대해 오해했다 ― 비록 그러한 영역이 칸트 자신이 발견한 영역이기는 하지만(Deleuze 1994, 135 [302]) ― 고 들뢰즈가 비판하는 이유이다. 칸트는 초월론적인 것을 모든 경험적인 것들이 반드시 따라야만 하는 일련의 모형들[모형들의 집합], 미리 존재하는 가능성의 조건들과 같은 것으로 묘사한다.

　들뢰즈는 초월론적인 것을 단순히 가능적인 것이 아니라, 잠재적인 것으로 재정의함으로써, 칸트를 "교정"하거나 전환시킨다. 이것은 주체화의 과정 혹은 이러한 과정을 강요하는 힘이, 그 자체로서는 주체의 형식을 지니고 있지 않다는 것을 의미한다. 오히려 잠재적인 것은 들뢰즈가 "비인칭적이고 전-개체적인 초월론적 장 — 그러한 장은 그것에 대응하는 경험적인 장들과는 유사하지 않다 — 이라고 부르는 것이다 … 이러한 장은 의식의 장으로 규정될 수 없다"(Deleuze 1990, 102[293]). 들뢰즈는 시몽동(2005)을 따르면서, 초월론적인 것을 준안정적인 평형상태에 있는 포텐셜 에너지들의 장field으로 기술한다. 이러한 포텐셜들은 하나의 주체를 에너지화하거나 "형태를 부여"할 수 있다. 그러나 그것들은 그 주체의 본성을 미리 앞서 결정하지 않는다. 거기에는 어떠한 유사성도 존재하지 않으며, 따라서 [어떤 종류의] 미리 형성됨前成, preformation도 존재하지 않는다. 주체는 미리 앞서 주어질 수 없다. 왜냐하면 주체는 언제나 새롭게, 예상할 수 없는 방식으로, 마치 그것이 준안정적인 초월론적 장으로부터 침전되어 나오듯이 출현해야 하기 때문이다. 시몽동과 들뢰즈에게 기본적인 것은 개체적인 것이 아니라, 언제나 진행 중인, 그래서 결코 완결적이거나 결정적이지 않은 개체화의 과정이다.[7]

---

7. 화학과 물리학에서, "준안정성"(metastability)은 안정적이지만, 간신히 그럴 뿐인 물리적 상태를 가리킨다. 작은 소동만으로도 그것을 불안정하게 만들기에 충분할 것이다. 예를 들어, 과포화 용액은 준안정적이다. 만일 그대로 두면 그것은 무한정하게 지속될 수 있다. 그러나 어떤 동요든지 그 용해된 물질이

명백하게도, 칸트에게는 이와 같은 개체화의 이론이 존재하지 않는다. 칸트는 주체라는 형상을 이미 주어진 형식으로서 받아들인다. 그럼에도 불구하고 이러한 주체에 대한 칸트의 반복적인 이중화 속에는 ─ 단순한 가능성의 조건들을 훌쩍 넘어가는 ─ 어떤 생산적인 잠재력에 관한 암시들이 존재한다. 왜냐하면 그와 같은

용액[용해] 밖으로 침전되게 할 것이다. 보다 일반적으로는, 하나의 준안정 상태란 긴장 상태 또는 "수축" 상태, 즉 적절한 종류의 추진이 주어지면 방출되어 변형을 일으킬 잠재적 에너지로 가득 찬 상태이다. 시몽동에게 이것은 개체화의 과정이 일어나는 방식이다 : "전-개체적인" 준안정 상태에서의 잠재적 에너지의 방출은, 이전의 전-개체적인 실체가 한편으로 다소간 구조화된 개체로, 또한 다른 한편으로, 그것을 지탱해 주는 환경 ─ 그 개체가 그로부터 발현되어 나오면서, 또한 그 개체가 자기 자신과 구별 짓는 환경 ─ 으로 나누어질 때, 발현의 과정을 인도한다. 그러나 이 과정은 결코 결정적으로 완결되지 않는다. 모든 개체는 완전히 안정적이기보다는 여전히 준안정적이다. 즉, 방전되지 않은 잠재적 에너지를 여전히 포함하고 있으며, 새로운 변형들에 사용될 수 있는 전-개체적인 것의 어떤 등급을 여전히 포함하고 있는 것이다.

시몽동의 개체화 이론에 대한 보다 온전한 논의와, 칸트의 초월론적 논증이 갖는 궁지들과 내가 칸트에 대한 들뢰즈의 교정 또는 전환이라고 부르고 있는 것에 관한 시몽동의 개체화 이론의 관계는 알베르토 토스카노의 책 『생산 극장』(2006)에서의 매우 훌륭한 논의를 참조하길 바란다. 토스카노는 또한 살아 있는 유기체들과 자기-조직화 시스템들이라는 현상과 관련한 칸트의 난점들로부터 들뢰즈의 차이의 존재론에 이르는 계보를 추적하는 과정에서, 화이트헤드를 위한 중요한 위치를 찾아준다. 하지만 토스카노는 화이트헤드의 신에 대한 호소(81~83) 못지않게 그의 "주체적 지향" 개념에 존재하는 "목적론"과 그의 영원한 객체들에 관한 이론(76~77)이 갖는 "플라톤적 '형식주의'"를 너무 성급하게 무시한다고 나는 생각한다. 『기준 없이』 2장에서의 영원한 객체, 이 장[4장]에서의 결단과 이중 인과성, 그리고 5장에서의 신에 대한 나의 설명은 화이트헤드의 존재론이 갖는 이 모든 요소가 토스카노가 생각하는 시대에 뒤떨어진 형이상학으로의 퇴행이 아니라 여전히 생명력이 넘치고 유용한 것임을 보여 주기 위해 노력하고 있다.

이중화는 마찬가지로 이중의 원인성을 가리키기 때문이다. 두 번째 비판서(『실천이성비판』)에서 이성적 주체와 경험적 주체 사이에 존재하는 간격은 "자유로서의 원인성"과 "자연 기계성으로서의 원인성"(Kant 2002, 9[41]) 사이의 구분에 상응한다. 이러한 구분은 이율배반Antinomy의 형태를 취한다. 즉 "감성 세계의 존재자들의 원인성 그 자체의 규정은 결코 무조건적일 수 없었다. 그럼에도 조건들의 모든 계열에 대해 반드시 무조건적인 어떤 것, 그러니까 또한 자기를 전적으로 스스로 규정하는 원인성은 있어야만 한다"(67[121]). 그러한 이율배반의 해결은 저 물리적이고, 작용적인 원인성이 언제나 현상세계 안에서 [지배력을] 획득한다는 것, 그러나 "자유롭게 행위하는 원인"은, 그 의지하고 행위하는 현상적 존재자가 "또한 마찬가지로 예지체로서 간주되는" 한에서, 동시에 작용하고 있는 것으로 생각될 수 있다는 것이다(67[121~122]).[8]

칸트는 제삼 비판서[『판단력비판』]의 제2부 「목적론적 판단력비판」에서 유사한 이율배반을 제기한다. 한편으로 우리는 생명체들의 복잡한 조직화가 "단지 자연의 기계성을 통해서만 산출된

---

8. * 한국어판의 번역을 소개한다. "우리는 자유롭게 행위하는 원인이라는 사상(생각된 것)만을, 우리가 이 사상을 다른 한편으로는 예지체로도 고찰되는 한의 감성 세계의 한 존재자에게 적용할 때에, 변호할 수 있었다. 곧 이 존재자의 모든 행위들이 현상인 한에서 모두 물리적으로 조건 지어진 것이라고, 그러면서도 동시에 그 행위들의 원인성은, 이 행위하는 존재자가 예지적 존재자인 한에서, 무조건적이라 간주한다는 것, 그래서 자유 개념을 이성의 규제적 원리로 삼는 것이 모순되지 않음을 지적함으로써 말이다." 임마누엘 칸트, 『실천이성비판』, 백종현 옮김, 아카넷, 2019, 121~122쪽.

다"고 가정해야 한다. 왜냐하면, 사실상 어떠한 다른 설명도 가능하지 않기 때문이다. 그럼에도 불구하고 다른 한편으로 기계론적 결정론은 "우리의 인식 능력들에 대해서는, 자연의 순전한 기계성이 역시 유기적 존재자들의 산출을 위한 어떠한 설명근거도 제공할 수 없다." 우리가 그와 같은 설명근거를 확립하려고 노력할 때, 우리는 기계성과는 구별되는 하나의 인과성 — 다시 말해서 목적들에 따라서 행위하는 (지성적인) 세계원인의 인과성이 생각날 수밖에 없다(Kant 1987, 269[448]). 왜냐하면, "우리는 그것들이 어떤 의도들을 따라 산출되었다고 생각하지 않고서는 그것들을 유기적인 산물들로서 생각조차 할 수 없기 때문이다(281[460]). 우리는 목적에 따른 설계라는 관념을 피할 수 없다. 비록 우리가 "이러한 관념이 실재성을 갖고 있다고 주장하지는 않"지만 말이다 (269[448]).⁹

---

9. 물론 칸트는 다윈보다 훨씬 이전에 글을 쓰고 있었다. 때때로 다윈이 생명의 조직화된 복잡성에 대한 자연주의적 기초로서 발견한 것 — 칸트는 원칙적으로 불가능하다고 간주한 어떤 것(Kant 1987, 282~283) — 이 "목적론적 이성비판"의 논증들을 전적으로 제거한다고 주장하곤 한다. 그러나 칸트가 기술한 이분법은, 비록 그것의 위치가 바뀌었음에도 불구하고 여전히 현대 생물학에 존재하고 있다. 오늘날 진화 생물학자들은 하나의 유기체를 마치 그것의 특징들을(눈들, 생식 행동들, 또는 그 밖의 무엇이든 간에)이 목적을 갖는 것처럼 말함으로써만 설명할 수 있다. 비록 현대 생물학자들은 이러한 목적성이 어떤 행위자에 의해 의도된 것이 아니라 자연선택의 작용들을 통해 발생했다는 것을 알고 있음에도 불구하고 말이다. 칸트가 생물학자들이 "그와 같은 피조물에게서는 그 무엇도 거저는 없다 … 실제로, 그들은 이 보편적인 물리적 원리를 포기할 수 없는 것과 마찬가지로 더 이상 저 목적론적 원리를 포기할 수

그런 다음에, 제이 비판서[『실천이성비판』]와 제삼 비판서[『판단력비판』] 모두에서, 칸트는 선형적이고 기계적인 인과성이 모든 현상에 대해 보편적으로 타당하다고 주장한다. 하지만 동시에 칸트는 두 번째 종류의 인과성, 즉 의도적이고 자유롭게 의지된 인과성을 마찬가지로 제안하고 있다. 이 두 번째 인과성은 첫 번째 인과성을 부정하지 않으며, 따라서 그것에 대한 어떠한 예외들도 제공하지 않는다. 오히려 "자유"와 "목적"은 자연적 메커니즘과 나란히 존재한다. 달리 말해서, 자유와 목적은 데리다가 자연적 메커니즘에 대한 대리보충들이라고 말하게 될 것에 해당한다. 제이 비판서[『실천이성비판』]에 따르면, "〔도덕적 선에〕 대응하는 것은 어떠한 감성적 직관에서도 발견될 수 없다"(Kant 2002, 90 [159]). 이것은 정확히 어째서 도덕적 법칙 혹은 "자유로서의 원인성"이 오직 순수하고 텅 빈 형식일 수 있는지의 이유에 해당한다. 한 행위의 내용은 언제나 병리적이거나, 경험적으로 규정되며 "어떤 충동이나 경향성에 따름이라는 자연적 법칙에 의존적"이다(49 [93]). 두 번째 종류의 원인성, 즉 자연법칙이 아니라 도덕법칙에 따라서 작용하는 자유로운 규정은 아마 그와 같은 "병리적인" 규정과 공존할 수 있을지는 몰라도 그것을 중단시킬 수는 없다. 이것은 칸트가 "[자

없다(256)는 격률"을 받아들여야 한다고 주장할 때는 여전히 옳다. 노골적인 적응론자들은 특히 한 유기체의 그 어떤 특징도 무상의 것[까닭 없는 것]이 아니라고 주장한다. 그들의 반대자들(예 : 굴드, 굿윈, 카우프만)은 창발적인 특성들에 관한 자신들의 관심을 통해서 목적론에 호소한다.

유법칙의 기초에는, 그러니까 무조건적 선의 개념의 기초에는 어떠한 직관이, 그러니까 그 개념을 적용하기 위한 어떠한 도식이 구체적으로 놓여 있을 수 없다"(91[160])는 점을 우리에게 상기시키면서, 또한 "그것은 이성의 이론적 사용을 위해서가 아니라 순전히 실천적 사용을 위해서 완전하게 정당화될 수 있는"(75[134~135]), 이론적으로 말해서 "텅 빈" 개념이라는 점을 상기시키면서, 끊임없이 자유에 대한 자신의 긍정들에 자격을 부여하는 이유이다.

제삼 비판서[『판단력비판』]에서 목적적(목적론적) 인과성은 이와 유사하게, 유령같이, 대리 보충적 지위를 지니고 있다. 칸트는 "우리는 자연에서의 목적들을 의도된 것들로 실제로 관찰하는 것이 아니며, 단지 자연의 산물에 관해 반성하면서 이 개념들을 판단력을 위한 실마리로서, 우리의 사고 속에서〔자연의 산물에〕덧붙일 뿐이다"라고 말한다(Kant 1987, 282[462]). 자유와 마찬가지로 목적은 전 우주[삼라만상]에 대처하기 위한 "하나의 보편적인 규제적 원리"이다(287[468]). 그러나 우리는 그것을 구성적으로는 적용시킬 수 없다. "자연목적"의 이념은 "지성을 위한 원리가 아니라 다만 판단력을 위한 이성원리"이다(289[469]). 달리 말해서, 우리가 어떤 한 주어진 존재를 살아있는 어떤 것으로서, 즉 하나의 유기체로 간주할 때 우리는 그것을 실제로 목적적인 존재라고 올바르게 판단하고 있는 것이다. 그러나 우리는 이를 통해서는 실제로 그것을 추동하는 것이나 그것이 생겨난 방식을 이해하지 못한다. 지성은 한 방향, 즉 작용인들의 "하향하는 계열들" 혹은 "실재적 원인들"과만 관계해야 한다. 그러나 목적이라는 견지에서의 판단력은 "목적인들" 혹은 "관념적 원인들"의 비선형적(상향 및 하향 모두) 계열들을 유발한다(251~252[426]). 목적의 관념 혹은 목적인이라는 관념은 부분들과 전체 사이의 순환적 관계를 포함한다. 전체는, "〔한 사물의〕 그 부분들이 갖는 가능성(그것들의 현존과 형식 모두의 면에서)이 오로지 그것들의 전체와의 관계에 의존해야 한다는 의미에서, 부분들에 앞선다." 그러나 사물의 부분들은 그것들 상호 간에 교호적으로 서로를 규정하고 적응한다는 점에서 전체에 앞서며 전체를 산출한다. 다시 말해서 "그 사물의 부분들은 한 전체의 통일 속으로 결합해 들어간다. 왜냐하면 부분들은 교호적으로 그 자신의 형식의 원인이자 결과가 되기 때문이다"(252[427]). 그러므로 하나의 유기체는 "유기적인 존재이면서 동시에 자기 자신을 유기화하는 존재자"로서 간주되어야 한다. 유기체는 선행하고 있는 외적인 원인들의 수동적인 결과이면서, 〔그와 동시에〕 능동적으로, 내재적으로 자기-원인적이고 자기-발생적인 어떤 것이다. 오직 이러한 방식으로만 작용인들의 연결은 동시에 **목적인들을 통한 인과관계**(253[428])가 된다고 판단될 수 있다.

칸트가 작용적 인과성이라고 부르는 것은 여전히 오늘날 환원주의적 과학의 규범이다. 이와 동시에, 목적인 또는 목적론적 순환성과 자기 조직화에 대한 칸트의 설명은 변증법, 해석학, 그리고 시스템 이론의 대부분의 버전들의 근저에 놓여 있다. 하지만 칸트의 설명에서 가장 중요한 것은 그것들 사이의 환원 불가능한 거리와 함께, 그러한 두 종류의 설명들의 필연적 공존이다. 작용적 인과성과 목적론적 인과성은 화해될 수 없다. 왜냐하면 하나의 인과성을 다른 하나의 인과성으로 환원시키는 것, 혹은 하나를 다른 하나의 관점으로부터 설명하는 것은 불가능하기 때문이다. 에드워드 윌슨의 "통섭"(Wilson 1999)은 통일에 관한 어떠한 거대한 헤겔적인 도식만큼이나 의심스러운 이상이다. 또한 실제로 원자론적 환원주의와 전일론적holistic 체계들은 똑같이 역량과 범위에 있어서 무한하지만, 그럼에도 불구하고 근본적으로는 닫힌 도식들을 제안한다. "모든 형체를 가진 현상들 – 별들의 탄생부터 각종 사회적 제도들의 작용들에 이르기까지 – 은 그것들이 아무리 긴 우여곡절을 거쳐 잇달아 발생하더라도, 궁극적으로는 물리학의 법칙들로 환원될 수 있는 물질적 과정들에 기초하고 있을 때, 원인과 결과의 선형적인 연쇄로부터는 그 어떠한 참된 새로움도 출현할 수 없는 것이다"(Wilson 1999, 291). 그러나 새로움은 또한 니클라스 루만이 모든 "자기–참조적 시스템"의 "작동 폐쇄"라고 부르는 것에 의해서도 마찬가지로 배제된다. 왜냐하면, 그러한 시스템은 오직 외부 섭동攝動이 시스템 자체의 사전 정의된 용어들에서 "정보"로 코드화된 한에서만 외부로부터 영향을 받을 수 있기 때문이다. "그러한 시스템들 – 그것들 자신을 위해 인과성을 조달하는 시스템들 – 은" 선형적이고 작용적인 인과성의 메커니즘을 따라서는 "더 이상 '인과적으로 설명'될 수 없다"라고 루만이 말하는 것은 옳다(Luhmann 1996, 41). 그러나 이러한 시스템의 자기

생산적인 목적 인과성은 또한 같음을 재생산하고 근본적인 변화를 피하기 위해서도 작용한다. 우리는 자기 보존과 자기 재생산의 형태가 아닌 자기-조직화의 형태를 상상할 수 있을까? 칸트는 그가 두 종류의 인과성의 이율배반을 정립할 때 이 질문을 향해 문을 열어놓고 있다.

들뢰즈는 『의미의 논리』에서 이 문제를 붙잡고 있다. 거기서 들뢰즈는 "이중 인과성"에 관한 그 자신의 버전을 제안한다(Deleuze 1990, 94~99[180~189]). 들뢰즈는 직접적으로 칸트를 참조하기보다는 그가 고대 스토아학파의 "인과관계의 균열"(6[52])이라고 기술하는 것으로 되돌아간다. 한편으로, 실재적인 또는 물리적인 인과성이 존재한다. 즉 원인들은 물질의 심층에서 다른 원인들과 관계한다. 이것은 물체들의 유물론적 영역인데, 그 안에서 물체들은 "수동-물체들과 그것들이 조직하거나 복종하는 지옥의 혼합물들로 이루어진… 다른 물체들에 침투한다"(131[236]). 다른 한편으로, 물체들 혹은 사물들의 표면 위에서 오직 다른 효과들과만 관계하는 효과들의 이상화된 혹은 초월론적인 "준quasi-인과성"이 존재한다(6[53]). 이러한 준-인과성은 현행적이고 실제적이기보다는 "비물체적인incorporeal… 이상적이거나 '상상적인'fictive 것이다. 왜냐하면, 그것은 사물들을 미리 결정지어진 운명에 구속하기 위한 것이 아니라 "효과의 충분한 자율성을 확보"(94~95[181])하기 위해서 작동하기 때문이다. 그래서 이러한 자율성, 인과관계의 단절은 사건들을 그것들 위에 무게를 지우는 운명으로부터 해방함으로써 자유를 "보존"하거나 "근거" 짓는다. 하나의 연기演技 행위는, 비록 그것이 마찬가지로 인과적으로 결정된 것이기는 해도, 배우가 "실제로 발생한 것에 대한 마임mime" 이 될 수 있는 한에서, [즉] 현실화를 반counter-현실화와 함께, 또한 동일화를 거리와 함께 이중화할 수 있는 한에서, 자유로운 것이다"(161 [277]). 다시 말해서, 들뢰즈의 반-현실화하는 "댄서"는, 칸트의 도덕적 행위자처럼 그리고 내가 곧 논의하게 될 화이트헤드의 살아있는 계기처럼 결단한다. 다시 말해서 그는 인과적 효과성을 실제로 침해하지도 또한 그것으로 환원되지도 않고 남아 있으면서 그것을 대리 보충하는 것이다. 이것은 "그것의 피할 수 없는 현실화의 파국"으로부터, 그것의 소진될 수 없는 잠재성에서 "사건의 진리"를 보존한다는 것이 의미하는 바이다(161 [277]).[10]

---

10. 엄밀히 말하자면, 들뢰즈는 스토아학파의 이중 인과[관계]를 내가 칸트적인 종류의 이중 인과[관계]라고 기술하고 있는 것과 구별한다. 왜냐하면 스토아학파와 함께 (그리고 에피쿠로스학파와는 다른 방식으로) 사람들은 "아리스토텔레스가 행했던 것과 칸트가 하게 될 것처럼 [두 차원의] 인과관계의 유형들을 구별하는 대신에, 인과적 관계를 조갬으로써 시작"(Deleuze 1990, 6 [54])하기 때문이다. 하지만 나는 들뢰즈가 칸트로부터 빌려온 것들과 칸트에 대한 비판들이 갖는 전체적인 패턴에 의해 보증되는 칸트에 대한 보다 관대한 독해를 주장하고 있다. 한편으로, 들뢰즈의 스토아학파에 대한 각색은 그의 전체적인 포스트-칸트적인 틀의 관점에서만 이해될 수 있다. 다른 한편으로, 칸트가 작용인과 목적인 사이에 설정했던 바로 그 구분은 단순히 범주화의 문제가 아니라, 어떤 이율배반, 즉 전적으로 상이하며 화해될 수 없는 두 논리들의 공존을 포함한다. 왜냐하면, 들뢰즈 자신이 쓰고 있듯이 "단순한 형식논리와 초월논리 사이의 이러한 대립은 의미의 전체 이론을 관통"(1990, 96 [184])하기 때문이다.

그러나 새로운 것의 문제를 가장 직접적으로 검토하는 것은 바로 이중 인과의 이율배반을 다루고 있는 화이트헤드의 방식이다. 칸트 못지않게 화이트헤드는 작용인과 목적인을 구분하면서도 그것들을 화해시키기를 추구한다. 이러한 두 가지 양태의 인과성은 일정 정도 화이트헤드가 인정하는 두 가지 양태의 지각, 즉 인과적 효과성 및 현시적 직접성과 상관적일 수 있다. 그것들은 또한 화이트헤드가 어떠한 존재라도 갖기 마련인 "물리적인" 극과 "정신적인" 극(Whitehead 1929/1978, 239 [475])이라 부르는 것과 보조를 나란히 할 수 있다. 작용인은 자연주의적 원인과 결과의 연쇄, 혹은 하나의 현실적 존재가 "불멸하는 과거"(210 [423])로부터 내려오는 조건 및 정향들을 계승하는 방식이다.[11] 이 수준에서, 한 주어진 존재자가 그것에 선행하는 존재자들에 대해 갖는 인과적 의존성 — 하나의 결과로서의 그것의 지위 — 은 그러한 존재자의 선행하는 저 존재자들에 대한 파악(선행하는 현실적 계

---

11. * 화이트헤드는, 유동하는 세계를 기술하는 데 필요한 두 종류의 유동성의 발견에 로크가 — 비록 그의 비일관성에도 불구하고 — 기여한 점을 강조하면서, 그러한 두 종류의 유동성을 다음과 같이 밝히고 있다. "한 종류는 개별적 존재자의 구조에 내재하는 유동성이다. 나는 이러한 종류의 유동성을 '합생'이라고 불러 왔다. 다른 한 종류는 개별적인 존재자의 완결에 따르는 과정의 소멸이 그 개별적 존재자를, 과정의 반복에 의해 생겨나게 되는 다른 개별적인 존재자들을 구성하는 시원적(始原的) 요소로 만들어가는 유동성이다. 이런 종류의 유동성을 나는 '이행'이라고 불러왔다. 합생은 그것의 주체적 지향인 어떤 목적인을 향해서 나아가고, 이행은 불멸하는 과거인 작용인의 매개체이다." 화이트헤드, 『과정과 실재』, 423~424쪽.

기들에 대한 그 문제의 현실적 계기의 수용, 또는 무의식적 지각)으로부터 구분될 수 없다. "작용인과 인식의 문제는 현실적 계기의 조직과 관련될 때 공통적으로 설명된다"(190[389]). 하나의 현실적 존재는 그것의 선행하는 현실적 존재들을 느끼며, 또한 그렇게 함으로써 그것들에 의해 촉발되고 야기된다. "우리의 모든 물리적 관계는 그와 같은 단순한 물리적 느낌들로 구성되어 있다…물리적 느낌의 주체적 형식은 느껴진 느낌의 주체적 형식의 재연再演, re-enaction이다. 따라서 원인은 자신의 느낌을, 그 새로운 주체에 의해 그 자신의 것으로서, 그러면서도 그 원인과 끊을 수 없는 것으로서 재생되도록 넘겨준다"(237[471]). 작용인은 이행이고 전달(210[423])이며 영향 혹은 연쇄적인 파급이다. 이러한 객체적인 계승은 그 촉발된 존재자의 물리적 극을 구성하며, 그 물리적 극이 물리적인 우주 안에서 실현되도록 한다.

그렇지만 이러한 반복-으로서의-인과성의 과정이 펼쳐질 때, "그 재연은 완벽한 것이 아니다"(Whitehead 1929/1978, 237[471]). 과거에서 현재로, 또는 원인에서 결과로 진행되는 에너지와 정동情動의 "벡터 전달"의 과정에는 항상 결함이 있기 마련이다. 사정이 이러한 데에는 적어도 두 가지 이유가 있다. 우선 첫째로는, 시간의 "누적적 성격", 즉 시간의 "불가역성"(237[471])이라는 성격 때문에 그 무엇도 결코 순수하고 단순하게 반복될 수는 없다. 모든 사건은 일단 발생하고 나면 모든 후속하는 사건들 위에 무게를 더하는 과거에 그 자신을 추가한다. 사건 B가 사건 A를 아무리 정확하게 닮는다고 하더라도, 사건 B는 A가 단지 이미 발생했었다는 "굽힐 수 없는 완강한 사실"에 기인하여 A와 구별될 것이다. A의 과거임, 또는 화이트헤드가 그것[한 현실적 존재, 여기서는 A]의 "객체화", 또는 "객체적 불멸성"이라고 부르는 것은 B의 세계를 구성하는 한 특성, B가 그 안에서 발생하는 맥락의 한 결정적인 부분이다. "시간은 재생적이면서도 누적적이며, 그래서 이러한 누적은 이들 다자의 단순한 재생이 아니기 때문이다"(210[473]). 그러므로 정확히 결과가 원인을 우주 안에 존재하는 부가적인 요소로서 파악(혹은 인식)하는 한에서, 결과는 자신이 계승하는 충력의 제공자인 원인과 미묘하게 차이가 난다. 따라서 화이트헤드는 라이프니츠의 식별 불가능자의 원리Principle of Indiscernibles를 확장시킨다. 어떠한 두 계기도 동일할 수 없을 뿐만 아니라, 또한 "어떠한 두 계기도 동일한 현실 세계를 가질 수 없다"(210[424]).

둘째로, 현재 안에서의 과거의 인과적 재생산은 불완전한데, 왜냐하면 어떠한 계승도, 또한 느낌도 전적으로 중립적이지는 않기 때문이다. 수용 과정 내의 한 요소로서 "주체적 형식"은 그것이 수용하는 여건들을 차이 나게 평가하며, 또한 그럼으로써 그 수용된 여건들 가운데 일부를 선택한다.[12] 모든 파악, 모든 인과

---

12. 또는, 보다 정확하게는, 그것은 단순히 주어지고 "회피할 수 없는"(White-head 1929/1978, 43[125]) 여건들 자체 사이에서 선택하는 것이 아니라, 그러한 여건들 안에 내포된 "영원한 객체들" 가운데에서 선택하는 것이다. "관련된 영원한 객체들에 대한 선택 … "에 힘입어 … "외부로부터 주어지는 하나의

적 연결은 수용하는 존재 쪽에서의 어떤 "가치평가"를 함축한다. 다시 말해서, 하나의 가치평가는 주어진 것으로서 전달된 여건을 취할 뿐만 아니라, "〔그것들을〕 평가 절상하거나 평가 절하한다"(Whitehead 1929/1978, 241[477]).[13] 그러한 결과로서, 모든 경험에 "전체적으로 붙어 있는, 환희나 싫증, 역작용이나 혐오와 같은 성질들"(234[466])에 따라서, "그 현실 세계는 선택적으로 점유〔되는 것이다〕"(233[463]). 여건 속에 함축된 성질들(영원한 객체들)에 대한 자신의 선택적이면서 등급화된 "개념적 파악"을 갖는, 이러한 정서적affective 반응은 그 촉발된affected 존재의 정신적 극을, 〔또한〕 변화 혹은 새로움을 위해 그것이 갖는 잠재력을 구성한다.

여건인 것은 내부적인 하나의 사실로서의 하나의 완전한 규정으로 변환된다"(154). 이러한 선택의 원리는 주체적 통일의 범주와 주체적 조화의 범주에 의해 요구되는 것으로서, 선택된 형식들 사이에서의 양립가능성을 위한 요구이다. 이것은 화이트헤드의 선택을 위한 기준이 칸트의 선택의 기준과 마찬가지로 전적으로 형식적인 기준임을 의미한다. 『실천이성비판』에서의 정언명령은 어떤 행위의 내용이 아니라 그 행위가 보편적인 법의 형식으로 일반화될 수 있는지 여부의 문제와 관련된다. 마찬가지로 『판단력비판』에서 미감적 판단은 어떤 대상에 의해 유발되는 실제적인 감정들에 의존하지 않으며, 그러한 감정들의 보편적인 전달 가능성에 대한 형식적인 가능성에만 의존한다. 화이트헤드의 양립가능성 또는 조화를 위한 요구도 마찬가지로 어떠한 특정하게 미리 결정된 내용이 없이 순수하게 형식적인 조건이다.

13. * "개념적 느낌의 가치평가가 '평가 절상'되느냐, 아니면 '평가 절하'되느냐에 따라, 통합된 느낌에서 느껴진 것으로서의 영원한 객체의 중요성은 고양되기도 하고 감소되기도 한다. 그러므로 가치 평가는 영원한 객체가 어떻게 이용되어야 하느냐를 결정한다는 점에서 질적인 것인 동시에, 그 이용이 어떤 중요성을 띠게 되느냐를 결정한다는 점에서 강도를 가진 것이기도 하다." 화이트헤드, 『과정과 실재』, 477쪽.

화이트헤드는 모든 존재가 "본질적으로 양극적인 것으로서, 물리적인 극과 정신적인 극을 가지고 있다. 그리고 물리적 세계조차 정신적 작용들의 복합체인 반대쪽 측면과의 관련을 떠나서는 올바르게 이해될 수 없다"(1929/1978, 239[475])라고 주장한다. 모든 존재가 갖는 단순한 물리적 느낌들은 그것의 개념적 느낌들에 의해 보완된다. 물론, 이러한 "정신적 작용들", 또는 개념적 느낌들이 "필연적으로 의식을 포함하는 것은 아니다." 왜냐하면 대부분의 시간 동안 의식은 전적으로 부재하기 때문이다. 그러나 경험의 모든 계기에서 물리적인 극과 정신적인 극은 양자 모두 현재한다. 이것은 모든 사물이 이중적 인과성에 따라 발생한다는 것을 의미한다. 하나의 목적인(혹은 목적론적 원인)은 언제나 작용인(기계론적 원인)과 나란히 작동하고 있다. 만일 "[불멸하는 과거로부터의] 이행이 작용인의 매개체"라면 합생, 혹은 존재의 현실적 생성 ─ 그것의 미래를 향한 지향 ─ 은 "그것의 목적인을 향해 나아간다"(210[423]). 칸트에게서처럼 화이트헤드에게서도 역시 [다음과 같은 사정은] 마찬가지이다. 즉 목적인은 작용인의 활동을 멈추게 하거나 방해하지 않으며, 그것에 수반하고 동반하며, 그것과 나란히 인정될 것을 요구한다. 그래서 다시 한번 더 화이트헤드는 자신의 "주관주의적" 논증들의 영역을 확장시킴으로써 칸트를 철저화한다. 다시 말해서, 목적인과 작용인은 이제 인간 존재 또는 이성적 존재자에게만이 아니라 우주 안의 모든 존재자들에게 적용된다.

화이트헤드에 따르면, 목적인은 그것에 의해서 하나의 현실적

존재가 현재의 그것으로 생겨나게 되는 "결단"(1929/1978, 43 [125])
이다. "합생의 구성 요소들을 결정함에 있어 작용인이 아무리 광
범하게 그 영향력을 행사한다 해도, 이러한 구성 요소들의 결정
너머에는 언제나 우주의 자기 창조적 통일의 최종적 반작용이 있
다"(47 [134]). 이 "최종적 반작용"은 모든 새로운 현존 속에서 "다자
가 일자가 되고 그래서 다자는 하나씩 증가되는"(21 [84]) 방식이다.
요점은 " '결단된' 조건들이 결코 자유를 내쫓는 성격의 것이 아니
라는 것이다. 그것들은 자유를 제한할 따름이다. 항상 직접적 결
단의 여지를 남기는 우연성이라는 것이 있다"(284 [551]). 이러한 우
연성, 이러한 열려있음은 모든 존재의 자기를 결정하는 활동성
의 요지要地이다. 즉 그것[모든 존재 즉 현실적 계기]의 창조적인 자
기-현실화 또는 자기를 결정하는 활동성인 것이다. 또한 이것[우
연성 내지 열려 있음]은 새로움이 우주 안으로 들어오는 방식이다.
결단은 언제나 독특한 것이며, 그것이 자신의 "주체적 지향"과 다
른 것이 아닌 그 [현실적] 존재에 고유한 것이다. 결단은 범주화되
거나 분류될 수 없는 것이다. 왜냐하면 만일 결단이 그렇게 [범주
화되거나 분류]될 수 있다면 그것은 결단을 이미 결단된 것으로,
그 결단이 발생시켰던 그것의 결합의 지점에 있는 작용인들로 되
돌려 놓음을 의미하기 때문이다.[14]

---

14. 나는 화이트헤드가 이미 여기서, 들뢰즈가 더 명확하게 발전시킨 것과 같은
독특성과 보편성의 논리를 가리키고 있다고 생각한다. 들뢰즈에게서 독특성
은 탈범주적인 개념이다. 왜냐하면 독특성들은 그것들 자체보다 더 넓은 어

떠한 항들(개념들) 속에서 분류될 수 없기 때문이다. 다시 말해, 그것들은 종(種)과 속(屬), 특수자와 일반자의 위계질서 속에 끼워 넣을 수 없다. 이는 마치 그것이 더 크고, 모든 것을 포함하는, 선(先)결정적인 구조의 사례들로 파생될 수 없는 것과 같다. 그러나 그것들이 갖는 고유성 때문에, 독특성들은 또한 보편적이기도 하다. 독특한 것은 중간에 개입하는 항들의 매개 없이 보편적인 것에 직접 맞닿아 있다. 한 독특성이 갖는 극단적인 구체성은 마찬가지로 극단적인 추상성의 표시이기도 한 것이다. 그 이것임, 혹은 들뢰즈와 과타리가 한 사건의 엑세이떼(1987, 260 이하)라고 부르는 것은 더 모호하거나 더 일반적인 범주에 종속되는 존재가 아니라, 그것의 모든 구체적인 세부 사항들로 존재하는 것과 마찬가지로, 그것 자체로서 "보편화"되어 있다.

여기서 하나의 예가 도움을 줄 수 있을 것이다. 들뢰즈에게 대단히 중요한 저자인 프루스트가 그의 위대한 소설 속에서 질투에 관해 쓸 때, 그는 보편적이면서 동시에 독특하게 존재하고 있다. 그는 보편적으로 존재하고 있는데, 왜냐하면 그는 단지 알베르틴(Albertine)에 대한 화자의 감정을 묘사하고 있는 것만은 아니기 때문이다. 그 책의 분석들은 특정한 상황에 놓인 특정한 인물들에 관한 심리학을 훨씬 넘어서 확장되고 있다. 그것들은 소설 속에 등장하는 다른 인물 및 상황 들을 반영할 뿐 아니라 텍스트 밖에 존재하는 독자의 경험을 반영하는 연결들을 만들어낸다. 그 소설은 질투에 대한 하나의 추상적이고 보편적인 초상화를, 다시 말해 내가 이러한 정서의 초월적인 형식이라고 부르고 싶어 하는 것을 묘사하고 제정하며 창조해 내는 것이다. 이와 동시에, 프루스트의 묘사는 여전히 고도로 우연적이고 제한적인 것으로, 즉 독특한 것으로 남아있다. 그것은 그 책의 등장인물들이 갖는 특수성들, 그들의 성별 및 사회적 계급과 프랑스에서의 역사적 순간의 특수성들, 그리고 사회적 배경의 다른 측면들과 관계하면서, 구체적인 세부 사항들과 질감들로 이루어진 두꺼운 성단(星團) 속에 둘러싸여 있다. 프루스트의 텍스트를 심리학 논문과 가장 완전하게 차별화해 주는 점은 바로 구체적인 내장성(內臟性, embeddedness)의 의미이다. 간단히 말하자면, 프루스트는 알베르틴에 대한 화자의 질투에 관한 그 자신의 묘사를 — 단지 일화적일 뿐인 것으로부터 그것을 추상해 냄으로써 — 보편화하는 것이다. 그러나 프루스트가 이런 방식으로 보편화시키고 있는 그것은 여전히 전적으로 독특하고 구체적인 것으로 남아있다. 그는 세부 사항들과 변칙적인 예외들을 생략함으로써 일반화하지 않는다. 오히려, 보편화를 가능하게 해 주는 것은 모든 변칙적 예외들과 자질구

확실히 대부분의 경우에 이러한 결단 혹은 목적인은 그 범위가 "무시할 만하며", 따라서 안전하게 무시될 수 있다(Whitehead 1029/1978, 115 [235], 245 [485]). 많은 비유기적인 물리적 과정에서 "직접적 결단을 위해 열린 채로 남겨져 있는 우연성"의 공간은 덧없이 사라질 정도로 작은 것이다. 새로움은 거의 존재하지 않으

레한 상세한 점들에 대한 그의 남김없이 철저한 검토일 뿐이다. 프루스트는 질투의 가장 깊은 심연을 간파해 낸다. 그는 질투를 다른 정서들과의 관계 속에 자리매김하거나, 그것을 행위나 느낌의 더 광범한 등급의 한 예증으로 분류하는 대신에, 질투를 즉자 대자적으로, 그것이 놓인 특수한 상황들 속에서 검토하기 때문에, 그만큼 더 질투의 내밀한 심연을 간파해 낸다. 프루스트는 모든 종류의 일반화를 거부하는 반면, 독특한 것을 보편화한다.

화이트헤드는 들뢰즈가 행하는 방식으로 독특성에 관한 명확한 이론을 제공하지는 않는다. 그러나 나는 모든 현실적 존재에 의해 이루어지는 결단에 대한 화이트헤드의 논의 속에는 유사한 논리가 작동하고 있다고 생각한다. 그러한 결단은 언제나 독특하다. 왜냐하면 결단은 결단을 내리는 존재자에 고유한 것이기 때문이며, 또한 그 결단을 내림으로써 그 결단이 무엇인지를 순환적으로 결정하기 때문이다. 어떠한 일반 원리나 규칙도 이러한 결단을 인도하거나 제한할 수 없다. 그런데 그 독특한 결단은 또한 마찬가지로 보편적인 것이다. 왜냐하면, 결단은 그것에 선행하는 모든 것에 의해 촉발되며, 또한 다음에는 그 결단을 뒤따르는 모든 것을 촉발하기 때문이다. 그것은 가능태와 다수성을 하나의 "굽힐 수 없는 완강한 사실"이라는 현실태로 환원하는 우주 전체에 대한 하나의 규정이다. 이 현실태는 이전에는 결코 존재한 적이 없었다. 왜냐하면 그것은 절대적인 새로움이기 때문이다. 따라서 결단은 "모든 것"이 아니라, "하나"가 됨으로 되돌아간다. 다시 말해서 "그것은 그 자신이 종합하는 많은 존재자 가운데 이접적으로 자리하게 되는 새로운 존재이다 (Whitehead 1929/1978, 21 [84]). 화이트헤드가 하나의 [현실적] 존재의 결단 혹은 목적인을 그 [현실적] 존재 자체의 고유한 활동성, 즉 "절대적이고, 개체적인 자기-향유"(1938/1968, 150 [206])로서, 또한 동시에 전체로서의 "우주의 자기-창조적인 통일의 최종적 반작용"으로서 묘사할 수 있는 것은 바로 이러한 이유에서이다.

며, 그래서 선형적이고 작용적인 인과성이 (거의) 모든 것을 설명할 수 있다. 진정으로 새로운 무언가가 산출되는 것은 오직 더 높은 질서에 속하는 창발적 과정들 – 그것들은 대체로 화이트헤드가 살았던 당시의 물리학에 의해서는 무시되었던, 하지만 오늘날 카오스 이론과 복잡성 이론에 의해 집중적으로 연구되고 있는 과정들이다 – 의 경우에서일 뿐이다. "결정론적 카오스"는 모든 경험적 현상과 마찬가지로, 원리상으로 (혹은 칸트라면 그렇게 말할 것처럼, "이론적으로") 선형적인 원인과 결과를 통해서 전적으로 결정된다. 그러나 그것의 발달은 너무 미미해서 측정될 수 없는 초기 조건에서의 차이들에 민감하기 때문에, 실제로는 실용적으로 미리 (혹은 칸트라면 말할 것처럼 "실천적으로") 결정될 수 있는 것이 아니다. 이러한 경우들에서 선형적이고 기계론적인 인과성은 우리의 이해를 위해서는 부적합한 것이 되며, 그래서 목적의 견지에서의 설명, 즉 "주체적 지향"이나 "결단"이 필수적이게 된다.[15]

---

15. 비록 내가 "우리의 이해를 위해서" 목적인의 관점에서의 설명이 요구된다고 방금 말했지만, 이것은 단지 우리의 경험적 무지나 불확실성의 우연적인 결과로서 간주되어서는 안 된다. 그 난점은 인식론적이라기보다는 존재론적인 것이다. 그것은 우리의 특정한 관찰의 역량들이 제한적이고 또한 우리가 소유하는 정보의 양이 제한적이기 때문만이 아니다. 왜냐하면, 가능한 모든 관찰자가 동일한 상황에 있게 될 것이기 때문이다. 모든 것을 알고 있으며 또 우주 안의 모든 입자들의 작용 인과관계의 모든 계열들을 추적할 수 있는 라플라스의 신, 혹은 슈퍼컴퓨터가 존재할 수는 없다. 그와 같은 전능한 위치는 단적으로 가능하지 않다. 화이트헤드의 용어로 말하자면, 그러한 위치를 취하는 것은 "존재론적 원리(현실적인 모든 것은 반드시 어딘가로부터 유래해야 한다는 것)"와 "개조된 주관주의의 원리(현실적인 모든 것은 일부 현실적인 주체

우리가 생명체들이라고 알려진 그러한 자기-조직화의 창발적 과정에 이르게 되면 주체적 "결단"의 역할은 특히 중요해진다 — 따라서 그것은 더 이상 "무시할 만한" 것으로서 폐기될 수 없게 된다. 작용인에 의지하는 것이 가장 부적합하게 되는 것, 또한 그 대신에 "우리가 '목적인'에 의한 설명을 필요로 하는"(Whitehead 1929/1978, 104[234]) 것은 정확히 살아 있는 존재자들의 경우이다. 실제로 화이트헤드는 "생명" 자체를 (그와 같이 흐릿한 경계를 갖고 있는 개념은 전혀 정의될 수 없다는 가정 아래) "개념적 새로움 — 욕구의 새로움의 창출"(102[230])이라고 정의하고 있다. "욕구"라는 말을 통해서 화이트헤드는 "차이를 향한 욕구… 뚜렷한 새로움을 갖는 어떤 것을 향한 욕구… 불안정의 원리"(32)를 의미한다.[16] 가장 넓은 의미로 볼 때, "욕구"는 "모든 물리적 경험에

의 경험에서 드러나야만 한다는 것)" 둘 다를 위배하는 것이다. 화이트헤드가 "신"이라고 부르는 현실적 존재조차도 전능하지 않다. 신도 마찬가지로 이러한 제약들에 종속되며, 그래서 그것들을 초월할 수 없다.

16. 화이트헤드가 "욕구"(appetition)를 전문 용어로 사용한다는 점에 주목하는 것은 중요하다. 그는 우리에게 전문 용어들을 그것들이 갖는 일상 언어에서의 상식적인 의미로 받아들일 때 생길 수 있는 "전문용어들에 잠복해 있는 위험"을 경고하고 있다. "욕구"의 경우에, 이는 모든 존재자들에게 적용되는 하나의 과정에 대한 부적절한 의인화로 인도될 수 있다. 이 단어는 또한 잠재적으로 "보다 강한 작용 가운데 있는 저 기본적 활동의 등급을 하락시키는[품위를 떨어뜨리는] 그러한 관념을 암시한다." 전문적인 의미에서 동의어인 용어들은 일상 언어에서는 서로 다른 범위의 내포를 지닌다. 이는 우리가 어떤 전문 용어든지 그것을 사용할 때 특별히 조심하고 또 주의해야 한다는 것을 의미한다(Whitehead 1929/1978, 32~33[105]).

는 그것을 지속시키려고 하거나 지속시키지 않으려고 하는 욕구가 수반되어 있다. 자기 보존의 욕구는 그 한 예가 된다"(32[104])는 사실과 관련이 있다. 그러나 경험은 욕구가 자기 자신 너머로 확장되고, 단지 이미 존재하고 있는 것의 보존과 지속을 향해 작용하는 것에 머물지 않을 때 더 복잡한 것이 된다. 이것은 정확히 생명체의 경우에 해당한다. 어떤 존재가 "차이에 대한 욕구"—화이트헤드는 "갈증"이라는 단순한 예를 제공하고 있다—를 보여줄 때, 그 최초의 물리적 경험은 "새로운 개념적 파악", 이미 주어진 것이 아닌, (아직은) 현실적이지 않은 어떤 것에 대한 직시envision(또는 "마음에 그림"envisagement[34[107]])를 통해서 보완되고 확장된다. 심지어 "낮은 차원에서조차" 그와 같은 과정은 "자유로운 상상력의 발아를 보여 준다"(32[104]).

이러한 사실은 동물의 갈증 같은 어떤 것, 또 갈증 때문에 물을 찾아 나서는 동물의 행동 같은 것을 단지 항상성의 균형 상태를 유지하기 위한(혹은 그러한 상태로 되돌아가기 위한) 메커니즘으로 해석하는 것이 충분치 않다는 것을 의미한다. "차이에 대한 욕구"는 변형을 추구하는 것이지 보존을 추구하는 것이 아니다. 생명은 스피노자의 코나투스, 또는 마뚜라나와 바렐라의 자기생성autopoiesis 같은 개념들의 견지에서는 적절하게 정의될 수 없다. 오히려 하나의 존재는 정확히 그것이 차이를 마음에 그리고, 그렇게 함으로써 기존의 존재 방식의 단순한 존속과는 다른 어떤 것을 갈망하는 한에서 살아있는 것이다. "'생명'은 새로움을 의미한다. … 하나의 단일한 계기는 그 계기의 합생 과정을 결정하는 주체적 지향이 그 합생 과정의 최초의 위상에서 계승하는 여건 속에서는 발견될 수 없는 한정성의 새로움을 도입했을 때 살아있게 된다"(Whitehead 1929/1978, 104[234]). 욕구는 "개념적 파악"이며, 그러므로 그 "계승된 여건"(즉, 그 욕구에 선행하여 다만 잠재적으로만 존재했던 어떤 것) 속에 그 어떤 선행하는 현존도 갖지 않는 어떤 것에 대한 한정-지음making-definite이다. 그러나 만일 생명이 욕구라면, 그것은 연속성이나 존속의 문제로서 이해될 수 없으며(왜냐하면 돌과 같은 사물들은 생명체들보다 훨씬 더 오래 존속하며, 따라서 성공적으로 존속하기 때문이다), 심지어 자극에 대한 반응의 관점에서도 이해될 수 없다(왜냐하면 "자극에 대한 단순한 반응은, 무기적인 사회이건 살아 있는 사회이건 간에 모든 사회의 특성(104[235])"이기 때문이다). 오히려 생명은 "자극에 대한 반응의 **독창성**"의 문제로서 이해되어야 한다(샤비로의 강조). 생명이란 "자유를 얻으려는 노력"이며, "주체적 형식들의 계승된 호응적 조절을 교란시키는 과정"(104[234])이다. 그것은 "과거로부터의 반복이라는 구속이 없는 강도 높은 경험이 존재할 때"(105[236]) 발생한다. 요약하자면, 화이트헤드는 "유기체란 어느 정도까지는 그 반작용이 순수한 물리적 계승의 어떤 전통으로도 설명될 수 없을 때 '살아 있다'고 하는 학설"을 주장한다.

물론 현대 생물학은 목적인에 관해서 말하지 않거나 생명을 화이트헤드가 정의하는 방식으로 정의하지 않는 경향이 있다. 신

다윈주의적 종합의 주류에 따르자면, 우연적인 무작위적인 돌연변이와 자연선택의 힘이 결합될 때 순수한 물리적 계승은 생물학적 변이를 설명하기에 충분하다. 이러한 관점에서 볼 때 혁신과 변화는 일차적인 과정이 아니라 환경의 압력들에 대응하기 위해서 채택된 반응들이다. 생명은 본질적으로 보수적인 것이다. 왜냐하면 생명은, 화이트헤드라면 그렇게 주장할 것처럼, 차이와 새로움을 지향하는 것이 아니라 자기 보존과 자기 재생산이라는 목적들을 위해 조직화되는 것이기 때문이다. 생명은 자유를 얻으려는 노력이 아니라 어떤 불가피한 강제인 것이다. 오늘날 우리가 갖는 "생명력"에 대한 이미지는 베르그손의 **생명의 약동**élan vital 같은 어떤 것이 아니다. 반대로 그것은 차라리 하나의 바이러스, 마음 없이, 무정하게 가차 없이 자기-복제하는 DNA 혹은 RNA의 노력인 것이다. 오늘날 종종 제안되곤 하는 신-다윈주의적 종합에 대한 대안들— 마뚜라나와 바렐라의 자기생성의 이론, 스튜어트 카우프만의 복잡성과 자기-조직하는 시스템들에 대한 탐구, 린 마굴리스의 공생共生(Margulis and Sagan 2002), 제임스 러브록의 가이아 이론, 그리고 수잔 오야마의 발달 시스템 이론(2000) 같은 대안들— 조차도 유기체들이 그들의 환경과 관계하여 항상성의 균형을 유지하고 재생산을 통해 자신들을 영속화하려고 노력하는 방식들에 관한 주류 생물학의 지배적인 관심을 공유한다. 유기체들은 그것들이 절대적으로 혁신을 강요받을 때, 그래서 말하자면 자기도 모르게 혁신할 뿐인 것으로 보일 것이다.

그럼에도 불구하고 생물학자들은 실제로 살아 있는 유기체들을 고려할 때 좀 다른 그림과 마주하게 된다. 그들은 이러한 행동 안에서 끊임없이 "결단"의 중요한 역할을 발견하기 때문이다. 그리고 [이러한 사정은] 포유류와 그 밖의 "더 고등한" 동물의 경우에만 [국한되지] 않는다. 심지어 "박테리아조차 민감해서 자극에 쉽게 반응하고, 전달 능력이 있으며, 결단력을 지닌 유기체들이다. … 박테리아의 행동은 고도로 적응력이 있으며 매우 복합적인 결정 능력을 포함하고 있다"(Devitt 2007). 점균粘菌들은 미로를 다룰 줄 알며 진로를 선택할 수 있다(Nakagaki, Yamada, and Toth 2000). 식물들은 뇌나 중추신경계를 갖고 있지는 않지만 "식물들이 성장할 때" 뿌리, 새싹, 잎들의 배치와 햇빛과 관련된 방향 정하기와 같은 문제들에 관한 "결단들이 끊임없이 이루어진다"(Trewavas 2005, 414). 동물의 왕국에서는 광대파리조차도 비결정론적이고 예측 불가능한, "비선형적이고 불안정적인" "자발적인 행동"을 보여 준다. "이러한 행동의 변이성은 외생적이고 무작위적인 소음 때문에 생기는 잔여적 이탈에 기인한다고 여겨질 수 없다." 오히려 그것은 "내생적인" 기원을 갖는다. 즉 "자발성[자연발생성]"spontaneity('임의성'voluntariness)은 파리들에게서조차 하나의 생물학적 특성[이다](Maye et al. 2007). 요약하면, 결단을 내리는 **모든** 살아 있는 유기체들은 인과적으로 프로그램되어 있거나 미리 결정되어 있지 않은 것 같다. 우리는 "인지 작용은 호흡과 같은 기초적인 생물학적 기능의 일부분이라는 사실을 알아야만 한다(파멜라 리옹을 인용한 Devitt 2007에서 재인용). 실제로, 다세포 유기체들은 그것의 조직 전체가 자연발생적으로 새로움을 산출할 뿐 아니라, 그 유기체를 구성하는 각각의 세포도 "단독으로 결단을 내릴 수 있는 어떤 지능"을 갖고 있다는 믿을 만한 증거가 존재한다.

그러므로 생물학자들은 생명계 내부의 도처에서 작동하는 인지 작용 또는 "정보 처리"를 보게 되었던 것이다. 다시 말해 박테리아, 가장 원시적인(기초적인) 유기체들을 포함한 "모든 유기체들은 환경을 감지할 수 있어야 하고, 또한 그들을 둘러싼 환경의 복잡성 속에 내재한 잠재적인 정보를 활용하기 위하여 내적인 정보처리를 수행할 수 있어야 한다"(Ben Jacob, Shapira, and Tauber 2006, 496). 따라서 유기체들은 이러한 인지적 과정들에 일치하여 결단들 – 그러한 결단들은 미리 앞서 프로그램되거나 기계적인 방식으로 강요되거나 결정되지 않는다는 의미에서 "자유롭다" – 을 내리게 될 것이다. 이것은 변화를 위한 가능태들(33 [106])에 대한 "가치 평가"로서의 "개념적 파악"(1929/1978, 240 [476]), "정합성으로 환원되는" "조건 지어진 여러 선택지들"(224 [446])에 대한 직시envisioning에 관한 화이트헤드의 설명과 아주 잘 어울린다. 그러나 이러한 전체 과정을 인지 작용이나 정보 처리의 결과로 간주하는 것은 사태를 퇴보시키는 것이다. 왜냐하면 "개념적 파악"은 기본적으로 "욕구"(33 [106])를 의미하기 때문이다. 그것은 추상적 가능태들에 관계하는 것이며, 따라서 구체적인 현실태들에만 관계된 것이 아니기 때문이다. 그러나 개념적 파악은 인지적이기에 앞서 정서적인 것이고 욕망하는 것이다. 화이트헤드를 따라서, 우리는 인지 작용이 결단을 위한 근거들을 제공해 주는 것이라고 말하기보다는 오히려 인지 작용을 가능케 하는 것은 바로 **결단**(개념적 파악, 주체적 지향에 일치하는 가치 판단, 선택)의 행위 그 자체라고 말해야 한다. 또한 이것[결단의 행위가 인지작용을 가능케 한다는 사실]은 박테리아로부터 모든 인간 존재에 이르기까지 모두에게 한결같이 적용되는 것이며, 화이트헤드가 쓰고 있듯이 그것들 모두에 대해서 "주체적 지향의 궁극적 변형을 구성하는 최종 결단은 책임, 시인이나 불찬성, 자기 시인이나 자책, 자유, 강조 등에 대한 우리의 경험의 기초가 된다"(47 [134]). 우리는 자유롭고 책임이 있기 때문에 결단을 내리는 것이 아니다. 오히려 우리는 결단을 내리기 때문에, 또한 정확히 말해서 그렇게 하는 한에서, 자유롭고 책임이 있는 것이다.

생명 자체는 미결정성, 비종결nonclosure, 그리고 화이트헤드가 "개념적 반응의 자발성"이라고 부른 것을 통해 특징지어진다. 생명은 필연적으로 "가능한 것을 현실적인 것으로 변형시켜 가는 과정"(Whitehead 1938/1968, 150~151 [208])으로 정의되는 "자기 창조"를 동반하는 "자기 향유"의 어떤 절대성"을 포함한다. 하지만 이 모든 것은 여하한 종류의 신비주의나 생기론을 함축하지 않는다. 반대로 그것은 다윈주의의 용어들로 온전히 설명될 수 있다. 인간의 뇌 못지않게 광대파리의 뇌 속에는 "자발적인 행동의 개시 아래에 놓여 있는 비선형적 과정들이 행동의 비결정성을 산출하기 위해 진화해 왔던 것이다. 다시 말해서, 엄격한 결정론은 더 이상 생명체에 적용되지 못한다. 혹은 차라리 그것은 단지 제한된 범위에서만 생명체들에 적용될 뿐이다. 왜냐하면 "자유", 또는 미결정성을 산출하는 능력은 그것 자체가 진화의 과정에서 발전되고 정교화되어 온 것이기 때문이다. 모스 페컴이 오래전에 추측해 냈듯이, "무작위성은 어떤 생존 가치를 지니고 있다. … 뇌가 갖는 무작위적 반응들의 생산을 위한 잠재력은 진화론적으로 볼 때 생존을 위해서 선택된 것이다. 진화론적인 발전이 증대하고, 더욱 복잡한 유기체들이 그러한 무작위성의 한 결과로서 존재하게 됨에 따라, 뇌의 무작위성을 위한 잠재력은 출현하는 각각의 종들과 함께 누적되고 증가한다"(1979, 165). 인도됨이 없고 예측불가능한 결단을 내리는 능력은 진화론적으로 적응력이 있다고 입증되었다. 따라서 그것은 자연선택을 통해 촉진되어 왔던 것이다. 일부 단순한 생명 과정들은 미리 프로그램된 행동을 통해서 제어될 수 있다. 그러나 "보다 복잡한 상호작용들은" 실제로 작용하기 위해서 "행동의 미결정성을 요구한다"(Maye et al. 2007, 8). 경직된 것으로 남아있는 유기체들은 소멸하는 경향이 있다. 반면에 유연한 유기체들은 단지 자신들을 영속화하는 대신에 자신들을 변형시킴으로써 생존한다. 이런 방식으로, "자기-보존의 욕구" 자체는 변형과 차이를 위한 어떤 역逆-욕구를 창조해 낸다. 생명은 새로움을 새기고 산출하기 위해서 진화해 왔던 것이다.[17]

이와 같은 것이 이중적 인과성에 대한 화이트헤드의 판본이

다. 우리는 이것을, 저 유명한 맑스의 격언을 인간 존재뿐만 아니

---

17. 내가 여기서 제안하고 있는 다윈에 관한 화이트헤드적인 독해가 함축하는
것은 다윈에 대한 니체의 명시적인 비판과 비교될 수 있다. "반-다윈"(Anti-
Darwin)이라는 제목 아래 니체는 다음과 같이 쓰고 있다. "저 유명한 '생(生)
을 위한 투쟁'을 고려할 때, 한편으로 그것은 나에게 입증된 것이기보다는 주
장된 것으로 보인다. 그러나 그것[생을 위한 투쟁이라는 주장]은 어떤 예외로
서만 발생한다. 반면에 생의 일반적인 면모는 결핍이나 굶주림의 상태가 아니
다. 그것은 풍부함, 다산, 그리고 심지어 불합리한 낭비 상태 ― 거기에 투쟁이
존재한다. 그러한 투쟁은 힘을 얻기 위한 투쟁이다 ― 인 것이다. 우리는 맬서
스와 자연을 혼동하지 말아야 한다"(Nietzsche 1968, 46).
화이트헤드는 생존 혹은 단지 자기-보존이 "힘" ― 비록 화이트헤드의 용어법
에서는 "자기 창조"(1929/1978, 85)가 되겠지만 ― 과 관련하여 이차적이라고
주장한다는 점에서 니체와 일치하고 있다. 이것은 논란의 여지가 있긴 해도
니체가 "힘"으로써 의미하는 것의 주된 측면이다. 화이트헤드가 "힘"을 "어
떻게 각 개별적인 현실적 존재가 그로부터 그것의 후속하는 계기들이 생겨나
고 또한 그것에 순응해야만 하는 여건에 기여하는 방식"의 문제라고 명시적으
로 정의한다는 것을 주목해 보라(56[150]). 이러한 정의는 니체로부터 끌어왔
다기보다는 차라리 로크에게서 끌어온 것이다. 그러나 내 생각에는 그것은 대
략 변용시키고 변용되는 역량으로서의 "힘"이라는 스피노자-니체적인 의미와
양립될 수 있다.
마찬가지로 화이트헤드도 투쟁 혹은 경쟁 일반이 (힘을 얻기 위한 것이든 아
니면 단지 생존을 위한 것이든 간에) 관대함, 풍부, 그리고 낭비, 혹은 그가
"강도를 불러일으킴"(105[236])이라고 부르는 것에 대한 미[감]적 관심들과 관
련해 볼 때 이차적이라고 주장한다. 다시 한번, 이것은 이론의 여지는 있지만
니체의 입장과 일치한다. 니체는 단순히 생존 ― "거기에는 투쟁만 존재할 뿐
이다" ― 보다는 힘이 더 중요하다고 말하고 있으므로, 전반적으로 풍부와 낭
비가 여전히 더 중요한 것으로 남는다.
니체도 화이트헤드도 자연선택이 갖는 "인과적 효과성"을 부인하지 않는다.
그러나 이와 반대로, 그들 모두는 바로 그러한 선택의 과정에서 출현하는 생
명의 보완적인, 자기를 ― 규정하는 강도를 주장하고 있다. 니체와 화이트헤드
두 사람 모두 자연선택의 관점에 꼭 호의적이지만은 않거나 자연선택의 관점
으로는 설명될 수 없는 돌연변이들과 형질들의 지속적인 생산과 증식을 포함

라 모든 유기체로 확장하여 적용함으로써 다음과 같이 요약할 수 있을 것이다. 즉 모든 유기체는 "그들 자신의 역사를 만들지만, 자신들이 기뻐하는 방식대로 그들의 역사를 만들지는 않는다. 왜냐하면 그들은 자신들이 선택한 환경들 아래서 자신들의 역사를 만드는 것이 아니라, 직접적으로 조우하는 환경들, 주어져 있는, 과거로부터 전달된 환경들 아래서 자신들의 역사를 만들기 때문이다"(Marx 1968, 97). 화이트헤드는 거듭하여 우리는 결코 단순하게 작용인을 초월하지는 않는다는 점을 상기시킨다. 모든 경험은 "현실적 계기를 위해 기회를 제공하는 동시에 제한하기도 하는, 굽힐 수 없는 엄연한 사실로서 고찰된 현실 세계의 소여성과 관계된다…우리는 굽힐 수 없는 엄연한 사실에 의해 지배되고 있는 것이다"(1929/1978, 129[275]). 우리는 과거의 누적과 과거로부터 생겨나는 결정론적인 과정들에 의해 강제된다. 그러나 이와 동시에, 그러한 결정론적인 과정들 자체는 끊임없이-확장되는 미결정성의 지대를 열어준다. 이러한 방식으로, "작용인作用因은 현실적 존재로부터 현실적 존재로의 이행을 표현하며, 또한 목적인目的因은 이 현실적 존재가 그 자신으로 되어가는 내적 과정을 표현한다. 세계의 과거에서 찾아볼 수 있는 여건의 생성이 있으며, 또 그 여건으로부터의 직접적인 자기의 생성이 있다. 현실적 존재는 작용하는 과거의 산물인 동시에, 또한 스피노자의 표현을

하는 "생물학적인 넘쳐흐름"이라는 현상들(Bagemihl 1999)로 주의를 돌린다.

빌린다면 "자기원인"인 것이다"(150[316~317]).

그러므로 화이트헤드는 목적인("자유로서의 인과성")이 작용인("자연적 메커니즘으로서의 인과성") 곁에 나란히(혹은 대리 보충들로서) 존속한다는 칸트의 주장을 반복한다. 그러나 화이트헤드는 칸트의 구분을 ― 그것을 전적으로 내재적이고 현상적인 것으로 만들기 위해서, 또 그렇게 함으로써 그러한 구분을 지워 없애지 않으면서 ― 자연화하려고 시도한다. 이것은 교묘한 조치이며, 또한 "오늘날 유행하는 실증주의적 철학"(Whitehead 1938/1968, 148[203])이라면 수용하지 않을 조치라고 할 수 있다. 왜냐하면 일단 주체가 현상의 영역으로 흡수되어 들어가게 되면, 거기에는 더 이상 자유의 행사를 위한 어떠한 아르키메데스적인 점도 존재하지 않게 되기 때문이다. 어떻게 물질적인 원인들에 의해서 전적으로 결정되는 주체가 또한 자유롭게 그 자신을 결정한다고 말할 수 있을까? 화이트헤드의 대답은 칸트의 본체론적 주체noumenal subject를 새로움의 생산자이자 담지자인, 또한 그 자신이 생겨난 바로 그 운동 속에서 [기한이 되면] 사라지게 되는 "자기-초월적 주체"로 대체하는 것이다. 창조성 또는 궁극자의 범주Category of the Ultimate(Whitehead 1929/1978, 21[83])가 자유의 내적 원리로서의 정언명령을 대신하는 것이다.[18] 이러한 원리 아래서는 작

---

18. 화이트헤드는 다음과 같이 말한다. "창조성은 그 자신의 성격을 갖지 않는다. … 성격이라는 것이 모두 그것보다 특수하기 때문에, 창조성은 어떤 성격으로도 특징지어질 수 없다." 창조성은 "항상 여러 제약 속에서 발견되며, 제

용인과성에 따라 "결정가능한 것은 무엇이든지 결정된다"는 것이 여전히 사실이다. 하지만 이와 동시에 "거기에는 그 합생의 자기-초월적 주체의 결단에 맡겨지는 것이 언제나 남아있게 마련이다"(27~28[95]). 그러나 이러한 결단 또는 목적인은 본체적이거나 영원하기보다는 현상 세계에 내재적이다. 이러한 결단을 내리는 존재자, 그래서 그 결단에 의해 결정되는 존재자는 무상하며 "끝없이 소멸하는 중에 있는" 존재자이다. 그러한 존재자는 그것이 결정론적인 인과성의 연쇄들 속에서 포착될 수 있기도 전에 사라져 버리는 존재자이다. 또는 더 정확하게 말하자면, 그러한 존재자가 그렇게 포착되는 것은 정확히 그것의 "만족"과 이행의 사건이다. 따라서 "현실적 존재는 주체적으로는 '끊임없이 소멸'하지만, 객체적으로는 불멸한다. 소멸될 때 현실태는 객체성을 획득하는 반면, 주체적 직접성을 상실하게 된다. 그것은 자신의 불안정성의 내적 원리인 목적인을 상실하지만 작용인을 획득한다. 이 작용인으로 말미암아 그것은 창조성을 특징짓는 제약의 근거가 된다"(29[98~99]). 자유 또는 "불안정성의 내적 원리"는 인과적 필연성 내지 현재의 과거에 대한 외적 순응으로 대체되는 것이다. 결

약된 것으로서 기술된다." 그러나 창조성은 내생적으로 이러한 제약들의 어떤 것도 소유하지 않는다(1929/1978, 31[102~103]). 이런 점에서 창조성은 중성적이며, 또한 전적으로 형식적이다. 그것은 마치 칸트의 정언명령과 같다. 화이트헤드는 또한 창조성과 욕구를 동일시한다(32[104]). 이런 점에서도 창조성은 칸트의 욕구 능력의 최상의 형태로서의 정언명령의 규정과 유사하다.

단의 순간에 어떤 새로운 것을 창조해 냈던 그 창시는 이후에는 그다음에 출현할 자유의 행사를 조건 짓고 제한하는 "완강한 사실"의 "제약"으로서 존속하게 되는 것이다.

칸트에 대한 화이트헤드의 전환 혹은 현상화phenomenalization 는 생기론의 한 형태로 기술될 수 없다. 왜냐하면 본체적인 것이 현상 세계에 남겨두는 유령들 혹은 흔적은 현존이라기보다는 부재이며, 힘이라기보다는 진공이기 때문이다. 만일 생명이 욕구와 결단의 장소라면, 그럴 수 있는 이유는 바로 "생명이란 '공허한 공간'의 특성이[지, 어떤 입자적 사회에 의해 점유된 공간의 특성이 아니]며…생명은 하나하나의 살아 있는 세포의 틈새에, 또는 뇌의 틈새에 잠재해 있"기 때문이다(Whitehead 1929/1978[236~237]). 생명은 일종의 빼기subtraction, 물리적 인과성의 연쇄들로부터 단절하기 혹은 비워냄을 함축한다. 이러한 연계의 단절의 결과로서, "[동물 신체] 내부의 공허한 공간을 통한 물리적 영향의 전달은 무기적 사회에 적용되는 물리적 법칙과는 전적으로 일치하지 않는다."[19] 이러한 공허한 공간 혹은 빈틈은 가능체the potential의 영역, 즉 이미 현재에 따라붙어 다니는 미래성의 영역 ─ 혹은 들뢰즈가 잠재적인 것이라고 부르게 될 것의 영역 ─ 이다. 왜냐하면, 정확히 과거가 작용인의 "벡터적 전달"을 통해서 현재 안에 활동적인 것으

---

19. * "그 동물 신체 내부의 공허한 공간을 통한 물리적 영향의 전달이, 무기적 사회에 적용되는 물리적 법칙을 전혀 따르지 않고 있다는 것이다."(Whitehead 1929/1978, 106[237])

로 남아있는 것과 마찬가지로, 그렇게 미래는 살아 있는 현실적 계기에 의해 취해질 수 있는 "순수 가능태의 다수성"(164[342]) 덕분에, 이미 현재 안에 잠재해 있기 때문이다. "과거는 현실태들의 결합체이다"(214[431]). 과거는 여전히 현실적이며, 여전히 현재 속에 존재하는 힘이다. 왜냐하면 과거는 각각의 새로운 현실적 계기에 의해 물리적으로 파악되는 "여건"으로서 재생되기 때문이다. 이에 반해, 미래는 현실적으로는 아직 결정되지 않았음에도, 효력이 있는available 것이다. 왜냐하면, 그것은 각각의 새로운 현실적 계기들에 의해 개념적으로 파악되게 될 (혹은 파악되지 않게 될) 영원한 객체들 혹은 "순수한 가능체들"의 모습으로 나타나기 때문이다. 그러므로 화이트헤드는 "미래는 현실적인 것이 아니라 단순히 실재적인 것일 뿐이다"(214[431])라고 말한다. 놀랍게도 이것은 들뢰즈가 (프루스트에게게서 빌려와서) 잠재적인 것을 기술하기 위해 사용하는 것과 동일한 정식화이다. 들뢰즈가 새로움과 발명을 잠재적인 것의 현실화라고 기술하는 바로 그 지점에서, 화이트헤드는 현재 속에서 혹은 각각의 살아 있는 계기의 결단 속에서 "실재는 현실적이게 된다"(1929/1978, 214[431])라고 말한다.[20] 그 현실화의 과정은 과거와 미래 사이에서뿐만 아니라, 또한 인과성의 두 가지 형태들 사이에서도 경첩 내지는 틈새interstice인 것이다.

---

20. * "현재란 실재가 현실적인 것이 되어가는 목적론적 과정의 직접성이다."(Whitehead 1929/1978, 214[431])

5장

신, 또는 기관 없는 신체들

신은 화이트헤드의 형이상학에서 가장 곤혹스러운 존재이다. 그는 누구인가, 그가 원하는 것은 무엇이고, 또한 그가 『과정과 실재』 안에서 하고 있는 것은 무엇인가? 화이트헤드의 사유는 전적으로 과정과 변형에 관한 것이다. 다시 말해서, 그것은 가치의 면에서 볼 때 존재에 대해 과정을, 실체에 대해 관계를, 그리고 동일한 것의 영속화에 대해 끊임없는 새로움을 우위에 두는 사유라고 할 수 있다. 그것은 "자연의 이분화"(Whitehead 1920/2004, 30~31 [48]), 또는 현상으로부터 실재의 분리(1929/1978, 72 [179])를 거부한다. 그것은 "주체들의 경험"(167 [346]) 밖에는 아무것도 없다고 주장한다. 또한 그것은 모든 주체들 ─ 비인간적이고 감각이 없는 주체들을 포함하는 주체들 ─ 과 그것들의 모든 경험들 ─ 의식적이든 그렇지 않든 ─ 에게 동일한 존재론적 지위를 부여한다. 그와 같은 사유에는 어떤 특별히 "탁월한" 존재를 위한 여지가 존재하지 않는다. 왜냐하면 대개 신이 그렇다고 여겨지듯이, 절대적이고 불변하며 초월적인, 그리고 초감성적인 탁월한 존재가 화이트헤드의 사유에는 존재하지 않기 때문이다. 전통 형이상학과 신학에 대한 화이트헤드의 거부를 전제로 할 때, 무엇 때문에 신이 『과정과 실재』 전체에 걸쳐서 그처럼 하나의 "굽힐 수 없는 완강한 사실"로서 남아 있는 것일까? 그러한 신은 화이트헤드의 우주론적 체계 안에서 어떤 역할을 수행하는 것일까?[1]

---

1. 이 장의 목적들을 위해서, 나는 의도적으로 "과정신학"에 관련한 방대한 문헌

명백하게, 화이트헤드가 기술한 신은 기독교와 여타 조직화된 종교들에서의 신과는 거의 유사성을 갖고 있지 않다. 오히려 화이트헤드는 초월적인 높은 곳으로부터 [내려와] "세계에 대해서 자기를 낮추는" "그리스, 히브리, 그리고 기독교"의 "정태적인 신의 관념"에 거부감을 느낀다(Whitehead 1929/1978, 347[656]). 그는 "유동flux을 영속성permanence으로부터 잘못 분리시킬 때, 불완전한 실재성을 수반하는 전적으로 유동적인 세계와의 관계에 있어 탁월한 실재성을 갖는 전적으로 정태적인 신의 관념에 이르게 되는" 방식을 개탄한다(346[656]). 그는 자신이 "[신을] 형이상학적으로 칭송하는 유감스러운 습관"(1925/1967, 179[292])이라고 부른 것을 얼굴을 찌푸리며 거부한다. 그는 신을 어떤 권력을 지닌 인격으로 추종하는 전통적인 입장들에 이의를 제기한다. 왜냐하면

들을 무시한다. 그 대신 나는 화이트헤드의 신 개념을 어떤 집요하게 비신학적 전망으로부터 접근한다. 다시 말해서, 나는 화이트헤드를 스피노자, 니체, 그리고 들뢰즈를 관통해 흐르는 초월성에 대한 급진적인 비판과의 관련 속에 위치 짓고자 한다. 또한 마찬가지로 그것은 어떤 방식으로는 칸트의 초월론적 논증 그리고 윌리엄 제임스의 "근본적 경험론"과 주된 상관관계가 있는 비판이라고 볼 수 있다. 이런 관점에서 볼 때, 그것[화이트헤드 철학의 위치 혹은 성격 규정에 관한 샤비로의 입장]은 화이트헤드의 비전으로부터 신을 전적으로 제거하려는 도날드 셔번의 노력을 따르려는, "신(新)화이트헤드적 자연주의"(Sherburne 1986, 83)를 좀 더 긍정하려는 시도이다. 그러나 나는 이러한 입장이 살아남을 수 있는 대안적 입장이 되기에는 신이 『과정과 실재』라는 텍스트 전체를 통해서 너무나 집요하게 출현하고 있다고 생각한다. [셔번식의 신-자연주의적 입장] 대신에, 나는 화이트헤드의 신에 대한 어떤 비종교적인 혹은 비신학적인 이해를 개진할 것을 추구한다.

힘으로부터 생기는 영광에 대한 경배는 단지 위험스러울 뿐만 아니라, 신에 대한 야만적인 개념적 이해로부터 생겨나기 때문이다. 또한 화이트헤드는 "근원적이며 탁월하게 실재적인 초월적인 창조자, 즉 그의 명령으로 세계가 존재하게 되고 그가 강요하는 의지에 그 세계가 복종하는 그런 초월적 창조자라는 교설"을 세계사에 "비극을 야기해 온 치명적인 오류"(1929/1978, 342 [648])라고 비난한다. 왜냐하면, 화이트헤드는 예수 자신의 윤리적 가르침의 내용에도 불구하고 전체적인 유럽의 역사를 통해서 "사랑의 복음은 공포의 복음으로 뒤바뀌었다. 기독교 세계는 공포에 떠는 사람들로 채워졌다"(1926/1996, 75 [86])라고 판단하기 때문이다.[2]

화이트헤드는 신에 대한 그와 같은 "야만적인", 통속적이거나 전통적인 관념들에 반대하는 것만큼이나 신에 대한 가장 세련

---

2. 다른 경우라면 기독교를 철저히 거부하면서도 예수의 윤리적 가르침은 그러한 거부에서 면제시키는 것은 현대의 반(反)종교적 사유에서 빈번하게 등장하는 주제라고 할 수 있다. 니체조차도 종종 이러한 입장을 취하고 있다. 화이트헤드는 니체에게 거의 관심이 없다. 사실, 그는 대화 중에 『안티크리스트』를 읽은 적이 없다고 주장한다(Price 2001, 131 [257]). 그럼에도 불구하고 화이트헤드는 니체처럼, 역사적 기독교의 나쁜 모든 것을 성 바울의 탓으로 돌리고 있다. 대화 중에 화이트헤드는 바울을 "누구보다도 그리스도의 가르침 (303 [535])을 왜곡하고 전복시킨 사람"이라고 묘사하고 있다. 그리고 그는 바울의 "신에 대한 관념들은 내 생각에는, 악마에 대한 관념들"이라고 말한다 (186 [347~348]). 그는 자신의 출판된 작품들에서 요한을 바울보다 명백히 선호한다(Whitehead 1926/1996, 76 [87]). 이 모든 것은 바디우(2003)와 지젝 (2003)과 같은 사상가들이 바울을 혁명가의 전범으로 인용해온 이 시점에 상기할 만한 가치가 있다. 화이트헤드는 바디우와 지젝이 바울을 옹호하고 그에게 귀속시킨 명백하게 반(反)다원주의적 보편주의를 거부한다.

된 철학적 관념들을 거부한다. 예를 들어, 라이프니츠와 공유하는 그 자신의 유사성에도 불구하고, 화이트헤드는 '가능한 세계들 가운데 최선의 세계'라는 라이프니츠의 이론을 "당시와 그 이전의 신학자들이 꾸며낸 것으로, 창조주의 체면을 세우기 위해 만들어진 넉살 좋은 허튼소리"(1929/1978, 47 [133~134])라며 폐기한다. 라이프니츠의 신은 무한한 수의 가능한 우주들 가운데 최선의 우주를 선택하는 신이다. 그 신은 그러한 세계들의 다양한 등급의 완전성을 자신의 선택 근거로 삼는다. 즉 "각각의 가능한 세계는 그것이 갖는 완전성에 비례하여 현존을 주장할 권리를 〔갖는다〕"(Leibniz 1973, 187). 하지만 완전성이란 이미 라이프니츠에 의해 "긍정적인 실재성의 크기"(185)로서 정의되었다. 그래서 신은 이미 그 자체로 가장 실재적인 세계를 선택한 것이 된다. 그러나 화이트헤드는 다양한 등급의 실재성이라는 라이프니츠적 관념을 받아들이지 않는다. 존재론적인 우위란 존재하지 않는다. "단지 '주어진'" 것으로서의 세계는 "'완전성'의 어떤 특성도 나타내지 않는다"(Whitehead 1929/1978, 47 [133]). 왜냐하면 "역사의 내부에서는, 어째서 어떤 다른 형상의 흐름이 아니라 바로 그 형상의 흐름이 예시되어 왔어야만 했는지에 대한 이유를 찾아볼 수 없기 때문이다(46 [133]). 세계는 미리 앞서 결정되어 있지 않고 근본적으로 우연적인데, 그 이유는 세계는 각각의 현실적 존재의 내재적인 결단에 열려있기 때문이다. 신은 이 모든 존재들을 위해서 결단을 내릴 힘을 가질 수 없다. 왜냐하면 어떠한 "가능한 우주"도 선험적으로 다른 가능한 우주들보다 더 완전하다고, 혹은 본질적으로 더 실재적이라고 판단할 수 없기 때문이다. 이것은 실제로 들뢰즈에게서처럼 화이트헤드에게도, "존재는 일의적이다"(Deleuze 1994, 35 [101])라고 말하는 또 다른 방식일 뿐이다. 이에 덧붙여서 화이트헤드는 만일 신이 전능하다고 생각되고, 발생하는 모든 선한 것에 대한 보증으로서 주어진다면, "그렇다면 세계 안에 존재하는 악은 [모든 선한 것의 경우와] 마찬가지로 신의 본성과 일치하는 것이 된다"(Whitehead 1926/1996, 95 [112])³라고 지적한다.

라이프니츠적인 신에 대한 화이트헤드의 거부는 『순수이성비판』의 초월론적 변증학에서 등장하는, 사변적 신학의 오류들에 대한 칸트의 논증과 전적으로 일치한다. 칸트는 신의 현존을 증명하려는 세 가지 철학적 시도를 구분한다. 즉 존재론적 증명, 우주론적 증명, 그리고 물리신학적 증명(Kant 1996, 577 [769])이 그러한 시도들이다. 그러나 칸트는 그렇게 주장된 모든 증명을 거부한다. 왜냐하면 그러한 증명들 모두에서 "규제적인 원리가 구성적인 원리로 바뀌었기"(599 [792]) 때문이다. 다시 말해, 그러한 표면적 증명들은 세계 내부의 존재자들에 대해서만 타당한 관계와 규정들을 취하고는, 또한 그것들을 전체이자 우선적인 것으로서의 세계 자체가 갖는 "일관적인 규정"(563 [754])을 설명하기 위해 비

---

3. * 한국어판의 번역은 다음과 같다. "세계 내의 악은 신의 본성에 따라 생겨나는 셈이 될 것이다." 알프레드 노스 화이트헤드, 『종교란 무엇인가』, 문창옥 옮김, 사월의 책, 2015, 112쪽.

합법적으로 적용한다. 그러고 나서는 그러한 증명들은 계속해서 이러한 규정 원리들을 "모든 존재자들의 존재자"(569 [759])라는 최고 존재자의 형태로 실체화하는 것이다. 따라서 신의 현존을 증명하려는 그와 같은 모든 시도들은 초감각적이고 비경험적인 어떤 것을 확립하기 위해서 경험적 원리들을 적용하는 실수를 범한다. 이것은 결코 효력을 발휘할 수 없다. 왜냐하면 "만일 경험적으로만 타당한 인과성의 법칙이 근원존재자를 위해 쓰인다면, 이 근원존재자가 경험 대상들의 연쇄에 함께 속할 수밖에 없다는 것이고, 그렇다면 모든 현상들과 마찬가지로 근원존재자 자신 또한 다시금 제약적인 것이 되기"(613 [806]) 때문이다.

신학에 관한 화이트헤드 자신의 논의들은 대체로 칸트의 논리를 따른다. 따라서 화이트헤드는 신의 현존에 관한 존재론적 증명을 폐기한다. 왜냐하면 "현실 세계의 특성에 대한 고찰에서 시작하는 그 어떤 증명도 이 세계의 현실태를 넘어설 수 없[기 때문이]다. … 다시 말해서, 그것은 내재하는 신을 발견할 수는 있으나 완전히 초월적인 신을 발견할 수는 없"(Whitehead 1926/1996, 71 [83])기 때문이다. 또한 화이트헤드는 "우리가 갖고 있는 인과 작용의 개념은 현실 세계 안에서의 사물의 상태들 간의 관계에 관련된 것이며, 따라서 그 개념을 어떤 초월적 기원으로까지 확대 적용하는 것은 어디까지나 부당할 수밖에 없기 때문이다"(Whitehead 1929/1878, 93 [215])라는 점을 근거로 삼아 "우주론적 증명"을 거부한다.[4] 내재성을 초월성 안에서 근거 지으려는, 혹은 어떤 절대자와 관계하여 (경험적으로 주어진) 굽힐 수 없이 완강한 사실을 설명하려는 모든 시도는 화이트헤드의 "존재론적 원리", 즉 "알지 못하는 곳으로부터 세계 속으로 유입되는 것은 아

---

4. 화이트헤드는 칸트의 세 번째 논증인 물리신학적 논증, 즉 "어떤 특정한 경험"(Kant 1996, 600[793])이 신의 현존에 대한 증명을 제공할 수 있다는 주장을 명시적으로 언급하지는 않는다. 이것은 더 일반적으로는 자연신학, 내지는 설계로부터의 논증으로 알려져 있는 논증의 노선이다. 그것은 경험적 세계의 "다양성, 질서, 합목적성, 아름다움"이 창조자나 설계자의 존재를 가리키며, 실제로 그러한 존재를 필요로 한다는 것을 주장한다(602[794~795]). 칸트는 "어떤 경험도 초월적 존재라는 이념과 일치하거나 적합할 수 없다"는 이유로 이러한 논증을 거부한다. 칸트의 주장은 『자연 종교에 관한 대화』(1998)에서 설계로부터의 논증의 불확정성에 대한 흄의 논증, 다시 말해 만일 우리가 귀납을 경험적 세계로 제한하지 않는다면, 거의 모든 초월적 개념들도, 그것들이 아무리 기이할지라도, 경험적 질서에 대한 우리의 관찰들로부터 똑같이 잘 추론될 수 있다는 흄의 논증에 대한 정식화이다. 화이트헤드는 명시적으로 자신을 이러한 논증의 노선 내부에 위치시킨다. 그는 신의 본성에 대한 자신의 사변은 "단지 저 걸작, 흄의 『자연 종교에 관한 대화』(Whitehead, 1929/1978, 343[650])에 또 다른 화자를 추가하려는 시도에 불과하다"라고 말한다.

더 나아가, 화이트헤드는 자신의 논증을 구조화시키는 바로 그 방식 속에서 암묵적으로 칸트의 물리신학적 논증에 대한 거부를 따른다. 『형성 중에 있는 종교』(1926/1996)에 관한 논의에서 화이트헤드는 인류의 "종교적 경험"의 "사실"(86[98])로부터 논의를 진행시킨다. 그는 종교가 갖는 가능한 객관적 진리보다는 종교의 사회적, 심리학적, 정서적 기초에 관심을 갖는다. 이러한 전망에서 볼 때, 설계 논증은 그 자체로 정서적인 반응이다. 그것은 종교 자체가 그렇듯이, 우주에 대한 우리의 경이감과, 의례를 통해 "인위적으로 정서를 자극하는" 인류의 오랜 관습에서 생겨난 것이다(22[39]). 하지만 종교적 관습의 원인이자 결과이기도 한 정서들은 그것들 자체로는 신의 개념을 위한 어떠한 증명으로도 간주될 수 없다. 오히려 종교의 "권위는 그것이 발생시키는 정서의 강도에 의해서 위험에 빠지게 된다. 그러한 정서들은 일부 생생한 경험적 증거이긴 하지만 종교에 대한 올바른 해석을 위해서는 매우 빈약한 보증이다"(83[95]).

무엇도 없다"(244[483]), "설명을 해 주는 모든 사실은 현실적 사물의 결단 및 효력과 관계된다는 것"(46[133]), 또한 그러므로 "사물의 근거는 언제나 특정한 현실적 존재의 합생적 본성 속에서 발견되어야 한다"(19[79])는 원리를 침해하게 될 것이다.

이러한 칸트의 비판에서 면제될 것으로 보이는, 또한 존재론적 원리를 침해하지 않는 신에 관한 유일한 철학적 설명은 스피노자의 것이다. 왜냐하면 스피노자는 실제로 주어진 세계를 초월하지 않는, 그 세계와 외연을 같이하는(신 즉 자연) 전적으로 내재적인 신을 제안하기 때문이다. 그럼에도 불구하고, 그리고 자신의 철학이 "스피노자의 사상 도식과 매우 유사"함에도 불구하고, 화이트헤드는 그가 정확히 라이프니츠의 신에 관해 그랬던 것과 마찬가지로(Whitehead 1929/1878, 7[58]), 스피노자의 신을 거부한다. 왜냐하면, 스피노자는 여전히 신을 지나치게 특권화하고 있기 때문이다. 스피노자의 일원론적·내재적 실체에 대한 설명에서조차, "궁극자 속에 우유성에 돌려야 할 것을 초월하는 최종적인, 어떤 '탁월한' 실재성이 부당하게 허용되어 있다"(7[59]). 스피노자는 한편으로 실체와 그것의 속성들을, 또한 다른 한편으로 다수의 개체화된 양태들 혹은 그러한 실체의 변용들 사이를 구별한다. "무릇 철학 이론에는 우유성에 힘입어 현실적인 것이 되는 어떤 궁극자가 존재하"기 때문에, 이러한 구별은 그 자체로 유별나지 않다. 그러나 화이트헤드는 이러한 궁극자는 "오직 그 우유적인 것들의 구현을 통해서만 특성이 규정될 수 있는 것인데, 그러

한 우유성으로부터 단절될 때 그것은 현실성을 잃게 된다"(7 [59])
라고 우리에게 경고한다. 달리 말해, 궁극자, 또는 화이트헤드가
"창조성"(21 [83])이라고 부르는 것은 전적으로 잠재적virtual 혹은
가능적potential이다. 창조성은 자신의 고유한 현실태를 갖지 않으
며, 다만 그것의 현실화들 혹은 구현들을 통해서만 현존한다. 그
것은 결코 하나의 "현실적 존재"로서 생각될 수 없다. "왜냐하면
그것의 특성은 결정성determinateness을 결여하고 있기 때문이다."
이와 상관적으로, 전체로서의 "시간적 세계"는 "명확하게 한정된
현실적 피조물로" 간주될 수 없다. 왜냐하면 모든 현실적 존재들
은 그 자체로 완결적인 반면, 전체로서의 세계는 "본질적으로 미
완결적"(Whitehead 1926/1996, 92 [109])이기 때문이다.

　　화이트헤드의 독해에 따르면, 스피노자는 그가 한갓 실체의
유한한 우유성들에 부여하는 것보다 더 상위의, 보다 "탁월한" 실
재성의 질서를, 실체 자체 혹은 그가 신이라고 부르는 것에 부여
하는 한에서, 이 모든 것을 무시하고 있다. 스피노자의 신은 내재
적이거나 세계와 외연을 같이할 수는 있겠지만, 이러한 사실은 단
지 난점을 만들 뿐이다. 왜냐하면 스피노자의 일원론은 세계를
신을 통해, 또는 "3종 인식"을 통해 전체적으로 파악할 수 있는 어
떤 전체성으로 취급하기 때문이다. 창조자(능산적 자연)로서의
궁극자의 탁월성은 피조물(소산적 자연)로서의 세계에 대한 제1
원인들을 통한 총체적 지식이라는 형태 안에서 복제된다. 또한 거
기에는 여전히 이러한 이상적 지식과 양태의 다수성―그 각각의

양태들이 저마다 특정한 능동과 수동들을 지니는 — 이라는 현실적 실존 사이의 "어떤" 간격이 존재한다(Whitehead 1029/1978, 7 [59]). 스피노자는 경험적 우연성을 제거시킨다. 또한 그렇게 함으로써 스피노자는 모든 새로움을, 과거와 다른 미래를 위한 모든 희망을 허용하지 않는다. 따라서 스피노자의 오류는 정확히 말해서 궁극자를 실체화한다는 것, 모든 우유성들의 전체를(혹은 보다 더 정확히 말하자면, 모든 사유 가능한 "우유적인 것들의 구현"이라는 "남김 없는 결정"을 위한 조건들의 전체 집합을) 마치 그 자체로 어느 정도는 현실적인 것인 양 취급하고 있다는 것이다. 이런 방식으로 스피노자는 여전히 사변신학의 범위 안에 머물러 있게 되며, 또한 그의 신 관념은 칸트적 비판에 취약한 것으로 남아 있게 된다.

내가 스피노자와 라이프니츠에 대한 화이트헤드의 비판을 이토록 길고 자세하게 설명했던 정확한 이유는, 이 모든 것[난점들]에도 불구하고 신에 대한 그들의 관념이 그 누구의 것보다도 화이트헤드 자신의 것에 가깝기 때문이다. 화이트헤드는 특히 이 두 사상가를 소중히 여겼는데, 왜냐하면 그들은 포스트데카르트 사상의 어디에나 존재했던 이원론과 거리를 두고 있기 때문이다(Whitehead 1925/1967, 143 [237]). 그러나 그럼에도 불구하고 보다 넓은 시간의 범위에서 볼 때, 스피노자와 라이프니츠는 그들의 동료들에 의해 이루어진 타협들에서 벗어나지 못한다. 지난 이천 년 동안의 거의 모든 사상가와 마찬가지로, 그들은 "형이상학의 여러 결론들에 영향을 미치게 될 … 윤리적 관심이나 종교적 관심"(173 [283])을 허용한다. 라이프니츠의 수학화하는 신, 그리고 스피노자의 내재적이고 비인격적인 신은 기독교의 신성이나 "초월자든 창조자든 어떠한 인격신 개념"보다는 바람직하다(Whitehead 1926/1996, 87 [98]). 그러나 라이프니츠와 스피노자는 여전히 전통적인 윤리적 편견과 종교적 편견을 공유하고 있다. 화이트헤드는 "종교적 믿음에 대한 냉정한 비판은 무엇보다도 필요하다"(83 [95])고 주장한다. 하지만 자신의 형이상학에 버팀목을 제공하려 했던 라이프니츠의 "신에 대한 경건한 의존"(Whitehead 1929/1978, 190 [389])은 그가 이와 같은 비판주의를 형성하지 못하도록 막았다. 또한 스피노자조차 ─『신학 정치론』에서 종교적 계시와 권위에 대한 해체에서 철저했음에도 불구하고 ─ 충분히 종교에 대한 냉정한 비판을 제공하지는 않는다.

화이트헤드는 일반적으로 칸트적 틀에서 "비판"철학자로 생각되지는 않는다. 그러나 화이트헤드의 "종교적 믿음"에 대한 비판은 스피노자적이고 내재적인 비판이기보다는, 오히려 정확히 칸트적이며 초월론적인 비판이다. 이번에는, 이러한 "비판주의"는 신의 모습에 관한 그 자신의 구축에 동기를 부여하는 것이기도 하다. 왜냐하면 화이트헤드는 그가 "형이상학의 종언"을 공언하지 않는 것과 꼭 마찬가지로, "신의 죽음"을 공표하지 않기 때문이다. 화이트헤드는 하이데거를 우회하는 꼭 그만큼 니체를 우회해 지나간다. 형이상학적 사변을 거부하기보다는, 차라리 화이트헤드는 달리 형이상학을 하는 길을 추구한다. 또한 신을 배제하기보다는, 오히려 그는 "세계 안에서의 신의 기능들에 대한 세속화"를 완수할 것을 추구한다(1929/1978, 207[417]). 이것은 『과정과 실재』 전체에 걸쳐 포함되어 있는 가장 놀랄 만한 제안들 가운데 하나이다. 화이트헤드는 다음과 같이 쓰고 있다. 신의 세속화는 "적어도 경험 속의 다른 요소들의 세속화만큼이나 위급한, 사유의 필수 요건이다"(207[417]).

이렇게 말하면서 화이트헤드는 해방이라는 일반적인 계몽의 기획 내부에 – 하지만 뒤틀어서 – 그 자신을 위치시킨다. 왜냐하면 세속화는 전적인 제거와 동일한 것이 아니기 때문이다. 그것은 좀 더 조용하면서도 덜 대결적인 방식으로 수행된다. 종교는 파기되지 않았으며, 심지어 실제로 제자리에서 쫓겨나지도 않았다. 그러나 그것은 일정 정도 중요성을 상실했다. "물론 신의 개념은 종교적 감정에서 하나의 본질적인 요소이다. 그러나 그 역은 참이 아니다. 종교적 감정이라는 개념은 우주에서의 신의 기능이라는 개념에 본질적인 요소는 아니다"(Whitehead 1929/1978, 207[417]). 화이트헤드에게 종교는 가치 없이는 존재하지 않는다. 즉 종교는 어떤 종류든 간에 그 자신의 존재를 정당화하려는, 또한 일반적으로 존재를 정당화하려는 "정신의 갈망"을 전달해 주는 한에서, 심지어 실용적으로 필수 불가결할지도 모른다(Whitehead 1926/1996, 85[96]). 그러나 종교는 과학과 마찬가지로 여전히 화이트헤드의 전반적인 가치들의 도식에 있어서 단지 종속적인 위치만을 차지하고 있다. "종교는 형이상학의 지원支援을 필요로 한다"(83[95]). 그것은 신학이 윤리학이 그러하듯이 형이상학과 우주론에 종속된다는 것을 의미한다. 화이트헤드는 그가 본질주의 없는 형이상학을 구체화할 것을 추구하고 또한 과학의 환원주의적인 실증주의 및 사실과 가치를 분리시키는 경향을 인정하지 않으면서도 물리과학의 성과들을 존중하기를 추구하는 것과 동일한 방식으로, 종교 없는 신을 확립하기를 추구한다.

신의 "세속화"는 실제로 무엇을 일으킬 수 있을까? 그와 같은 세속화를 담당하기 위한 단 하나의 모델이 존재한다. 『과학과 근대세계』에서 화이트헤드는 아리스토텔레스에게 "신을 무사심하게 그리고 진정으로 철학적인 방식으로 숙고한 유럽의 일류급의 중요성을 갖는 형이상학자들 가운데 최후의 형이상학자"라는 자격을 부여하고 있다. 오직 아리스토텔레스만이 자신의 제1운동자의 개념 속에서 신에 대한 물음에 "전적으로 냉정한 방식으로", "어떤 동기도 없이" 접근했으며, "다만 자신이 가지고 있던 형이상학적 사상이 이끄는 대로 어디든 따라가고자 했다." 아리스토텔레스는 어떤 궁극적인 존재자의 모습을 외생적인(윤리적, 종교적, 또는 신학적인) 이유들 때문이 아니라, "다만 사물의 일반적 특성이 그러한 존재자가 존재하기를 요구하기" 때문에만 정립한다(Whitehead 1925/1967, 173~174[283~4]). 따라서 아리스토텔레스는 종교 이전에 신에 관해 사유했던 최후의 사상가이다. 반면에 화이트헤드는 신에 관한 최초의 종교 이후의 사상가나 세속적인 사상가가 될 것을 제안한다. 화이트헤드는 다음과 같이 쓰고 있다. "현재의 것 그대로든 또는 마땅히 그래야 할 것으로든 간에, 기성 종교와의 관련을 떠나서 우리는 여기서 전개되고 있는 형이상학적 원리들이 신의 본성에 관해 이런 점에서 무엇을 요구하는가를 냉철하게 연구해 보아야 한다." 그러므로 화이트헤드는, 최종적인 정식화들이 아니라 "그〔신에 관한〕문제가〔그 자신의 이론적〕체계에 비추어 어떻게 변형되는가에 대한 시사들"만을 제공한다(1929/1978, 343[650]).

이러한 과업을 추구함에 있어서, 화이트헤드는 기존의 모든 신학들 – 물론 아리스토텔레스라면 결코 그렇게 할 필요가 없었던 것들이지만 – 로부터 거리를 둘 필요가 있다. 그러나 화이트헤드는 신성神性에 대해 취하는 자신의 접근 방식이 똑같이 "자신이 가지고 있던 형이상학적 사상이〔이끄는〕대로 어디든 따라가"는 문제라는 점에서, 아리스토텔레스와 유사하다. 화이트헤드는 경건이나 헌신에서 비롯된 것도 아니고, 니힐리즘이나 카오스에 대항하는 방어로서도 아닌, 다만 그 자신의 논리가 요구하기 때문에 신을 정립한다. 이자벨 스탕게스가 종종 우리에게 상기시키듯이, 화이트헤드가 형이상학과 우주론을 작업할 때, 그는 수학자처럼 사유하기를 계속한다. 다시 말해서, 그는 특수한 문제를 제기하고, 그러고는 정합성을 확립해 주는 하나의 해解를 구축하기 위한 "제약" 아래서 작업하는데, 그러는 동안에는 그 문제가 부여하는 모든 구속과 조건을 존중한다(Stengers 2002b, 17 외 여러 곳). 이런 의미에서 화이트헤드의 신은, 아리스토텔레스의 신과 같이, 그의 세계 이해가 갖는 정합성과 충분성을 위해서 필수 불가결한 구성물인 것이다.

아리스토텔레스는 그의 제1운동자를 "잘못된 물리학과 우주론의 여러 세부 논제들에 사로잡혀 있었기" 때문에 정립한 것이었다(Whitehead, 1925/1967, 174[284]). 그에게는 운동의 시원적인 원천이 "필요"했는데, 왜냐하면 그는 물리적 사물들이 그것들 자체로서는 운동을 계속하지 않을 것이라는 잘못된 전제를 가정했기 때문이었다. 오늘날 우리는 관성慣性의 원리로부터 사물은 운동을 지속하기 위해서 운동자를 필요로 하지 않는다는 것을 알고 있다. 그러나 상대성이론과 양자역학이 등장한 현대에는, 단지 "유비적인 방식으로만 풀릴 수 있는 유사한 형이상학적 문제가 생긴다. 이제 우리는 제1운동자로서의 아리스토텔레스의 신을 대신하여 "구체화의 원리"Principle of Concretion로서의 신을 필요로 한다"(174[284~285]).[5] 다시 말해서, 우리는 "형이상학적으로 말한다

---

5. "필요로 하기"(to require)라는 이 동사는 화이트헤드에게서 특히 강한 함축적인 의미를 지닌다. 그것은 형식논리에도 현실적인 사태에도 근거를 두지 않는 어떤 없어서는 안 될, 중요한 필요성(necessity)을 가리키기 때문이다. 그것은 일종의 초월론적 명령이다. 비록 칸트적인 언어로 그것은 "가언적"(hypothetical)이며 "정언적"(categorical)이지 않은 것에 해당하지만 말이다. 스탕게스는 "우리가 요구하는" 것에 대한 화이트헤드적인 의미를 어떤 요구(demand)로서, 즉 어떤 "변형적인 드러냄(開示)에 대한 경험"으로 이끄는, "영혼의⋯ 외침"으로서 묘사한다. 예를 들어, 우리는 환원주의가 틀렸음을 입증하는 증명을 요구하는 것이 아니라, 차라리 실제로 비환원적으로 사유하고

면 하나의 사실일 수 없을 것이라는 점에서 그 자체가 제한된 의미의 사실인, 사건들의 어떤 실현 과정이 존재한다고 하는 까다로운 사실"(172 [282])을 설명하기 위해서 신을 필요로 한다. 어째서 한 집합의 잠재력들이 — 또 다른 집합의 잠재력들이 아니라 — 현실화되어야만 하는지에 대한 어떠한 특별한 근거도 존재하지 않는다고 가정하면, 우리는 잠재적인 것에서 현실적인 것으로 나아가기 위해 신을 필요로 한다. 어쩌면 우리는 파동함수가 붕괴하도록 만들기 위해서, 그래서 양자의 미결정성이 결정론적인 물리적 결과에 자리를 양보할 수 있도록 하기 위해서 신을 필요로 할지도 모른다.

라이프니츠는 왜 현실 세계가 모든 가능한 세계 가운데 최상의 세계였는지를 설명하기 위해 신에 호소했다. 이에 반해, 화이트헤드는 어째서 현실 세계가 하나의 최선의 세계라고 생각될 수 없는지를 설명하기 위해서 신에 호소한다. 합리성과 질서의 보증자이기는커녕, "신은 궁극적인 한정이며, 그래서 그의 존재는 궁극적인 비합리성이다"(Whitehead 1925/1967, 178 [291]). 요컨대, 화이트헤드는 어떻게 — "어떠한 미리 앞서 결정된 정당화 없이" — 구체적이

행위할 수 있는 긍정적인 능력을 요구한다(Stengers 2005, 42~43). 화이트헤드의 "필요조건"(requirement)은 형이상학적 "제약"(obligation)을 완수하라는 요구이다. 이것이 바로 그것[요구하기]이 그 용어가 갖는 수학적인 의미에서의 "구성"을 통해서만 충족될 수 있게 되는 이유이다. 화이트헤드의 신은 정확히 그와 같은 구성인 것이다.

고 한정된 "현실태"가 무한한 가능태와의 본질적인 관계 속에서 일관되게 존재할 수 있느냐는 문제를 해결하기 위해서 신에 관한 자신의 관념을 고안해 낸다(Whitehead 1925/1967, 174 [285]). 이 모든 것이 『과학과 근대세계』 11장 안의 불과 몇 쪽 사이에서 아주 갑작스럽게 이루어지고 있다.[6] 『과정과 실재』에서의 상황은 훨씬 더 복잡한데, 이것을 우리는 곧 보게 될 것이다. 그러나 이 나중에 나온 책[『과정과 실재』]에서, 화이트헤드는 여전히 그가 "신의 원초적 본성"이라고 부르는 것을 "구체화의 원리 — 그것이 아니었으면 모호성투성이가 되고 말 상황으로부터 일정한 결과를 창출시키는 원리"(Whitehead 1929/1978, 345 [652])의 견지에서 정의한다.

화이트헤드는 자신의 형이상학 체계의 전반적인 정합성을 보증하기 위해 신에 대한 개념을 정립할 필요가 있었다. 여기서 정합성은 결정적인 쟁점이 된다. 정합성이라는 개념은 화이트헤드에게 매우 중요하기 때문에 그는 『과정과 실재』 첫 쪽에서 그것을 다음과 같이 정의한다. "여기에서 사용되고 있는 '정합성'이란, 그러

---

6. 루이스 포드에 따르면, 화이트헤드의 11장 — 신에 관한 그것의 논의와 함께 — 은 『과학과 근대세계』(Ford 1984, 96~125)의 수고(手稿)에 대한 후기의 첨가에 해당한다. 추정해 보건대, 화이트헤드는 1925년에 자신이 이 수고를 여러 차례 최종적으로 개정하기 이전에는 신에 관해서 사변하지 않았거나, 심지어 하나의 가설로서도 신의 현존을 요청하지 않았다. 이어지는 논의에서 나는 이 신 개념의 발생과 발전 과정에 관여하기보다는, 화이트헤드의 신 개념이 그의 전반적인 "이론적 체계"(1929/1978, 343 [650]) 내에서 담당하는 역할에 관심을 기울일 것이다. 그러나 포드는 화이트헤드가 수행한 구성에 관한 모든 이해를 위한 필수적인 배경 지식을 제공해 준다.

한 도식을 전개시키고 있는 기초적 관념들은 상호 간에 전제되고 있으며, 따라서 그것들이 고립될 경우 무의미해진다는 것을 말한다. 이러한 요건은 그 관념들이 상호 간의 견지에서 정의될 수 있음을 의미하는 것이 아니고, 어느 한 관념에 있어 정의될 수 없는 것은 다른 관념들과의 관련으로부터 추상될 수 없다는 것을 의미한다"(1929/1978, 3[52]).[7] 다시 말해, 정합적인 항들은 그것들 서로에게로 또는 보다 기본적인 어떤 것으로 환원될 수 없다. 하지만 그것들은 또한 마찬가지로 서로로부터 분리될 수 없다. 따라서 정합성은 단순한 논리적인 함축 이상이다. 그것은 단순한 "'논리적' 일관성 내지는 모순의 결여"와는 다르며, 그보다 더 큰 무엇이다 ─ 물론 논리적 일관성 역시 형이상학적 사변 안에서 요구되는 것이긴 하지만 말이다(3[52]). 왜냐하면, 정합성은 단순히 원리 안에서의 무모순성뿐만 아니라 일종의 맥락적 연대성도 함축하고 있기 때문이다. 정합성의 원리는 "어떠한 존재도 우주의 체계로부터 완전히 분리되어서는 파악될 수 없다"(3[52])는 것을 명기하고 있다. 비록 한 주어진 존재가 다른 존재들로부터 논리적으로 도출될 수 없거나(또는 오히려 정확히 그렇기 때문에), 그렇지

---

7. * 이어지는 문장은 다음과 같다. "… 그러한 기초적 관념들은 상호 간에 분리 불가능한 것임을 보여주려는 것이 사변철학의 이상이다. 다시 말하면, 어떠한 존재도 우주의 체계로부터 완전히 분리되어서는 파악될 수 없다는 것, 그리고 사변철학의 임무는 바로 이러한 진리를 밝히는 일이라는 것이 전제되어 있다. 이러한 특성이 사변철학의 정합성이다."(Whitehead, 1929/1978, 3[52])

않다면 그 다른 존재들의 항들로 설명될 수 없다고 하더라도, 그 주어진 존재는 다른 존재들을 전제하고 요구하는 것이다. 결국, 정합성은 "모든 현실적 존재들이 하나의 세계 속에서 연대하여 존재한다"(67[169])는 것을 의미한다.

달리 말하자면, 정합성은 논리적이지 않고 생태학적이다. 그것은 하나의 살아있는 유기체가 환경 — 그러한 환경은, 그 대부분이 마찬가지로 자신들의 환경을 요구하는 다른 살아있는 유기체들로 이루어져 있다 — 을 요구하는 것과 동일한 방식에 의해서 예증된다. 이런 점에서, 그리고 사용되는 단어들의 차이에도 불구하고, 화이트헤드의 정합성coherence은 들뢰즈와 과타리가 공속성consistency이라고 부르는 것과 가깝다. 왜냐하면 "공속성은 이질적이고 불균등한 요소들을 그러한 것들로서 구체적으로 함께 묶어 주기" 때문이다"(Deleuze and Guattari 1987, 507[965]).[8] 다시 말해, 그것은 사물들 — 그것들은 배후에 놓인 어떠한 종류의 공통된 요소도 소유하고 있지 않음에도 불구하고 — 이 돌이킬 수 없이 서로 연결되어 있음을 의미한다. 들뢰즈와 과타리가 든 유명한 예들 가운데 하나인 서양란과 말벌은 서로 짝을 짓고서는, 그 꽃은 그 곤충에게 먹을 것을 주고 그 곤충은 그 꽃을 수분시킨다. 그것들 자체로 보자면, "그 두 존재들은 절대적으로 서로 아무런 관계가

---

8. *『천개의 고원』 한국어판(김재인 옮김, 새물결, 2001) 965쪽에 따르면 다음과 같다. "고름은 이질적인 것들, 이산적인 것들을 구체적으로 고르게 재결합한다."

없"(10 [25])지만, 그럼에도 불구하고 상대방 없이는 결코 살아갈 수 없다. 화이트헤드의 정합성이라는 개념과 들뢰즈와 과타리의 공속성이라는 개념은 모두 요소들을 연결해 주는 원리들이지만, 그럼에도 불구하고 그 요소들은 여전히 독특하며 상호 간에 구분되는 것으로 남아 있다. 두 개념 모두가 모든 것이 그 밖의 다른 모든 것과 연결된 세계를 상정한다. 하지만 그러한 연결들은 내적 정의나 내적 결정의 원리들이 아니다. 차라리 그것들은 마누엘 데 란다가 "외부성의 관계들"(2006, 10 이하)이라고 부르는 것에 해당한다. 그와 같은 관계들은 "논리적으로 필연적"이기보다는 오히려 "우발적으로[의존적으로] 의무적인"이다. 왜냐하면 그러한 관계들은 달리 될 수 있었을지 모르는 한 역사의 경로 안에서 발생하는 것이기 때문이다(11).[9]

---

9. 데 란다는 비록 한 존재자는 언제나 다른 존재자들과 맺는 관계들에 연루되어 있지만, "관계는 변화하는 항들 없이도 바뀔 수 있다"고 주장한다는 점에서 들뢰즈를 따르고 있다(De Landa 2006, 11, Deleuze and Parnet 2002, 55을 인용함). 하나의 존재자는 결코 그것이 갖는 관계들에 의해서 완전히 정의되지 않는다. 왜냐하면 한 존재자를 관계들로 이루어진 한 특정한 집합으로부터 분리시키고, 대신 그것을 상이한 다른 존재자들을 지닌, 한 다른 관계들의 집합 속에 삽입하는 것이 언제나 가능하기 때문이다. 모든 존재자는 어떤 주어진 순간에 그것이 발견되는 관계들의 집합에 의해서 정의되지 않는 특정한 "속성들"을 갖기 때문이다. 왜냐하면 그 존재자는 그것이 하나의 맥락(또는 관계들의 한 집합)으로부터 이동할 때 그러한 속성들을 취할 수 있기 때문이다. 이와 동시에, 한 존재자는 결코 (어떤 종류의) 관계들을 완전히 결여할 수 없다. 왜냐하면 세계는 어떤 충만체(plenum)이고, 실제로 그것은 가득 차 있으며, 유아론 또는 원자론적인 고립은 불가능하기 때문이다.
달리 말해서, 그 어떤 존재자도 전적으로 고립될 수는 없는데, 그 이유는 그것

이 언제나 한 종류 또는 또 다른 종류의 다수적 관계들과 관련되어 있으며, 그러한 관계들은 그 존재에 영향을 미치고[그 존재를 변용시키고], 그것에 변화를 일으키기 때문이다. 그러나 이것은 그 존재자가 이러한 관계들에 의해서 결정된다고 말하는 것이 아니다. 왜냐하면 그 존재자는 정확히 그것이 다른 존재자들에 영향을 줄 수 있으며[변용시킬 수 있으며], 또한 다른 존재자들에 의해 영향을 받을 수 있는[변용될 수 있는] 어떤 것인 한에서, 그러한 특수한 관계들로부터, 그리고 그 관계에 속한 다른 "항들"로부터도 분리된 하나의 현존을 소유하고 있기 때문이다. 그 존재자는 그것의 현재 관계들의 기능일 뿐만 아니라, 그것이 다른 존재자들과 영향을 주고받아 왔던 그것의 관계들의 전체 역사의 기능이기도 하다.

따라서 데 란다는 한 존재자의 속성들(그 속성들은 그 존재자가 또 다른 맥락으로 가져가는 것이다)과 그 동일한 존재자의 역량들(다른 존재자들에 영향을 끼치는[변용시키는] 그리고 그 존재자들에 의해 영향을 받는[변용되는] 그 존재자의 포텐셜) 사이를 구별한다. "이러한 역량들은 어떤 한 구성 요소가 갖는 속성들에 의존하지만 [그렇다고 해서] 그러한 속성들로 환원될 수는 없다. 왜냐하면 그 역량들은 다른 상호작용하고 있는 존재자들이 갖는 속성들에 대한 참조를 포함하기 때문이다"(2006, 11). 한 존재자의 역량들은 그것이 갖는 속성들만큼이나 실재적이다. 그러나 우리는 그 역량들을 그 속성들로부터 도출해 낼 수는 없다. 또한 우리는 어떻게 다른 특정한 존재자들과 맺는 특정한 상호작용들 속에서 작용하게 되었는지를 제외하고는 이러한 역량들이 무엇인지를 (완전히) 알 수는 없다.

화이트헤드의 정합성이라는 개념은 외부성의 관계에 관한 데 란다의 설명과 대체로 일치한다. 차이점은 데 란다에게는 한 관계들의 집합에서 다른 관계들의 집합으로 실제로 전환하는 과정이나 방식에 대한 설명이 없다는 것이다. 그의 존재론은 과도하고 또 불필요하게 정태적이다. 화이트헤드는 이러한 문제를 피하고 있는데, 그 이유는 존재자들과 과정들을 동일시하며, 그러한 과정들은 생성하면서 동시에 소멸하는 것이기 때문이다. 데 란다의 존재자들은 화이트헤드의 "현실적 존재들"에 해당하는 것이 아니라, 차라리 화이트헤드가 사회들이라고 부르는 것에 해당한다. 사회들은 현실적 존재들의 집합체들이다. 그러한 집합체들은 공간적 연장과 시간적 지속을 갖는데, 그것이 그것들[사회들]이 다른 사회들에 영향을 주거나 받을 수 있도록 해 준다. 데 란다가 말하는 한 존재자가 갖는 본유적인(innate) "속성들"(그 존재자가 갖는 역량

따라서 가장 일반적인 수준에서 볼 때, 화이트헤드적인 "정합성"은 사물들 — 또는 보다 정확하게는 사건들 — 이 전체적으로 상호의존적이지만, 또한 마찬가지로 상호 간에 독립적으로 존재하는 방식과 관련되어 있다. 세계는 낱낱이 구별되는 존재들의 어떤 이접적 다양체이면서, 또한 상호연관들의 어떤 연속적인 그물이다. 그러한 차원 가운데 어느 하나도 무시되어서는 안 된다. 왜냐하면 "존재들의 개체성은 그들의 공동체만큼이나 중요"(Whitehead 1926/1996, 88 [101])하기 때문이다. 모든 존재들은, 긍정적이든 부정적이든, 자신의 우주 안의 모든 다른 존재들과 연결되어 있다. 그렇지만 이러한 관계들의 연결망 내부에서, "궁극적인 형이상학적 진리는 원자론이다"(1929/1978, 35 [111]). 화이트헤드의 철학은 "현실태에 관한 원자론적 이론"(27 [94])이다. 현실 세계 안에서 "사실의 궁극적인 단위 하나하나는, 현실태와 동등한 완결성을 갖는 구성 요소로는 분석되지 않는 세포 복합체이다"(219 [437]). 양자量子 수준 아래로 내려가면, 각각의 "현실적 계기" 혹은 생성의 과정은 모두 상호연결성을 구현하면서도 또한 모든 과거의 계기들 — 그 현실적 계기가 그로부터 파생되어 나왔으며 또한 연결되어 있는 과거의 모든 계기들 — 로부터의 그 자신의 독립성을 주장한다. 현실적 계기는 그것에 앞서 오는 모든 것을 계승하면서 또한 그

들과는 구분되는 것으로서의 "속성들")은 화이트헤드에 의해서는 오히려 문제 되는 그 사회를 구성하는 모든 현실적 존재들에 의해 이루어진 자유로운 (미리 결정된 것이 아닌) "결단들"의 집합체(aggregate)로서 정의될 것이다.

것이 계승하는 모든 것으로부터 단절된다. 각각의 "새로운 존재는 그것이 찾아내는 '다자'의 '공재성'인 동시에, 또한 그것이 남겨놓은 이접적인 '다자' 속의 일자이기도 하다. 즉 그것은, 그 자신이 종합하는 많은 존재자들 가운데 이접적으로 자리하게 되는 새로운 존재인 것이다. 다자는 일자가 되며 일자에 의해 증가된다. 존재들은 그 본성상 연접적 통일로 나아가는 과정에 있는 이접적인 '다자'인 것이다"(21 [84]). 결합접속[통접]과 분리접속[이접], 통합과 다양화는, "궁극적인 형이상학적 진리"에 해당하는 "이행의 과정" 속에서 언제나 반드시 함께 가야만 한다.

이것은 화이트헤드가 말하는 각각의 "현실적 계기들"이 ─ 이 단어를 엄격하게 칸트적인 의미에서 취하면 ─ 어떤 종합의 지점을 나타낸다는 것을 의미한다. 다시 말해, "나는 종합이라는 말을 가장 일반적인 의미에서 여러 표상들을 서로 덧붙이고 그 잡다함을 하나의 인식에서 파악하는 활동 작용으로 이해한다"(Kant 1996, 130 [296]). 물론, 화이트헤드는 칸트의 주관주의적이고 인식론적인 전반적인 방향 설정을 거부한다. 그러나 여기서 결정적으로 중요한 점은 칸트에게서, 인식능력은 그것 자체로서는 종합을 산출하지 않는다는 것이다. "차라리, 잡다의 종합이 … 비로소 하나의 인식을 최초로 산출한다. … 그러므로 [종합은] 만약에 우리가 우리 인식의 최초의 근원에 관해서 판단하고자 한다면, 주목해야 할 첫 번째 것이다"(130 [296]). 다시 말해서, 종합은 인식에 앞서며, 또한 오직 종합만이 인식 판단을 가능하게 해 준다. 그것 자체로서, 그 종합의 활동은 원초적이며, 선先-논리적이며, 또한 선先-인지적이다. 종합은 "상상력에 의해 산출되는" 활동인데, "영혼의 맹목적이지만 불가결한 한 기능으로서, 그러나 우리가 드물게 어쩌다 한번 의식할 뿐인, 이 기능이 없다면 우리가 도무지 아무런 인식도 가질 수 없는, 상상력의 순전한 작용 결과이다"(130[296]). 칸트의 철학 전체는 종합적 판단의 물음을 중심으로 조직되어 있다. 하지만 여기서 종합이라는 구성적 활동은 어떠한 판단과도 분리되어 있으며 또한 판단에 앞서 위치한다. 따라서 칸트의 종합의 개념은 화이트헤드가 말하고 있듯이, 그가 "처음으로 경험의 활동이라는 개념을 어떤 구성적 기능으로서 완전하고도 분명하게 철학에 도입했던"(Whitehead 1929/1978, 156[326]) 다양한 방식들 가운데 하나에 해당한다.

바로 이러한 칸트적이고 화이트헤드적인 정신 속에서 들뢰즈는, 처음에는 『의미의 논리』(1990, 174[296])에서, 그러고는 더 광범위하게는 과타리와 함께 『안티 오이디푸스』(1983의 여러 곳)에서, 경험의 세 가지 기본적인 종합들, 즉 연접적 종합connective synthesis, 이접적disjunctive 종합, 그리고 통접적conjunctive 종합을 제안한다.[10] 이러한 종합들은 모두 생산 양식들이다. 또한 그것

---

10. * 들뢰즈[와 과타리]의 '세 가지 종합' 개념과 관련하여 용어를 정리할 필요가 있겠다. 세 가지 종류의 이성추리 형식의 구분 및 세 가지 종합에 해당하는 각각의 용어(connective-disjunctive-conjunctive)가 국내 번역본들에서 조금씩 다르게 옮겨졌지만 『기준 없이』에서는 다음과 같이 정리해둠으로써 혼돈을

들이 생산하는 것은 실재the Real 자체이다. 혹은 더 좋게는, 이러한 종합들은 바로 그것들이 그 자체로서 실재의 궁극적인 "분자적인" 구성요소들인 만큼, 실재를 생산하지 않는다. "모든 것은 생산이다. 능동들과 수동들의 **생산의 생산**〔연접적 종합〕, 기준점들로 쓰이는 분배들과 좌표들의 **등록 과정의 생산**〔이접적 종합〕, 감각적 쾌락들, 불안들, 고통들의 생산들인 **소비의 생산**〔통접적 종합〕"(Deleuze and Guattari 1983, 4 [27]). 하나의 생산적 종합은 화이트헤드가 합생이라고 부르는 것에 상응한다. 즉 "새로운 공재성의 산출"(Whitehead 1929/1978, 21 [84]), 혹은 다수의 파악이 "하나의 결정적인 통합적 만족"(26 [92]) 속으로 함께-들어옴에 해당하는 것이다. 그 종합들은 다른 과정들을 모아 합치는 과정들, 또는 그것들 자체가 또한 마찬가지로 전망들인 사물들에 대한 전망들이다(왜냐하면 "사물들에 대한 관점들은 없으며 다만 … 사물들, 존재자들은 그것들 자체가 관점들이기 때문이다"(Deleuze 1990, 173 [295]). 종합들은 생산들이며, 그러한 생산들의 원래의 재료는 또 다른 생산들이며, 또한 그것들의 "생산물들"은 그것들 자체가 생산의 더 나아간 과정들 속에서 재료로서 취해진다.[11] 모든 종

피하고자 한다. 우선 [칸트의 초월론 철학 및 들뢰즈 철학에서] 논리학적 맥락에서는 관례에 따라 '연언적-선언적-합언적'으로 옮기고, 존재론적·사회정치철학적 맥락에서는 '연접적-이접적-통접적' 또는 '연결접속[연결종합]-분리접속[분리종합]-결합접속[결합종합]'으로 옮긴다. 맥락에 따라 그리고 인용한 책에 따라 역어에 변화가 생기는 점에 대해 독자 분들께 양해를 구한다.

11. 그러므로 하나의 종합은 스피노자적인 코나투스, 즉 존재 안에 계속 머무르

합은 화이트헤드가 현실적 존재의 "만족"이라고 부르는 것 안에서 끝이 나는데, 만족은 이번에는 그 과정을 완성했음이라는, 또한 그렇게 함으로써 하나의 대상 혹은 하나의 생산물이 되었음이라는 "객체적 불멸성"으로 인도한다. 이것이 바로 세계가 언제나, 이미 거기에 있는 어떤 것으로서, 이미 완성된 것으로서, 우리

고자 노력함과 완전히 같지는 않다. 들뢰즈와 과타리는 우리에게 하나의 종합 또는 생산 과정은, "그것 자체로 목표나 목적으로 간주되어서는 안 되며, 또한 그것 자체의 무한한 영속과 혼동되어서도 안 된다"(1983, 5)고 경고한다. 그것은 연속성이 아니라 생성을 지향한다.

보다 일반적으로 말해서, 들뢰즈의 작품에 등장하는(과타리와 함께 한 작품이든 그렇지 않은 작품이든 상관없이) 자기-창조의 과정을 사유하는 두 가지 상이한 — 밀접하게 연관된, 그럼에도 불구하고 구분되는 — 방식들 사이에는 미묘한, 또한 결코 완전히 해명되지 않는 긴장이 존재한다. 한편으로, 거기에는 "변용될 수 있는 능력을 유지하고 그것을 최대화하려는 경향"으로 가장 잘 정의된 스피노자의 코나투스가 있다(Deleuze 1988, 99[150], 스피노자의 『윤리학』 IV, 38을 인용함). 코나투스는 바렐라의 자기생성 개념에 상당히 가깝다. 자기생성은 하나의 관계적 체계가 그것의 환경과의 역동적인 상호작용을 통해 스스로를 유지하는 과정이며, 또한 [그 과정을 통해] 그것[그 관계적 체계]을 생산하는 바로 그 과정들을 다시 창조해내는 과정이다. 다른 한편으로, 거기에는 한 존재자가 준안정적인 상태의 환경 속에서 이미 존재하는 포텐셜들을 현실화함으로써 스스로를 연속적으로 재구성하는 과정이라는 질베르 시몽동의 개체화 개념이 있다. 개체화는 한 존재자가 이미 존재하고 있는 존재자들의 여러 측면들 사이에서 선별하고 재조합함으로써 근본적으로 새로운 어떤 것으로서 그것 자신을 구성하는 방식인, 화이트헤드의 합생과 강력한 친화성을 갖는다. 이러한 네 가지 용어(코나투스, 자기생성, 개체화, 합생) 모두가 그 안에서 잠재태들이 현실화되는 일종의 자기-창조를 함축한다. 하지만 코나투스와 자기생성은 연속적인 변화와 환경과의 상호작용들 안에서 그리고 그것들을 통해서 창조되고 보존되는 연속성에 강조점을 둔다. 이에 반해, 개체화와 합생에서는 새로움의 생산, 그 존재자의 연속적인 재정의, 또는 과거와 다르게 생성됨이 강조된다.

에게 "주어지고" 있는 (또한 단지 우리에게만 주어지는 것이 아닌) 방식이다. 그러나 이러한 완성은 결코 최종적이지 않다. 왜냐하면, 곧바로, "그 생산된 대상의 그 순수한 '이것임'은 생산의 새로운 활동 속으로 넘겨지기 때문이다. … 연속적으로 산출하는 생산의 그 규칙, 생산물에게 만족을 주는 생산의 그 규칙은 욕망 기계 또는 일차적인 생산으로 특징지어진다"(Deleuze and Guattari 1983, 7[28]).

우리가 이러한 일차적인 생산의 연결종합을 환기할 때, 들뢰즈와 과타리는 어떤 매혹적인 그림으로 우리를 유혹하고 있다. 그들은 우리에게 만일 우리가 온전히 내재적인, 행복하게 다원적인 세계 속에 살고 있다면, 그것은 얼마나 좋은 일인가라고 말한다. 그와 같은 세계란 순수한 과정과 순수한 욕망으로 이루어진 "내재성의 평면"일 것이다. 거기에는 흐름들 외에는 아무것도, 리좀들 외에는 아무것도, 연결들과 절단들 외에는 아무것도 없을 것이다. 모든 것은 흐르고, 또한 모든 흐름은 많은 다른 흐름들을 가로지를 것이다. 모든 것은 다른 모든 것과 연결되어 있을 것이다. "리좀의 어떤 지점이건 다른 어떤 지점과도 연결접속될 수 있고 또 연결접속되어야만 한다"(Deleuze and Guattari 1987, 7[19]). 그와 같은 세계 속에서, 욕망은 연기延期를 알지 못할 것이며, 또한 생산은 놀이와 구별 불가능하게 될 것이다. "욕망은 끊임없이 연속적인 흐름들과 본질적으로 파편적이면서 또한 파편화된 부분대상들과 짝을 이룬다. 욕망은 흐르게 하고 흐르고 절단한다. … 한편에는 양수 주머니와 신장 결석. 다른 한편에는 머리

칼의 흐름, 침의 흐름, 정액과 똥오줌의 흐름"(Deleuze and Guattari 1983, 5 [12]). 그와 같은 세계에서 모든 것은 증식하고 변형되며 그 러한 과정에서 끊임없이 자신을 새롭게 한다. 즉 "모든 횡단적 내 지 초한적超限的 연결들의 극한에서, 부분 대상과 연속된 흐름, 절 단과 연결은 하나로 합쳐진다. 도처에 욕망이 샘솟는 흐름-단절 들이 있다"(36~37 [74]). 따라서 들뢰즈와 과타리는 어떤 충족된 욕 망의 세계를 그려낸다. 즉 모든 것은 과정이고, 그래서 정적靜的이 거나 완비되어 독립된 것이 아무것도 존재하지 않는 세계를 말이 다. 이때 삶은 낯선 마주침들과 야생적인 변형들metamorphoses에 대한 연속된 놀라움wonder이다.

  그러나 들뢰즈와 과타리는 마찬가지로 사물들은 결코 정말 로 그렇게 단순한 것이 아니라고 우리에게 경고한다. 순수한 욕 망의 리좀적인, 연결된 세계는 우리가 살고 있는 세계가 아니다. 사물은 실제로는 그렇게 직접적이고 매개 없는 방식으로 발생하 지 않는다. 사실상, 만일 세계가 실제로 그러한 방식으로 존재한 다면, 즉 만일 세계가 전적으로 흐름과 절단, 연결과 횡단만으로 만 이루어져 있다면, 모든 것은 단순한 잠재력potential의 상태로 남아 있게 될 것이다. 그 무엇도 성취되거나 현실화될 수 없을 것 이며, 또한 그 무엇도 그 밖의 다른 무엇과 구별될 수 없을 것이 다. 만일 세계가 전적으로 독특성들로만 이루어져 있다면, 거기에 는 그러한 독특성들이 그 위에서 확장되거나 표현될 수 있을 "보 통점들의 계열들"은 존재하지 않을 것이다(Deleuze 1990, 109 [204]

이하). 그와 같은 세계 속에서는, 연속성도 결과도 존재하지 않을 것이다. 모든 것이 막대한 "모든 생성을 위한 가능성"(Whitehead 1929/1978, 22[86])을 포함할 것이지만, 아무것도 현실적으로 생성되지는 않을 것이다.12

달리 말하자면, 일단 "우리가 실제로 현실태를 불가해한 가능태와 본질적으로 관계하고 있는 것으로 생각한다면, [현실태는] 어떤 것이든 현실화되기 위해서 어떤 종류의 "구체화의 원리"를 필요로 한다(Whitehead 1925/1967, 174[285]). 연결종합은 그것 자체로서는 한 세계의 현실적인 생성을 정의하기에 충분치 않다. 바로 이러한 사실이 흐름들과 절단들과 나란히, 노선들lines과 호환들permutations의 이접적 종합이 반드시 있어야만 하는 이유이다. 생산의 경제(Deleuze and Guattari 1983, 5~6[28~29])는 순환과 분배의 경제에 의해 보완된다(12[38~39]). 이러한 보완적인 경제는 욕

---

12. 에른스트 블로흐(Bloch 1986, 201)가 화이트헤드와 들뢰즈의 공통된 전임자인 베르그손을 비판하는 것은 정확히 이와 같은 근거들에 의거해서이다. 블로흐는 끊임없는 새로움 자체는 지칠 정도로 반복적이며 정태적이게 될 수 있다고 경고하고 있다. 실제적인 결과가 없는 끊임없는 혁신은 단순히 지루함만을 초래한다. 다시 말해 "무감각하게 변화하는 유행들"의 연속적인 이행, "언제나 동일한 놀라움의 경직성", 그것 자체를 위해 요구되는 "끊임없이 요청된 방향 전환"은 결국 우리를 특별히 어느 곳으로도 데려가지 않으며, 무작위적인 보행의 끝없는 "지그재그"를 통해서만 끝나고 만다. 블로흐는 과정 형이상학이 갖는 난점은 "과정은 공허한 상태에 머물며 반복적으로 과정 외에는 아무것도 생산하지 않는다"는 것이라고 말한다. 그것은 결코 어떠한 완성된 생산물에 도달하지 않는다. 또한 그러므로 그것은 노붐(Novum), 즉 진정으로 새로운 것에 도달하지 않는다.

망적 생산의 장場에서의 어떤 비틀림에 상응한다. 연결종합은, 그것의 논리가 선형적 내지는 기껏해야 "다선적인"multilinear 것으로 남아있다는 의미에서, 여전히 어느 정도 직접적이다(Deleuze and Guattari 1987, 295[558] 이하). 그러나 등록의 이접적 종합은 훨씬 더 소용돌이 꼴이며 간접적이다. 그것의 구불구불함은 니체의 영원회귀가 갖는 "심연의 사유"(Deleuze 1990, 264[420~421]), 혹은 "보르헤스가 말했던 가장 끔찍한 미로"이다(176[299]). 왜냐하면 이접적 종합은 항들을 단지 계열들로 쪼개고 연결 짓기만 하지 않기 때문이다. 오히려 그것은 그 항들의 전체 계열들을 "끊임없이 분기分岐시킨다"(59[133]). 그것은 "이전移轉되고 미끄러지면서 늘 같은 것으로 회귀하는 차이들 간의 호환 가능한 체계를 나타낸다"(Deleuze and Guattari 1983, 12[39]). 그 이접적 종합은 철저하게 양립 불가능한 선택지들의 다양체 속에서 어떤 긍정적인 관계를 설립한다. 그것은 그러한 선택지 모두를 함께 차별 없이 긍정하며, 또한 그러한 선택지 사이를 분리시켜 주는 거리들의 견지에서 그 이접적 종합 자체를 정의한다. 그것은 "차이 나는 요소들의 긍정적인 거리"(Deleuze 1990, 172[294])에 기초하여 두 개의 사물이나 두 개의 규정이 그것들의 차이를 통해 긍정되는 어떤 작용이다.

이접적 종합은 논리적 모순보다 더 깊고 더 기초적이며, 단번에 논리적 모순에 선행하며, 그것을 발생시키며, 그것을 넘어선다. 두 개의 항들이 이접적으로 긍정된다는 것은 사실이 아닌데, 왜냐하면 그것들은 논리적으로 서로 모순되기 때문이다. 차라리 그

항들은, 그것들이 우선 이접적 종합의 작용들에 의한 접촉의 결과로서[만], 단지 논리적으로 서로 모순될 수 있다. 그 두 항은 만일 그것들이 이미 활동적으로 상대방과 실제적으로 충돌한 경우라면, 오직 [그 경우에만] 모순 속에 있을 수 있는 것이다. 들뢰즈가 쓰고 있듯이, "모순은 언제나 상이한 본성을 지닌 과정으로부터 생겨난다. 사건들은 개념들과 같지 않다. 사건들의 양립불가능성에서 결과하는 것이 개념들의 가정된 모순이지 그 역은 아니기 때문이다"(Deleuze 1990, 170 [291]). 화이트헤드는 그가 "양립 가능성과 모순의 원리"(Whitehead 1929/1978, 148 [313])라고 부른 것을 넌지시 암시하면서 유사한 점을 강조한다. 두 개의 사항들은 그것들이 "하나의 현실적 존재의 구조 속에 공존할 수 없을" 때 "서로에 대해 모순"이 된다. 그것들은, 적어도 이러한 특수한 합생에 있어서, 그것들 자신들이 양립할 수 없다는 것을 증명했다. 그러나 그와 같은 양립불가능성은 논리학의 문제가 아니다. 왜냐하면 "'느낌들'은 일차적으로 '양립 가능'하거나 '양립 불가능'한 존재자들이기 때문이다. 이러한 용어들의 다른 용법은 모두 파생적인 것들이다"(148 [313]). 또 다른 현실적 존재를 생산하는 또 다른 합생은 아마도 매우 차이 나는 느낌들을 잘 나타내 보여줄 것이다. 왜냐하면 그 [또 다른] 현실적 존재가 자신의 여건을 파악했던 "주체적 형식"이 다를 것이기 때문이다. 따라서 그것은 아마도 그 두 항 모두를 긍정적으로 파악할 수 있을 것이며, 그럼으로써 그것들을 양립가능하게 만들 수 있을 것이다. 따라서 "그것이 배제하는 것들을 대비로 전환시킬 것이다"(223[445]). 화이트헤드가 말하는 배제들로부터 대비로의 전환은, 들뢰즈의 이접적 종합이 그렇듯이, 부정성과 모순이라는 견지에서는 정의될 수 없다.[13]

이러한 논증들을 제시하면서, 화이트헤드와 들뢰즈 두 사람 모두 라이프니츠의 공가능성과 불공가능성이라는 개념들을 끌어들인다. 들뢰즈는 말하기를, 이러한 개념들은 "반드시 독창적인 original 방식으로 정의되어야 한다." 왜냐하면 그것들은 "동일한 것과 모순된 것"을 전제하지는 않지만, 그것들 자체가 동일성과 모순에 관한 우리의 판단들의 시원적인 근거들에 해당하기 때문이다(Deleuze 1990, 173[292]). 그것들 자체가 순수한 독특성들이며, 따라서 근본적으로 중립적이며 무감동한 것들인 사건들은 논리학의 물음들이 심지어 발생하기도 전에 [그 사건들] 상호 간의 공가능성과 불공가능성의 관계들 속으로 들어간다. 그러한 두 사건들에 상응하는 사태들의 상태가, [비록] 파생적으로[이기는 해도], 논리적으로 모순적이라고 우리가 말할 수 있는 것은, 오직 두

13. 들뢰즈(명시적으로)와 화이트헤드(암시적으로) 양자 모두가 변화 혹은 역사의 동인(動因)으로서의 헤겔의 모순 개념을 거부하는 이유가 여기에 있다. 들뢰즈는 언제나 철학적 사유를 부정의 힘보다는 어떤 긍정의 힘으로서 정의하는 데 관심을 갖고 있다. 그러나 그는 언제나 재빨리 우리가 부정성(negativity)을 그것 자체의 권리상의 "어떤 동력, 힘, 그리고 질로서" 호소하는 대신, "부정들(negations)을 긍정의 힘으로" 보는 한에서, 부정적인 것은 여전히 그것의 장소를 갖고 있다는 점을 덧붙인다(Deleuze 1983, 179). 모든 새로운 것은 필연적으로 그것 자신의 부정들을 제공하기 마련이다. 하지만 부정성은 어떤 의미로든 새로운 것의 내적 원리가 아니다.

사건이 실제적으로 불공가능한 것으로 판명이 날 때뿐이다 ─ 다시 말해, 그것들이 동일한 타임라인에서 발생하거나 동일한 "가능세계" 속 장소들을 점유할 때뿐이다. 왜냐하면 한 사건의 현실화는 또 다른 세계의 현실화를 봉쇄하기 때문이다. 그 이접적인 "사건들의 소통"(169~176[289~299])은 어떠한 동일성과 모순의 논리도 넘어선다. 비록 오직 그것[이접적인 사건들의 소통]만이 그와 같은 논리학에 따르는 판단을 위한 필연적인 조건들을 제공함에도 말이다.

이접적 종합은 무한정하게 연장되는 " … 이든 … 이든 … "either … or … or … (Deleuze and Guattari 1983, 12[39])라는 문법적 형식을 취한다.[14] 사물들은 이런 방식 또는 저런 방식으로 일어날 수 있으며, 또는 어떠한 확실한 선호도 없이 여전히 또 다른 방식으

---

14. 『의미의 논리』에서 들뢰즈는 이접적 종합을 영어로는 "either … or"로 번역되는 " … 이거나 아니면 … "(ou bien … ou bien)라는 구로 표현한다(1990, 174[296]). 『안티 오이디푸스』에서 들뢰즈와 과타리는 그것을 오히려 영어로는 "either … or … or"로 번역되는 " … 이건 … 이건"(soit … soit)으로 표현한다. 따라서 이러한 'soit'는 명시적으로 'ou bien'(영어로는 "either/or"로 번역되는)과는 대립된다. 왜냐하면, 'soit'는 이접적 종합에 대한 어떤 능동적이고 긍정적인(내포적이고 비제한적인) 사용을 명시적으로 표현하는 데 반해서, 'ou bien'은 마치 그것이 "불변적인[호환 불가능한] 항들 사이의 결정적인 선택(양자택일 : 이것이냐 저것이냐)을 함축하면서 그것의 제한적이고 반응적인(배타적이고 제한적인) 사용을 표현하기 때문이다(Deleuze and Guattari 1983, 12[39]; 75[140] 이하 참조). 'ou bien'과 'soit' 사이의 구분은 영어로는 전달되기가 어렵다. 그러나 이접적 종합에 대한 긍정적인 사용과 제한적인 사용 사이의 차이는 아래에서 다시 돌아가 [다루게] 될 중요한 차이이다.

로 일어날 수 있다. 이것이 라이프니츠적인 상황, 불공가능한 것들 가운데서 일어나는 운동이다. 그러나 화이트헤드에게서와 마찬가지로 들뢰즈와 과타리에게서는 불공가능한 사건들의 계열들 사이에서 가장 완벽한 것 혹은 가장 온전히 실재적인 것을 선택하는 신은 존재하지 않는다. 대신에 각 계열이 다른 계열에 계속 양보함에 따라 모든 계열은 차례로 긍정된다. 들뢰즈는 그 차이를 다음과 같이 요약하고 있다. "라이프니츠에게는… 계열들의 분기分岐들, 계열들의 발산은 서로 간에 불공가능한 세계들 사이의 진정한 경계들이다 … 이와 반대로 화이트헤드에게(그리고 많은 현대 철학자들에게는), 분기·발산·불공가능성·부조화는 여러 색으로 칠해진 같은 세계에 속한다"(1993, 81 [150]). 불공가능한 것들을 이접적으로 긍정하는 자신의 과정을 가진, 그와 같은 세계는 베케트의 『말론』(Deleuze and Guattari 1983, 12 [39]), 보르헤스의 『끝없이 두 갈래로 갈라지는 길들이 있는 정원』(Deleuze 1990, 114 [214]; Deleuze 1989, 49 [110]), 그리고 곰브로비츠의 『코스모스』(Deleuze 1993, 154 [150], 15번 주석 [18번 주석])와 『포르노그라피아』(Deleuze 1990, 289~290 [457]) 같은 후기 모더니즘 소설들에서 예증된다. 그것은 또한 "시간-이미지"(Deleuze 1989)의 영화들에서도 예증되는데, 그러한 영화들 속에서 시간은 반복해서 분기하며(49 [110]), 또한 불공가능한 이미지들과 음향들은 "무리수적 절단들"(181 [354], 248 [477]과 여러 곳)의 이접을 통해서 연결되어 있다. 이 모든 작품들 속에서, "공가능하지 않은 세계들은, 그들의 불공가능성에도 불구하고, 공통적인 무언가를 갖고 있다." 왜냐하면 그것들은 "하나의 동일한 문제에 대한 상이한 해解들을 예시하기"(Deleuze 1990, 114[213]) 때문이다.

여기서 문제와 해들에 관한 들뢰즈의 암시는 『차이와 반복』에서, 그가 문제들을 다양하고 양립불가능한 해들을 "받아들이는" "초점 내지 지평들"로 봄으로써 그것[문제]들을 칸트의 초월론적 이념들 내지는 규제적 이념들과 등치시키는 방식을 떠올리게 한다(Deleuze 168~169[371]). 오늘날 우리는, 복잡성 이론의 언어로 말해 보자면, 이러한 불공가능한 세계들이 같은 위상 공간으로 통하는 양자택일적 길들에 상응한다고 말할 수 있을지 모른다. 또는 우리는 양자역학의 "많은 세계"many worlds 해석이 최근의 과학소설들과 만화들 속에서 어떤 모습으로 그려져 왔는지에 관해 생각해 볼 수 있다. 예를 들어, 워런 엘리스의 〈대지의 밤〉(2003)에서, '플래너테어리 그룹'의 슈퍼히어로들은 고담시의 한 현실화로부터 또 다른 현실화로 "다중 우주multiverse를 관통하면서 [주기적으로] 순환한다." 결과적으로, 그들은 밥 케인[15]의 복수자로서의 배트맨]부터 애덤 웨스트[16]의 동성애자 복장을 한 배트맨, 즉 우

---

15. * 위키백과에 따르면, 밥 케인(Bob Kane, 1915~1998)은 미국의 만화 작가, 애니메이터 및 원화가이다. 빌 핑거와 공동으로 배트맨을 포함한 초기 DC 코믹스 가상 인물들을 창작한 것으로 유명하다.

16. * 위키백과에 따르면, 애덤 웨스트(Adam West)는 윌리엄 웨스트 앤더슨(1928~2017)이라는 미국의 배우, 성우의 예명이다. 1960년대의 TV 시트콤 시리즈 〈배트맨〉에서 배트맨 역을 맡았다.

스팡스럽게 통속적인 복장을 한 배트맨], 프랭크 밀러[17]의 경계선 사이코패스[신경증과 정신병의 경계 상태에 있는 배트맨]까지 배트맨을 여러 번 반복해서 만난다. 다양하게 반복된 배트맨들은 서로 불공가능하며 또한 불공가능한 세계들에 속해 있기 때문에, [우리는] 오직 한 번에 단 한 명의 배트맨만을 만날 수 있다. 그러나 이접적 종합은 정확히 한 고담시와 배트맨으로부터 또 다른 고담시와 배트맨으로 진행되는 쉼 없는 운동으로 이루어져 있다. 그 어떤 특정한 고담시와 배트맨도 나머지 것들[다른 고담시들과 배트맨들]에 대하여 특권적인 지위를 가질 수 없다 ─ 심지어 밥 케인의 "원작의"original 개념조차도 특권화될 수 없는 것이다. 그 원작 개념은 모든 다른 개념들만큼이나 특수하고, 우연한 하나의 현실화일 뿐이다. 오히려 그 다양한 반복 사이에서 성립되는 "긍정적인 거리"는 그것들 모두를 발생시키는 것, 또는 발산하는 계열들을 분배하고 … 그것들로 하여금 자신들의 거리를 통해서 그리고 자신들의 거리 안에서 공명하도록 하는 것에 해당한다"(Deleuze 174[296]). 각각의 배트맨은 "하나의 동일한 문제를 위한 하나의 특수한 해解"이며, 그러한 해는 잠재태들로 이루어진 동일한 성

---

17. * 위키백과에 따르면, 프랭크 밀러(Frank Miller, 1957~)는 미국의 만화가, 예술가, 영화감독이다. 1973년에 만화가로 처음 입문한 이후, 그가 70~80년대에 저술한 『로닌』(1976), 『데어데블 : 본 어게인』(1977), 『배트맨 : 이어 원』(1978), 『다크 나이트 리턴즈』(1986) 등의 작품은 당대 미국 만화 역사에 큰 영향을 끼쳤다. 영화화되어 유명해진 〈씬 시티〉, 〈300〉도 그의 작품이다.

좌星座의 한 특수한 현실화, 그 동일한 잠재적 성위星位의 특수한 현실화를 말하는 것이다.

이접적 종합의 논리는 또한 시뮬라크르의 논리이기도 하다. 들뢰즈의 독해에 따르면, 플라톤은 언제나 "혈통을 선별"하기를 원한다. 즉 지망자들을 선별하기, 순수한 것을 불순한 것으로부터 구별해 내기, 본래적인 것을 비본래적인 것으로부터 구별하기"(Deleuze 254[407]). 결정적으로 중요한 플라톤적 구분은 원본과 복사본 사이에 있지 않으며, 또한 이성적인 세계의 이념들과 감성적인 세계 속에서의 그것들의 이미지들 사이에 있지 않다. 그것은 오히려 감성적인 세계 자체 내부에 있는 한 구분, 즉 "두 종류의 이미지들 사이에 있다. 복사본들은 이차적인 소유자들이다. 그것들은 유사성에 의해서 보증된, 잘 정초된 지망자들이다. [반면에] 시뮬라크르들은 어떤 본질적인 전도轉倒나 일탈을 함축하고 있는, 비유사성 위에 기초하는 거짓된 지망자들과 같다"(256[409]). 복사본들은 원본(이데아the Idea)을 [향해 뒤돌아] 가리키며, 또한 이 원본에 대한 자신들의 충실함을 기초로 하여 위계적으로 판단될 수 있다. 반면에, "시뮬라크르는 불일치 혹은 차이 위에서 구성된다. 그것은 비상사성非相似性을 내면화한다. 바로 이것이 우리가 더 이상 시뮬라크르를 복사본들 위에 부과되는 모델과 관련하여, 그 복사본들의 닮음의 원천이 되는 동일자의 모델과 관련하여 정의할 수 없는 이유이다"(258[411]). 그 시뮬라크르는 결코 원본적인 이데아를 가리킬 수 없다. 왜냐하면 그것은 오직 어떤 "신호-기호 체계"의 부분으로서, 즉 "불일치하는 요소들 또는 이질적인 계열들 사이의 소통을 수립함으로써만 구성되는"(261[416]) 체계의 부분으로서 이해될 수 있기 때문이다.

이런 의미에서, 배트맨은 하나의 시뮬라크르이다. 배트맨의 이데아, 곧 모든 배트맨의 반복들이 많든 적든 간에 따르게 될, 또한 그것과 관련하여 배트맨의 반복들이 자신들의 닮음의 정도에 따라 위계적으로 자리가 매겨질 수 있게 될 그 어떠한 모델도 존재하지 않는다. 마찬가지로 거기에는 모든 가능한 배트맨 중의 최상의 배트맨은 존재하지 않으며, 어떤 반복도 나머지 모든 반복보다 더 완전하다고 판단될 수 없다. 오히려 배트맨의 상이한 반복들 사이의 불일치, 그것들이 서로에 대해 갖는 거리가 그것 자체로서 그들 사이에 존재하는 유일한 공통의 척도가 된다. 각각의 배트맨은 어떤 공통의 불일치나 문제에 대한 고유한 "해"解로서, 독립적으로 나타난다(우리는 자신의 부모가 살해되는 장면을 목격한 어린 브루스 웨인의 원초적인 트라우마에 대해서 말할 수 있을 것이다). 또한 그러한 해들 사이에는, 어떠한 가능한 선별도 더 이상 존재하지 않는다"(Deleuze 262[418]). 어떠한 플라톤적인 기준이나 라이프니츠적인 신도 부재하는 가운데, 오직 각각의 반복이 나머지 모든 반복들로부터 분기되면서 한 번에 하나씩 각각의 반복을 긍정하는 이접적 종합만이 존재하는 것이다. 이것은 배트맨의 어떠한 특정한 반복이든 간에 전적으로 우연적인 것임을 의미한다. 비록 그 모든 다수적인 반복들을 긍정하면서 그 종합이 어떤 필연성에 상응하는 것이라고 해도 말이다.

화이트헤드의 용어로 바꿔 말하자면, 이접적 종합의 그 다수적인 반복들은 각각의 현실적 존재가 그것 사신이 되는 과정에서 반드시 행해야만 하는 근거 없는 "결단들"에 상응한다. 모든 존재들의 결단은 "내적으로 결정되어 있으되, 외적으로는 자유롭다"(Whitehead 1929/1978, 27 [95]).[18] 이것은 그것[생성 중의 현실적 존재가 내리는 결단을 인도하는 앞서 존재하는 규범이나 기준이 존재하지 않으며, 그래서 어떠한 선행하는 선별의 원리도 존재하지 않기 때문이다. 모든 [현실적] 계기 안에는, "[개개의 합생에 있어] 결정 가능한 것은 무엇이든지 결정된다." 하지만 모든 결정 가능성을 넘어서, 전체로서의 그 존재에 의해서 이루어지는 "정서, 이해, 목적의 최종적인 수정"이 남아있으며, 또한 그럼으로써 반성적으로 그것을 하나의 전체로서 결정하게 된다(27~28 [95]). 따라서 이접적 종합은 근본적인 우연성의 표현이다. "사실상 모든 흐름은 내

---

18. * "ix) 자유와 결정성의 범주. 개개의 개체적인 현실적 존재의 합생은 내적으로 결정되어 있으되, 외적으로는 자유롭다. 이 범주는 다음의 정식으로 압축될 수 있다. 즉 개개의 합생에 있어 결정 가능한 것은 무엇이든 결정되지만, 거기에는 그 합생의 자기초월적 주체의 결단에 맡겨지는 것이 언제나 남아있다는 것이다. 이 자기초월적 주체는 그 종합에 있어서의 우주이며, 그것 너머에는 아무것도 존재하지 않는다. 여기서 최종적으로 내려지는 결단은, 그 전체의 통일체가 그 자신의 내적 결정에 대하여 나타내는 반작용이다. 이 반작용은 정서, 이해, 목적의 최종적인 수정이다. 그러나 전체의 결단은 부분들의 결단에 엄밀하게 관련되도록 그 부분들의 결단에서 생겨나는 것이다." 화이트헤드, 『과정과 실재』, 95쪽.

적 결정의 성격을 반드시 나타내도록 되어 있다. 여기까지는 존재론적 원리로부터 끌어낼 수 있다. 그러나 내적 결정의 모든 실례는 그 시점까지 그 흐름을 취하고 있다. 그 내적 결정의 원리를 나타낼 또 다른 흐름이 어째서 있을 수 없는가 하는 것에 대한 이유는 존재하지 않는다"(46~47[133]).[19] 이러한 역사의 "논리", 사물이 그와 같은 방식으로 생겨났던 이유는 오직 사후적으로만 출현할 수 있는 것이다.

들뢰즈는 이접적 종합에 대한 자신의 설명을 칸트가 신의 이념을 제시하고 있는 "선언적 삼단논법"에 대한 분석으로부터 도출해 낸다(Deleuze 294~297[466~467]). 내가 이미 언급했듯이, 칸트의 사변적 신학에 대한 비판 ─『순수이성비판』의 「순수 이성의 이상」이라는 장[20]에서 논의되고 있다 ─ 은 신을 세계의 기원이나 창조주(세계의 최초 원인)로서가 아니라, 오히려 실재에 대한 "일관적 규정"의 원리로서 정의하고 있다(563[751], 567[754]). 이것은 실존

---

19. * "유기체 철학의 학설은, 합생의 구성 요소들 ─ 그 여건, 정서, 평가, 목적, 주체적 지향의 여러 위상 ─ 을 결정함에 있어 작용인이 아무리 광범위하게 그 영향력을 행사한다 해도, 이러한 구성 요소들의 결정 너머에는 언제나 우주의 자기 창조적 통일의 최종적 반작용(final reaction)이 있다고 본다. 이 최종적 반작용은 작용인의 여러 결정에다 창조적 강조의 결정적인 날인을 함으로써 자기 창조적 활동을 완결짓는다. 각 계기는 그 주체적 강도의 정도에 비례하여 그 창조적 강조의 정도를 나타낸다. 이러한 강도의 절대적 표준은 신의 원초적 본성의 강도이다." 화이트헤드, 『과정과 실재』, 134쪽.

20. * '초월론적 변증학 제2권의 제3장 순수 이성의 이상'은 칸트, 『순수이성비판 2』, 751~809쪽에 해당한다.

하는 모든 것은 반드시 어떤 선별과 제한의 과정을 통해서 신으로부터 파생되어야 한다는 것을 의미한다.[21] 칸트는 "이러한 실재성의 몇몇은 그 사물에 부여되지만 [그런 만큼] 나머지 것은 배제된다"면서 그 "각각의 사물을 일관적으로 규정함은 이 실재성 모두를 제한함에 의거한다"(567~568[758])라고 말한다. 신은 모든 가능한 술어들을 [망라하여] 포함한다. 그러나 어떠한 유한한 개별적 사물이든지 간에 그것은 이러한 술어들 가운데 일부만을 포함할 뿐이다. 또는 들뢰즈가 쓰고 있듯이, "신은 모든 가능성의 총체라고 정의되는데, 그러한 총체가 어떤 '시원적인' 질료 또는 실재 전체를 구성하는 한에서 각 사물의 실재성은 이 총체로부터 '파생되어 나온다.' 왜냐하면, 각 사물의 실재성은 실제로 이러한 총체성에 대한 제한에 의존하기 때문이다…[그] 가능한 것의 총체는 하나의 시원적 질료로서, 그로부터 각 사물의 개념이 갖는 배타적이고 완전한 규정이 이접을 통해서 도출된다"(Deleuze 1990, 295~296[466]). 모든 각각의 개별 사물은 반드시 이것이든가 저것이어야 한다. 신의 역할은 이러한 선택지들의 상호성community, 공–재being-together가 되는 것이다. 들뢰즈가 칸트의 "아이러니"라고 기술했던 것을 통해서 [이해된] 신은 "자신의 전통적인 주장들, 즉 주체들과 세계를 창조하고 만들어냈다는 주장들을 박탈당하

---

21. * 『순수이성비판』의 제3장 제2절 '초월적 이상에 대하여(초월적 원형).' 칸트, 『순수이성비판2』, 754~763쪽을 참조하라.

고" 그 대신 훨씬 더 겸손하게, 단지 "선언적 삼단논법의 원리 또는 선언적 삼단논법의 대가"로서 제시된다(294~295[464]).[22]

이것은 라이프니츠의 신처럼 칸트의 신이 기본적으로 어떤 선별의 원리라는 것, 다시 말해 배타와 제한의 원리라는 것을 의

---

22. 들뢰즈가 보다 온전하게 설명하고 있듯이, 칸트는 "이념들과 삼단논법들 사이의 〔어떤 연결을〕 설정하고 있다 … 삼단논법에 대한 이러한 비범한 이론은 … 후자의 존재론적 함축들을 발견하는 것으로 이루어져 있다"(1990, 294~295[465~466]). 칸트가 초월론적 변증학에서 분석하고 있는 이성의 세 가지 이념들은 자아, 세계, 그리고 신이다. 이러한 이념들 각각은 칸트의 세 가지 관계 범주들 가운데 하나와 나란히 정렬되며, 또한 세 가지 종류의 삼단논법들 가운데 하나와 보조를 같이한다. 자아의 이념은 실체 범주와 정언적 삼단논법(categorical syllogism)과 상호연관되어 있다. 왜냐하면 이 이념[자아의 이념]은 "하나의 술어로서 규정된 하나의 현상을 실체로서 규정된 하나의 자아에 연결"시키기 때문이다(295[466]). 세계의 이념은 인과성의 범주와 가언적(hypothetical) 삼단논법과 상호연관되어 있다. 왜냐하면 이것[세계의 이념]은 어떻게 하나의 존재자가 원인과 결과의 연쇄들을 통해서 또 다른 존재자와 연결되는지에 해당하기 때문이다. 이러한 연결들은 전체로서의 세계의 발생과 생성을 규정한다. 마지막으로, 신의 이념은 상호성(community)과 선언적(disjunctive) 삼단논법과 상호 관련되어 있다. 다시 말해서, 세계의 모든 존재자들이 서로를 **상호적으로 규정한다**고 말할 수 있게 되는 것은, 그래서 그것들이 하나의 체계로서 함께 일관성을 갖게 되는 것은 바로 신 ― 그의 과업이 "선언들(disjunctions)"을 규정하는 것, 혹은 적어도 그것들을 발견하는 것"(295[466])인 존재 ― 을 통해서이다(Kant 1996, 136[302]를 참조하라 : "상호성이란 한 실체가 또 다른 실체를 상호적으로 규정하고 또한 〔그것에 의해 규정되는〕 인과성이다"[한국어판에는 "상호성은 타자를 서로 규정하는 실체의 인과성이다"라고 번역되어 있다. 『안티 오이디푸스』에서 들뢰즈와 과타리가 칸트에 대해 행한 개정 또는 교정은 이념, 범주, 그리고 관계라는 이러한 일단의 [개념들] 각각을 하나의 상응하는 종합에 거슬러 연관 짓는 것으로 이루어져 있다. 즉 자아의 이념은 통접적 종합과 상관적이며, 세계의 이념은 연접적 종합과 상관적이며, 또한 신의 이념은 이접적 종합과 상관적인 것이다.

미한다. "그러므로 우리는 칸트에게서 선언disjunction이 다만 그것으로부터 도출되는 실재성 안에서 배제들과 묶여있는 한에서만, 따라서 그것이 어떤 부정적이고 제한적인 사용에 묶여있는 한에서만, 신은 선언적 삼단논법의 대가로서 드러난다는 것을 알게 된다"(Deleuze 1990, 296[466]). 들뢰즈는 이것[칸트의 선언적 삼단논법의 부정적이고 제한적인 사용]을 선언적[이접적] 종합의 어떤 긍정적이고 내포적인 사용과 대립시킨다. 이러한 선언적[이접적] 종합의 긍정적이고 내포적인 사용은 클로소프스키의 바포메트Baphomet(안티크리스트 혹은 반신反神)라는 인물에서 들뢰즈가 찾아낸 것이다. 신 아래서는 "일정한 수의 술어들이 한 사물로부터, [그 사물에] 대응하는 개념의 동일성 덕분에, 배제된다." 이와는 반대로, 바포메트과 함께, "각 사물은 그것이 통과하여 지나가게 될 무한한 술어들을 향해 개방된다"(296[466~467]). 한편으로, 각각의 존재자는 어떤 고정된 동일성으로 고착되는데, 왜냐하면 그것은 특수한 술어들로 제한되기 때문이다. 다른 한편으로, 각각의 존재자는, 그것이 통과해 지나가는 그 다수의 가능한 술어들을 향해 개방됨에 따라, 자신의 동일성을 상실한다. 신이 보증해 주는, 세계의 그 제한된 질서는 바포메트의 긍정적인 질서, 즉 "더 이상 세계가 아닌 어떤 '카오스모스'"(179[299])와 대립한다. 이때 그것[바포메트의 '카오스모스']의 긍정적인 질서는 고정된 동일성들을 통해서가 아니라, 오히려 "독특성, 혹은 심지어 다수의 독특성들"을 통해 특징지어진다(297[467]). 바포메트의 카오스모스의 존재자들은 동일성을 갖지 않는데, 왜냐하면 그것들은 연속적인 변신 속에 붙들려 있기 때문이다. 그러나 그것들은 그럼에도 불구하고 **독특성들**로서 기술될 수 있는데, 왜냐하면 ― 그것들이 심지어 모든 가능한 술어들을 통과하여 지나갈 때도 ― 그러한 존재자들은 그러한 술어들을 한 번에 전부 갖지는 않기 때문이다. 배트맨은 어떠한 고정된 동일성도 갖지 않지만, 배트맨의 각각의 반복은 [저마다] 독특한 반복인 것이다.[23]

하지만 어쩌면 들뢰즈는 이접적 종합의 부정적 사용과 긍정

---

23. 선언적 삼단논법, 혹은 선언적[이접적] 종합이 그것의 다수의 술어들을 통과할 때 한 번에 하나씩 통과하며, 이때 그것이 각각의 하나를 긍정함에 따라 다른 하나씩을 버리면서 그렇게 한다는 사실은 그것[선언적 삼단논법 내지 이접적 종합]을 헤겔 변증법의 운동으로부터 분리시킨다. 헤겔은 잘 알려진 것처럼 현상의 발생과 소멸은 "그 자체로는 발생하거나 소멸하지 않는" 유일한 것이며, 또한 "그러므로 참된 것은 어느 마디 하나 취하지 않은 곳이 없는 바쿠스의 도취이다"라고 쓰고 있다(Hegel 1977, 27 [44]). 그러나 이 정식화는 지금까지는 선언적 삼단논법에 대한 바포메트의 긍정적 사용과 모순되지 않는다. 하지만 헤겔은 다음과 같이 덧붙이고 있다. "이 도취는 그 못지않게 투명하고 단순한 평온"이며, 또한 "평온의 상태로 파악된, 그 운동 전체 속에서, 스스로를 구별하고 특수한 현존재를 부여하는 것은 자신을 회상하는 것[das sich erinnert]이며, 그것의 현존재는 자기 자신에 대한 앎이자 또한 자기 자신에 대한 앎이 곧바로 현존재인 그러한 것으로서 존재한다"(27~28 [44]). 이와는 반대로, 선언적 삼단논법에 대한 클로소프스키와 들뢰즈의 설명에는 그와 같은 평온이 있을 수 없다. 회상(Erinnerung)은 불가능하다. 디오니소스의 흩어진 사지의 모임은 없는 것이다. 클로소프스키가 니체의 영원회귀(1998)에 대한 자신의 논의에서 특별히 강조했듯이 ― 또한 들뢰즈가 상당히 중시하듯이 ― 디오니소스적 삼단논법의 운동은 회상의 운동이 아니라, 오히려 지속적인 망각의 운동이다. 따라서 이접적 종합은 헤겔적인 "모순적인 요소들의 종합"과 동일시될 수 없다(Deleuze and Guattari 1983, 76 [142]).

적 사용 사이를 구분하는 선을 너무 성급하게 그리고 있는지도 모른다. 『안티 오이디푸스』에서 들뢰즈와 과타리는 "[분열자는] 이접적 종합의 배타적이고 제한적인 사용을 그것의 긍정적인 사용으로 대체한다. … 바로 그렇기 때문에 분열증적 신은 종교의 신과 거의 관계가 없다. 비록 그것들이 같은 삼단논법에 관련되어 있음에도 불구하고 말이다"(1983, 76~77[144])라고 말하고 있다. 어떤 해체론자라도 매우 기뻐하며 지적하게 될 것이지만, 이것은 이접적 종합의 긍정적이고 내포적인 사용을 옹호하는 바로 그 행위 속에서 결국에는 그 이접적 종합을 배타적으로 사용하는 데 이르게 된다. 하지만 들뢰즈 자신은 이러한 비판을 충분히 인식하고 있으며, 또한 그것에 의해 특별히 곤란을 겪는 것 같지는 않다. 그가 쓰고 있듯이, "하지만 우리는 클로소프스키의 저작 속에서" 특히 "신의 질서와 안티크리스트의 질서 사이에 얼마나 자주 부정적인 혹은 배타적인 선언들이 남아있는지를 보아 왔다. 그러나 선언들이 배제라는 부정적인 가치를 갖는 것은 정확히 신의 질서 안에서, 또한 오직 신의 질서 안에서일 뿐이다. [반면에] 선언(차이, 발산, 탈중심화)이 그와 같이 긍정적인 그리고 긍정된 힘이 되는 것은 그 다른 측면에서, 안티크리스트의 질서 안에서이다"(Deleuze 1990, 296~297[466~467]). 이것은 어떤 니체적인 관점들의 전도를(173[294~5] 참조), 한편의 신의 질서와 다른 한편의 안티크리스트의 질서 사이에서 이루어지는 전진과 후퇴의 어떤 연속적인 왕복 운동을 암시한다. 한 방향에서, 그 이접적 종합은 배제

쪽을 지향한다. 다른 방향에서, 그것은 다양체multiplicity와 긍정 쪽을 지향한다. 그러나 이러한 운동들의 그 어느 것도 결코 완성되지 않는다. 어떠한 동일성도 모든 변양에 저항할 수 있을 만큼 장소 안에 확고하게 존재하지 못한다. 또한 긍정적인 변신들은, 바로 그것들의 본성에 의해서, 항상 불완전하고 부분적이게 된다. 이런 이유로 들뢰즈와 과타리는 그 종합[이접적 종합]을 사용하는 두 가지 방식들을 구체화하면서 다음과 같이 선언할 수 있었다. " '당신은 신을 믿습니까?'라고 묻는 누군가에게, 우리는 엄격하게 말해서 칸트적인 내지는 슈레버적인 용어들로 "물론이지요. 하지만 다만 이접적 종합의 대가로서, 또는 이 삼단논법의 선험적 원리(신은 현실의 총체Omnitudo realitatis로서 정의되며, 그로부터 모든 이차적인 현실들은 나눔division의 과정을 통해 파생된다)로서의 신을 믿습니다"라고 대답해야 한다"(1983, 13[40]).

실제로, 칸트 자신이 이접적 종합의 한갓 제한적인 사용[에만 머물지 않고 그러한 사용] 너머로 움직이고 있다. 왜냐하면, 그는 다음과 같이 주장하고 있기 때문이다. 신의 근원적 본성으로부터의 "다른 모든 가능성의 도출"은, 엄밀히 말해, "이러한 존재[근원존재자로서의 신]의 최고 실재성에 대한 제한으로, 그리고 마치 그것의 분할인 것처럼 볼 수 없다. … 오히려 최고 실재성은 모든 사물들의 가능성의 기초에 근거Grund로서 놓여 있는 것이지 총괄sum로서 놓여 있는 것이 아니다. 그리고 모든 사물의 잡다함은 근원존재자 자신을 제한함에 의거하는 것이 아니라, 근원존재자의 완벽한 결과에 의거한다"(1996, 569[760]). 이것은 "제한"이 단지 불완전한 말하기 방식에 불과하다는 것을 의미한다 ― 비록 어떠한 초월적인 실재든 우리가 그것에 접근할 수 없음을 전제할 때, 그러한 초월적 실재가 불가피한 존재임이 증명된다 하더라도 말이다. 선언적 삼단논법의 대가로서, 신은 실재성을 구성하는 선언들을 능동적으로 분배하며, 제한의 원리로서 행위하기보다는 그러한 선언들을 자신의 존재의 긍정적인 결과들로서 도출한다. 이런 점에서 칸트의 신은 클로소프스키의 바포메트와 대립되지 않으며, 그런 만큼 양자는 서로 얽혀 떨어지지 않을 만큼 결합되어 있다. 우리는 어쩌면 칸트가 "모든 실재성의 총괄이라는 이 이념을 실체화"(571[762~3])하려는 "자연스러운 환상"에 반대하여 우리에게 경고할 정도로 그가 바포메트의 편으로 넘어갔다고 말할 수 있을지 모른다. 경험적으로, 우리가 이해할 수 있는 모든 것은 그 자신의 모든 가능한 술어들을 통과하는 각 사물들의 이행passage이다"(Deleuze 1990, 296[466]). 달리 말해서, 우리는 이런 방식으로 모든 사물의 "규정가능성"determiability에 도달할 수 있지만, 결코 그것들의 완전한 규정이라는 추정된 원리를 알 수는 없는 것이다.

이 모든 것 속에서, 칸트는 선언[적 이성추리들]의 "선험적 원리"를 긍정한다 ― 심지어 신이라는 형상을 희생하면서까지 말이다. 실재성에 관한 "일관된 규정"이라는 "초월적 이상"에 대한 논의 속에서, 칸트는 그와 같은 이상에 대한 단순한 현시"가 "그러한 이상에 순응하는, 그러한 존재자의 실존을 전제하지는 않는다"는 점을 지적하고 있다(Kant 1996, 568[761]). 칸트의 논증은 신을 단지 선언적 삼단논법의 인격화로서만 다룬다(572[763], 83번 각주 참조). 이것은 선언을 작동시키는 역량을 자신의 현존이 이미 다른 토대들에 기초하여 세워졌을지 모르는 신에게 귀속시키는 것과는 매우 다른 문제이다. 실제로, 칸트가 신의 현존을 증명하는 전통적인 논증들을 논박할 수 있었던 것은 정확히 선언적 삼단논법의 견지에서 이루어진 그 자신의 신에 대한 특징화이다. 신이 선언적 삼단논법의 원리로서 정의되고, 그럼으로써 모든 가능한 술어들이 [신에게] 부여될 때, 그 아이러니한 결과는 신에게서 이른바 현존existence의 술어가 박탈된다는 점이다. 왜냐하면 "어떤 술어를 통해서든 그리고 얼마나 많은 술어를 통해서든, 나는 하나의 사물이 … 내가 이 사물이 있다고 덧붙여 계속 말하는 것을 통해서는 그 사물에 조금도 보태는 것이 없다고 생각하기" 때문이다(584[777]). 심지어 이 우주 안의 모든 가능한 술어들이 함께 모인다 하더라도 거기에는 결국 어떠한 필연적인 현존도 보태질 수 없는 것이다. 선언들의 대가로서의 신의 이념은 우리에게 세계가 이접적으로, "분배적 통일"로서 표상되도록 허용해 준다. 하지만 그와 같은 통일은 제한된 통일이며, 그래서 "우리로 하여금 그 신의 이념이 [바로] 그 [신이라는 사변적인] 이념을 통해서 표상될 하나의 존재자 자체의 집합적인 통일 또는 단일한 통일을 표상한다고 결론짓도록 허용하지는 않는다"(Deleuze 1990, 296[466], 칸트를 참조하면서, 1996, 571~572[763]). 달리 말해서, 현존은 술어가 아니라는 말은, 신 ─ 선언적 종합의 원리 또는 "실재성의 일관적 규정"의 원리로서의 신 ─ 이라는 철학적 이념은 구성적인 이념이 아니라, 단지 규제적인(또는 문제제기적인) 이념일 뿐이라는 것을 의미한다. 또한 이것은 칸트가 신의 현존이 인지적으로는 증명될 수 없고, 다만 실천적으로만 긍정될 수 있다고 (『실천이성비판』에서 일어나듯이) 주장하는 이유이기도 하다.

『안티 오이디푸스』에서 들뢰즈와 과타리는 칸트의 신을 그들이 '기관 없는 신체'BwO라고 부르는 것으로 대체한다. 그들은 『의미의 논리』에서 이미 확립했던 신과 안티크리스트 사이의 대립을 따르면서, "기관 없는 신체는 신神이 아니다. 차라리 정반대다"(1983, 13[40])라고 말한다. 하지만 나는 이러한 대립이 다소 너무 쉽고 갑작스럽다는 점을 계속해서 시사하고자 노력해 왔다. 들뢰즈와 과타리가 실제로 기술하고 있던 대로의 그 조건들은 훨씬 더 복잡하게 얽혀 있다. 기관 없는 신체는, 정확히 칸트의 신처럼, 이접적 종합의 양극단 사이에서 진동하고 있다. 때때로 그것은, 마치 불공가능한 것들에 대한 배제를 수반하는 라이프니츠의 신처럼 배타적이며 제한적이다. 또한 다른 때에 그것은 슈레버의 신 또는 클로소프스키의 바포메트의 방식으로 포괄적이고 비제한적이다. 이는 기관 없는 신체가 흐름들과 절단들의 연결종합이라는 이항적 논리를 중단시키면서 "제3항"(7[32])으로서 도입되는 방식으로부터 따라 나온다. "모든 것이 한순간 죽은 듯 정지하고, 모든 것이 자리에서 응고된다 ─ 그러고 나서는 그 전체 과정이 다시 시작될 것이다"(7 [32]). 기관 없는 신체는 그것 자체로는 역동적인 과정이 아니다. 그것은 오히려 "미분화된 거대한 대상⋯ 비생산적인 것, 불임의 것, 출산되지 않은 것, 소비 불가능한 것"(8 [32])이다. 그것[기관 없는 신체] 자체는 흐르지 않으며, 연결도 절단도 하지 않는다. 하지만 모든 흐름이 그것 위를 지나가고, 모든 절단이 그것 위에 기록된다. 왜냐하면, 모든 "생산 과정"은 "반생산의 요소"(8 [33]), 즉 그 과정이 모두 멈추게 되는 한 지점을, 간단히 말해 치사량을 필요로 하기 때문이다. "어떤 점에서는 아무것도 작동하지 않고 아무것도 기능하지 않는 것이 더 나으리라"(7 [32]). 들뢰즈와 과타리는 기관 없는 신체를 프로이트·라캉적인 죽음의 욕동과 동일시하는 데까지 나아간다. "왜냐하면 욕망이 죽음 역시 욕망하는 까닭은 죽음이라는 충만한 신체가 욕망의 부동의 모터여서인데, 이는 욕망이 삶을 욕망하는 까닭이 삶의 기관들이 작동하는 기계working machine"여서인 것과 마찬가지이기 때문이다(8 [32]). 그리고 이러한 죽음, 이러한 반생산은 정확히 신이라는 형상이다.[24]

---

24. 앤젤라 카터(1940~1992)는 그녀의 소설 『호프만 박사의 욕망기계』(1986)에서 유사한 동력(dynamic)을 통해 작업하고 있다. 그 소설의 제목과 동명인(아마도 LSD[리세르그산 디에틸아미드, 환각제의 일종]의 발견자의 이름을 따른) 한 미친 과학자는 "인간 이성 자체에 대항하는 대규모 캠페인"을 벌이고 있었다. "현실화된 욕망"의 파도들로 그 도시를 홍수에 잠기도록 만들려고 그의 "욕망 기계"를 사용함으로써 "인간 이성 자체에 대항하는 대규모 캠페인을 벌이고 있었다"고 말해진다. 육체로 나타난 호프만의 초현실적인 "환각들"의 풍부함 속에서, "삶 그 자체는 단지 하나의 복잡한 미로가 되었고, 존재할 수

물론, 기관 없는 신체라는 개념은 앙토냉 아르토의 후기 저작들에서 가져왔다. 들뢰즈는 먼저 기관 없는 신체를 『의미의 논리』에서 도입하고 있는데, 거기에서 그 개념은 어떤 파국적인 "표면의 붕괴"로부터 생겨나는 "보편적인 심층"과 관련되어 있다(Deleuze 1990, 87 [172]). 하지만 『안티 오이디푸스』에서 들뢰즈와 과타리는 기관 없는 신체를 『의미의 논리』에서 발전시켰던 다른 한 개념과 연관시킨다. 그것은 바로 준-원인이라는 개념이다. 들뢰즈와 과타리는 욕망적 생산의 능동적인 물질적 인과성과, 기관 없는 신체들의 준-인과적인 "반생산" 사이에 "명백한 충돌"(1983, 9 [34]) ─ 칸트적인 안티노미 ─ 을 정립한다. 정확히 『의미의 논리』에서 준-원인이 물질적 인과성의 "유독한 혼합물"과 "역겨운 마술"을 완화하고 경감시키는 것(Deleuze 1990, 131 [236])처럼, 『안티 오이디푸스』에서는 기관 없는 신체는 욕망적 생산의 "애벌레들과 메스꺼운 기생충들을"을 축출한다(Deleuze and Guattari 1983, 9 [34]). 그리고 『의미의 논리』에서 사건들에 관한 스토아적 학설이 표면의 탐험과 정교화를 포함하며, 또한 표면을 분열증적 심층으로부터 분

있을지 모르는 가능한 모든 것들은, 존재했다." 모든 가능성들과 함께 욕망들과 환상들은 동등하게 현재한다. "아무것도 … 더 이상 자기 자신과 동일하지 않았다." 그 결과는 "언어로는 좀처럼 표현되기 어려울 정도로 풍부한 복잡성"이다. 하지만 아이러니하게도 자신을 욕망(Desiderio)이라고 부르는 화자는 호프만 박사가 자신의 욕망 기계들로 만들어내는 놀라움들과 복잡성들을 "따분하다"고 말한다. 그는 가차 없는 새로움에 넌더리를 치면서, 그 대신 "정지[상태](stasis)에 대한 숭배"(12)를 발전시킨다. 그는 "나 자신은 하나의 욕망만 갖고 있었다. 그리고 그것은, 모든 것이 멈추는 것이었다"(11)라고 말한다.

리시키는 것을 포함하듯이, 『안티 오이디푸스』에서 기관 없는 신체는 "등록하는 표면의 역할을 담당한다. … 즉 어떤 마법적 기입 내지 등록 표면의 역할 – 앞서 심층들 안에서 우글거린다고 간주되었던 모든 생산력과 모든 생산기관을 자신에게 귀속시키는 표면의 역할 – 을 담당한다(1983, 11~12[38]).[25]

---

25. 오이디푸스라는 인물조차, 비록 앞의 책[『의미의 논리』]에서 언급된 오이디푸스화의 논리에 대한 뒤의 책[『안티 오이디푸스』]에서의 공격들에도 불구하고, 두 본문 모두에서 유사한 역할을 수행한다. 『의미의 논리』에서 오이디푸스는 "심층의 지옥 같은 힘과 높이의 천상적 힘을 축출하는" 그리고 이제는 제3의 제국, 즉 표면만을 주장하는, 표면 이외에는 아무것도 주장하지 않는 "평화의 영웅"에 해당한다(Deleuze 1990, 201[334]). 『안티 오이디푸스』에서는 이러한 기능이 축하받기보다는 비난받지만, 사회적 재생산이 "오이디푸스가 사방으로 빠져나가는 계보학적 질료 및 형식을 길들이는 것을 목표로 하는 한, 오이디푸스가 사회적 재생산의 요구 내지 결과"가 되는 것은 사실로 남는다(Deleuze and Guattari 1983, 13[41]). 두 텍스트 모두에서 오이디푸스적인 준-인과성은 물질성과 신체들의 심층들에서 생산되는 분열증적 강도들을 길들인다(그러나 그것들을 완전히 지배할 수는 없다).
『안티 오이디푸스』는 종종 『의미의 논리』를 구조 지었던 심층과 표면의 대립을 거부하는 것으로 읽힌다. 그러나 두 책의 실제적인 관계는 그러한 공식화가 나타내는 것보다 복잡하다. 『의미의 논리』에서, 준-인과성은 표면 효과로서 기술된다. 반면에, 아르토의 기관 없는 신체는 심층에 대한 순수한 경험으로서 제시된다(Deleuze 1990, 82~93[165~179] 외 여러 곳). 그러나 『안티 오이디푸스』에서는, 표면의 준-인과성의 이미지 없는 형상과 심층 안의 기관 없는 신체의 형상이 상호 동일시된다. 바로 이것이 기관 없는 신체가 "등록의 표면"이자 "충만한 신체"로 기술되는 이유이다. 반생산의 "미분화(未分化)된" 공백은 표면 효과이자 깊은 "무정형의 미분화된 유체의 역류"이다(Deleuze and Guattari 1983, 9[34]). 따라서 『안티 오이디푸스』는 표면과 심층의 구별 그리고 물질적 인과성(생산)과 준-인과성(반생산) 사이의 구별을 모두 유지한다. 다만 이러한 두 가지 구별을 서로 나란히 정렬하는 대신에 재배치할 뿐이다.

들뢰즈와 과타리는 어떤 것도 발생하지 않는 ─ 왜냐하면 아무것도 놓치지 않을 것이므로 ─ 총체적인 연속성을 지닌 플래넘 plenum[물질의 충만태로 충만한 공간]이라는 이상화된 개념 및 부정성과 결여라는 헤겔적 논리 ─ 그 논리에서는 부재와 모순이 변화의 원동력이다 ─ 를 모두 피할 것을 추구한다. 기관 없는 신체는 이러한 안티노미에 대한 해결책이다. 왜냐하면, 그것은 통합적인 전체도 공허도 아니기 때문이다. 오히려 어떤 "무형의 미분화未分化된 유체流體"(1983, 9[34])로서, 그것은 전적으로 애매하여, 충만함과 텅 빔 모두에 참여하지만[얼마간 충만함과 텅 빔 양자의 성질을 띠고 있지만], 양자 가운데서 그 어느 쪽으로도 환원되지 않는다. "기관 없는 신체는 본원적인 무無의 증거가 아니며, 잃어버린 총체성의 여분도 아니다"(8[33]). 그것은 등급 0으로 존재함Being Degree Zero으로 가장 잘 생각된다. 다시 말해 고집스럽게 남아있는 것, 모든 부정에 저항하면서, 심지어 모든 긍정적인 성질이 다 떠나버릴 때조차도 잔여로서 존재하는 것 말이다. 하지만 그것은 반드시 "끊임없이 생산 과정 속으로 재주입되어 들어감에 틀림없다"(8[33]). 그 과정 안에서, 기관 없는 신체는 자신의 중단들과 봉쇄들, 선언들과 양자택일들을 부과함으로써 사물을 발생하도록 만든다. 욕망적 생산은 언제나 또한 반생산을 포함하고 있다. 모든 원인은 자신의 그림자, 즉 준-원인을 동반한다. 그러한 준-원인은 덧없고, "익명적이며", "미분화된"(9[34]) 것이지만, 그럼에도 불구하고 온전히 실재적이다.

이것은 들뢰즈와 과타리가 맑스와 만나는 지점이다. 기관 없는 신체의 논리가 맑스가 기술하는 자본의 논리와 동일시될 수 있는 두 가지 길이 있다. 첫째로, 기관 없는 신체가 생산을 멈추고 약화시킬 때, 그것은 또한 마찬가지로 생산의 열매들(생산물들)을 포획하고, 그러한 생산물들을 기관 없는 신체 자신에게 귀속시키며, 그것들 모두를 자신의 표면들을 가로질러 분배한다. 이것은 맑스가 착취, 내지 잉여가치의 추출이라고 부른 것이다. 그리고 둘째로, 맑스에게 생산 과정에서 추출된 잉여가치가 순환[유통]이라는 수반된 운동이 없이는 실현될 수 없는 것과 꼭 마찬가지로, 들뢰즈와 과타리에게서도 연결종합[연접적 종합]의 생산들은 기관 없는 신체의 표면 위에 등록된 것들로서, 이접적 종합들이라는 그 수반된 순환과 기입들이 없다면 현실화될 수 없다. 이것이 기관 없는 신체가 척력과 인력 모두를 지닌 "기계"인 방식이다. 그것은 "등록의 표면"이라는 형태를 취할 뿐만 아니라, 들뢰즈와 과타리가 사회체socius라고 부르는 것, 즉 사회적 생산의 "충만한 신체"(1983, 10[36])라고 부르는 것의 형태를 취한다. 자본주의적 생산양식 아래에서, 이러한 사회체는 자본이라는 신체 자체, "맑스가 노동의 생산물이 아니라, 오히려 노동 자체의 자연적 또는 신성한 전제로서 나타나는 것이라고 말하면서 가리키고 있는 신체"(10[37])이다. 인간 노동은 오늘날 사회적 재생산의 현실적이고 물질적인 원인이다. 그러나 자본은 겉보기에는 출산되지 않거나 자기-출산적인, 불모적인 준-원인이다. 그것[준-원인으로서의 자본, 즉 충만한 몸으로서의 사회체]의 표면 위로 이러한 재생산은 등록되고, 그것의 매개들을 통해 재생산은 조직되며, 또한 우리는 재생산을 그것의 심층들에 귀속시킬 수밖에 없다.[26]

맑스는 어떻게 자본이 살아 있는 노동의 생산물을 그것 자신에게 귀속시키는지를 기술하는데, 그 결과 자본은 마치 저 노동으로부터 추출된 잉여가치가 자본 자체의 "자기가치화"self-valorization라는 자율적 과정의 "자연적" 결과인 것처럼 나타난다." 그러나 이러한 "마치 ~인 것처럼 나타난다"는 단지 곡해에 불과한 것이 아니다. 왜냐하면 맑스가 강조하는 부분은 자본의 자기가치화는, 그것 자체의 권리상, 일종의 객관적인 환상, 또는 들뢰즈와 과타리가 "외견상의 객관적 운동"(1983, 10~11 [37])이라고 부르는 것에 해당하기 때문이다. 자본주의의 자기 이미지 속에서, 노동은 가공하지 않은 원재료들, 기계장치, 지대地代 등과 나란히 생산의 단순한 투입의 하나로 위치 지어진다. [다른 한편] 이윤은 투하된 총자본의 한 함수로서, 또한 실제로는 투하된 총자본의 한 생산물로서 계산된다. 그것에 의하여 산 노동의 창조적인 역할은 가려

---

26. 여기서 "인간 노동"은 비르노(Virno 2004)와 하트와 네그리(Hardt and Negri 2001)가 "비물질 노동", "감정 노동", 그리고 "일반 지성"이라고 부르는 것의 생산성을 포함한다고 간주되어야 한다. 비록 어떤 이론가들(예 : Lazzarato 2004)은 그러한 현상들이 "산 노동"(living labor)의 착취에 관한 맑스의 통찰들을 무효화시킨다고 생각하는 것 같지만, 실제로 그것들은 모두 생산의 인과적 과정들이 자본의 준-원인에 의해 전용되고 그것에 동화되는 방식들에 너무나 완전하게 일치한다.

지고 만다. 그러나 이러한 이미지는 단지 어떤 신비화에 불과한 것이 아니다(물론 그렇기는 하지만 말이다). 왜냐하면 그것은 자본주의적 체계의 거짓된 표상이기보다는 차라리 자본의 자기-표상이 갖는 현실적인 한 측면이기 때문이다. 또한 이러한 "이데올로기적인" 자기-표상은 그것 자체가 자본의 자기 내적인 기능작용에 필수적이다. 기업가들과 기업들은 자본주의적 생산 양식이 작동하기 위해서는 그들 스스로가 반드시 이러한 이미지, 이러한 계산 방법을 채택해야만 하는 것이다. 이것은 자본 그 자체가 사회적 생산의 물질적 원인으로서의 산 노동과 대비되는 사회적 생산의 준-원인임을 의미한다. 맑스는 "자본의 운동은… 한계가 없다"고 쓴다. 왜냐하면 "자본으로서의 화폐의 유통은 그 자체가 목적이기 때문이다. … 가치의 가치화는 끊임없이 갱신되는 이 운동의 내부에서만 실현되기 때문이다"(Marx 1992, 253[190]). 들뢰즈와 과타리의 용어로 바꿔 말하자면, 기관 없는 신체로서의 자본은 끊임없이 "모든 생산으로 복귀하며se rabt sur, 생산력들과 생산의 작인들이 그 위에 분배되는 하나의 표면을 구성하며, 그것에 의하여 모든 잉여 생산을 그것 자신[기관 없는 신체로서의 자본]을 위해 전유하고, 또한 이제 준-원인으로서의 그것으로부터 해방되는 것처럼 보이는 그러한 과정 전체와 부분들 양자 모두를 자기 자신에게 귀속시킨다. … 충만한 신체로서의 사회체는 생산 전체가 자신을 등록하는 하나의 표면을 형성하며, 그 결과로 그 전체 과정은 이 등록의 표면으로부터 해방되는 것처럼 보인다"(1983, 10[36]).[27]

명백히, 화이트헤드는 『과정과 실재』에서 자본주의의 동학에 관해서 아무것도 말하지 않고 있다. 그럼에도 불구하고 화이트헤드의 신은, 꼭 기관 없는 신체처럼 제한적이고 내포적인 사용들 양자 모두에 있어서, ―칸트에 의해서 최초로 그 윤곽을 드러낸― 이접적 종합들의 작동자로서 가장 잘 이해된다. "우리는 현실태를 무한한 가능태와 본질적으로 관계하고 있는 것으로 생각한다"라고 화이트헤드는 말하고 있다(1925/1967, 174[285]). 신은, 기관 없는 신체처럼, 이러한 "본질적인 관계"의 형태를 나타내고 구현한다. 신은 한편으로는 무한한 가능태와 다른 한편으로는 현실적 계기들의 구체적인 실존, 혹은 "소여성"(Whitehead 1929/1978,

---

27. 자본은 그것이 생산하는 것의 물질적인 원인이 아니다. 그러나 생산 시스템을 조직하고 개념화하는 것으로서, 그것은 소급적으로 준―원인으로 창발한다. 이것은 어쩌면 우리가 어째서 자기―조직화와 창발에 대한 현행의 열광을 의심해야 하는지에 대한 이유가 될지 모른다. 그러한 개념에는 본질적으로 해방시키는 것이 없다. 자기―조직화에 관한 모든 들뢰즈의 설명을 위해서 브라이언 마수미(2002)가 작업해 냈던 탁월한 설명처럼, 프리드리히 하이에크(1991) 또는 케빈 켈리(1994)와 같은 사람들에 의해서 [제시된], 자본주의 시장을 놀랍도록 자기―조직적인 시스템으로 보는 설명이 존재한다. 자기―조직화하는 시장의 신학은 애덤 스미스의 보이지 않는 손이라는 자본주의적/칼빈주의적 개념의 포스트모던적 판본이다. 그것의 전임자[스미스]와 마찬가지로 이 신학은 단지 착취에 대한 모든 질문을 무시할 뿐이다. 들뢰즈와 과타리에게 그 문제는, 착취적이지 않으면서 또한 단지 스스로를 재생산하고 확장하는 것이 아니라 자신의 한계까지 밀어붙인 다음 모든 한계에서 새롭게 자신을 재구성하는 자기조직화의 형태를 어떻게 상상할 것인가이다. 이것은 또한 화이트헤드와 들뢰즈가 상상하는 것과 같이, 어떻게 진정한 새로움이 끊임없는 자본주의적 혁신, "자본주의적인 유행 ― 새로움"과 다른 것일 수 있을지의 문제다.

43[127]) 사이에서 [일어나는] – 양방향 모두에서의 – 이행을 촉진한다. 기관 없는 신체와 상당히 비슷하게, 신은 단지 준-원인일 뿐이다. 신은 현실적으로 우주를 창조하지 않는다. 왜냐하면 화이트헤드에게 창조는, 정확히 들뢰즈와 과타리에게서 창조가 모든 욕망하는 기계들의 생산적인 활동성인 것과 마찬가지로 모든 현실적 계기들의 합생적인 결단들에서 생기기 때문이다. 하지만 신은 일종의 이웃하며 존재하는 공동창조자로서 간주될 수 있다. 『과학과 근대세계』에서 화이트헤드는 신이 모든 창조를 위한 가능성의 조건에 해당하는 "가치들 가운데서의 선행적인 제한[가치에 대한 선행적 한정]"을 제공한다고 밝힌다(1925/1967, 178[290]). 또한 『과정과 실재』에서, 화이트헤드는 신이 각각의 현실적 계기의 합생하는 결단들("신의 원초적 본성")을 자극할 뿐만 아니라, 또한 그것들을 등록한다("신의 결과적 본성")고 말한다. 이렇게 해서, 화이트헤드의 신은, 기관 없는 신체처럼, 유도, 순환, 그리고 소통의 어떤 형상으로서 적절하게 간주될 수 있다.[28]

---

28. 나는 여기서 화이트헤드가 신의 "원초적" 본성과 "결과적" 본성이라고 부르는 본성들 사이의 관계라는, 오랫동안 활발히 토론되어 왔던 물음에 관해서는 간략하게 다룰 것이다. 신의 원초적 본성은 가능태 또는 잠재성을 포함하기 때문에 순수하게 개념적이다. 즉 "원초적인 것으로 본 신은 절대적으로 풍부한 가능태에 대한 무제한적인 개념적 실현이다. 이런 점에서 그는 모든 창조에 앞서 있는 것이 아니라, 모든 창조와 더불어 있다."(Whitehead 1929/1978, 343[650]). 이것이 "구체화의 원리 – 그것을 통하여 모호성[부성이 되고 말 상황으로부터 일정한 결과를 창출시키는 원리 – 로서의 신이다"(345[652]). 반면에, 신의 결과적 본성은 물리적이고 현실적이다. 그것[신의 본성이 물리적

여기서 나의 목표는 화이트헤드의 신과 기관 없는 신체를 동일화하는 데 있지 않고, 다만 그 두 개념이 구조상 유사성을 지닌다는 것을 보여 주려는 것이다. 그 개념들은 양자 모두가 동일한 필요성에 응답하고 있다. 즉 그 안에서 모든 잠재력이 표현될 수 있게 될 어떤 총체화하지 않으면서도 열려 있는 "전체"를 [개념적으로] 생각해 낼 필요성[에 응답하는 것이다]. 과정과 생성의 형이상학은, 그것이 만일 원자화된 비일관성 속에서 표류하지 않으려면, 어떤 통일unification의 원리가 없을 수는 없다. 그러나 그것은 또한 마찬가지로 그것을 어떤 종류의 최종목적이나 종결로 고정시키는 것과 같은 원리를 허용할 수가 없다.[29] 따라서 들뢰즈와

느낌의 충만으로 완결되는 것 즉 결과적 본성]은 "신 안에서의 세계의 객체화로부터 파생되었다. … 그 합생하는 피조물은 그 현실 세계에 대한 신의 객체화에 있어서의 새로운 요소로서 신 속에서 객체화된다"(345 [653]). 즉, 신의 결과적 본성은 모든 현실적 계기들에서 발생한 모든 것의 기입 또는 기록과 같은 어떤 것을 포함한다. 신의 원초적 본성은 미래를 향한 개방이며, 모든 생성을 위한 가능성의 조건이다. 신의 결과적 본성은 베르그손의 기억 또는 "순수 기억"과 같은 것이다. 즉 "과거 자체의 존재"(Deleuze 1991, 60) 또는 과거로서의 그것의 보존이다. 아주 거칠게 말해서, 신의 원초적 본성이 잠재적인 "충만한 몸"으로서의 기관 없는 신체에 대응한다면, 반면 신의 결과적 본성은 "등록의 표면"으로서의 기관 없는 신체에 대응한다.

29. 이것이 과정 사상을 변증법의 그 어떤 형태와도 차별화시키는 점이다. 베르그손, 화이트헤드, 들뢰즈에게서, 그리고 헤겔(1977, 407)에게서와는 반대로, "정신(영혼)의 상처"는 결코 온전하게 만들 수 없으며, 언제나 흉터를 남긴다. 과거는 과거로서, 그것의 전체로서, 존속한다. 왜냐하면 종속되거나 지양될 수 없는 "객체적 불멸성" [때문이다]. 그러나 이러한 존속은 그 자체로 급진적으로 열린 미래를 위한 조건이며, 어떤 종류의 변증법적 운동으로도 미리 형성되거나 포함될 수 없는 조건이다.

과타리는 자신들은 "주변적인 것에 해당하는 총체성들만을 믿는다"라고 선언한다. 또한 만일 우리가 그와 같은 총체성을 다양한 낱낱의 분리된 부분들과 나란히 발견한다면, 그것[총체성]은 이러한 특수한 부분들의 전체이지만 그 특수한 부분들을 총체화시키지는 않는다. 그것[특수한 부분들의 전체로서의 총체성]은 이러한 모든 특수한 부분들의 전체이지만, 그것들을 통일하지는 않는다. 오히려 전체는 따로따로 만들어진 하나의 새로운 부분으로서 그것들[특수한 부분들]에 더해진다(1983, 42). 기관 없는 신체는 어떤 "전체" 혹은 "통일"이지만, 흐름들과 절단들을 포섭하는 것이 아니라, 그것들의 교환들을 등록하고 또한 자신에게 귀속시키면서 그러한 흐름들과 절단들 옆에 나란히 존속한다. 화이트헤드의 신도 마찬가지로 그와 같은 주변적인 "전체" 혹은 "통일"이다. 사실상, "각 시간적 계기는 신을 구현하고 또한 신 속에서 구현된다"(Whitehead 1929/1978, 348[659]). 그러나 이러한 신은 세계를 현실적으로 규정하거나 포함하지 않고, 세계와 나란히 있는 신일 뿐이다.

이것은 화이트헤드가 칸트를 개정하는 방식에서 특히 분명해진다. 화이트헤드의 신은, 칸트의 신처럼, "전체적 가능성"possibility in its entirety(Kant 1996, 564[754])과 관계가 있다. 하지만 칸트의 신이 모든 가능한 술어들을 내포하거나 근거 짓는 데 비해서, 화이트헤드의 신은 다만 [모든] 영원한 객체들을 "마음에 그릴envisages 뿐이다"(Whitehead 1929/1978, 44[128]). 영원한 객체들은 술어들과 동일한 것들이 아니며[30] 또한 [신의 영원한 객체들을] 마음에 그림 envisagement은 "일관적 규정"이라기보다는 그보다 훨씬 더 겸손한 활동이다." 만일 신이 가능태들을 "마음에 그린"다면, 이것은 그가 다만 외부로부터만 그것들에 접근하고 있음을 시사한다. 또한 실제로, 화이트헤드의 신은 어떤 기초적인 욕구를 보여 준다. 즉 현재의 욕구에 따른 미래에의 충동 안에 있는 욕구에 기초한 미래를 향한 충동"(33[104])을 보여주는 것이다. 이것은 이미 실재에 대한 "일관적인 규정"의 원리였던 한 존재a Being의 경우에는 쓸데 없고, 또한 사실상 우스꽝스러운 것이 될 것이다. 하지만 화이트

---

30. 화이트헤드는 "술어"를 현실적 존재 혹은 그러한 존재들의 사회일 수 있는 일부 "논리적 주어"(1929/1978, 24[88])에 할당된 "복합적인 영원한 객체"로서 정의한다. 이것은 술어들이 "명제들"의 요소들, 또는 사태들에 관한 제한된 가설들의 요소라는 것을 의미한다. "술어는 한 명제의 주어에 대하여 관계성의 가능태를 한정한다"(188[380~381]). 중요한 점은 술어는 영원한 객체의 하위 집합에 불과하다는 것이다. 신을 제외한 모든 현실적 존재들은 특정한 술어를 "향유하"거나 느낌으로 승인[수용]한다. 하지만 신은 모든 영원한 객체들을 무차별하게 마음에 그린다(envisages). 명제적 사유에서의 술어작용(predication)은 이접적 종합의 제한적 사용의 일종이다. 그러나 영원한 객체에 대한 신의 직시는 그러므로 제한적이지 않다.

또한, 그것은 "가능태들은 술어들의 지위에 제한된다는 궁극적인 존재론적 원리를 표현하는 것으로서의 '실체-성질' 개념에 대한 수용"과 함께일 때만 그러하다(157[330]). 일단 우리가 "실체-성질" 개념에서 벗어나면, 우리는 영원한 객체를 술어 이상의 것으로서 생각할 수 있다. 화이트헤드는 궁극적으로 영원한 객체를 "사실에 대한 특수한 규정을 위한 순수 가능태"로 정의한다. '있는 것'의 본성에 모든 생성을 위한 가능성이 속하게 되는 것은 바로 그러한 순수 가능태들의 현실적 존재들 속으로의 "진입"에 힘입어서이다(22[86]). 이 "상대성 원리"는 선언적 삼단논법의 내포적이고 비제한적인 사용에 대응한다.

헤드에게서는 신에 대해 생각하는 것이, 우리가 신을 하나의 경험적인 현상으로, [다시 말해서] "현실 세계 안에 내재하는 하나의 현실적 존재"(93[216])로서 생각하는 경우에만 가능할 뿐이다. 신은 그의 "혐오"와 "역작용"이 "모든 영원한 객체들에 대한 완벽한 개념적 가치평가"를 포함한다는 의미에서 "원초적"이다 — 이에 비해 모든 다른 존재들은 영원한 객체들에 대한 제한적인 선택을 파악할 뿐이다. 그러나 이러한 [신의] "원초적 본성"은 모든 것을 포괄하는 초월성으로서가 아니라, 그것 자신이 단순히 "현실적으로 작용하는 사실"로서 인식되어야 한다"(32[105]).

달리 말해서, 화이트헤드는 칸트가 사변신학에 던진 도전을 받아들이고 있다. 즉 "만일 경험적으로 타당한 인과성의 법칙이 근원존재자를 위해 쓰인다면, 이 근원존재자 역시 경험 대상들의 연쇄에 함께 속해야만 할 것이다. 그러나 그러한 경우에 이 근원존재자 자신은 모든 현상들과 마찬가지로, 이번에는 조건 지어지게 될 것이다"(Kant 1996, 613[806]). 화이트헤드의 신은 특별한 종류의 존재지만, 여전히 조건 지어진 존재, [즉] "경험 대상들의 연쇄"의 일부분[에 해당하는 존재]이다. 그는 초월적이지만, 오직 다른 존재들이 마찬가지로 초월적인 것과 같은 방식에서만 그러하다. 다시 말해서, "신의 초월성은 그에게만 고유한 것이 아니다. "신을 포함해서, 모든 현실적 존재는 그 자신의 새로움에 힘입어, 자신의 우주를 초월한다"(Whitehead 1929/1978, 93~94[216]). 신 자신은 화이트헤드가 존재론적 원리라고 부른 것에 종속된다. 즉 "그 현실적 존재들은 유일한 근거들이다 : 그래서 하나의 근거를 찾는다는 것은 하나 또는 그 이상의 현실적 존재들을 찾는다는 것이다"(24[89]). 화이트헤드의 신은, 그의 욕망들 desires을 통해서, 모든 다른 현실적 존재들을 위한 "근거"를 제공한다. 하지만 그러한 존재들도 또한 역으로 신을 위한 근거들을 제공한다. 어떤 "충족 이유"에 대한 설명이든지 그것은 반드시 신을 포함해야만 한다. 하지만 그와 같은 설명은 결코 단지 신에게만 제한될 수는 없다.

칸트의 신이 "상호성"community(모든 존재에 대한 상호적 규정)이라는 모든 것을 포함하는 관계 범주에 직접적으로 대응하는 곳에서, 화이트헤드의 신은 다만 이러한 상호성의 또 다른 [하나의] 구성원에 불과하다. "현실 세계는 언제나 반드시 '신'이라 불리는 원초적인 현실적 존재와 시간적인 현실적 존재들을 포함하는, 모든 현실적 존재들의 공동체를 의미해야만 한다"(1929/1978, 65[167]).31 신은 공동체의 관계를 규정하지 않으며, 그것의 항들 가운데 하나로서 이러한 관계 내부에서 포착된다. 그렇지 않다면, 또 다른 방식으로 말하자면 신 그 자신은 세계 안에 있는 존재들의 상호적 규정의 원리가 될 수 없는데, 왜냐하면 신과 세계는 화이트헤드가 "창조성"이라고 부르는 것의 보다 커다란 운동 안에서 이미 상호적으로 서로를 규정하고 있기 때문이다. 이런 이유로

---

31. * "현실 세계는 언제나 모든 현실적 존재의 공동체를, 즉 '신'으로 불리는 원초적인 현실적 존재와 시간적인 현실적 존재를 다 같이 표현하는 공동체를 의미하는 것이어야 한다"(Whitehead 1929/1978, 65[167]).

화이트헤드는 신과 세계 사이에 존재하는 일련의 낯설고 놀라움을 주는 안티노미들을 정립할 수 있었다. 그러한 두 항[신과 세계]은, 상호침투하지만 결코 일치하지는 않으면서 "서로를 감독한다." 왜냐하면 "신과 세계는 대비된 대립자이며, 이 대립자에 의해서 창조성은 대립 속에 다양성을 갖는 이접적인 다수성, 대비속에 다양성을 갖는 합생적 통일로 변형시키는 그 최상의 임무를 수행"하기 때문이다(348[658]).

화이트헤드가 『과학과 근대세계』에서 신 개념을 최초로 도입할 때, 그는 이접적 종합의 제한적인 사용을 강조했었다. 신의 역할은 "여러 제약조건, 특수화, 가치의 기준 등으로 이루어지는 선행적 한정 …"을 부여하는 것이며, … 일부 특정한 존재방식how이 필요하며, 또 사실로서의 특정한 본질what이 필요하다"(1925/1967, 178[290]). 『과정과 실재』에서는 이러한 제한에 대한 강조가 변형되고 보다 복잡해지기는 해도 전적으로 폐기되지는 않는다. 그러한 맥락에서 화이트헤드는 "신은 구체화의 원리이다. 즉 신은 각각의 시간적 합생에 그 자기 원인 작용의 출발점이 되는 최초의 지향을 부여하는 그런 현실적 존재인 것이다"(1929/1978, 244[484])라고 재차 단언한다. 모든 현실적 존재는 그것 자신의 "초월적 결단"을 내리지만, 그 "초월적 결단은" 그것의 최초의 제약조건의 하나로서 "신의 결단을 포함한다"(164[342]). 이런 방식으로, 신은 "피할 수 없고 굽힐 수 없는 엄연한 사실의 압축들을 나타낸다"(43[125]). "신은 현실적 존재이다. 그에 의해, 영원한 객체의 다양성 전체는 합생의 각 단계와 등급화된 관련성을 획득하게 된다"(164[342]).[32] 신은 모든 가능태들을 예외 없이 응시한다. 그러나 또한 신은 "일반적" 혹은 "절대적" 가능태, 즉 그것을 오직 신만이 마음에 그릴 수 있는 가능태로부터, "'실재적 가능태', 즉 현실 세계에 의해서 제공된 여건에 의해 제약되어 있으며", 또한 "그것에 의해 현실 세계가 한정되는 그런 입각점으로 간주되는 현실적 존재에 대하여 상대적인" 가능태로의 이행을 지배한다 (65[167]). 신은 영원한 객체들(가능태들)을 각각의 현실적 존재에게 이용될 수 있도록 만들어준다. 그러나 신은 그러한 영원한 객체들을 특수한 [현실적] 존재들에 대한 "등급화된 관련성"에 따라서 조직한다.[33]

달리 말해서, 신은 파멸fatality을 나타낸다. 이러한 파멸을 통해서 하나의 단일한 한정된 길은 보르헤스의 끝없이 두 갈래로

---

32. * "신은 그에 의해 영원한 객체의 다양성 전체가 합생의 각 단계와 등급화된 관련성을 획득하게 되는 현실적 존재이다"(Whitehead 1929/1978, 164[342]).

33. * "따라서 우리는 가능태가 갖는 두 가지의 의미를 항상 고려해야 한다. 즉 (a) '일반적' 가능태. 이는 영원한 객체의 다수성에 의해 제공되는, 서로 무모순적이거나 선택적인 가능성들의 묶음이다. (b) '실재적' 가능태. 이는 현실 세계에 의해서 제공된 여건에 의해 제약되어 있다. 일반적 가능태는 절대적이지만, 실재적 가능태는 그것에 의해 현실 세계가 한정되는 그런 입각점으로 간주되는 어떤 현실적 존재에 대하여 상대적이다. '현실 세계'란 표현은 '어제'라든지 '내일'이라든지 하는 것과 같이, 그 입각점에 따라서 의미가 달라진다는 것을 기억해 둘 필요가 있다. 현실 세계는 언제나 모든 현실적 존재의 공동체를, 즉 '신'으로 불리는 원초적인 현실적 존재와 시간적인 현실적 존재를 다 같이 포함하는 공동체를 의미하는 것이어야 한다"(Whitehead 1929/1978, 65[167]).

갈라지는 길들이 있는 정원의 미로[같이 복잡한] 분기를 통과하여 선택되었다. 이접적 종합의 이러한 제한적인 사용은 시간의 되돌릴 수 없음의 한 불가피한 귀결이다. 일단 한 번 선택이 이루어지면, 그것은 되돌려지거나 변경될 수 없다. 그러한 "신의 본성 안에서 개념적으로 실현된, 사물들의 불가피한 질서"는 호소도 정당화도 없다 : "신의 이러한 기능은 그리스 사상이나 불교 사상에 나타나 있는 사물들의 냉혹한 작용과 유사하다. 최초의 지향은 막다른 골목에 있어 최선의 것이다. 그러나 만일 그 최선의 것이 악이 될 경우, 신의 잔인성은 재해災害의 여신 아테Atè로 의인화될 수 있다. 쭉정이는 불 속에 던져진다"(244[484]). 그 "최초의 지향"은, 일단 한 번 선택이 되면, 역전되거나 되돌려질 수 없다. 이것은 화이트헤드의 라이프니츠에 대한 반론의 뿌리에 놓여 있다. 그것 모두가 라이프니츠가 신이 가능한 세계들 가운데서 합리적인 선택을 내린다고 주장하고 또 이러한 선택이 궁극적으로는 최선의 선택임을 주장하기 위해서 이러한 파멸을 정당화하기를 추구한 방식으로 귀결된다. 이와는 정반대로, 화이트헤드는 만일 "신이 궁극적인 한정이라면", 그의 실존은 궁극적인 비합리성이다. 왜냐하면 신의 본성으로부터 부과되는 그와 같은 한정 자체에는 어떠한 근거도 주어질 수 없기 때문이다"(1925/1967, 178[291]). 신은 냉혹할 뿐만 아니라 또한 임의적이다.[34]

---

34. 이것은 화이트헤드가 칸트의 비판[철학] 이전의 사유로 되돌아가기보다는 칸

그러나 만일 신이 과거의 회복 불가능성을 강제한다면, 그
는 또한 마찬가지로 미래의 개방성을 보증하기도 한다. 그래서 이
러한 역할 속에서 신은 이접적 종합에 대한 내포적이고 비제한
적인 사용을 나타낸다. 신은 "욕구의 기본적인 완결성을 구현한
다"(Whitehead 1929/1978, 316 [605]) : 바꿔 말하면, 신의 "미래를 향
한 충동", 또는 "사실을 향한 갈망"은 절대적으로 구분되는 모든
가능태들(즉 모든 영원한 객체들)을 포괄한다. 신의 "원초적 본
성"은 "영원한 객체의 다양한 전체에 대한 무제약적인 개념적 가
치평가"(31 [101])를 포함한다. 이것은 화이트헤드의 신이, 슈레
버나 클로소프스키의 신 못지않게, 술어들(혹은 보다 나은 표
현으로는, 성질들과 정동들)의 모든 가능한 조합을 통과하는
이행 ― 이때 그러한 술어들 서로 간의 불공가능성에 대한 고려 없
이 ― 을 마음에 그린다는 것을 의미한다. 이런 의미에서 신은, 특

트의 비판[철학]적 혁명의 계승자로 남아있게 되는 또 다른 방식이다. 들뢰즈
는 "칸트가 법[칙]과 선의 관계를 역전시키는" 방식을 칸트의 위대한 "시적 공
식들"의 하나로서 열거한다. 플라톤 이래로 줄곧, 전통 형이상학은 선의 이상
으로부터 모든 도덕 법칙들을 도출했다. 그러나 칸트에게서 "법에 의존하는
것은 선이지 그 역은 아니다…『실천이성비판』에서의 텅 빈 형식으로서의 법
은 『순수이성비판』에서의 순수 형식에 대응한다"(Deleuze 1984, x). 화이트
헤드는 칸트의 정언명법의 "텅 빈 형식"을 신의 단순히 경험적인 임의성으로
대체한다. 그러나 그는 이러한 "임의성"을 합리성 혹은 선함에 대한 어떠한 선
재하는 표준이나 혹은 어떠한 보다 높은 형태의 정당화에도 종속시키기를 거
부하면서 여전히 칸트적인 것으로 남아있다. "형이상학적으로 미규정적인 것
은 그럼에도 불구하고 범주상으로는 규정되어야만 한다. 여기서 우리는 합리
성의 한계에 도달하게 된다"(Whitehead 1925/1967, 178 [291]).

수한 현실화들의 제한들에 의해서는 제약되지 않는 "우주의 일반적인 가능태"(46[131])를 포함하고 있다. 만일 신이 일반적 가능태로부터 실재적 가능태로 진행하는 운동을 지배한다면, 마찬가지로 그는 제한된 실재적인 가능태의 제약들로부터 일반적·절대적 가능태의 잉여[과잉]로 진행하는 역방향의 운동의 전망을 제공한다. 또한 이러한 잉여[과잉]는 결코 고갈되지 않는다. 왜냐하면 그것[우주의 일반적인 가능태]은 "그것이 거기서 아직 실현되지 않고 있는 그런 현실적 존재[비시간적인 현실적 존재로서의 신]에 대하여 근사적인 관련을 보유하고 있[기 때문이다]"(46[131]).[35] 다시 말해서, "신의 욕구에 대한 벡터적 파악"(316[605])은 모든 현실적 계기의 경험 속으로 진입해 들어간다. 모든 영원한 객체들 – 하나의 주어진 [현실적] 계기가 다른 경우라면 그것[자신]의 환경 속에서 만나지 않게 될 그러한 영원한 객체들을 포함해서 – 에 대한 신의 '마음속에 그림'은 그것 자체가 모든 새로운 합생을 위한 객체적 여건이다.

모든 현실적 계기들을 위한 "여건"으로서 신의 "개념적 느낌

---

35. * "모든 것은 어떤 곳에 있어야 한다. 여기서 '어떤 곳'이란 '어떤 현실적 존재'를 의미한다. 따라서 우주의 일반적인 가능태도 어떤 곳에 있어야 한다. 왜냐하면 그것은, 그것이 거기서 아직 실현되지 않고 있는 그런 현실적 존재에 대하여 근사적인 관련을 보유하고 있기 때문이다. 이 '가장 가까운 관련'(proximate relevance)은 새로운 것의 출현을 규제하는 목적인으로서, 연이어 계속되는 합생 가운데 다시 나타난다. 지금 말한 이 '어떤 곳'은 비시간적인 현실적 존재이다. 따라서 '근사적인 관련'은 '신의 원초적인 정신에 있어서의 관련'을 의미한다"(화이트헤드, 『과정과 실재』, 131쪽).

들"이 존재한다는 것(Whitehead 1929/1978, 247[489])은 [세계(우주) 속에] 반복만 존재하지 않는 이유에 해당한다.[36] 모든 합생 안에서, "그 물리적 계승은 본질적으로 개념적 반작용 — 부분적으로는 그 물리적 계승에 순응하며, 또 부분적으로는 적절한 새로운 대비를 끌어들이지만, 항상 강조, 가치평가, 목적을 끌어들이는 개념적 반작용 — 을 동반한다"(108[241]). 신은 "대비"를 포함하는 그와 같은 "개념적 반작용"의 원천이다 ; [왜냐하면] 신은 존재[현실적 존재]가 자기 자신의 "결단"을 내리도록 허용해 주는 선택들을 제공하기 때문이다. 이것은 화이트헤드가 다음과 같이 몇 번이고 되풀이하여 선언하는 이유이다. 즉 "신이 없다면, 관련성 있는 새로움이란 있을 수 없게 될 것이다"(164[342]). "신은 강화를 지향하는 새로움의 기관이다"(67[170]). 신의 원초적 본성에서 발생하는 것으로서의 영원한 객체들의 "그와 같은 질서화"를 제쳐놓는다면 "새로움은 무의미하게 되고 생각조차 할 수 없게 될 것이다"(40[119]). 또한 "신의 개입을 떠날 경우, 세계에는 그 어떤 새로운 것도 있을 수 없고, 그 어떤 질서도 있을 수 없게 될 것이다"(247[488]).

---

36. * 물리적 느낌은 다른 현실적 존재(현실태)에 대한 느낌이다. 만일 다른 현실태가 자신의 개념적 느낌에 의해 객체화되고 있다면, 문제되는 주체의 물리적 느낌은 '혼성적'(hybrid)이라고 불린다. 합생의 최초의 위상은 그 합생에 대하여 '주어진' 우주에 직접 관련되는 신의 개념적 느낌을 통한, 신에 대한 혼성적인 물리적 느낌(파악)이다. 이로부터 개념적 평가의 범주(범주적 제약IV)에 따라, 그 주체에 있어서 신의 개념적 느낌의 여건과 평가를 재현하는 파생적 느낌이 있게 된다. 이러한 개념적 느낌이 "최초의 지향"이다.

신은 새로움을 위한 힘인데, 정확히 그 이유는 그가 사건들의 현실적인 경로를 결정하지 않기 때문이다. 이와는 정반대로, 신은 이러한 [사건들의 현실적인] 경로의 미규정성을, [또한] 그것이 지니는 미래에서의 차이를 향한 개방성을 보증해 준다. 신 자신의 "결단"은 이를테면, 다른 모든 존재들[현실적 계기들]에 의해 이루어질 결단들을 위한 날 것의 재료를 제공해 준다. 그러므로 화이트헤드의 신은 엔트로피에 역행하는 힘이다. 신이 없다면, "창조의 진로는 모든 균형과 강도가 양립 불가능성의 역류에 의해서 점진적으로 배제되어 버린, 생기 없는 무기력의 지평이 되고 말 것이다"(Whitehead 1929/1978, 247 [488]).[37] 신은 불공가능한 것들을 양립가능하게 만듦으로써 우주를 새롭게 한다. 모순이나 배제의 경우에, 신은 "대립을 대비로 전환"(248 [658])시켜서, 이전에는 화해될 수 없었던 항들이 함께 생각될 수 있거나 실현될 수 있게 된다. 어쩌면 화이트헤드의 신은 칸트의 신이 그런 것과 같은 방식으로 상호성(상호적 규정성)의 범주를 구현하지 않을지 모른다. 그러나 적어도 화이트헤드의 신은 그와 같은 상호성의 범위를 확장시킨다. 신은 단순한 선형적인 인과성("물리적 계승"의 "인과적 효과

---

37. * "신의 개입을 떠날 경우, 세계에는 그 어떤 새로운 것도 있을 수 없고 그 어떤 질서도 있을 수 없게 될 것이다. 또한 그럴 경우, 창조의 진로는 모든 균형과 강도가 양립 불가능성의 역류에 의해서 점진적으로 배제되어 버린, 생기 없는 무기력의 지평이 되고 말 것이다. 파생적이며 공감적인 개념적 가치 평가를 수반하고 있는, 신으로부터 파생된 새로운 혼성적 느낌은 진보의 기초인 것이다"(Whitehead 1929/1978, 247 [488]).

성")이 사건들의 경로를 완벽하게 결정할 수 없는(물론, 비록 그것이 [사건들의 경로를] 강력하게 제약하기는 하지만) 근거가 된다. 게다가, 신은 변화를 위한 자극이다. 화이트헤드의 가장 놀라운 구절은, 신이 "새로움으로의 자극물"(88[206])이라고 말한 구절이다. 신은 [현실적] 존재를 그것의 생성의 과정 속으로 유혹하는, 또는 그것을 차이 속으로 끌어들이는 "느낌을 위한 유혹"(189, 344[387, 651])을 제공해 준다.

따라서, 이중적인 의미에서 화이트헤드의 신은 구체화의 원리Principle of Concretion이다. 이접적 종합의 제한적 사용을 통해서, 신은 구체적인 현실화의 모든 운동의 한 필수적인 부분에 해당하는 가능태들의 협소화를 강제한다. 신은 각각의 현실적 존재가, "우주의 모든 요소에 대한 그 자신의 결정적 태도"(1929/1978, 45[130])를 나타내기 위한 "결단"을 내려야 한다는 필요조건을 구체화embodies한다. 들뢰즈라면 그와 같은 신에 대해서, "이접들은 배제라는 부정적인 가치를 갖는다"(Deleuze 1990, 297[467])라고 말해야만 할 것이다. 그러나 동시에, 이접적 종합에 대한 내포적인 사용을 통해서 화이트헤드의 신은 또한 다수적인 (그리고 심지어는 양립불가능한) 가능태들을 분배하면서 현실적 존재의 "결단"의 범위를 확장시키며, 또한 그 현실적 존재로 하여금 "그것[주체로서의 그 현실적 존재]이 갖는 최초의 주체적 지향에 대한 수정"(Whitehead 1929/1978, 245[485])이 일어나도록 허용하거나 또는 그것을 강제한다. 이것은 화이트헤드에 대한 들뢰즈의 독해에 따르자면, "과정, 즉 불공가능성들을 긍정하는 동시에 그것들을 통과하여 이행하는 과정"(Deleuze 1993, 81 [150])에 해당하는 신이다. 화이트헤드 자신의 용어로 표현하면, 신의 개입을 통해서 "현실적인 것은 (어떤 의미에서) 비존재인 것을 자신의 성립 형태에 기여하는 적극적 인자因子로서 포함"하며, 그래서 "사실은 여러 선택지에 직면하게 된다"(Whitehead 1929/1978, 189 [387], 1925/1967, 176 [258]). 그 [현실적] 존재는 이제 단순한 "패턴에의 순응"으로부터 벗어날 수 있으며, 대신에 그것 자신[주체로서의 현실적 계기]이 갖는 자율적인 개체적 경험의 섬광閃光을 주장하고 보여줌으로써, "새로운 개념적 느낌"을 표현할 수 있게 된다"(1929/1978, 245 [485]).[38] 모든 것 속에 모든 것[이 있으며], "창조적인 과정은 그것이 포섭의 과정인 것인 만큼 또한 배제의 과정이기도 하다"(1926/1996, 113 [132]). 모든 존재의 창조적 "결단"은 (다수의 가능태들이 하나의 단일한 현실태로 응결되는 것처럼) 협소해지는 활동일뿐만 아니라 [동시에] (선택적인 가능태들이 "마음속에] 품어지는 것처럼) 개방되는 활동이기도 하다. 그래서 신은 과

---

38. * "주체가 지니고 있는 자율적인 개체적 경험의 섬광(閃光)은, 전달된 것들의 유래를 최종적 관찰자의 의식적 경험 내에서 찾고 있는 과학에 있어서는 무시될 수 있다. 그러나 개체적 경험이 무시될 수 없게 될 경우에는 그 즉시, 주체가 그 최초의 주체적 지향을 수정하는 데서 갖는 자율성이 고려되지 않으면 안 된다. 각각의 창조적 행위는 저마다 일자(one)로서 구체화되는 우주이며, 최종적 조건으로서는 그 이상 아무것도 없다."(Whitehead 1929/1978, 245 [485])

정의 그와 같은 측면들 양자 모두의 촉진자, 혹은 촉매자이다.[39]

화이트헤드의 형이상학에 대해 보다 기술적인 수준에서 말해 보면, 신에 관한 이와 같은 설명은 개념적 역전의 범주에 의해 제기된 난점들을 해결하기 위해서 필요하다. 화이트헤드는 처음

---

39. 팀 클라크(2002)는 들뢰즈의 화이트헤드와의 만남에 관한 명료하고 강력한 논의에서 들뢰즈가 화이트헤드의 신을 긍정과 변신의 인물로 독해하는 것에 반대하는 논증을 펼친다. 클라크에게 화이트헤드의 신은 결코 완전히 긍정적인 방식, 혹은 들뢰즈적인 방식으로 이접적 종합을 수행하지 않는다. 오히려 화이트헤드에게서 "제한과 한계는 가치의 조건들"이기 때문에 화이트헤드의 신은 "아직 긍정적으로 종합적이지 않거나 온전하게 긍정적이지는 않은 이접들을 실행하거나 적어도 발견하도록 요구된다"(198). 화이트헤드는 "그의 체계 안에서 우주는 원칙적으로 오직 반만 개방적이고 따라서 부분적으로 예측 가능한 것으로 남아있기 때문에"(202) 결코 들뢰즈적인 카오스모스에까지 이르지는 않는다. 그러므로 들뢰즈는 그 자신의 차이에 대한 "총체적인 긍정"을 화이트헤드에게 귀속시킬 때 잘못 독해하고 있는 것이다. 왜냐하면 화이트헤드는 "그 자신의 어깨 위에 짊어진 존재론적 전통의 무게"(205)로부터 완전히 벗어나지 못했기 때문이다.

나는 클라크의 논의에서 정말 많은 것을 배웠다. 특히, 칸트적인 (그리고 클로소프스키적인) 선언적 삼단논법에 관한 들뢰즈의 논의에 비추어 화이트헤드의 신 개념을 독해한 것에 대해 그에게 빚지고 있다. 또한 클라크가 화이트헤드의 신에 관한 논의 속에서 제한과 배제의 요소들이 작용하고 있음을 본 것은 전적으로 옳다. [하지만] 나는 화이트헤드의 신에 대한 설명과 들뢰즈의 기관 없는 신체에 대한 설명 ― 그리고 사실상, 이미 신에 관한 칸트의 설명에서 ― 작동 중인 이접적 종합의 배타적인 사용과 내포적인 사용 사이에 [존재하는] 어떤 운동을 본다는 점에서 클라크와 입장이 다르다. 비록 들뢰즈는 종합의 그 두 가지 사용 사이의 대립을 논쟁적이고 절대적인 것으로 기술하는 경향이 있지만, 실제로 그는 그것들 사이를 미끄러지듯 오고 간다. ― 왜냐하면 잠재적인 것의 모든 현실화는 불가피하게 일종의 제한을 수반하기 때문이며, 또한 한편으로는 코드화와 포획의 형식들에 대한 분석과 다른 한편으로는 "도주선"의 유통(mobilization)에 대한 분석이 그러한 두 가지 사용들 사이의 긴장을 필연적으로 참조하기 때문이다.

에는 이 범주를 아래와 같이 공식화하고 있다. 즉 "개념적 느낌의 2차적 발생이 있다. 그것은 정신적 극의 최초 위상에서의 여건을 형성하고 있는 영원한 객체와 부분적으로 동일하고, 부분적으로 상이한 여건을 가진다. 이 다양성은 주체적 지향에 의해 결정되는, 적절한 관련을 지니고 있는 다양성이다"(1929/1978, 26[93]). 다시 말해서, 하나의 현실적 존재는 그것이 직면하고 있는 경험적 여건 속에서 실현되어 있는 영원한 객체들만을 파악하는 것에 제한되어 있지 않다. 비록 그 현실적 존재가 보고 있는 모든 것이 푸르다 하더라도, 그것은 또한 붉음을 상상할 수 있는 것이다. 그 현실적 존재는 느낌들을 형성할 수 있으며, 또한 경험의 "그 최초의 위상 안에 있는 여건"이 제공하는 것들"과는 다른 다양한" 가능태들을 갈망할 수 있다.

이것은 화이트헤드의 체계의 한 범주적 요구조건이며, 혹은 칸트가 어떤 필연적인 "초월론적 전제"라고 불렀을 것에 해당한다. 왜냐하면 만일 그렇지 않다면 새로움은 불가능해질 것이기 때문이다. [다시 말해] "개념적 역전"이라는 개념이 없다면, 오직 푸른-색깔의 여건만을 파악했던 하나의 현실적 존재는 결코 붉음을 정립할 수 없었을 것이기 때문이다. 그러나 어떻게 개념적 역전의 범주가 화이트헤드의 기본적인 존재론적 원리 ─ "생성의 과정이 임의의 특정 순간에 순응하고 있는 모든 조건은 그 근거를 그 합생의 현실 세계 속에 있는 어떤 현실적 존재의 성격에 두고 있거나 아니면 합생의 과정에 있는 그 주체의 성격 속에 두고 있다"(24[89])라고 주장되는 원리 — 와 일치하거나 정합적일 수 있는지 알기는 어렵다. 그렇다면 이때 붉음에 대한 상상은 어디서 비롯된 것일까? [존재론적 원리의] 정의에 따라서, 하나의 새로운 개념적 파악의 여건은 "그 합생의 현실 세계 안에 있는 어떠한 현실적 존재" 안에도 현재하지 않기 때문에, 그것은 반드시 합생 과정에 있는 주체의 성격, 다시 말해서, 그 [현실적] 존재의 "주체적 지향"으로부터 나와야만 한다.

하지만 어떻게 그와 같이 이전에는 "느껴지지 않은 영원한 객체"(249[493])가 한 현실적 존재의 주체적 지향에 진입하고 그것을 변경하는 것일까? 무엇이 "적절한 관련성을 지니고 있는 선택지들에 대한 긍정적인 개념적 파악을 가능하게 만드는 것일까"(249[492])? 전통적인 관념론적 형이상학은 회상이라는 일부 플라톤적인 원리에 호소함으로써 이 문제를 해결한다. [예를 들면] 붉음의 이념은, 내가 그것을 생각함과 독립적으로, 그 자체로서 실존한다. 또한 바로 그런 이유로 그것은 나의 사유에 접근 가능하다. 오늘날의 인지과학은 칸트를 따르면서 그것을 주관화함으로써 이러한 논증을 유지 보존한다. 즉 붉음의 이념은 그것 자체로서는 실존하지 않을 수도 있다. 하지만 그것은 인간 마음의 생래적인 구조들의 필연적 산물이다. 그러나 화이트헤드는 이러한 추론의 노선을 받아들이기를 몹시 싫어한다 — 비록 그가 자신이 "영원한 객체들"이라고 부르는 것과 플라톤적 형상들을 비교하고 있다곤 해도 말이다(44[127]). 왜냐하면 이미 주어진 형상들에 대한 어떠한 호소든지 그것은 새로움을 단지 구조적인 변환이나 한 주제의 변주들로 환원시킴으로써 새로움의 범위를 제한한다는 것을 의미하기 때문이다.

우선적으로, 화이트헤드는 영원한 객체들이 그것들 자신 내부에서는 다른 관계된 영원한 객체들을 지시할 역량을 소유할 것이라는 관념을 품고 있다. 즉 "각 현실태의 결정적인 한정성은 이러한 형상들로부터의 선택의 표현이다. 그것은 이런 형상들을 다양한 관련성 속에 등급화시킨다. 이러한 관련성의 질서화는 가장 완전한 의미에서 예시되고 있는 형상들로부터 출발하여, 여러 등급의 관련성을 지닌 형상들을 거쳐, 현실적 사실과의 대비 때문에 막연한 의미에서 근사적으로만 관련되고 있는 형상으로까지 내려가게 된다. 이러한 관련된 전 영역이 '주어져' 있으며, 이는 현실태의 결단과 연관되어 있어야 한다"(43~44[127]). 그러나 궁극적으로 화이트헤드는 이러한 논증을 거부하는데, 왜냐하면 "실현되어 있지 않은 하나의 영원한 객체가, 실현되어 진입하고 있는 영원한 객체 — 즉 느껴지지 않고 있는 어떤 다른 영원한 객체와 비교되는 영원한 객체 — 에 어떻게, 그리고 어떤 의미에서 보다 더 또는 보다 덜 가까울 수 있는 것인가 하는 문제는 이 역전의 범주에 의해 답변되지 않은 채 남아 있"(249~250[493])기 때문이다.[40]

---

40. * 이 부분 전체의 한국어판 번역을 그대로 옮겨보면 다음과 같다. "실현되어 있지 않은 하나의 영원한 객체가, 실현되어 진입하고 있는 영원한 객체 — 즉 느껴지지 않고 있는 어떤 다른 영원한 객체와 비교되는 영원한 객체 — 에 어떻게, 그리고 어떤 의미에서 보다 더 또는 보다 덜 가까울 수 있는 것인가 하

그 "관련성의 등급"과 영원한 객체들 사이의 근사성은 오직 그러한 객체들이 어떤 닫혀있으면서 잘-한정된 집합 안에서 질서 지어질 수 있는 한에서만 결정될 수 있다. 그러나 이것은 "자연은 결코 완결되어 있지 않다"는 사실, 즉 "그것은 항상 자신을 넘어서 간다"(289[559])는 사실과 상반된다. 화이트헤드는 "새로운 영원한 객체라는 것은 있을 수 없다"(22[86])고 주장한다. 하지만 그는 또한 영원한 객체들의 "전체"를 닫힌집합과는 다른 어떤 것으로서 사유하기를 우리에게 요구한다. (닫힌 전체가 아닌 어떤 [열린] 전체라는 개념은 베르그손과 관련하여 들뢰즈에 의해 공식화되었다[Deleuze 1986, 10~11].) 이러한 고려들을 통해서 화이트헤드는 이전에 실현되지 않은 영원한 객체들의 진입에 관한 물음은 "[존재론적 원리상] 어떤 현실적 존재와의 관련을 통해서만 답변될 수 있다"라고 주장하게 된다. 존재론적 원리에 따라서, "놓친[아직 실현되지 않은]"missing 영원한 객체들을 위한 어떤 경험적인 원천이

는 문제는 이 역전의 범주에 의해 답변되지 않은 채 남아 있다. **존재론적 원리상 이 문제는 어떤 현실적 존재와의 관련을 통해서만 답변될 수 있다. 모든 영원한 객체들은 신의 개념적 느낌 속으로 들어간다. 따라서 보다 근본적으로 설명하자면, 시간적 주체에 있어서의 역전된 개념적 느낌은, 신의 경험에 있어서 개념적으로 질서 지어진 관련항들에 대한 혼성적인 물리적 느낌들로부터 범주 VI에 따라 파생된, 그 주체의 개념적 느낌에 귀속되지 않으면 안 되는 것이다. 이런 식으로, 신이 창조적 작용에다 어떤 특성을 부여한다고 봄으로써 보다 완전한 합리적 설명이 이루어진다. 이때 역전의 범주는 폐기된다. 그리고 개념적 경험이란 물리적 경험으로부터 파생되는 것이라는 흄의 원리는 그대로 온전하게 보존된다**"(Whitehead 249~250[493]).

있어야만 한다. 대안적인 가능태들에 대한 그 "개념적 파악"은 선험적으로 "물리적 파악" 안에 그것의 근거들을 가져야만 한다. 신은 이러한 조건을 만족시키는 현실적 존재이다 ─ 혹은, 화이트헤드는 신의 현존을 이 조건을 만족시켜야 한다는 요구로부터 도출한다. 신은 모든 영원한 객체를 무차별적으로 파악하며, 또한 그렇게 함으로써 그것들을 임의의 "시간적 존재"에 적용될 수 있게 한다. 이러한 신에 대한 호소를 통해서 "〔개념적〕 역전의 범주는 폐기된다. 그리고 개념적 경험이란 물리적 경험으로부터 파생되는 것이라는 흄의 원리는 그대로 온전하게 보존된다"(250〔493〕).[41]

요약해 보면, 화이트헤드는 그의 형이상학 속 깊이 놓인 근거들을 위해서 신이라는 개념figure을 정립하고, 발견 내지 구성해낸 것이다. 아리스토텔레스처럼 화이트헤드는 이러한 방향으로 나아가지 않을 수 없었는데, 왜냐하면 "사물의 일반적 특성들이 그와 같은 하나의 존재가 존재할 것을 요청하고 있기"(1925/1967, 173~174〔284〕) 때문이다. 또한 라이프니츠와 대조적으로 화이트헤드는 신이라는 존재를 결국 형이상학적 불편함들을 해소하기 위해 사용되는 단순한 "넉살 좋은 허튼소리"(1929/1978, 47〔134〕)가

---

41. 이 문제에 대한 화이트헤드의 투쟁, 그리고 개념적 역전의 범주에 관한 그의 처음의 주장과 그 이후의 거부는 루이스 S. 포드가 상세히 추적하고 있다 (1984, 211~241 외 여러 곳). 결정적으로 중요한 점은 화이트헤드가 신에 의존하는 것이, 기이하게 보일 수 있지만, 실제로는 초월적인 해결책을 거부하고 그 대신 내재적인 해결책을 포용하는 방식이라는 사실이다. 신은 들뢰즈의 기관 없는 신체와 마찬가지로, 화이트헤드의 "초월론적 경험론"의 상관물이다.

되지 않는 방식으로 정립할 것을 추구한다. 화이트헤드가 신을 하나의 과정으로서, 또한 어떤 초월적인 존재가 아니라 경험적인 존재로서 그려낼 때 이것은 신은 하나의 핑계로서 언급되거나, 무한퇴행을 막는 궁극적인 설명으로서 불러내질 수 없다는 것을 의미한다. 왜냐하면 중요한 점은 정확히 신은 아무것도 설명해 주지 않으며, 어떤 구실도 되지 않는다는 것이기 때문이다. "신의 본성에는 어떠한 근거도 주어질 수 없다. 왜냐하면 그의 본성이 바로 합리성의 근거이기 때문이다"(1925/1967, 178[291]). 다시 말해서, "근거"는 근거 없고groundless 비합리적이다. 그것은 심지어 "궁극적 비합리성"(178[291])이다. 라이프니츠(또한 그 문제에 관해서는 헤겔도)가 실재적인 것의 합리성을 확증하기 위해서 신에 호소할 때, 화이트헤드는 정확히 그와 같은 상위의 합리성의 너무 명백한 부재를 인정하기 위해서 신에 호소한다. 화이트헤드의 신은 사물들이 발생하도록 돕는다(신의 "원초적 본성" 속에서). 또한 그는 발생한 모든 것을 관조하고 보존한다(그의 "결과적 본성" 속에서). 그러나 신은 어떤 것을 설명하거나 정당화하기 위해서는 사용될 수 없다.

이 모든 것 속에서 화이트헤드는 일반적으로 인정되어 왔던 것 훨씬 이상으로, 다시 한번 칸트의 계승자로서의 면모를 드러낸다. 그 자신의 신 개념에 대한 세속화의 추구 속에서, 그는 칸트처럼 사변적인 태도로부터 실천적인 태도로 이동한다. 화이트헤드가 신에 관련한 자신의 "사유 노선"은 "칸트의 논증을 확장시키고 있다. 칸트는 도덕적 질서에서 신의 필요성을 보았지만, 그 자신의 형이상학에서는 우주로부터의 논증을 거부했다. 여기에서 해명된 형이상학적 학설은 세계의 토대를 — 칸트가 그랬듯이 — 인지적이고 개념적인 경험에서 찾기보다는 미적 경험에서 찾는다"(Whitehead 1926/1996, 104~105[121~122])라고 말할 때, 화이트헤드는 이 점을 분명하게 강조하고 있다. 물론 칸트는 우리에게 "신의 현존을 가정하는 것은 도덕적으로 필연적이다"(Kant 2002, 159[264])라고 말한다. 우리는 신이 현존한다는 것을 증명하거나 인지적으로 확립할 수는 없다. 하지만 우리의 도덕적 의무는 우리로 하여금 신이 현존한다는 것을 가정하도록 촉구하며, 또한 마치 신이 현존하는 것처럼 행위하도록 촉구한다.[42]

화이트헤드는 신을 도덕성에 기초하기보다는 "미적 경험"에

---

42. 칸트는 조심스럽게 지적하기를 "이러한 도덕적 필연성은 주관적이다. 즉 [그것은] 하나의 요구이며, 객관적인 겟[필연성]이 아니다. 즉 그것 자체가 의무는 아니다. 왜냐하면 한 사물의 현존을 가정하기 위한 어떠한 의무도 있을 수 없기 때문이다(왜냐하면 그렇게 한다는 것은 오직 이성에 대한 이론적 사용에만 관여하는 것이기 때문이다)"(2002, 159[264]). 신을 믿는다는 것은 우리의 의무가 아니다. 그것은 우리가 도덕적 의무의 명령들을 따르는 한에서, 오직 우리가 실제로 신을 믿도록 강요받는 경우에 — 즉 우리가 신을 믿지 않을 수 없는 상황에서 — 만 사실이 된다. 신은 심지어 도덕적 의무의 기초로서 불러들여질 수도 없다. 오히려 도덕적 의무 자체가 신에 대한 모든 믿음을 위한 유일한 기초를 제공해 준다. 화이트헤드는 신의 현존을 토대주의적으로가 아니라, 부가적으로(adjunctively) 정립하는 방식에서 칸트를 따르고 있다. 그러나 화이트헤드에게 우리가 신의 현존을 가정하도록 강요하는 것은 도덕성이기보다는 미학이다.

기초하여 정립한다. 우리가 "결단"을 내리는 한에서 – 또한 화이트헤드에게서 결단이란 "현실태 그 자체의 의미를 이루고 있다"(1929/1978, 43[125]) – 우리는 선택의 과정에 연루되어 있는 것이다. 우리는 어떤 여건을 "느끼며"(또는 긍정적으로 파악하며), 또한 어떤 다른 여건들은 "느낌으로부터 배제한다"(또는 부정적으로 파악한다)(23[88]). 그러나 이러한 선택의 과정은 어떤 미적인 선택 과정이다. 그것은 사유되기보다는 느껴지는 것이다(혹은 그것은 사유되기에 앞서 느껴지는 것이다). 또한 그것은 의무적인 것이기보다는 자유롭게 느껴지는 것이다. 그 선택의 과정은 인지적이거나 도덕적인 기준이 아니라 미적 기준에 의존한다. 이러한 기준들은 화이트헤드가 "주체적 조화"Subjective Harmony, "주체적 강도"Subjective Intensity의 범주적 제약들이라고 부르는 것이다(27[94~95]). 모든 현실적 계기의 "주체적 지향"은, 첫째로 자신의 여건들을 "복합적이면서 완전하게 규정된 하나의 느낌" 속으로 "통합하기 위해 양립 가능"하게 만듦으로써 그 모든 여건들을 조화롭게 만든다(22). 또한 둘째로, 그러한 느낌의 강도를 최대화한다. 따라서 모든 결단의 목표는 아름다움이며, 아름다움은 화이트헤드에 의해서 "한 경험의 계기 안에 있는 여러 요인들의 상호 적응"(1933/1967, 252[389])으로서 정의되고 있다. 이러한 "적응"이 느껴질 때 수반되는 강도에 관해서 화이트헤드는 "강도적 경험은 미적 사실"(1929/1978, 279[43][543])이라고 쓰고 있다.

이러한 미적 결단들은 모든 경우에 있어서 독특하다. 그것들은 미리 앞서 결정되거나, 혹은 어떤 규칙에 따라서 이루어질 수 없다. 신은 화이트헤드에게는 미적 선택의 원천이 아니다. 이는 마치 칸트에게서 신이 도덕적 의무의 원천이 아닌 것과 마찬가지이다. 그러나 미적 결단이라는 사실은 화이트헤드로 하여금, 마치 도덕적 의무라는 사실이 칸트로 하여금 신이 현존한다고 가정하도록 강요하는 것처럼, 신을 정립하도록 강요한다. 이때 신은 창조성의 근원이 아니다. 하지만 신은 "모든 창조적 국면에서 반드시 고려되어야만 하는" 하나의 요인으로서 떠오른다(1926/1996, 94[111]). 화이트헤드의 신은 일종의 기준선baseline으로 간주될 수 있을지 모른다. 신은 조화와 강도 양자 모두의 최대치를 구현한다. 또한 신은 모든 특수한 조화들과 강도들이 그와 관련하여 측정될 수 있는 등급 0을 제공한다. 신의 "욕구의 기본적인 완결성"(1929/1978, 316[605])은 하나의 대비로서 모든 현실적 계기들의 특수한 욕구들appetitions(욕망들desires) 속으로 들어간다. 신은 결코 미적 선택을 내리지 않는 유일한 존재이다. 왜냐하면 신은 어떤 것들을 다른 것들에 대한 선호 속에서 선택하기보다는 모든 것을 긍정적으로 파악하거나, 심미저으로 평가하기 때문이다. 그러나 그와 같은 보편적인 평가 행위는 반드시 그 자체로 하나의 독특한 경우여야만 한다. 다시 말해, "무제약적인 개념적 가치 평가, 즉 스피노자가 사용했던 의미의 '무한한' 개념적 가치 평가는

---

43. * 원문에서는 277쪽으로 잘못 표기되어 있다. 279[543]쪽으로 수정한다.

우주에서는 오직 한 번만 가능하다. 왜냐하면 그 창조적 행위는 창조 활동을 특징짓는 불가피한 조건으로서 객체적으로 불멸하기 때문이다"(247[489]). 화이트헤드의 신은 전능하지 않다. 하지만 그 신은 "불가피"하다*is* "inescapable". 왜냐하면 그 어떤 현실적 계기도 신을 여건으로서 만나기를 피할 수 없기 때문이다.

이 모든 것이 화이트헤드의 신을 일종의 궁극의 심미가로 만들어 준다. "신의 목적을 함께 구성하고 있는 여러 원초적 욕구들이 추구하는 것은 강도强度이지 보존保存이 아니다. … 신은 그 원초적 본성에 있어서, 이러저러한 특정의 것에 대한 사랑 때문에 움직이는 것이 아니다. … 자신의 존재 기반에 있어서 신은 보존에도 새로움에도 다 같이 무관심하다. 신은 직접적 계기가 ─ 그 계통으로부터의 유래에 관한 한 ─ 낡은 것이든 새로운 것이든 마음을 쓰지 않는다. 그 계기에서 신이 목적하는 바는 신 자신의 존재의 성취를 향한 중간 단계로서의 만족의 깊이이다. … 따라서 창조적 전진에 있어서 신의 목적은 강도를 불러일으키는 데에 있다"(1929/1978, 105[236]). 거기에는 다소 차가운 무언가가 있다. 즉 칸트의 심미적인 무관심성과 비슷한 무엇 말이다. 스피노자의 신이 모든 현상을 그것들의 궁극적인 원인들의 견지에서 이해하면서 영원의 상하sub specie aeternitatis에서 세계를 관조하는 지점에서, 화이트헤드의 신은 시간 안에서 전개되는 결과들effects과 귀결들을, 그러한 것들이 신 자신의 자기-만족에 기여하는 한에서 보살핀다. 그와 같은 것이 바로 윤리학과 미학 사이에 놓인 차이

라고 할 수 있다.[44]

　　나는 특별히 화이트헤드의 신을 좋아한다고 말할 수 없다. 하지만 이때도 나는 화이트헤드가 우리가 그의 신을 좋아하기를 원한다고 추측하지 않는다. 왜냐하면 무제약적인 긍정의 모습으로서조차 신은 총체화하거나 모든 것을 아우르는 존재라기보다는 여전히 하나의 독특한 존재로 남아 있기 때문이다. 화이트헤드는 우리에게 "신을 포함한, 모든 현실적 존재는 그 자신의 목적을 위한 어떤 개체적인 것이다"(1929/1978, 88 [206])라는 점을 상기시킨다. 이것은 신 역시 (대부분의 종교와 철학자가 그렇다고 가정하는 경향이 존재해 왔던 것처럼) 우리들의 목적을 위해서보다는 자기 자신의 목적을 위해서 활동하고 있다는 것을 의미한다. 어떤 경우든지 간에, 신에 대한 우리의 좋아하고 싫어함의 물음은 부적절한 물음이다. 중요한 것은 신이 화이트헤드의 우주 안

---

44. "자기-향유"는 화이트헤드가 조심스럽게, 그러나 분명하게 사용하는 단어 또는 개념이다. 『과정과 실재』에서 그는 "사물의 사사성과 관련하여 고려된 하나의 현실적 존재"는 '주체'라고 말한다. 즉, 그것은 자기-향유의 발생의 순간이다. 이것은 모든 현실적 존재가 또한 '자기초월체'로서의 사물의 공공성과 관련하여 고려되어야만 하는 방식과 대비된다. 이 후자의 관점에서, 모든 존재자는 "객체적으로 불멸한다" – 달리 말해서 그것은 죽은 여건인 것이다(1929/1978, 164 [342, 영어판의 인용 쪽수가 잘못되어 옮긴이가 수정했다]). 나중에 화이트헤드는 『사고의 양태』에서 보다 단정적으로 다음과 같이 쓰고 있다. "생명의 개념은 자기-향유의 어떤 절대성을 내포하고 있다 … 생명은 사유화의 과정에서 발생하는 절대적인, 개별적인 자기-향유를 함축한다"1938/1968, 151 [206]). 신을 포함하여 모든 존재자는 이러한 자기-향유의 관점에서 정의되어야만 한다.

에서 수행하는 필수 불가결한 기능이다. 실제적으로, 신은 "새로움을 위한 막대기"goad toward novelty이며, 설령 새로움 자체가 신을 무관심하게 남겨둔다 할지라도 그러하다. 그래서 신은 강도들을, 심지어 그러한 강도들이 우리의 존속이나 생존에 해로울 때조차 자극하고 배양한다.[45] 바로 자신의 그 멈추지 않음과 가차 없음 속에서 신은 차이가 명백하게 결정론적인 것처럼 보이는 우주 안에서 창발할 수 있으며, 또한 새로움이 이미 현존하는 요소들의 재조합으로부터 발생할 수 있는 방식을 나타내 준다. 창발적 질서에 대한, 또한 소유권과 인용을 통한 혁신이라는 물음들은, 오늘날 우리가 중심적으로 참여하도록 하는 물음들이다. 화이트헤드의 가장 심오하고 추상적인 공식화들은 놀랍게도 (화이트헤드 자신이 말하고 있듯이) "우리의 직접적 행위들에 대한…고집스럽게 집요한 갈망"(348)에 대해서뿐 아니라, 또한 우리의 포스트모던적 세계를 위한 당면한 사회적·정치적·생태적 관심들에 대해서도 적절하게 관련된 것으로 남아 있다.

---

45. 화이트헤드가 건조하게 말하고 있듯이, "창조적 전진에 있어서의 신의 목적은 강도의 불러옴이다. 사회들의 불러옴은 순전히 이러한 궁극적 목표에 대해 보조적인 절차에 불과하다"(1929/1978, 105[236]). 이 잠언은 우리가 "사회들의 불러옴"이 정확히 우리 자신과 같은 살아 있는 유기체들의 자기-영속화를 의미한다는 것을 깨달을 때, 다소 으스스한 느낌이 든다.

6장

귀결들

내가 지금까지 논의해 온 모든 것은 화이트헤드의 "자유롭고 야생적인 개념들의 창조"(Stengers 2002)에는 턱없이 못 미친다. 예를 들어, 나는 화이트헤드의 명제들에 관한 중요한 이론(특히 Whitehead 1929/1978, 184~207 [377~417])과 그것들이 잠재적인 것과 현실적인 것을 연결하면서 "느낌에의 유혹"(25 [90], 85 [200~201] 이하, 184 [378~379] 이하)으로서 기여하는 방식들에 대해서는 거의 다루지 못했다. 또한 나는 "혼성적 파악들", 즉 "물리적인"(물질적, 인과적) 측면들과 "개념적인"(정신적, 잠재적 혹은 가설적) 측면들 모두를 지니고 있으면서, [나아가] 이번에는 "상징적 연관(168~183 [349~375])", 언어, 의식의 출현에 대한 그의 설명에서 결정적으로 중요한 지각들과 느낌들에 대한 화이트헤드의 확장된 반성들 속으로 들어가지 못했다. 게다가, 화이트헤드의 형이상학에서 우주를 구성하는 궁극적인 요소들인 "현실적 존재들" 혹은 "현실적 계기들"과 그러한 존재자들의 집적체들, 그러니까 화이트헤드가 우리 자신을 포함해서 우리가 일상적인 경험의 과정에서 만나게 되는 모든 사물을 가리키면서 이름 붙인 "사회들"이라고 부르는 존재자들 사이의 중요한 구분에 대해서도 나는 결코 충분히 말하지 않았다. 나는 또한 화이트헤드의 수학에 대해서, 또는 어떻게 그의 사상이 현대 물리학(상대성이론과 양자역학)과 연결되는가라는 물음도 고려하지 않았다. 이러한 문제 모두가 앞으로의 연구와 해명을 위해 남겨져 있는 것이다.

『기준 없이』에서 나의 목표는 제한적이고 특수한 것이었다.

나는 이 책을 반사실적으로, 그러니까 하이데거가 아니라 화이트헤드가 "포스트모던적 사유를 위한 어젠다를 정한다"는 [가정적인] 상황의 "철학적 판타지"로부터 시작했었다. 따라서 나는 화이트헤드의 형이상학에서 오늘날 우리가 세계를 이해하는 방식에 있어서 특별하게 차이를 만들 수 있는 측면들에 집중해 왔던 것이다. 결국, 나는 미학과 아름다움^美, 사건들과 생성, 정동, 인과성, 쇄신과 창조성, 생명의 의미와 생명과학의 조건들, 그리고 궁극자에 대한 우리의 "마음에 그림"envisagement에 관한 화이트헤드의 정식화들을 고려해 왔다. 또한 나는 화이트헤드의 사유의 토대가 되었던 계몽주의적인 뿌리들을 추적해 왔다. 가장 주목할 만한 점으로는 칸트의 비판철학적 기획에 대한 화이트헤드 사유의 참여와, 경험과 사유의 요소들을 세속화하고자 하는 근대주의자들의 시도에 대한 그것의 참여를 들 수 있을 것이다. 그리고 나는 화이트헤드의 형이상학이 갖는 결정적으로 중요한 측면들을 질 들뢰즈의 철학 안에서의 연관된 운동들에 연결시켰다. 하지만 이 모든 것을 행하면서 나는 다만 화이트헤드의 관념들을 진지하게 고려할 때 생겨날 수 있는 논의를 겨우 열어놓았을 뿐이다.

실제로, 그러한 논의들에는 끝이 있을 수 없다. 왜냐하면 화이트헤드의 사유는 포용력이 있고 개방적이어서 끊임없이 창의적이기 때문이다. 그것은 어떤 종류의 완성이나 자기-반영적인 폐쇄에 도달하지 않는다(또한, 원리상, 그것은 결코 종결에 도달할 수 없다). 화이트헤드는 계속해서 어떤 형이상학적 정식도 결정적이지 않다는 것을 우리에게 일깨워 준다. 그는 물론 그 자신의 철학을 포함해서 "어떤 철학도 차례가 되면 뒷전으로 물러나게 마련이다. 많은 철학적 체계들은 우주에 관한 다양한 일반적 진리를 표현하면서, 그것들이 타당성을 획득할 수 있는 영역의 조정과 배정을 고대하고 있다"(1929/1978, 7 [59])라고 말한다. 그러나 화이트헤드는 흔치 않게도 "그리고 끝에 가서 철학적인 사고가 최선을 다하고 난 후에는 경이가 남아있게 된다"(1938/1968, 168 [230])라고 주장한다. 경이는 철학적 사변에 의해서 소멸되지 않는다. 왜냐하면 사물들을 **충분하게**adequantely 설명한다 ― 화이트헤드가 그러려고 분투했듯이[1] ― 는 것은 모든 현상과 모든 경험에 그것들

---

1. **충분성(adequacy)**이라는 용어에 대한 화이트헤드의 기술적인 사용은 관념들과 사물들 사이의 재현적 일치라는 이 용어가 본래 갖고 있는 일반적인 철학적 의미로부터 꽤나 동떨어져 있다. 오히려 화이트헤드는 한 "철학적 도식"의 "충분성"을 "철학적 도식을 예증하는 것으로서의 관찰된 경험의 구조가 모든 관련된 경험이 반드시 동일한 구조를 나타내게 되는 그러한 성격의 것이어야 함을 의미하는 것"으로서 정의한다(1929/1978, 4 [52]). 디디에 드베즈는 이 구절에 대해서 다음과 같이 주석을 달고 있다. "그 도식은 우연히 관찰된 경험 ― 그것은 어떤 사물의 상태나 사건에 대한 상응이라는 관념을 가리키게 될 것이다 ― 에 대해서가 아니라, 모든 관계된 경험에 대해서 충분해야 한다. 그러한 관계 맺음은 횡단적이다. 왜냐하면 충분성은 경험들의 부분들 사이에서 [성립하는] 어떤 관계가 되기 때문이다[어떤 관계로 생성하기 때문이다]"(Debause 2006, 29~30[프랑스어본으로부터 옮긴이가 직접 번역했다]). 그 "철학적 도식"을 구축하는 경험과, 동시에 존재하는 다른 경험들 사이에는 연속적인 릴레이들 혹은 공명들이 있다. 철학의 목표는 그러한 릴레이들과 공명들을 가능한 한 확장시킴으로써 경험된 모든 것이 그것들 내부에 포함될 수 있도록 하는 것이다. "충분성"은 확장과 관련된 것이지 일치에 관련된 것이 아닌 것이다. 그 것은 결코 미리 주어지거나 결정적인 방식으로 주어지지 않는다. 오히려 그것

이 마땅히 받아야 할 권리를 제공한다는 것과, 그래서 임의적으로 그것들 가운데 일부만을 설명해서는 안 된다는 것을 의미하기 때문이다. [그래서 화이트헤드에 따르면] "철학의 유용성이 손상을 입게 되는 것은 철학이 교묘히 둘러대는 재기 넘치는 재주 부리기에 탐닉하는 경우이다"(1929/1978, 17[75]). 모든 환원주의에 맞서 화이트헤드는 "우리는 고르고 선택할 여지가 없다. 우리에게는 붉게 불타는 저녁노을이, 과학자들이 설명하는 현상인 분자와 전파만큼이나 자연의 일부분인 것이 틀림없다"(1920/2004, 29[46]). 현상학자들은 오직 저녁노을의 붉은색만을 고려한다. 그에 반해서 물리학자들은 다만 전자파 복사의 메커니즘만을 고려할 뿐이다. 하지만 화이트헤드는 양자를 모두 겸비한 형이상학을 주장한다. 왜냐하면 "철학은 그 어떤 것도 배제할 수 없"기 때문이다(1938/1968, 2[13]).

이것은 단지 철학적 방법의 문제만은 아니다. 철학적 사변은 어떤 최종성^{終極性}도 갖고 있지 않다. 왜냐하면 철학자가 그 안에서 (또한 그것에 관하여) 사변하는 세계가 최종성을 갖고 있지 않기 때문이다. 화이트헤드의 사유는 중대한 귀결들을 갖지만, 그것은 우리에게 어떠한 확고한 결론들을 제공하지 않는다. 그것[사변적 사유] 안에 있는 모든 것은 개정의 대상이 되기 마련이다. 충분성을 지향하는 하나의 사유는 비역사적일 수 없으며, 그래서 그것

은 철학적 사변의 계속 진행 중인 과정 속에서 끊임없이 구축될 필요가 있다.

은 정적靜的인 것으로 남아 있을 수 없다. 왜냐하면 "어떠한 현실 태도 정적인 사실일 수는 없다. 우주의 역사적인 성격은 우주의 본질"이기 때문이다(Whitehead 1938/1968, 90[128]). 실제로, 충분성은 우리가 결코 온전하게 도달할 수 없을 목표이다. 우리가 할 수 있는 최선은 "근사치"(1929/1978, 13[69])의 형태로 그것으로의 "점근선적 접근"(1929/1978, 4[54])을 시도하는 것이다. 자신의 마지막 강의인 「불멸성」Immortality의 끝부분에서조차, 화이트헤드는 여전히 "우리의 지식의 충분성에 대한 터무니없는 신뢰"에 맞서 우리에게 경고하고 있다. 왜냐하면 합리적 담론이 권리를 주장하는 "정확성"은 "가짜"이기 때문이다(1951b, 699~700). 거기에는 항상 고려해야 할 새로운 여건이, 또한 설명해야만 하는 새로운 맥락들이 존재할 것이다. "어떤 것이 다른 상황에 놓이면 그것은 변화한다… 사실, 그것이 말해지는 상황들로부터 독립적으로 말해지는 의미를 가진 문장이나 단어는 없다"(699).

이것은 단지 20세기 사상(또한 이제는 21세기 사상)의 한 진부한 말로 보일 수 있다. 확실히 본질주의나 문맥에 의존하지 않는 의미이론들에 대한 싸움에서는 [이미] 오래전에 승리를 거두었다. "잘못 놓인 구체성의 오류"(1929/1978, 7[60])와 "단순 정위의 오류"(137[294])에 대한 화이트헤드의 진단, "사고의 주어-술어 형식"(7[58])에 대한 그의 거부, 그리고 "현시적 직접성"(61[159] 이하와 여러 곳)의 지각 양태의 한계들에 대한 그의 주장들은 하이데거와 비트겐슈타인이 다양한 방식으로 제안했던 비판이나, 보다 최근에는 데리다와 로티가 제의했던 비판들과 유사하다. 물론 이러한 비판들은 말할 것도 없이 이미 19세기에 니체에 의해서 제시된 것이었는데, 니체는 전통 철학자들이 품고 있는 생성 관념에 대한 증오를 조롱했으며, 우리가 여전히 문법을 믿고 있기 때문에 신을 제거하지 못하고 있다고 걱정했다(Nietzsche 1968, 16, 19). 이 모든 사상가가 본질주의, 실체론, 실증주의, 그리고 단순한 현전이라는 개념을 거부한다. 하지만 그들은 스타일과 방식이라는 점에서 볼 때 서로 다르다. 즉, 그들의 언어에서, 그들이 사용하는 논리 형식들에서, 또한 그들이 논증을 만들어내는 방식들에서 차이가 난다. 이것은 무엇보다도 그들이 자신들의 비판으로부터 끌어낼 수 있는 귀결들의 견지에서 볼 때 서로 다르다는 것을 의미한다. 이러한 사상가들의 논증들은 논리적인 면에서는 유사하지만, **실행적으로는**pragmatically 상당히 다르다.

화이트헤드에게서, 끊임없이 변화하는 상황과 맥락에 대한 주장은 해체주의자들이 주장하는 것처럼 철학적 논의가 희망 없는 아포리아로 끝나야 한다는 것을 의미하지는 않는다. 마찬가지로 그러한 주장은 철학은 공손하지만 궁극적으로는 중요하지 않은 "대화"에 불과하다거나 또한 리처드 로티가 제안한 것처럼, "철학을 교화하는 유일한 요점이란 그러한 대화를 계속하는 것"임을 의미하지 않는다(1981, 377). 물론 모든 형이상학적 담론은 우리가 지금 해체라고 부르는 것의 대상이다. 왜냐하면 화이트헤드가 단호하게 말하듯이 "만일 철학적 범주의 도식을 하나의 복합적인 주장으로 보고 거기에다 논리학자가 말하는 참과 거짓이라는 양자택일적 척도를 적용시킬 경우, 그 대답은 그 도식이 거짓이라는 것이 될 것임에 틀림없기"(1929/1978, 8[61]) 때문이다. 이것은 피할 수 없다. 왜냐하면 "형이상학적 범주들이란 어떤 자명한 것에 대한 독단적 진술이 아니"(같은 책)기 때문이다. 오히려 기껏해야 "그것들은 궁극적 일반성에 대한 하나의 시론試論적 정식화들"(같은 책)인 것이다. 그러나 그와 같은 "시론적 정식화"가 논리적인 척도에 맞추어 시험될 때 필연적으로 실패한다는 것은 우리에게 형이상학적 사변 그 자체의 약점에 관해서보다는 논리적 기준이 갖는 제한된 적절성에 관해서 훨씬 더 많은 것을 말해 준다. 화이트헤드는 그의 경력을 논리학자로 시작했던 사람이다. 다시 말해서 그가 "연역 논리를 형이상학적 논의를 위한 주요 수단으로 간주하지 않고" 또한 형이상학이 논리를 전제하는 것이 아니라, 오히려 "논리는 형이상학을 전제로 하고 있다"라고 주장할 수 있는 것은 바로 그 주제에 대한 그의 깊은 지식에서 비롯된 것이었다(Whitehead 1938/1968, 107[150]).

화이트헤드는 사유가 그것의 한계로까지 밀어붙여질 때 그리고 그것의 "시론적인 정식들"이 변화된 상황들의 압력 아래서, 또는 단순히 추가적인 증거 앞에서 붕괴될 때, 마비되기보다는 자극된다고 주장한다. 그러한 때가 새로운 개념들과 새로운 범주들이 발명될 필요가 있는 시점이다. 그때 철학적 사변은 단지 교화적인 대화의 원천이 아닌 긴급한 필요성이 되는 것이다.[2] 화이트헤드가 말하고 있듯이 우리는 "생명의 의미 자체가 문제가 되는" 세계에 살고 있다(Whitehead 1938/1968, 148[203]). 이 말이 화이트헤드 자신의 시대에 이미 참이었다고 말할 수 있다면, 생화학적 수준에서 생명을 조작하기 위한 근본적으로 새로운 기술들의 [발명의] 문턱에 서 있는 오늘날에는 훨씬 더 긴급하게 사실일 것이다. 생명의 의미는 그 어느 때보다도 근본적으로 문제가 되고 있다. 따라서 철학은 이러한 생명의 의미를 — 더 낮게는 많은 의미

---

2. 이자벨 스탕게스는 그녀의 논문 「대화를 넘어서」(2002a)에서 대립들을 대비들로 변형시킬 수 있는 "평화를 만드는 명제들"(245)을 만들려는 화이트헤드의 노력을 숙고하고 있다. 그녀는 이러한 기획은 필연적으로 "학문적 대화의 쉬운 매력을 수용하지 않는다는 도전"을 포함한다고 주장한다(248). 오히려 문제가 되는 것은 철학적 구성 또는 제작, [즉] "현실태들의 공재라는 어떤 생태학적 생산"인데, 여기서 '생태학적'이라는 말은 그 지향이 공재(together-ness)라는 추상적인 원리들에 대한 호의적인 참조를 통해서 차이들을 축소시키게 될, 차이를 넘어선 통일성을 향한 것이 아니라, 구체적이고 상호 연결되며 비대칭적이면서 언제나 부분적인 파악들의 창조를 향한 것이라는 점을 의미한다(248~249). 로티의 "교화하는 대화"는 그와 같은 "공재의 추상적 원리들에 대한 호의적인 참조" 이외의 그 어떤 것도 철학적 논의들에서 사실상 문제가 되지 않는다는 관념을 전제로 하고 있다. 하지만 화이트헤드에게 철학적 논쟁은 본질적으로 중요하다. 왜냐하면 철학적 논쟁은 세계 속에서의 우리의 실존을 구성하고 있지만 종종 알아채지 못하는 배경이 되는 맥락들과 가정들에 우리의 주의를 집중시키기 때문이다. 그러한 맥락들과 가정들은 분명하게 드러내어 고려될 필요가 있다. 왜냐하면 "일정한 체계의 한 요소로서 해석되지 않고서도 이해될 수 있는 맹목적이고 자족적인 사태란 존재하지 않"기 때문이다(Whitehead 1929/1978, 14[71]). 바로 이것이 체계화하고 일반화하는 과정에서, 우리가 적대적인 관점들 가운데 어떤 것도 설명하지 않은 채, 또한 그럴듯한 지양이나 보다 상위의 통일 속에서 그것들을 화해시키지 않으면서도 그것들을 결합해야만 하는 매우 중요한 이유이다.

들을 — 구성해 낸다는 중대한 임무를 갖는다.

화이트헤드는 우리에게 고도로 체계화된 철학을 제시하고 있으며, 그래서 그는 "문명화된 사상의 가장 일반적인 체계화"를 추구한다(1929/1978, 17 [75~76]). 그러나 그는 또한 어떠한 체계화의 작업도 주어지기에 앞서 "철학의 일차적인 단계"는 "수집"assemblage의 과정이라고 주장한다(1938/1968, 2 [13]). 철학적 사변은 가장 이질적인 재료들을 수집하여 그것들을 가장 예상치 못한 구성들로 함께 모으는 것이다. 그것은 모더니즘 회화의 콜라주 실천과도 같은 무엇이며, 혹은 비록 화이트헤드의 시대로부터의 비유는 아니지만 좀 더 나은 비유로 말하자면, 디제이의 샘플링과 리믹싱의 실천과 같은 것이다. 그것의 배치들로부터 "패턴화된 대비들"을 추출함으로써, 철학은 "광범하면서 충분한 일반성을 지닌 관념들의 영입"(1938/1968, 3 [14])을 향해 작업하는 것이다. 왜냐하면, 가장 넓은 의미에서 "형이상학은 실천의 모든 세부에 적용되는 일반성의 기술일 뿐이기 때문이다"(1927/1978, 13 [69]).

그러한 일반성들은 미리 우리에게 주어지는 것이 아니다. 왜냐하면, 그것들은 철학적 사변의 과정에서 제작되거나 발견될 필요가 있기 때문이다. 그렇기 때문에 배치가 그토록 중요한 것이다. 또는, 화이트헤드가 다른 메타포로 그 과정을 기술한 것처럼 "진정한 발견의 방법은 마치 비행기의 비행과 흡사하다. 그것은 개별적인 관찰이라는 대지에서 출발한다. 그리고 상상력에 의한 일반화라는 희박한 대기권을 비행한다. 그러고 나서 합리적 해석으로 예민해지고 새로워진 관찰을 위해서 착륙한다"(1929/1978, 5[54~55]). 이렇게 반복되는 이륙과 착륙은 배치 속으로의 새로운 요소들이 추가되는 것을 가능케 해 주며 또한 의미와 맥락의 연속적인 확장을 허용해 준다. 철학적인 배치는 그것 자체로 특수한 종류의 실천이다. 왜냐하면 철학적 배치는 제한된 지속을 지니면서 항상 부분적이고 불완전한 것이기 때문이다. 그것의 가치는 우리가 "과학의 제1원리들을 구성하는 반쪽짜리 진리"(10[64])에 도전하게 함으로써, 다른 실천들 즉 보다 정밀해 보이는 "특수과학들"의 실천들을 갱신하고 또한 그것들을 더 넓은 전망 속에 둘 수 있도록 돕는 방식에 있다.

화이트헤드 못지않게 들뢰즈와 과타리도 이와 같은 철학적 배치의 기술技術을 실천하고 있다.[3] 또한 화이트헤드가 [주장하

---

3. assemblage는 들뢰즈와 과타리의 용어 agencement(1987, 503[960] 이하와 여러 곳)에 대해 흔히 채택되는 영어 번역어이다. 하나의 배치는 "물체들, 능동들과 수동들의 결합(conjunction), 즉 서로에게 반응하는 물체들의 뒤섞임"으로 정의되며, 또한 마찬가지로 "행위와 언명, 즉 물체들에 귀속되는 비물체적인 변형들"의 결합 내지 뒤섞임으로서 정의된다(88[172]). 마누엘 데 란다는 다수적이고 이질적이며 변화될 수 있는 "외재성의 관계들"을 강조하면서, 이러한 정식들을 그 자신이 배치 이론(assemblage theory)이라고 부르는 것으로 일반화한다(De Landa 2006, 10[25] 이하와 여러 곳). 수집(assemblage)이라는 용어에 대한 화이트헤드의 사용은 훨씬 덜 체계적이다. 실제로 그는 이 용어를 정확히 체계화에 선행하여 수행되는 철학적 사변의 단계를 위해 사용하고 있다. 그럼에도 불구하고, 내가 화이트헤드의 수집과 들뢰즈와 과타리의 배치를 연결시킨 것은 양자가 모두 이질적 항들 가운데 성립하는 관계들 — 그러한 관계들 내부에서조차 이질적 항들은 여전히 이질적인 것으로 남아 있다 — 의 구성을 포함한다는 점에서 정당화된다.

는] "경험의 사실을 파악함에 있어 명료성을 더해 주는 유적類的, generic 개념을 제공하는 것"(10[64])으로서의 철학의 의미는 "개념들을 형성하고 창안하고 만드는 기술"이라는 들뢰즈와 과타리의 철학에 대한 정의에서 멀리 떨어져 있지 않다(1994, 2[9]). 두 경우 모두, 목적은 총체화, 한계에 대한 결정적인 추적이나 모든 것에 대한 최종적 이론이 아니다. 목적은 오히려 가능성들의 확장, 새로운 방법과 전망의 발명, 이전에는 우리에게 사용될 수 없었던 사물들과 느낌들, 관념들, 그리고 명제들에 대한 능동적인 "영유"entertainment인 것이다. 일반화하기 또는 개념을 발명하기에서 요점은 하나의 테제를 증명하는 것이 아니라 사고를 확장하고 자극하는 것이다. 화이트헤드 그리고 들뢰즈와 과타리는 모두 경험의 새로운 측면들의 발견을 추구한다. 다시 말해 그들은 우리가 이전에는 결코 관심을 기울이지 않았거나 심지어는 전에는 존재하지도 않았던 세계의 측면들과 세계 내의 사물들과 만날 수 있게 해 주는 개념과 관계를 작업해 내고 추적하는 것이다. 화이트헤드가 말하고 있듯이 철학은 "보편적인 개념을 공급함으로써 자연의 모태 속에서 실현되지 않은 채로 있는, 무한히 다양한 특수 사례들을 보다 손쉽게 파악할 수 있도록" 해 준다(1929/1978, 17[76]). 이와 같은 방식으로 볼 때, 철학은 가능태(또는 들뢰즈가 잠재적인 것이라고 부르는 것)를 향해 방향 지어지며 또한 이러한 가능태를 현실화하는 과정에 관계하게 된다. 화이트헤드가 말하고 있듯이, "새로운 관념은 새로운 대안을 이끌어 들인다"(11 [65]). 그것은 우리에게 경험에 접근하고 이해하는 새로운 방식을 제공해 준다. 이렇게 함으로써, 새로운 관념은 그 자체로 새로운 경험이 된다. 그래서 그것은 또한 새롭게 부가되는 경험들을 가능하게 만든다. 그렇다면 철학은 화이트헤드가 "실험적 모험"(9 [62])이라고 부르는 것, 또는 "관념들의 모험"(1933/1967)인 것이다. 그리고 심지어, 또는 특히, 가장 암울한 시기에조차도, 이 모험을 추구해야 할 충분한 이유가 있는 것이다.

만약 철학이 새로운 개념의 창조를 포함한 모험이라면, 그 이유는 삶과 사유의 모든 측면이 이미 창조적이기(그리고 항상 창조적이어야만 하기) 때문이다. 화이트헤드는 창조가 드물고 진귀한 것이 아니며, 최초의 시간에 오직 한번 일어나는 어떤 것도 아니라고 주장한다. 오히려 창조의 과정은 전반적으로 세계에 필수적이다. 그것은 현존 자체가 갖는 유적類的 특성이기 때문이다. 물론, 창조성에는 언제나 상이한 등급들이 존재한다. 즉 살아있는 유기체는 돌보다는 훨씬 더 창조적이며 상당히 많은 새로움을 발생시킨다. 그러나 돌조차도 움직이지 않는 견고한 존재자는 아니다. 돌은 오히려 "격동하는 분산된 분자들의 사회"(1929/1978, 78 [190])이다. 또한 이러한 분자들, 또는 그것들을 구성하는 원자들과 아원자 입자들은 그것들 자체로 사건적, 다시 말해서 창조적이다. 화이트헤드에게 "'창조성'은 궁극적 사태를 특징짓는 보편자들의 보편자"(21 [83])이다. 왜냐하면 창조성은 예외 없이 모든 현실적 계기들에 적용되기 때문이다. 실제로, 각각의 현실적 계기는 그것 자신의 본성에서 창조적이다. 왜냐하면 각각의 새로운 계기는 그것이 그로부터 출현하는, 그리고 "그것이 통일하고 있는 '다자' 가운데 어떠한 존재와도 다른 새로운 존재"(21 [84])이기 때문이다. 그러므로 "새로움을 향한 창조적 전진"은 모든 것의 "궁극적인 형이상학적 근거"(349 [659])인 것이다.

화이트헤드의 태도가 얼마나 이상하고 시대착오적인지를 생각해 보는 것은 가치가 있다. 지난 과거를 통해서, 우리는 어떠한 종류의 토대주의도 불신하기를 배워 왔으며, 따라서 보편자, 궁극자, 또는 토대에 관한 이야기를 불신하게 되었다. 우리는 자유로운 형이상학적 사변보다 더 평판이 나쁜 것을 발견할 수 없게 되었다. 실증주의적 사상가들과 반실증주의적 사상가들은 일제히 서구 형이상학의 종언을 선언하고 있다.[4] 오늘날 우리에게는 오직 세 가지 선택지만이 열려있는 것으로 보인다. 우리는 모든 것을 양자물리학과 진화생물학의 엄연한 사실들로부터 도출해 냄으로써 과학적 환원주의를 수용하거나, 또는 "신앙을 위한 자리를 얻기 위해서 지식을 폐기"하기(Kant 1996, 31 [191]), 즉 만일 그렇게라도 하지 않는다면 방향타가 없을 우리 삶에 의미를 제공해 주

---

4. 형이상학의 극복은 카르납(Carnap)과 하이데거처럼 서로 적대적인 모더니즘 사상가가 공유하는 하나의 기획이다. 비트겐슈타인의 경력에서 가장 커다란 연속성은 그의 초기 사상과 후기 사상 모두에서, 그가 생각하기에 일종의 질병인 형이상학으로부터 우리를 치료하는 치료법을 제공하려 했다는 점에 있다. 또한 형이상학에 대한 거부는 여전히 데리다와 로티 같은 다른 포스트모던 사상가들의 주된 관심이기도 하다.

는 다양한 종류의 일부 종교적 근본주의, 뉴에이지 영성, 기업 경영자의 자기-도움自助 이데올로기 등을 수용하거나, 그렇지 않으면 우리는 실제로 아무것도 알 수 없고 지식에 대한 모든 주장은 망상이며 "실재"는 단지 임의적인 언어적 구성물에 불과하다고 가정하는 것이다. 이 마지막의 경우에, 일부 데리다의 아류들이 그렇듯이, 우리가 포스트모던적 미결정성이 갖는 현기증 나는 자유를 찬양하는지, 또는 이와는 반대로 "실재적인 것의 절멸"(보드리야르)과 "상징적 효력의 저하"(지젝)를 한탄하는지의 여부는 거의 중요치 않다. 이러한 모든 접근 방식은 다음과 같은 동일한 기본 가정을 공유하고 있다. 기술적으로 고도화되고, 철저하게 마법에서 풀려난 우리의 세계에서 형이상학적 사변은 더 이상 가능하지 않다는 것이다. 실증주의적 환원주의나, 맹목적 신앙이나, 무한정한 상대주의가 형이상학적 사변을 대체해 버린 것이다. 세 가지 경우 모두에서, 형이상학은 끝장나 버렸다 ― 비록 우리가 데리다가 제안하듯이 이러한 종결의 무기한적인 연기를 살아내면서, 그럼에도 불구하고 이미 끝나버린 것을 처분할 수 없도록 선고받았음에도 불구하고 말이다.

화이트헤드는 이 모든 대안에 대해 유쾌하게 무관심하다. 대신에 그는 솔직하고 온전하게 "사변철학"의 기획을 끌어안는다(1929/1978, 3~17[51~76]). 게다가 그의 사변들은 물리학의 환원주의를 거부하면서도 여전히 철저하고 확고한 실재론으로 남는 하나의 형이상학을 만들어 냈다. 어떻게 이것이 가능하게 되었는가? 그렇게 된 이유는 화이트헤드가 순진하거나 보호받고 있거나 초연해서가 아니다. 왜냐하면 그는 20세기의 커다란 격동들 속에 온전히 관여하고 있었고, 그래서 자신의 동시대인과 똑같은 불확실성과 불안정성을 인식하고 있었기 때문이다. 특히 그는 그 많은 20세기 철학의 "언어적 전회"로 인도했던 딜레마들을 예리하게 인식하고 있었다. 그는 "형이상학의 제1원리"에 도달하려는 모든 시도가 갖는 "무정하게 길을 가로막고 있는 언어의 결함"을 알고 있다(4[53]). 언어는 "보다 넓은 일반성을 명확한 형태로 표현하려는 과제 앞에서 여지없이 실패하고 만다. 그 일반성이야말로 바로 형이상학이 표현하려고 하는 것이다." 결과적으로 언어적 명제는 "우주를 모든 세부적인 면에 걸쳐 언급할 수 있는" 것이 아니다. 그러나 "하나의 명제는 부분적인 진리만을 구체적으로 나타낼" 수 있으며, 또한 그러한 정도로 여전히 유용할 수 있다(11[66]). 바로 이것이 "나의 언어의 한계들은 나의 세계의 한계들을 의미한다"(Wittgenstein 2001, 5.6, 56[92])는 비트겐슈타인의 유명한 주장을 화이트헤드가 거부하는 이유이다. 제한된 도구로서의 언어는 세계의 초월론적 조건이기보다는 오히려 그것이 지시하는 세계의 한 경험적 부분이다. 그리고 세계를, 보다 정확하게는 세계 속의 존재자들을 파악하는 방식에는 언어적인 방식 외에도 다른 방식들이 존재한다.

그러므로 화이트헤드는 그의 시대의 위험한 상황을 위기라기보다는 기회라고 생각한다. 다른 사람들이 현대 세계와 조우遭遇할 때 충격을 받거나 마비되는 지점에서, 화이트헤드는 개방성과 잠재력을 발견한다. 그리고 다른 사람들이 자신들이 심연을 응시하고 있다고 두려워하는 곳에서, 화이트헤드는 창조성이 작동하고 있음을 볼 뿐이다. 화이트헤드는 언어에 내재하는 뿌리 깊은 우발성을 부정하지 않으며, 또한 그것이 현대적 삶의 모든 측면이 갖는 특징이라는 것을 부정하지 않는다. 그러나 그는 이런 우발성, 토대 없음이라는 조건이 절망의 이유가 아니라고 제안한다. 오히려 그것을 일종의 형이상학적 토대로서 간주해야 한다[고 주장한다]. 소실됨, 생성, 끊임없는 새로움과 "끊임없는 소멸"은 참조와 토대 지음을 불가능하게 만들지 않는다. 오히려 이러한 경험들은 그 자체로 우리가 사용해야 할 근본적인 참조점이다.

이런 방식으로 그는 "어떤 α에 대해서든 α에 토대를 두지 않은 채로, 단적으로[절대적으로], 근거 지어지는" 형이상학이라는 브라이언 캔트웰 스미스의 형이상학에 대한 요구를 충족시킨다(Smith 1996, 370 ; 83 참조). 창조성은 "궁극적 원리"이며 보편적 토대인데, 그 이유는 오직 — 또한 정확히 — 그것이 특성 없고 중성적이어서 전적으로 "그 자신의 성격을 갖지 않기" 때문이다(Whitehead 1929/1978, 21 [83], 31 [103]). 창조성에 토대를 둔다는 것은 전적으로 토대 지어져 있지 않다는 것이나 특수한 어떤 것에 토대를 두고 있다는 것 [양자 모두]에 대립될 수 있을 것이다. "최고의 일반성을 지닌 궁극적 관념"(31 [103])으로서 창조성은 경험의 모든 현실적 계기의 절대적인 독특성 — 우발성, 새로움, 대체 불가능성 — 에 적절하게 대응할 수 있는 유일한 것이다. 세계를 이루는 원자론적 구성 성분들은 저마다 전적으로 독특한데, 이것은 그것들이 그것의 입장에서 오로지 전적으로 무미건조하고 일반적인 한 개념[창조성이라는 개념]을 통해서만 특징지어질 수 있는 이유이다. 그리고 이러한 극단들 사이에는 중간 단계가 있을 수 없다. "궁극자"와 그것의 "우유적인 것들"(7[58]) 사이에 어떤 매개자를 상정한다는 것은 실제로는 사물이 그 위에 토대 지어지며, 그것과 관련하여 사물이 다르게 위계 속에 자리를 갖게 되는 어떤 종류의 특권적인 α, 실체 또는 범주를 설정하는 것이 될 것이다.

매개항이 없을 때, 그와 같은 전반적인 순위 매김은 가능하지 않게 된다. 판단들의 체계를 위한 안정적이고 객관적인 기초로 쓰일 수 있는 기준이 존재하지 않는 것이다. 이것이 바로 화이트헤드가 받아들이는 유일한 가치평가의 형식, 또는 "등급화된 '마음에 그림'"(Whitehead 1929/1978, 189[387], 1925/1967, 176[288] 인용)가 미적 기준인 이유이다. 왜냐하면 미적 판단은 단칭적이고, 반복 불가능하며, 일반화될 수 없기 때문이다. 미적 판단들은 칸트가 제안한 것처럼 범형적일 수 있다. 그러나 그것들은 뒤따라야 할 현실적인 규칙을 제공해줄 수는 없다(Kant 1987, 175[339], 186~187[354~355]). 혹은 화이트헤드가 쓰고 있듯이, "모든 현실적 존재가 달성해야 함에도 불구하고 그 달성에 실패하고 마는 그런 유일한 이상적 '질서'란 없다. … 하나의 이상이라는 개념은, 광신적이거나 현학적인 태도를 견지하는 가운데 불행히도 사상을 과도하게 도덕화하는 데서 온다"(1929/1978, 84 [199]). 화이트헤드는 항상 현실적인 것을 이상들에 대립시킨다. 현실태들이 모두 다르듯이 이상들도 마찬가지여야 하기 때문이다. 바로 이런 이유로 유일한 이상들은 미적인 이상들이다. 우리가 보아 왔듯이, 화이트헤드의 형이상학에서 모든 현실적 계기는 세계를 미적으로 가치 평가하는데, 그러한 가치평가는 "주체적 조화"와 "주체적 강도"(27 [94])의 명령들imperatives을 따른다. 신조차도 정언적이거나 합법적인 판단보다는 독특하고 미적인 가치평가들을 수행한다. 신의 유일한 목표는 강도(105 [236])와 "개념적 조화"(346 [655])라는 미적인 목표들이다. 화이트헤드에게 세계의 목적은 ― 다시 말해서, 신을 포함하여 세계 내부의 모든 존재자의 "주체적 지향"은 ― 선善이나 진리眞(또한 니체의 힘에의 의지나 다윈의 자기-복제)라기보다는 아름다움美이다. "미적인 사물들의 어떠한 체계도 그런 한에서 그 존재에 있어서 정당화된다"(Whitehead 1933/1967, 265 [405~406]). 따라서 화이트헤드는 윤리학보다는 현존의 미학을 제안한다. 더 나아가서 그는 숭고의 미학보다는 아름다움의 미학을 제안하고 있다. 의심할 바 없이 이것은 오늘날 우리가 받아들이기 어렵다고 생각하는 화이트헤드 철학의 측면이다. 우리는 심미적 이상들에 의구심을 갖는 경향이 있으며, 오히려 윤리적 요구들에 주의를 돌리도록 요구받는다고 느낀다. 더욱이 화이트헤드 자신의 아름다움과 조화의 미학은, "패턴화된 대비들로 따로따로 그리고 공동으로 직조된 … 주체적 형식들"(1933/1967, 252 [390])에 강조점을 두고 있지만, 묘하게 퇴행적이고, 빅토리아 시대풍인 성격을 지녔으며, 그의 모더니스트 동시대인들과 그들의 후계자들의 맹렬한 예술과는 거리가 있는 것처럼 보인다.[5] 화이트헤드와 날카롭게 대비되면서 20세기의 대부분의 미학 이론가들과 혁신적인 예술가들은 아름다움이라는 관념을 폄하하는 경향이 있다. 모더니즘은 그 대신 숭고에 대한 뚜렷한 선호를 보여 준다. 그렇게 된 데는 좋은 이유가 있다. 숭고는 광대함, 과잉, 불균형에 관한 것인 데비해, 아름다움은 조화와 균형에 관한 것이다. 숭고는 재현과 형상의 한계들을 의문시하는 것에 관계되는 반면, 아름다움은 전

---

5. 화이트헤드 자신은 대부분 19세기 예술을 중요시하는 것으로 보인다. 그는 기계론과 실증주의에 대항하여 『과학과 근대세계』에서 "낭만주의적 반동"에 대해 한 장을 할애했다(1925/1967, 75~94[135~170]). 그는 특히 퍼시 비시 셸리를 "과학적 관념들에 대한 깊은 몰입"을 18~19세기의 "과학의 추상적 유물론"에 대한 거부와 결합시킨 시인이라고 생각하면서 소중히 여긴다 (84~85[152~159]). 그러나 화이트헤드는 동시대에 성립했던 새로운 물리학과 관련하여 미학적 모더니즘에 관한 비교 논의를 제공하지는 않는다. 비록 거트루드 스타인과 가까이 접촉했음에도 불구하고, 그는 그녀의 작품에 대해서나 다른 동시대 예술가들의 작품들에 대해서나 언급한 것이 없었다.

이것은 십중팔구 화이트헤드와 가장 깊은 친연성을 가진 20세기 시인, 찰스 올슨이, 심지어 열광적으로 화이트헤드의 형이상학을 채택하면서도 화이트헤드의 미학에는 동의하지 않는 이유일 것이다. "만일 당신이 그의 철학만 읽는다면 그는 가장 위대하다. 만일 당신이 그 밖의 다른 어떤 것, 특히 문화 및/또는[원문 그대로] 아름다움에 관해 쓴 것을 읽는다면, 당신은 그것이 오래된 톱이라는 것을 깨닫게 될 것이다. 한 사람이 모든 것을 다 할 수는 없지!"(Olson 1997, 302). 나에게 이 인용문을 알려주고, 보다 일반적으로 화이트헤드에 대한 올슨의 관심이라는 주제를 지적해 준 것에 대해 배럿 왓튼에게 고마움을 표한다.

적으로 그러한 한계들 내부에 포함되면서 그러한 한계들에 만족한다. 숭고는 분열적이고 변형적이며 잠재적으로 구제적인 반면, 아름다운 것은 꾸준하고 보수적이며 회복적이다. 칸트 자신이 쓰고 있듯이 "자연의 미적인 것에 관한 미감적 판단에서 마음은 평정한 관조에 잠겨 있으나, 자연에서 숭고한 것을 표상할 때는 동요함을 느낀다"(Kant 1987, 115[266~267]). 이 모든 것이 숭고를 심오하게 모던한 것으로 만드는 것처럼 보인다.[6] 반면에, 아름다운 것은 자기 만족적이고, 관습적이며, 낡은 방식인 것처럼 보인다.

　　나는 아름다움이라는 이상의 최근의 특정한 회복에 의해 상황이 더 나아졌다고 말할 수는 없다(Beckley and Shapiro 1998 ; Brand 2000). 이러한 아름다움으로의 "역전"의 맥락은 극도로 불유쾌한 것이다. 한편으로, 아름다움은 오늘날 광고와 제품 디자인의 단순한 부속물이 되었다 ― 이는 "혁신"이 경영의 특수어가 되었고 창조성이 기업 부문의 "가치 자체"가 된 것과 마찬가지다(Thrift 2005, 133). 그것의 새로움과 표면적으로 그것을 개발하는 데 들어간 창조성의 정도와 함께, 그것의 아름다움을 판매 포인트로 선언하지 않는 상품이 거의 없을 지경이다. 버지니아 포

---

6. 이것은 혹은 적어도 포스트모더니즘에 대한 어떤 이해들 ― 가장 주목할 만한 것은 장-프랑수아 리오타르(1991, 1993)가 제안했던 이해 ― 아래에서 보자면 심지어 포스트모던해 보인다. 대신에 나는 「눈에 보이는 아름다움」(2002)이라는 논문에서 모더니스트들의 숭고함에 대한 선호를 논의하면서, 숭고함보다 아름다움을 선호할 것 같은 니체적인 "관점의 역전"을 제안한 바 있다.

스트럴(2004) 같은 자유시장 경제학자들은 이런 상황을 소비자 선택의 정점으로 보며 축하한다. 즉 그녀의 말에 따르면, 시장에서 우리는 미학 또는 외모와 느낌을 위해 돈을 지불함으로써 우리의 개인적 선호를 자유롭게 표현하는 것이다.[7]

다른 한편 그리고 동시에, 아름다움은 영원한 가치이자 위대한 예술의 본질적 속성이며, 모든 (상업적 고려들은 말할 것도 없이) 사회적·정치적 고려를 기적적으로 초월하면서 그것들을 무효화하는 어떤 것으로서 고양된다. 힐튼 크래머(1985)와 로저 킴볼(2004) 같은 신보수주의적 예술비평가들은 다양성, 진보주의, 그리고 의견의 불일치로부터 미국 문화를 정화하기 위한 그들의 캠페인의 일부로서 아름다움을 복권시키려 한다. 이런 의미에서 아름다움은 시장에 절대적으로 대립된다고 선언되지만, 그럼에도 불구하고 "예술적 걸작들"이 명령하는 높은 가격의 형태로, 그리고 사회 계층의 차별화를 의미하는 식별력과 취미의 표시 역할을 하는 방식으로 기능한다(Bourdieu 2007).

그와 같은 상황에서 프레드릭 제임슨이 "모든 아름다움은 하찮은 것이며, 현대의 사이비 미학에 의한 그것에 대한 호소는 창조적인 자원이 아니라 이데올로기적인 책략이다"(1998, 135)라고 말하는 것에 동의하지 않기는 어렵다. 제임슨에게 모더니즘의 승

---

7. 이러한 상황에 대한 반성은 최근에 준비 중인 나의 다음 책, 『미학의 시대』 (*The Age of Aesthetics*)를 위한 출발점이 된다.

고함은 "절대자에 도달하기 위한 예술의 소명"(84), 지배 질서에 속하지 않는 "진리 주장들"을 제시하려는 시도(86) ― 롤랑 바르트가 축복, 또는 향유(Barthes 1975)라고 부르는 것에 대한 탐구 ― 를 포함했었다. 제임슨은 이러한 야망들은, 진실 대신 장식과 디자인의 형태로 아름다움에 관계하고, 향유 대신 "쾌락과 만족"(Jameson 1998, 86)을 추구하는 포스트-모더니즘 또는 안티-모더니즘이라는 현대의 예술적 실천에 의해서 포기되었으며, 그래서 완전히 "상품 생산에 동화"되고 말았다(134)고 말한다. 아름다움은 19세기 후반, 즉 "태동하는 상품화에 의해 그것[아름다움]이 훼손되었던 한 사회"의 "우월감에 안주하던 물질주의자들"의 가식적 주장들에 대항하는 "정치적 무기로써 활용"되었을 때 전복적인 역할을 가졌을지 모른다. 그러나 이것은 아무런 이의제기도 없이 "이미지가 곧 상품"인 오늘날에는 더는 사실이 아니다(135).

만일 내가 화이트헤드의 미학을 고집하려 한다면, 나는 이러한 발전들을 무시하거나 정당화하는 방식이 아니라 그것들을 고려하는 방식으로 그렇게 해야 한다. 숭고를 배제한, 아름다운 것에 관한 화이트헤드의 관심과 "아름다움이 진리보다 광범위한 기본관념이다"(1933/1967, 265[405])라는 그의 주장은 아름다움의 관념에 대한 최근의 자본주의적 회복에도 불구하고서가 아니라, 오히려 정확히 바로 그 때문에 ― 혹은 적어도 그것을 인정하면서 ― 견지되어야만 하는 것이다. 이제 "아름다움"과 "창조성" 같은 철학적 개념은 화이트헤드에게는 완전히 유적^{類的}인 개념이다. 다시 말해서, 그와 같은 개념들은 모든 존재자와 모든 현존의 형식에 일의적이고 무차별하게 적용되는 것이다. 그 개념들은 자본주의적 생산양식과 관련해서 어떠한 특권적 지위도 갖지 않으며, 또는 그 내부에서 어떠한 특별한 역할도 담당하지 않는다. 그 개념들은 봉건사회에 대해서나, 부족 수렵사회에 대해서나 동등하게 타당하고 중요하다. 혹은 그 문제에 관해서는, 벌들의 "사회"나 박테리아의 사회, 심지어 돌이나 중성미자의 사회에 대해서도 매한가지이다. 어떠한 특정한 정치적·경제적 배치도 ─ 실제로, "사회"라는 용어에 관한 화이트헤드의 광범위한 사용 방식에서 그 어떤 "사회"도 ─ 일반적으로나 그것의 구체적인 사례에서나 존재를 특징짓는 어떤 것에 대한 특권적인 접근을 주장할 수 없다. 화이트헤드의 형이상학은 애초부터 특히 인간─중심적이지 않기 때문에, 당파적이거나 정치적으로 일방적일 수가 없다. "어떠한 존재도 창조성의 개념에서 유리될 수 없다. 존재란 적어도 그 자신의 특수성을 창조성 속으로 주입시킬 수 있는 특수한 형태이다. 현실적 존재 내지 현실적 존재가 갖는 하나의 위상은 그 이상의 것이지만, 적어도 그것은 그러한 것이다"(Whitehead 1929/1978, 213[428]).

이것은 화이트헤드의 형이상학이 특수한 사회적·정치적 상황들에 적용될 수 있다는 것을 의미한다. 그 형이상학은 우리에게 명령하지 않으며, 우리에게 부과되는 윤리적 요구들을 만들어내지 않는다. 그것은 합법성에 관한 판단을 내리지도 않는다. 화이트헤드의 형이상학은 확실히 우리에게 포스트모던 마케팅에서 창조성이 수행하는 결정적으로 중요한 역할에 대해 축하할 근거를 제공하지 않으며, 하물며 자본주의가 그것의 "창조적 파괴"(Schumpeter 1962, 81 이하)의 연속적인 물결들을 방출하는 것을 축하할 근거를 제공하지 않음은 말할 것도 없다. 하지만 같은 논리로, 그의 형이상학은 우리에게 자본주의가 변성적인 아름다움을 제공하기 때문에 또는 그것이 비본래적이고 슬프게도 제한된 버전의 창조성을 촉진시키기 때문에 비판할 ─ 나는 그러기를 원하지만 ─ 그 어떠한 근거도 제공해 주지 않는다. 나는 다만 혼자서, 그리고 나 자신의 전망으로부터 그와 같이 비판할 수 있을 뿐이다. 왜냐하면 "사실이 여러 선택지에 직면하게 되는" 것(Whitehead 1929/1978, 189[387], citing 1925/1967, 210[288]), 혹은 실재가 "이상적 가능성"(1933/1967, 210[331])에 기초하여 비판될 수 있는 것은 오직 한 특정한 현실적 존재의 단일한 "결단"에서만 성립하기 때문이다. 그리고 "의식의 고유한 특징인 부정 작용"이 전면에 나타나는 것(1929/1978, 273~274[534])은, 아주 드물게 즉 그와 같은 결단의 극히 적은 예들 안에서일 뿐이기 때문이다.

그러므로 내가 참여하고 싶은 비판은 형이상학적 승인의 문제나, 혹은 윤리적 정언명령의 문제라기보다는, 욕구의 문제이다. 경험의 모든 직접적인 사례 안에서 느껴지는 "혐오나 역작용"(1929/1978, 32[105])을 넘어서는 호소appeal란 존재하지 않는다. 화이트헤드는 "욕구"를 "지금은 없지만 될지도 모르는 것이 실현을 수반하는 불안정성의 원리를 자기 자신 속에 간직하고 있는 직접적인 사태"의 조건이라고 정의한다(32[105]). 다시 말해, 욕구는 "굽힐 수 없이 완강한 사실" 속에 뿌리를 두고 있는데, 심지어 그것이 사실을 변경시키고 변형시키려고 할 때조차도 그렇다. 욕구는 항상 상황적이고 예외적이다. 왜냐하면 그것은 오직 특정한 한 존재자의 노력이고 기투企投이기 때문이다.[8] 바로 그 자신을 구성하는 과정 안에서, 각각의 현실적 계기는 세계를 변화시키려는 노력이다. 그리고 각각의 현실적 계기는, 적어도 자기 자신을 새로운 어떤 것으로서 세계에 첨가함으로써 실제로 세계를 변화시킨다. 이것이 바로 욕구가 제약과 결핍의 윤리학에 종속되기보다는, 오히려 현존의 미학이라는 견지에서 사유되어야 하는 이유에 해당한다. 욕구는 "이상적인 것과 현실적인 것의 융합에서 생겨나는" "현상"을 창조하기 위해 바쳐진 것이다. 그래서 "일찍이 바

---

8. 이것은 심지어 그 문제의 특정한 존재자가 신인 경우에도 마찬가지다. 화이트헤드에 따르면, 신의 "원초적 욕구"는 "모든 질서의 기초"(1929/1978, 347[657])이다. 왜냐하면 그것은 "모든 영원한 객체에 대한 완전한 개념적 가치평가"(32[105])를 포함하기 때문이다. 이것은 신의 욕구가 **모든** 가능태들 — 심지어 공존 불가능한 가능태들까지도 — 의 현실화를 향한 욕망, 혹은 갈망임을 의미한다. 그러나 이러한 갈망은 오직 유한한 현실적 계기들의 직접성 안에서만 만족되고 실현될 수 있다. 한 번에 단지 하나의 가능태만 현실태로 실현되는 것이다. "신은 유한한 사실들이 가지는 개개의 유동하는 만족에 의해 완결되며"(347[657]), 그 "합생하는 주체의 직접태는 그 주체 자신의 자기 구성을 생생하게 지향함으로써 성립"(244[484])된다. "신의 결과적 본성은" 모든 그러한 현실화들 — 그것들이 자신들의 "객체적 불멸성" 안에 보존될 때 — 의 총합이다. 하지만 바로 이런 이유로, 신[의 합생]은 결코 완성되지 않으며, 총체적이지도 완전하지도 않다.

다에도 육지에도 존재하지 않았던 빛이 생겨나게 된다"(1933/1967, 211 [332]).

이러한 비교, 이상화, 변형의 미적 과정과 비교할 때 화이트헤드의 "일반성들", 혹은 유적 개념들은 부정이나 예외를 필요로 하지 않는다. 그것들은 이상이나 규범적 기준들로서 쓰일 수 없다. 그것들이 할 수 있는 것은 우리에게 어떤 개념적 배경, 또는 "우리 경험의 모든 요소를 해석해 낼 수 있는 일반적 관념들의 체계"(1929/1978, 3 [51])를 제공해 주는 것이다. 다시 말해, 화이트헤드의 유적 개념들은 우리 자신이 그 안에서 발견되는 현실태의 형태를, 보다 온전하고 보다 정확하게 식별하도록 도울 수 있다. 그런데 이러한 현실태는 또한 마찬가지로 그것 안에 잠복해 있는 혹은 그것에 늘 붙어 다니는 잠재태 ─ 변화와 차이를 위한 잠재력 ─ 를 포함하고 있다. 왜냐하면, 모든 현실적 존재는 "현실적일 수밖에 없는 미래를 실재적으로 경험 ─ 비록 그 미래의 완결된 현실태가 미결정 상태에 있다 하더라도 ─ 하기"(215 [432]) 때문이다. 이런 방식으로, 우리는 계속해서 우리의 실제적 상황을 평가하고, 그것을 칭찬하거나 비난하고, 부정적으로 파악하여 바꾸려 할 수 있다. 그런데 그렇게 할 수 있는 것은 일반적인 형이상학적 토대에 근거해서가 아니라, 이러한 객체적인 미결정성이라는 관점에서, 그리고 우리의 파악, 우리의 느낌, 우리의 욕구가 제공하는 보다 긴급하고 직접적인 토대 위에서다.

나는 이것을 보다 구체적인 용어들로 말할 수 있다. 화이트헤드 자신은 직접적으로 정치적 의미를 갖는 어떠한 개념도 우리에게 제공하고 있지 않다. 그는 특히 자본주의에 관해 어떤 것도 말하지 않는다. 그의 정치적 입장은, 비록 온건한 중도좌파였지만, 확실히 맑스주의자는 아니었다.9 그는 어떤 방식으로도 제임슨이 후기 자본주의에서 아름다움에 대한 호소가 갖는 역할에 관해서 내리는 것과 같은 정치-미학적 판단에 공헌하지 않았다. 하지만 화이트헤드는 그와 같은 판단이 유용하게 틀 지어지고 명확하게 표현될 수 있는 "범주적 도식"(18[77])을 제공한다. 물론, 제임슨 자신은 실제로 이러한 도식에 호소하지 않는다. 그러나 그럼에도 불구하고 제임슨의 비평이 아름다움에 대한 현대적 호출이 "창조적 원천"으로서 동원될 수 있느냐의 문제로 방향을 돌리고 있다는 사실은 주목할 만한 가치가 있다. 창조성은 비즈니스와 마케팅이 그 용어를 납치해 버린 방식에도 불구하고, 여전히 제임슨의 주된 관심으로 남아있다.

더 일반적으로 말하면, 화이트헤드의 유적 정식화들과 미적 통찰들은 우리에게 창조성과 기업가라는 형상 사이에 존재하는 연결 — 심지어 (앤디 워홀이 예견했듯이) 오늘날 예술가들조차 그들 자

---

9. 그의 생애 말년에 쓰인, 짧은 "자전적(自傳的) 노트"에서, 화이트헤드는 말한다. "나의 정치적 견해들은 보수당 쪽에 반대하여, 자유당 쪽에 서 있었고 지금도 그렇다. 나는 지금 영국 정당들의 구분[투표]의 관점에서 글을 쓰고 있다. 자유당은 이제[1941년] 사실상 사라졌다. 그래서 영국에서 나는 노동당의 온건한 쪽에 투표할 것이다"(Whitehead 1951a).

신의 "브랜드"에 대한 촉진자로서 가장 잘 알려지는 우리 사회에서는 그토록 편재하면서 그토록 자명해 보이는 연결 — 에 관해서 묻도록 이끌지도 모른다. 그러한 정식화와 통찰 들은 또한 아름다움이 포스트모던 사회 안에서 상품화되고 포장되는 방식에 대해서 새롭게 일별하도록 우리를 도울 수도 있을 것이다. 그 창조적 과정은 전적으로 유적類的이고 공통적이지만, 그러한 과정의 결과들은 인위적으로 생산된 희소성의 조건들 아래서 전유되고, 사유화되며, 판매된다. 동시에, 창조성의 모든 독특한 현실적 계기들은 그것들이 보편적 등가물로서의 화폐라는 양적 측정으로 환원됨으로써 균질화된다. 그러한 작용들은 정확히 그것들이 모든 현존의 유적 조건들 위에서 희소하게 만들고, 독점하며, 자본화하기를 추구하기 때문에 학대적이다.

오늘날 우리가 매우 친숙한 시장화되고 브랜드화된 문화상품은 특정한 종류의 대상이다. 그것은 특수한 종류의 "주체적 지향"에 의해서 함께 묶인, 특수한 긍정적이고 부정적인 파악들로부터 결과한 하나의 "사회"다. 우리는 상품문화의 생산물을 그것이 무엇을 취하며 그것 자신의 목적을 위해 무엇을 채택하느냐의 관점에서, 그리고 마찬가지로 그것이 무엇을 거부하고 배제하느냐의 관점에서 분석할 수 있다. 화이트헤드의 미학은 20세기 모더니즘의 많은 부분과는 불화하는 것으로 보일 수 있다. 하지만 그러한 미학은 거의 전적으로 창조성을 샘플링, 전용, 재조합의 실천들에서 찾는 현재의 문화와 두드러지게 관련되어 있다. 결국, 화이트헤드의 위대한 주제는 정확히 말하면 이미 현존하는 요소들에서 근본적으로 새로운 무언가가 출현할 수 있는 방식이다. 혁신은 모두 "'주체적 형식'의 문제이며, 그것은 〔하나의 특정한〕 주체가 〔자신의〕 여건을 파악하는 방식how이다"(1929/1978, 23[87]). 이러한 방식how에 집중적으로 초점을 맞춘 화이트헤드의 미학은, 한편으로는 "지적 재산"에 대한 기업 소유 및 영구적인 재사용과, 다른한편으로는 종종 저작권법 위반으로 나타나는 그와 같은 소위 "재산"에 대한 해적질, 재작업, 변형 사이에 위태롭게 놓여 있는 우리와 같은 문화에서 특별한 긴급성을 갖는다.

화이트헤드는 우리에게 "철학에서의 주된 과오는 과잉 주장에 있다. 일반화를 지표로 삼겠다는 것은 건전한 것이지만 그 성공에 대한 평가는 과장되어 있는 것이다"(1929/1978, 7[59~60])라고 경고한다. 그래서 여기에서 나는 나 자신의 주장들을 과장하고 싶지 않다. 내가 인용한 사례들은 결국 심지어 문화의 영역에서조차 자본주의에 대한 집중적인 비판이 되지 못한다. 또한 나는 화이트헤드가 그와 같은 것을 제공해 준다고 제안할 의도도 없다.[10]

---

10. 안느 포머로이의 책 『맑스와 화이트헤드』(2004)에서, 두 사상가와 그들의 전통들을 접촉시키기 위한 약간의 작업이 이루어졌다. ("과정 사상과 맑스"에 대한 짧은 도서 목록을 http://ctr4process.org/publications/Biblio/Thematic/Marxism.html에서 이용할 수 있다.) 나는 화이트헤드와 맑스가 어떻게 과정과 변화를 생각하는지 혹은 어떻게 철학적 사변과 실천의 관계를 바라보는지의 관점에서 그들을 함께 다루는 것에 대해 신중한 입장이다. 방법, 관심의 초점, 그리고 그들이 달성하려는 목적에서 차이점들이 너무 크다. 하지만 이러한 차이들을 대립보다는 "패턴화된 대비"라는 관점에서 보는 한 가지 방식은

그의 관심사들은 그것들이 하이데거로부터 떨어진 거리만큼이나 아도르노로부터도 멀리 떨어져 있다. 그러나 적어도 화이트헤드의 미학주의는 상품문화의 안일함과 만족으로부터 멀어지도록 우리를 유혹할 만큼 충분히 급진적이다. 왜냐하면 "진보는 부조화의 느낌이라는 경험에 기초하고 있[기 때문이]다. 자유의 사회적 가치는 그것이 갖가지 대립을 산출한다는 데 있기" 때문이다 (1933/1967, 257[395]). 화이트헤드는 "미적 파괴"(256[395])의 경험을 무미건조한 조화와 완전성에 대한 교정물이라고 평가한다.[11] 화이트헤드는 예술이 "그것의 원천이었던 강제" 혹은 "무시무시한 필요성"으로부터 "분리된" "강도"를 제공하는 그 방식 때문에 우리에게 특별히 중요하다고 말한다(272[424]). 이렇게 주의의 초점을 살짝 바꾸면, "예술은 그 민족의 현존재의 긴장에 대한 정신병리

더 넓은 비교라기보다는 특정한 결합들과 공명들을 바라보는 것일 수도 있다. 예를 들면, 화이트헤드의 창조성이 갖는 유적(類的) 의미는 계급과 노동에 관한 최근의 포스트-맑스주의적 재개념화와 유용하게 병치될 수 있을 것이다. 그러한 것들은 마이클 하트와 안토니오 네그리의 감정 노동과 공통적인 것(the common)에 대한 최근의 사변들과, 오늘날 경제를 추동하는 창조성은 편재하며, 그래서 모든 곳과 모든 사람으로부터 유래한다는 그들의 주장을 포함할 것이다(Hardt and Negri 2001). 또한 빠올로 비르노의 다중과 일반지성에 관한 밀접하게 관련된 사변들(Virno 2004)을 포함하며, 그리고 심지어 훨씬 더 멀게는, 알랭 바디우의 역설적으로 "유적(類的, generic)인 노동계급의 정체성"(Badiou 2006)에 관한 주장을 포함할 것이다.

11. "미적 파괴"에 대한 화이트헤드의 찬사는 "창발적 혁신"과 "문화적 초월"을 위한 중요한 전주곡으로서 "문화적 반달리즘"(cultural vandalism)에 관한 모스 페캄의 주장과 유용하게 비교될 수 있을 것이다(Peckham 1979, 274 이하).

학적 반작용으로 기술될 수 있다"(272[414]). 또한 이러한 "예술의 정신병리적 기능"은 필수적인 것인데, 왜냐하면 그것이 우리를 "일반적 마비 내지 그 전조가 되는 단조로움에로의 완만한 후퇴의 느낌"(263~264[403])으로부터 뒤흔들어 빠져나오게 만들기 때문이다. 그러나 심지어 이런 종류의 선언을 할 때조차 화이트헤드는 결코 아름다움의 영역에서 나와 숭고의 영역으로 이동하지 않는다. 왜냐하면, 그는 예술의 목표를 – 또한 부조화의 예술의 경우에도 – 현상들의 분열과 트라우마적인 "실재"Real의 출현이 아니라, "실재에 대한 현상의 목적론적 적응"(267[408])이라고 정의하기 때문이다.

서구 근대성의 많은 위대한 사상가는 자신의 목표를 치료법적인 것으로 정의한다. 스피노자, 니체, 프로이트, 비트겐슈타인 등 모두가 진단의이자 임상의로서 자임한다. 그들은 증상을 검사하고, 우리의 형이상학적 불만의 조건들을 식별해 내며, "수동적 정서"(스피노자), "원한 감정"(니체), "트라우마적 기억들"(프로이트), 또는 "언어를 통해 우리 지성이 마법에 걸림"(비트겐슈타인)이라는 노예 상태들로부터 우리를 해방시키기 위한 진단들을 제안한다. 이런 의미에서 그 치료법은 근대적이고, 세속화되고 탈신화적인 윤리학의 형태이다. 내 생각에 화이트헤드에 관한 놀라운 것들 가운데 하나는 그가 어떠한 그와 같은 치료법적이거나 윤리학적인 주장도 하지 않는다는 점이다. 그는 자신의 형이상학이 우리를 치료할 것이라거나 나를 더 나은 사람으로 만들어 줄 것이라고 말하지 않는다. 잘해 봤자 철학과 예술은 나를 무기력에서 깨어나게 하며, 그래서 "정감적 색조의 충돌"(260 [398~399])이라는 고통스러운 경험을 목적이라는 광범위한 의미 안에 포섭되도록 허용해 줄 수 있을 것이다. 그와 같은 확장은 "경험 주체의 차원을 증폭시키며, 그 활동 영역에 추가한다"(266 [406~407]). 그러나 이것은 여전히 다소 겸허하고 제한된 결과일 뿐이다. 기껏해야 철학과 시는 "우리가 문명이라고 부르는 궁극적인 양식良識을 표현하고자 한다"(1933/1968, 174 [237]). 물론, 화이트헤드는 "양식"이나 우리가 "문명"이라고 부르는 것의 가치에 관해 니체나 프로이트가 제기한 정당화된 의심을 전혀 보여 주지 않는다. 그러나 이러한 용어들을 전적으로 칭찬하는 관점에서조차, 그는 여전히 일부러 침묵하거나 사소한 주장만을 하고 있을 뿐이다. 우리는 위대한 건강이나 자기-초월, 또는 카타르시스 변환이라는 "과장된" 약속들로부터 멀리 떨어져 있는 것이다.

심지어 『과정과 실재』의 다섯 번째이자 마지막 장인 "신과 세계"에 대한 그의 쌍곡선적인 환기hyperbolic evocation에서조차, 화이트헤드는 『윤리학』의 다섯 번째이자 마지막 장에서 스피노자에 의해 고양된 신의 지적 사랑에 필적할 만한 어떠한 전망도 우리에게 제공해 주지 않는다. 스피노자의 신에 날카롭게 대비되는 화이트헤드의 신은 세계를 영원의 상相 아래에서 알지 못한다. 오히려 화이트헤드의 신은 "세계의 시인"이다. 이것은 신이 세계를 그것의 제1원인들의 관점에서가 아니라, 오직 세계의 결과들을 통해서만 안다는 것, 그래서 오직 사후적으로만 안다는 것을 의미한다. 신은 정확히 그가 세계를 미학화하고 기억하는 한에서, 오직 그렇게 하는 한에서만 세계를 "구원한다." 신은 이 모든 기억을 하나의 통합적인 "개념적 조화"(1929/1978, 346[655])로 구체화하면서도 세계의 모든 세세한 세부까지 다 기억한다. 그러나 만약 신이 모든 지나간 존재의 모든 경험을 기억한다면, 그는 그러한 경험들과 기억들 자체를 생산하거나 제공하지는 않는다. 그것들은 우발적이든 예측 불가능하든 우리에게 행하도록 남겨진 것들이다. 스피노자의 책이 "영원한 필연성"에 대한 이해로부터 생기는 "정신적 만족"으로 끝나는 곳에서, 화이트헤드의 책은 오히려 새로움과 모험을 위한 우리의 "끈질긴 갈망"(351[664])을 정당화하고 그것 속으로 우리를 되던지면서 끝난다. 그것은 윤리학보다는 미학을 쓴다는 것을 의미한다.

나는 화이트헤드의 말들이 나에게 어떻게 영향을 끼쳤는가를 증언함을 통해, 오직 그것들이 가진 힘들과 화려함을 증명함으로써만 이 책을 끝마칠 수 있다. 화이트헤드의 언어는 상당 부분 "특징이 없다"without qualities. 『과정과 실재』를 시작하는 첫 문장은 이 책을 "연속강좌"로 특징짓고 있으며, 또한 화이트헤드는 이러한 묘사가 갖는 평범하거나 심지어 현학적인 함축에 순응하고 있다. 그는 "소크라테스는 죽는다"(11~12[66]; 264~265[518~519])와 "유나이티드 프루트 컴퍼니"United Fruit Company(1933/1967, 182~183[290]) 같은 단조로운 문장을 분석함으로써 극단적인 건조함과 추상으로부터 내려온다. 그가 사용하는 어휘는 "전문 술어들"로 가득 차 있는데, 그는 그러한 술어들을 그것들이 갖는 공통된 의미들로부터 파생되어 나온 관계가 없는 연상들을 암시하거나 (만일 그 용어들이 신조어들이라면) 무미건조해 보일 "위험"에도 불구하고 사용하고 있는데, 그 이유는 그것들이 "전적으로 중성적인 것으로, 어떠한 암시성도 갖고 있지 않"기 때문이다 (1929/1978, 32~33 [106]). 이러한 글쓰기 방식은 화이트헤드에게는 전략적인 필요에 해당한다. 왜냐하면 그것은 그가 정확하게 정식화되면서도 또한 여전히 광범위하게 적용될 수 있고 가능한 한 넓게 유적인 진술들을 할 수 있는 유일한 방식이기 때문이다. 그 결과 나는 그의 논증의 세부 사항을 분석하려고 시도하면서 화이트헤드를 천천히 신중하게 읽었다. 하지만 그렇게 하면서도, 나는 그의 담론에 찬물을 끼얹는[12], 그의 추론의 연속성들로부터 거듭하여 단절되는, 격언적인 압축들과 그 밖의 "주목할 만한 점들"을 계속해서 읽고 지나가거나 주목하지 못했다. 내가 갑자기 멈췄던 때는 어떤 부주의함으로 텍스트를 보거나 다른 누군가가 내게 어떤 한 구절을 가리킬 때뿐이다 ― 그때 나는 마침내 내가 이미 여러 차례 읽었던 어떤 것의 탁월함을 알아차리고 인식하게 된다. 바로 이런 방식으로 화이트헤드 자신의 텍스트는 영속

---

12. * 원문에는 '고춧가루를 뿌리는'으로 되어 있으나 보다 익숙한 우리말의 관용적 표현으로 바꿨다.

적으로 창조적인 것으로 남는다. 왜냐하면 그것은 우리의 일상적 삶 속에서 그토록 많이 소멸되는 경향이 있는 "현존을 향한 열정"(351 [664])을 다시 시작하게 만들기 때문이다.

"하나의 몸으로서 움직이는 것은, 생각의 움직임으로 되돌아온다."

(그것이 태동하는 상태에서의) 주체성에 관하여

(그것의 돌연변이적인 상태에서의) 사회적인 것에 관하여

(그것이 재발명될 수 있는 지점에서의) 환경에 관하여

"어디에서든 시작된 과정은 모든 곳에서 반향을 일으킨다."

'살아있는 추상의 기술들' 총서는 오늘날 전 세계의 주체적, 사회적, 윤리적, 정치적 출현 과정들을 비판적이면서도 특히 창조적으로 탐구하는 학제 간 접근을 다루는 작품들에 바쳐진다. 사유와 신체, 추상과 구체, 지역과 전 지구, 개인과 집단 : 이 시리즈에 제시된 작품들은 습관적인 구분에 만족하지 않는다. 그것들은 이러한 국면들이 어떻게 형성적으로, 반향적으로, 함께 모여서

---

1. * "살아있는 추상의 기술들" 시리즈는 MIT 출판사에서 에린 매닝과 브라이언 마수미의 기획으로 발간되는 시리즈로, 2012년 8월부터 지금까지 총 9권의 도서가 출간되었다. 『기준 없이』는 이 시리즈의 두 번째 책이다. 그밖에 시리즈에 속하는 다른 책으로 브라이언 마수미의 『가상과 사건』(갈무리, 2016), 마우리치오 랏자라또의 『정치실험』(갈무리, 2018) 등이 있다. 더 자세한 내용은 다음 링크 참조. https://mitpress.mit.edu/series/technologies-of-lived-abstraction/

다시 다르게 되는 운동을 형성하는지를 탐구한다.

가능한 패러다임들은 다음과 같이 낳다 : 자율화, 관계, 발현, 복잡성, 과정 ; 개체화, (자기)생성 ; 직접 지각, 체화된 지각, 행동으로서의 지각 ; 사변적 실용주의, 사변적 실재론, 급진적 경험주의 ; 매개, 잠재화 ; 실천들의 생태학, 미디어 생태학 ; 기술 ; 미시 정치, 생명 정치, 존재권력ontopower. 하지만 거기에는 하나의 공통된 목표가 있다. 그것은 창조적인 교차로에서, 새로운 사유와 행동의 여명을 포착하는 것이다. '살아있는 추상의 기술들' 총서는 이러한 교차로에서의 창조성을 향한다. 이 교차로 덕분에 모든 곳의 생명은 발아하고 있는 미적인 것으로 간주될 수 있다. 미학적인 것이 있는 곳이라면 그곳이 어디든 거기에는 이미 정치적인 것이 존재한다.

"개념들은 경험되어야 한다. 그것들은 살아 있다."

『기준 없이』는 화이트헤드의 철학이 탈근대적 사유의 영감의 원천인 하이데거의 철학을 대신하는 세계를 상상하는 철학적 공상으로부터 시작된다. 다시 말해서 스티븐 샤비로는 이 책에서 하이데거의 영향권 아래 현대 사상계를 휩쓸고 지나간 해체론적 사유를 대신하여 (이자벨 스탕게스가 제안한) "구축론적" 관심 아래 화이트헤드를 읽어냄으로써 탈근대적 이론, 특히 미학이론을 다시 사유하고 있다. 그런데 흥미로운 점은 스티븐 샤비로가 화이트헤드의 철학을 20세기 프랑스 철학자 질 들뢰즈와 긴밀히 연결시키면서 보다 효과적이고 풍요로운 독해를 수행하고 있다는 점이다. 샤비로 자신이 말해 주고 있듯이, 이 책은 이 두 철학자 사이의 일종의 릴레이를 설정함으로써 상호교차적인 해석을 제공한다. 스티븐 샤비로는 이러한 상호 독해 작업을 수행하면서 칸트의 세 비판서들(특히 미학에 관한 논의들)과의 대결을 통해 화이트헤드와 들뢰즈의 주요 개념들을 해명한다. 결국 샤비로는 칸트, 화이트헤드, 들뢰즈의 텍스트들을 종횡무진으로 횡단하면서 자신이 '비판적 심미주의'라고 명명하는 하나의 미학이자 감성론이며 형이상학인 이론을 논증하고자 한다.

샤비로는 화이트헤드의 철학과 들뢰즈의 철학 사이에 중요한 친화성과 공명이 존재한다고 보는데, 이 두 사상가의 관계는 들뢰즈가 화이트헤드보다 후대에 활동했고 화이트헤드는 생전에 들뢰즈의 저작을 전혀 알지 못했기 때문에 상호적인 영향관계를 말할 수는 없다. 따라서 그 관계는 일방향적이고 비대칭적인 관계였다고 말할 수 있다. 그럼에도 불구하고 우리는 들뢰즈가 자신의 몇몇 저작(『차이와 반복』, 『주름. 라이프니츠와 바로크』, 『철학이란 무엇인가』)과 강의에서 화이트헤드의 철학을 언급하고 적극 활용하고 있음을 안다. 무엇보다 들뢰즈는 화이트헤드의 철학에서 깊은 인상을 받았고 최고의 찬사를 표명했음이 잘 알려져 있다. 실제로 화이트헤드의 형이상학을 특징짓는 구축론적 사유는 들뢰즈의 전체 철학적 기획에도 강력한 동기를 제공했으며 들뢰즈의 철학에 중심적인 원천으로서 기능했다. 들뢰즈는 자신의 '화이트헤드와 더불어 사유하기'를 통해 현상학에서 벗어나서 생명 자체로 되돌아가는 운동으로 나아간다. 즉 화이트헤드의 후기 사상은 들뢰즈로 하여금 지향성을 넘어서 사물들 자체로 돌아가는 것을 허용해 줄 '자유롭고 야생적인' 새로운 개념적 자원들을 제공해 준다. 또한 우리가 들뢰즈의 사상과 화이트헤드의 사상을 모두 새로움의 철학, 혹은 창조성의 형이상학이라고 특징짓는 것은 다음과 같은 사실을 감안할 때 매우 합당한 일이라고 말할 수 있을 것이다. 들뢰즈는 아르노 빌라니와의 인터뷰에서, 자신을 순수한 형이상학자라고 표명한다.[1] 더 나아가, 들뢰즈는 자신이 『천 개의 고원』의 결론부에서 비록 아직 불완전하고 불충분하긴 하지만 하나의 범주표를 만들 생각이었다고 말한다. 이러한 범주표는 칸트적인 의미에서의 논리적이고 인식론적인 범주표가 아니라, 화이트헤드가 했던 방식의 범주들의 표를 의미한다고 들뢰즈는 덧붙인다. 이러한 들뢰즈의 발언을 통해서 우리는 들뢰즈에게 화이트헤드의 사변철학적 범주들이 새롭고 특별한 의미를 지니는 것이었으며, 들뢰즈가 바로 화이트헤드적인 형이상학의 기획의 연장선 위에서 철학적 작업을 수행하기를 원했음을 알 수 있다. 다른 한편, 같은 인터뷰 속에서 우리는 들뢰즈가 자신을 베르그손주의자로 자각하고 있으며, 베르그손이 근대과학은 자신의 고유한 형이상학을 찾지 못했다고 말했을 때, 바로 그 근대과학이 필요로 했던 형이상학이야말로 들뢰즈 자신이 흥미를 갖고 추구하는 형이상학의 의미라고 정확히 말하는 것을 발견할 수 있다. 이 점 역시 우리가 화이트헤드의 철학적 방법과 기획 속에서 만날 수 있다.

들뢰즈와 화이트헤드의 초월론적 경험론 또는 사변적 경험론은 경험에 대한 해명을 추구한다는 점에서 공통된 입장에 서 있다. 그런데 이 두 철학자에게서 경험은 결코 명석판명한 의식에서 시작되지 않는다. 그들의 철학이 경험의 선험적인 가능 조건을 문

---

1. 아르노 빌라니가 "당신은 비형이상학적인 철학자입니까?"라고 묻자 들뢰즈는 "아뇨, 저는 저 자신이 순수한 형이상학자라고 느껴집니다"(Je me sens pur metaphysicien)라고 대답하고 있다. Arnaud Villani, *La guêpe et l'orchidée, Essai sur Gille Deleuze*, éditions Belin, 1999, p, 130.

제 삼는다는 점에서 초월론적이라고 말할 수 있지만, 진정으로 실재하는 것(에 대한 경험)은 어떤 초월적 주체나 초월적 의식으로부터 출발하지 않는다고 본다는 점에서 칸트식의 초월론적 관념론은 아니다. 왜냐하면, 경험의 가능 조건을 밝힌다고 할 때의 경험이란 결코 인간적인 주체나 의식 주체라는 좁은 의미에서의 경험이 아니기 때문이다. 또한 들뢰즈와 화이트헤드의 철학, 즉 초월론적 경험론과 사변적 경험론의 과업은 입법적인 관심이나 정당화를 추구하기보다는 오히려 실재적인 경험의 발생을 설명하려는 시도라고 특징지을 수 있다. 이들의 철학에서 주체나 그 의식이란 결코 모든 경험의 기초나 시작이 아니라, 실재로부터 형성된 하나의 경우 내지 결과일 뿐이다. 하나의 경우나 결과가 그 외의 다른 모든 경우의 기원이나 원인이 될 수 있다고 보는 사유는 부조리하다. 따라서 들뢰즈와 화이트헤드에게서 중요한 것은 경험의 발생 및 그러한 경험을 가능하게 해주는 개체화의 과정을 설명하는 것이다. 우리는 이러한 작업이 들뢰즈에게서는 초월론적 경험론으로 화이트헤드에게서는 사변적 경험론으로 나타난다고 말할 수 있다.

이 책에서 상세히 해설되고 있는 화이트헤드와 들뢰즈는 칸트의 철학을 비판하는 데 그치지 않고 그것을 개정함으로써 각각 자신의 '초월론적 경험론' 또는 '사변적 경험론'으로 구축해 낸다. 대개 화이트헤드와 들뢰즈는 비판철학자나 칸트주의자로 간주되지 않는다. 오히려 그들의 철학은 여러 면에서 스피노자나 라이프니츠 같은 칸트 이전 철학자들과 더 잘 조화를 이루는 것으로 보이며, 실제로 들뢰즈와 화이트헤드는 이들 근대의 위대한 형이상학자들을 자주 인용하면서 자신들의 형이상학을 살찌게 하는 자양분으로 삼고 있는 것이 사실이다. 그럼에도 불구하고 스티븐 샤비로는 칸트가 결정적인 방식으로 화이트헤드와 들뢰즈의 철학이 지향하는 철학적 구축론(구성주의)을 위한 길을 연 선구자 역할을 하고 있다고 주장한다. 이 책 전체에 걸친 샤비로의 기본적인 입장은 화이트헤드와 들뢰즈의 철학적 입장은 그들의 칸트와의 만남, 즉 그들의 칸트에 대한 비판과 개정이라는 전망에서 가장 안전하고 정확하게 해명될 수 있으며, 그러한 전망은 우리에게 화이트헤드와 들뢰즈의 철학적 연대성을 보여줄 뿐 아니라 칸트 철학을 새로운 빛 아래서 볼 수 있는 기회도 제공해 준다는 것이다. 이 책에서 샤비로는 화이트헤드가 어떻게 칸트의 철학을 '개정된 주관주의의 원리' 내지 '순수느낌비판'이라는 개념들로 요약되는 그 자신의 철학적 기획 속에서 변모시켰는지를 매우 설득력 있게 보여준다. 이를 통해 우리가 발견하게 되는 것은 화이트헤드가 들뢰즈와 아주 유사하게도 경험의 해석과 관련한 칸트 철학의 구축론(구성주의)적 성격을 높이 평가하고 있으며, 세부적으로는 실체 개념에 대한 거부, 감각 지각에서의 잡다의 독립성에 대한 논증, 시간과 주체성 사이의 관계 등 『순수이성비판』에 등장하는 주요 테마들을 내재성과 탈주체성의 구도 위에서 철저화하려 시도하고 있다는 점 등이다. 더 나아가, 샤비로는 화이트헤드가 『순수이성비판』에만 국한하지 않고 『실천이성비판』과 『판단력비판』에서 칸트가 씨름했던 핵심적인 문제들, 즉 주체에 대한 반복적인 이중화(『순수이성비판』에서의 초월론적 자아인 나와 경험적 자아의 이중화뿐만 아니라 『실천이성비판』에서의 이성적인 초경험적 주체와 경험적 주체의 이중화)의 문제와 그와 관련된 이중의 원인성(『실천이성비판』에서 목적적이고 자유로운 의지에 의한 자발성으로서의 원인성과 결정론적인 자연 인과성으로서의 원인성, 또는 『판단력비판』에서의 목적적 혹은 목적론적 원인성과 자연적 메커니즘으로서의 인과성의 이중화)의 문제에 대해서도 칸트를 계승하고 있으며, 자신의 새로운 개정된 주관주의적 논증을 통해 칸트와는 다른 방식으로 문제들을 해결하려 했다는 것이다. 무엇보다 화이트헤드의 칸트 철학에 대한 전유가 감성에 관한 강조, 특히 단지 인간 존재에만 국한되지 않고 모든 존재자들에 적용되는 감성적 경험 내지 느낌에 대한 강조와 해명이라는 점을 감안할 때, 들뢰즈가 『차이와 반복』에서 행했던 초월론적 경험론 내지는 감성적인 것에 관한 학이 떠오르는 것은 결코 우연이거나 피상적 인상에 불과한 것이 아닐 것이다. 특히 들뢰즈가 잡다를 차이와 구별하고, 차이를 주어진 소여로서의 잡다가 주어지게 만드는 본체에 가장 가까운 것으로 주장하면서 실재적 경험의 발생을 설명하기 시작하는 대목에서, 우리는 화이트헤드가 물자체를 폐기하고 그 자리에 궁극적인 실재로서 현실적 존재(계기)를 두면서 우리의 경험, 나아가 모든 존재자의 경험을 설명하고 있는 점을 떠올리게 된다. 이 밖에도 들뢰즈와 화이트헤드는 새로움과 차이, 과정과 생성을 존재의 가장 근원적 사태이자 특성으로 간주하고 있다는 점, 차이 자체로서의 이념과 창조성이라는 궁극자의 개념 및 존재의 일의성과 존재론적 원리 개념의 유사성, 근대의 형이상학을 계승하면서 칸트의 주관주의적인 구도를 벗어나는 새로운 존재론과 우주론의 구축 등 여러 점에서 철학적 구도상 밀접한 연대성을 보여 준다. 이제 우리는 화이트헤드와 들뢰즈, 들뢰즈와 화이트헤드는 상대방의 철학적 범주들을 통해 더욱더 잘 이해될 수 있으리라는, 아직은 증명되지 않은 가설을 던져볼 수 있을지 모른다. 이러한 가설이 틀리지 않았음을 증명해 줄 출발점은 샤비로가 설득력 있게 보여 주었듯이 아마 칸트의 철학이 될 것이다. 이 번역서가 화이트헤드의 철학에 대한 독자들의 흥미를 일으키고 화이트헤드 철학과 들뢰즈 철학 사이의 관계 문제에 관심을 두고 계신 연구자들께 조금이나마 실질적인 도움이 된다면 매우 기쁘겠다.

번역어와 관련하여 두 가지 사항을 언급하고 싶다. 우선, 책의 부제목에 포함된 "미학"Aesthetics이라는 단어에 대해서는 독자분들의 주의가 필요하다. 샤비로가 지적하고 있듯이, 화이트헤드는 '느낌'을 인식론적인 진리 개념에 종속시키기보다는 아름다움美과 연관 지으면서 칸트에게서 발견되는 '에스테틱'이라는 단어가 지닌 두 가지 의미 즉 '감성적'과 '미적'이라는 두 가지 의미를 결합하여 통일시킨다. 주지하듯이 칸트에게서 한편으로 『순수이성비판』의 초월론적 감성론은 감각과 감성의 형식들과 관계하며, 다른 한편으로 『판단력비판』의 미감적 판단력 비판은 아름다움과 숭고에 대한 경험들과 관계된다. 비록 칸트 자신은 그 두 가지 의미 사이에 존재하는 상이점에 대해 명시적으로 언급하지 않았지만, 들뢰즈가 주장하듯이, "칸트의 감성론은 심하게 뒤틀린 이원론으로 고통을 겪고 있다. 한편으로, 그것은 가능한 경험의 형식으로서의 감성에 대한 이론을 가리키며, 다른 한편으로 그것은 실재적 경험에 대한 반성으로서의 예술에 대한 이론을 가리킨다. 이 두 가지 의미들이 함께 묶이기 위해서는 경험 일반의 조건들은 반드시 실재적 경험의 조건들이 되어야만 한다." 샤비로에 따르면, 바로 화이트헤드야말로 칸트에게서 분열되었던 '에스테틱'의 두 가지 의미를 통일시킨 사상가다. 왜냐하면, 화이트헤드는 궁극적 실재에 해당하는 현실적 존재(현실적 계기)에 관한 '느낌의 이론'을 통해 에스테틱의 두 가지 의미 사이의 연속성을 강조하고 있기 때문이다. 거기에는 감성적 직관의 모든 활동 속에 포함된 한 요소로서의 주체적 형식의 창조가 감각적 여건을 선택하고 패턴화하며 강화할 때 어떤 원초적인 예술적 과정이 수반된다. 그 때문에 모든 경험에는 어떤 정서적 색조와 미적 관조가 일정 정도 포함되어 있다고 화이트헤드는 주장하는 것이다. 샤비로에 따르면, 이러한 것들이 감성적 수용과 미적 판단에 대한 칸트의 설명들 속에 이미 암시적으로 존재하고 있었음에도 불구하고, 화이트헤드의 관점에서 볼 때 칸트가, 들뢰즈가 유감스럽게 생각한 그 심하게 뒤틀린 이원론으로 귀착되었던 이유는 단지 인식을 정서보다 우선시하는 칸트 자신의 특권화 때문이었다. 화이트헤드의 철학에서 경험의 기초는 정서적이며 경험의 정점(화이트헤드가 '만족'이라고 부르는 것) 역시 '감성적/미적'일 수 있다.

다음으로 역자가 이 책을 번역하면서 끝까지 고심할 수 밖에 없었던 용어가 있는데, 그것은 바로 'affect'라는 단어이다. 독자들께 혼란을 초래할 수 있음에도 불구하고, 역자는 이 책 전체에 걸쳐 'affect'를 맥락에 따라 다르게 옮겼다. 구체적으로 말하자면 칸트 철학의 맥락에서는 '촉발'로, 스피노자적인 맥락에서는 '정서'나 '변용되다'로, 들뢰즈 및 화이트헤드를 해석하는 샤비로의 논의 맥락에서는 '정동'으로 옮기는 식으로 말이다. 특히 최근 몇몇 들뢰즈 연구자들이 이 단어를 '정동'情動으로 번역하고 있는데, 그렇게 하는 중요한 이유 중 하나는 들뢰즈가 실제로 잠재적인 것(초월론적 지평)과 현실적인 것(경험적 지평)이라는 대비되는 존재론적 구도에 대응하는 짝 개념들로서 'percept/perception', 'concept/conception', 'affect/affection'의 구분을 제시했다는 점에 근거한다.[2] 대체로 한국 스피노자 철학 연구자들이 '정서'와 '변용'으로 옮기고 있는 affect와 affection의 구분 및 그것들의 관계는 스피노자의 철학을 번역하고 이해하는 데만 중요한 것

---

2. 아르노 빌라니·로베르 싸소 책임편집, 『들뢰즈 개념어 사전』, 신지영 옮김, 갈무리, 2003, 348~349쪽. 옮긴이 신지영의 각주 참조.

이 아니라 들뢰즈의 철학을 이해하는 데도, 특히 그의 예술 형이 상학과 실천 철학(윤리 및 정치철학)을 이해하는 데 있어서 심대한 의미를 갖는다. 사실 불어나 영어에서 affect라는 단어의 용례를 찾아보면 동사적 용법(불어의 'affecter'의 경우)으로는 단순히 '영향을 미치다', '작용하다' 정도로 옮길 수 있고, 또 관련된 명사인 affection(애정, 감정)과 엄밀하게 구분되어 쓰이는 것 같지도 않다(한편 의학 용어로는 병의 증상, 염증을 나타내기도 한다. 이 경우 '촉발'의 의미와 관련되어 있다고 볼 수 있다). 따라서 affect는 일상적 의미에서나 스피노자 철학의 용어로서는 '정서'나 '감정'으로 옮기는 것이 타당해 보인다. 하지만 문제는 들뢰즈의 철학 내에서, 또한 들뢰즈가 '의지하고 또 해석하는' 스피노자의 철학에서 affect와 affection은 분명히 구별된다는 사실이다. 특히 affect는 들뢰즈의 철학 텍스트들 내에서도 "스피노자를 염두에 둘 때 '정서'나 '감정'을, 정신분석학의 영향을 강조할 때 '정동'을, 동물행동학의 측면을 강조할 때 '변용태'같은 용어를 사용할 수 있지만, 사실 실천 철학, 영화 철학, 예술철학까지 나아가는 들뢰즈의 사유 전체의 궤적을 따라가면서 볼 때 이 중 어느 하나만으로는 만족스럽지 않다는 점을 발견"하게 되는 것이다.[3] 이러한 역어 선택의 어려움에도 불구하고 우리는 어쨌든 외국어로 된 개념어를, 이해할 수 있는 가장 적절한 우리말로 옮겨야만 하며, 또

---

3. 이찬웅, 『들뢰즈, 괴물의 사유』, 이학사, 2020, 170쪽.

한 특정한 역어를 선택하는 근거를 제시해야만 한다. 나는 적어도 이 문제와 관련하여 들뢰즈의 철학 내에서 이 용어가 사용되는 맥락을 고려하여 비교적 분명한 입장을 제시한 조정환의 책[4]을 주목하고 싶다. 스피노자 철학에 관한 들뢰즈의 해석(그리고 들뢰즈 자신의 철학) 및 들뢰즈를 독창적으로 계승하는 브라이언 마수미의 정동이론에 기반한 조정환의 논의는 들뢰즈의 사유에서 '정동'affect과 '정서'affection가 구분되는 이유를 다음과 같이 명확하게 제시하고 있다. "정서가 경험적 지평에서 개체와 개체 사이에 전개되는 힘의 수동상태인 데 비해, 정동은 여전히 수동적이지만 경험하는 개체들의 에너지적 관계를 벗어나 전개체적 차원", 즉 강도적 수준에서 전개되는 "비에너지적-비인간적 역량의 이행"을 가리키기 때문이다. 다시 말해서 정동은 "개체화나 개체 이전의 전개체적이고 전인격적이며 비에너지적인 역량, 즉 강도적 역량을 지시하며, 이것은 새로운 개체화의 요소들이 우글거리는 애벌레-주체들의 불균등한 평면, 즉 전개체적 카오스 수준"인 데 비해, 정서는 "우연히 마주친 개체들이 부분적이고 부적합한 원인들에 의해 서로 한정되면서 그 부분 원인들의 작용을 주고받는 방식으로 정동의 역량을 특정한 상태 속에 함축하고 봉인한 현실적인 상태"이기 때문이다. 조정환은 결국 양자의 관계는 "정서가 정동을 함축하고 봉인하는 정동의 운동론적 양태"이며, "정동

---

4. 조정환, 『개념무기들 : 들뢰즈 실천철학의 행동학』, 갈무리, 2020, 119~139쪽.

은 정서의 잠재력"으로서 다양한 물리적 정신적 활동을 가능케 하는 "차이의 강도적 역량"으로서 요약한다.[5]

이 책 『기준 없이』에서 스티븐 샤비로 역시 브라이언 마수미의 정동 이론을 염두에 둔 채 정동affect과 정서affection를 구별하고 있다. 이 책의 3장 「정서의 맥동」에서 샤비로는 화이트헤드의 용법을 따라 이 책에서 '느낌'feeling, '정서'emotion, '정동'情動, affect이라는 용어들을 거의 서로 교체 가능한 것으로 사용하겠다고 말한다. 다시 말해, 샤비로는 정동affect과 정서emotion를 중요하게 구분한 브라이언 마수미를 따르면서 "정동은 일차적이고, 무의식적이며, 탈주체적 또는 선-주체적이고 탈기표적이며 특성이 없으며 강도적인 반면에, 정서는 파생적이고 의식적이며 특성을 지니며 의미 있는 이미 구성된 주체에 귀속될 수 있는 어떤 '내용'"이라고 주장한다. 샤비로는 화이트헤드 자신이 명시적으로는 구분하고 있지 않지만, 이러한 마수미식의 구분이 화이트헤드에게도 적합하다고 평가한다. 또한 샤비로는 화이트헤드의 '느낌'이 일차적으로 마수미의 '정동'과 대체로 일치한다고 보면서도, 화이트헤드가 인간과 같은 고등한high-grade 유기체들에서 마수미가 의미하는 '정서'와 같은 것이 어떻게 보다 더 원초적인 종류의 '느낌'으로부터 발생하는지에 대한 발생론적 설명을 제공하기 위한 이론을 펼치고 있다는 점을 놓치지 않고 정확히 지적하고 있다.

---

5. 같은 책, 137쪽.

끝으로 이 책이 세상에 나오는 데 도움을 주신 분들께 감사의 말씀을 드리고 싶다. 모든 일이 그렇듯이 이 번역서의 출간은 많은 인연이 도와서 가능했다. 내가 이 책을 만나게 된 것은 2010년 이 책의 영어판이 출간된 지 얼마 되지 않은 어느 봄날 툴루즈 대학에서 열렸던 '반인간중심주의적인 철학의 접근'에 관한 철학 학술발표회에서 들뢰즈 철학의 전문가 제임스 윌리엄스 선생과 불어권의 화이트헤드 철학 부흥을 선도하고 있는 디디에 드베즈 선생의 강력하면서도 친절한 추천 덕분이었다. 두 분의 고마운 호의와 충고가 계기가 되어 이 책은 막막했던 박사학위 논문의 방향을 잡는 데 결정적인 지침이 되었다. 학위를 마치고 이 책을 언젠가는 꼭 우리말로 옮기겠다고 결심한 지 10년을 훌쩍 넘긴 어느 날 이 책을 번역하겠다는 역자의 제안에 선뜻 동의해준 갈무리 출판사의 조정환 대표님께 감사드린다. 그리고 편집부와 디자인실의 여러 선생님들, 꼼꼼하게 많은 오류를 바로잡고 자연스러운 어감으로 글에 활력을 불어넣어 주신 프리뷰어 김미정 비평가님, 또 스티븐 샤비로 선생의 후속작들(『사물들의 우주』와 『탈인지』)[6]을 훌륭하게 옮겨 역자가 이 책을 번역할 수 있는 계기를 마련해 주신 안호성 선생님, 이 모든 분들께 진심으로 감사의 말씀을 올린다. 사실 번역하는 과정보다는 번역 초고를 넘긴 이

---

6. 스티븐 샤비로, 『사물들의 우주』, 안호성 옮김, 갈무리, 2021. 그리고 스티븐 샤비로, 『탈인지』, 안호성 옮김, 갈무리, 2022.

후 교정 작업에서 많은 것을 배웠다. 어학의 중요성과 동양철학의 광대함과 화려함을 가르쳐주신 존경하는 나성 교수님, 귀국 후 화이트헤드와 들뢰즈의 주요 텍스트를 읽는 모임을 함께한 화이트헤드 철학의 스승이신 문창옥 교수님과 〈화들짝〉의 모든 멤버들, 그리고 번역하는 동안 이 책의 출간에 관심을 표현해 주었던 서영 씨, 익주, 성환 씨, 주진, 재형과도 기쁨을 나누고 싶다. 마지막으로 이 책의 출간을 핑계 삼아 가족들에게 고마움을 전한다.

2024년 2월 14일 발렌타인데이
이문교

Albrecht-Buehler, Guenter (1998). "Cell Intelligence." http://www.basic.northwestern. edu/g-buehler/cellint0.htm.

Badiou, Alain (2003). *Saint Paul: The Foundation of Universalism*. Trans. Ray Brassier. Stanford: Stanford University Press. [알랭 바디우, 『사도 바울: '제국'에 맞서는 보편주의 윤리를 찾아서』, 현성환 옮김, 새물결, 2008.]

_____ (2006). "The Saturated Generic Identity of the Working Class." *InterActivist Info Exchange*, http://info.interactivist.net/node/5400.

Bagemihl, Bruce (1999). *Biological Exuberance: Animal Homosexuality and Natural Diversity*. St. Martin's Press.

Barthes, Roland (1975). *The Pleasure of the Text*. New York: Hill and Wang. [롤랑 바르트, 『텍스트의 즐거움』, 김희영 옮김, 동문선, 2022.]

Bataille, Georges (1985). *Visions of Excess*. Trans. Allan Stoekel, with Carl R. Lovitt and Donald M. Leslie, Jr. Minneapolis: University of Minnesota Press.

_____ (1988). *The Accursed Share*. Vol. 1. Trans. Robert Hurley. New York: Zone Books. [조르주 바타유, 『저주받은 몫: 일반경제 시론 – 소진/소모』, 최정우 옮김, 문학동네, 2022.]

Bateson, Gregory (2000). *Steps to an Ecology of Mind*. Chicago: University of Chicago Press. [그레고리 베이트슨, 『마음의 생태학』, 박대식 옮김, 책세상, 2006.]

Beckley, Bill, and David Shapiro, eds. (1998). *Uncontrollable Beauty: Toward a New Aesthetics*. New York: Allworth Press.

Ben Jacob, Eshel, Yoash Shapira, and Alfred I. Tauber (2006). "Seeking the Foundations of Cognition in Bacteria: From Schrodinger's Negative Entropy to Latent Information." *Physica A* 359: 495~524.

Bergson, Henri (2005). *Creative Evolution*. New York: Cosimo Classics. [앙리 베르그손, 『창조적 진화』, 황수영 옮김, 아카넷, 2005.]

Bloch, Ernst (1986). *The Principle of Hope*. Trans. Neville Plaice, Stephen Plaice, and

Paul Knight. Cambridge, Mass. : MIT Press. [에른스트 블로흐, 『희망의 원리』 1~5, 박설호 옮김, 열린책들, 2004.]

Bourdieu, Pierre (2007). *Distinction : A Social Critique of the Judgment of Taste*. Trans. Richard Nice. Cambridge, Mass. : Harvard University Press. [피에르 부르디외, 『구별짓기 : 문화와 취향의 사회학』 상·하, 최종철 옮김, 새물결, 2005.]

Brand, Peg Zeglin, ed. (2000). *Beauty Matters*. Bloomington : Indiana University Press.

Brassier, Ray (2007). "The Enigma of Realism : On Quentin Meillassoux's *After Finitude*." In *Collapse : Philosophical Research and Development* 2.

Carter, Angela (1986). *The Infernal Desire Machines of Doctor Hoffman*. New York : Penguin.

Clark, Tim (2002). "A Whiteheadian Chaosmos? Process Philosophy from a Deleuzian Perspective." In *Process and Difference : Between Cosmologicaland Poststructuralist Postmodernisms*, ed. Katherine Keller and Anne Daniell, 191~207. Albany : SUNY Press.

Debaise, Didier (2006). *Un empirisme spéculatif : Lecture de Procès et réalité de Whitehead*. Paris : Vrin.

De Landa, Manuel (2002). *Intensive Science and Virtual Philosophy*. New York : Continuum. [마누엘 데란다, 『강도의 과학과 잠재성의 철학 : 잠재성에서 현실성으로』, 이정우·김영범 옮김, 그린비, 2009.]

_____ (2006). *A New Philosophy of Society : Assemblage Theory and Social Complexity*. New York : Continuum. [마누엘 데란다, 『새로운 사회철학 : 배치 이론과 사회적 복합성』, 김영범 옮김, 그린비, 2019.]

Deleuze, Gilles (1983). *Nietzsche and Philosophy*. Trans. Hugh Tomlinson. New York : Columbia University Press. [질 들뢰즈, 『니체와 철학』, 이경신 옮김, 민음사, 2001.]

_____ (1984). *Kant's Critical Philosophy*. Trans. Hugh Tomlinson and Barbara Habberjam. Minneapolis : University of Minnesota Press. [질 들뢰즈, 『칸트의 비판철학』, 서동욱 옮김, 민음사, 2006.]

_____ (1986). *Cinema 1 : The Movement-Image. Trans*. Hugh Tomlinson and Barbara Habberjam. Minneapolis : University of Minnesota Press. [질 들뢰즈, 『시네마 1 : 운동-이미지』, 유진상 옮김, 시각과언어, 2002.]

_____ (1988). *Spinoza : Practical Philosophy*. Trans. Robert Hurley. San Francisco : City Lights Books. [질 들뢰즈, 『스피노자의 철학』, 박기순 옮김, 민음사, 2020.]

_____ (1989). *Cinema 2: The Time-Image*. Trans. Hugh Tomlinson and Robert Galeta. Minneapolis: University of Minnesota Press. [질 들뢰즈, 『시네마 2: 시간-이미지』, 이정하 옮김, 시각과언어, 2005.]

_____ (1990). *The Logic of Sense*. Trans. Mark Lester. New York: Columbia University Press. [질 들뢰즈, 『의미의 논리』, 이정우 옮김, 한길사, 1999.]

_____ (1991). *Bergsonism*. Trans. Hugh Tomlinson and Barbara Habberjam. New York: Zone Books. [질 들뢰즈, 『베르그손주의』, 김재인 옮김, 그린비, 2021.]

_____ (1993). *The Fold: Leibniz and the Baroque*. Trans. Tom Conley. Minneapolis: University of Minnesota Press. [질 들뢰즈, 『주름, 라이프니츠와 바로크』, 이찬웅 옮김, 문학과지성사, 2004.]

_____ (1994). *Difference and Repetition*. Trans. Paul Patton. New York: Columbia University Press. [질 들뢰즈, 『차이와 반복』, 김상환 옮김, 민음사, 2004.]

_____ (1997). *Essays Critical and Clinical*. Trans. Daniel Smith and Michael Greco. Minneapolis: University of Minnesota Press. [질 들뢰즈, 『비평과 진단: 문학, 삶 그리고 철학』, 김현수 옮김, 인간사랑, 2000.]

_____ (2005). *Francis Bacon: The Logic of Sensation*. Trans. Daniel Smith. Minneapolis: University of Minnesota Press. [질 들뢰즈, 『감각의 논리』, 하태환 옮김, 민음사, 2008.]

Deleuze, Gilles, and Félix Guattari (1983). *Anti-Oedipus: Capitalism and Schizophrenia*. Trans. Robert Hurley, Mark Seem, and Helen R. Lane. Minneapolis: University of Minnesota Press. [질 들뢰즈·펠릭스 과타리, 『안티 오이디푸스: 자본주의와 분열증』, 김재인 옮김, 민음사, 2014.]

_____ (1987). *A Thousand Plateaus: Capitalism and Schizophrenia*. Trans. Brian Massumi. Minneapolis: University of Minnesota Press. [질 들뢰즈·펠릭스 가타리, 『천 개의 고원: 자본주의와 분열증 2』, 김재인 옮김, 새물결, 2001.]

_____ (1994). *What Is Philosophy?* Trans. Hugh Tomlinson and Graham Burchell. New York: Columbia University Press. [질 들뢰즈·펠릭스 가타리, 『철학이란 무엇인가』, 이정임·윤정임 옮김, 현대미학사, 1995.]

Deleuze, Gilles, and Claire Parnet (2002). *Dialogues*. 2nd ed. New York: Columbia University Press.

Derrida, Jacques (1994). *Specters of Marx: The State of the Debt, the Work of Mourning, and the New International*. Trans. Peggy Kamuf. New York: Routledge. [자크 데리다, 『마

르크스의 유령들』, 진태원 옮김, 그린비, 2014.]

de Spinoza, Benedictus (1991). *The Ethics ; Treatise on the Emendation of the Intellect ; and Selected Letters*. Trans. Samuel Shirley. Indianapolis : Hackett. [베네딕투스 데 스피노자, 『에티카』, 조현진 옮김, 책세상, 2019.], [베네딕투스 데 스피노자, 『지성교정론』, 김은주 옮김, 길(도서출판), 2020.]

Devitt, Susannah Kate (2007). "Bacterial Cognition." In *Philosophy of Memory*, http://mnemosynosis.livejournal.com/10810.html.

Ellis, Warren (2003). *Planetary : Crossing Worlds*. La Jolla : Wildstorm/DC.

Ford, Lewis S. (1984). *The Emergence of Whitehead's Metaphysics : 1925-1929*. Albany : SUNY Press.

Foucault, Michel (1970). *The Order of Things : An Archaeology of the Human Sciences*. New York : Vintage. [미셸 푸코, 『말과 사물』, 이규현 옮김, 민음사, 2012.]

_____ (1986). *The Use of Pleasure : The History of Sexuality*, vol. 2. New York : Vintage. [미셸 푸코, 『성의 역사 2 : 쾌락의 활용』, 문경자・신은영 옮김, 나남출판, 2018.]

_____ (1997). *Ethics : Subjectivity and Truth*. Ed. Paul Rabinow. Essential Works of Foucault. Vol. 1. Trans. Robert Hurley et al. New York : The New Press.

_____ (1998). *Aesthetics, Method, and Epistemology. Essential Works of Foucault*, vol. 2. Trans. Robert Hurley et al. New York : The New Press.

Halewood, Michael (2005). "On Whitehead and Deleuze : The Process of Materiality." In *Configurations* 13.1 (winter) : 57~76.

Hardt, Michael, and Antonio Negri (2001). *Empire*. Cambridge, Mass. : Harvard University Press. [안토니오 네그리・마이클 하트, 『제국』, 윤수종 옮김, 이학사, 2001.]

Harman, Graham (2007). "On Vicarious Causation." In *Collapse : Philosophical Research and Development* 2.

Hayek, Friedrich (1991). *The Fatal Conceit : The Errors of Socialism*. Chicago : University of Chicago Press.[프리드리히 A. 하이에크, 『치명적 자만』, 신중섭 옮김, 자유기업원, 2014.]

Hayles, N. Katherine (1999). *How We Became Posthuman : Virtual Bodies in Cybernetics, Literature, and Informatics*. Chicago : University of Chicago Press. [N. 캐서린 헤일스, 『우리는 어떻게 포스트휴먼이 되었는가 : 사이버네틱스와 문학, 정보 과학의 신체들』, 허진 옮김, 열린책들, 2013.]

Hegel, G. W. F. (1977). *Hegel's "Phenomenology of Spirit."* Trans. A. V. Miller. New

York: Oxford University Press. [게오르그 빌헬름 프리드리히 헤겔, 『정신현상학』 1·2, 김준수 옮김, 아카넷, 2022.]

Hume, David (1978). *A Treatise of Human Nature*. 2nd ed. New York: Oxford University Press. [데이비드 흄, 『인간이란 무엇인가: 오성·정념·도덕 本性論』, 김성숙 옮김, 동서문화사, 2016.]

_____ (1998). *Dialogues Concerning Natural Religion*. 2nd ed. Indianapolis: Hackett. [데이비드 흄, 『자연종교에 관한 대화』, 이태하 옮김, 나남출판, 2008.]

Investopedia (2008). Economics Basics: Introduction. http://www.investopedia.com/university/economics/default.asp.

James, William (1983). *The Principles of Psychology*. Cambridge, Mass.: Harvard University Press. [윌리엄 제임스, 『심리학의 원리』 1~3, 정양은 옮김, 아카넷, 2005.]

_____ (1996). *Essays in Radical Empiricism*. Lincoln: University of Nebraska Press. [윌리엄 제임스, 『근본적 경험론에 관한 시론』, 정유경 옮김, 갈무리, 2018.]

Jameson, Fredric (1991). *Postmodernism, Or, The Cultural Logic of Late Capitalism*. Durham: Duke University Press. [프레드릭 제임슨, 『포스트모더니즘, 혹은 후기 자본주의 문화 논리』, 임경규 옮김, 문학과지성사, 2022.]

_____ (1998). *The Cultural Turn: Selected Writings on the Postmodern, 1983-1998*. New York: Verso.

Kant, Immanuel (1983). *Perpetual Peace and Other Essays*. Trans. Ted Humphrey. Indianapolis: Hackett. [임마누엘 칸트, 『영원한 평화』, 백종현 옮김, 아카넷, 2013.]

_____ (1987). *Critique of Judgment*. Trans. Werner S. Pluhar. Indianapolis: Hackett. [임마누엘 칸트, 『판단력비판』, 백종현 옮김, 아카넷, 2009.], [임마누엘 칸트, 『칸트의 역사철학』, 이한구 옮김, 서광사, 2009.]

_____ (1996). *Critique of Pure Reason*. Trans. Werner Pluhar. Indianapolis: Hackett. [임마누엘 칸트, 『순수이성비판』 1·2, 백종현 옮김, 아카넷, 2006.]

_____ (2002). *Critique of Practical Reason*. Trans. Werner Pluhar. Indianapolis: Hackett. [임마누엘 칸트, 『실천이성비판(개정2판)』, 백종현 옮김, 아카넷, 2019.]

Karatani, Kojin (2003). *Transcritique: On Kant and Marx*. Trans. Sabu Kohso. Cambridge, Mass.: MIT Press. [가라타니 고진, 『트랜스크리틱: 칸트와 맑스』, 이신철 옮김, 비(도서출판b), 2013.]

Kauffman, Stuart (2000). *Investigations*. New York: Oxford University Press.

Kelly, Kevin (1994). *Out of Control: The New Biology of Machines, Social Systems, and the*

Economic World. New York : Addison-Wesley. [케빈 켈리, 『통제 불능 : 인간과 기계의 미래 생태계』, 이충호·임지원 옮김, 이인식 감수, 김영사, 2015.]

Kimball, Roger (2004). *The Rape of the Masters : How Political Correctness Sabotages Art*. New York : Encounter Books. [로저 킴볼, 『평론, 예술을 '엿먹이다' : 미술비평은 어떻게 거장 화가들을 능욕했는가?』, 이일환 옮김, 베가북스, 2012.]

Klossowski, Pierre (1998). *Nietzsche and the Vicious Circle*. Trans. Daniel Smith. Chicago : University of Chicago Press. [피에르 클로소프스키, 『니체와 악순환 : 영원회귀의 체험에 대하여』, 조성천 옮김, 그린비, 2009.]

Kramer, Hilton (1985). *Revenge of the Philistines*. New York : Free Press.

Lacan, Jacques (1978). *The Four Fundamental Concepts of Psychoanalysis*. Trans. Alan Sheridan. New York : W. W. Norton. [자크 라캉, 『자크 라캉 세미나 11 : 정신분석의 네 가지 근본 개념』, 맹정현·이수련 옮김, 새물결, 2008.]

Lapoujade, David (2000). "From Transcendental Empiricism to Worker Nomadism : William James." *Pli 9* : 190~199.

Latour, Bruno (1993). *We Have Never Been Modern*. Trans. Catherine Porter. Cambridge, Mass. : Harvard University Press. [브뤼노 라투르, 『우리는 결코 근대인이었던 적이 없다』, 홍철기 옮김, 갈무리, 2009.]

──────── (2005). *Reassembling the Social : An Introduction to Actor-Network-Theory*. New York : Oxford University Press.

Lazzarato, Maurizio (2004). *Les Révolutions du Capitalisme*. Paris : Les Empêcheurs de Penser en Rond.

Leibniz, Gottfried Wilhelm (1973). *Philosophical Writings*. Ed. G. H. R. Parkinson. London : Everyman's Library.

Lovelock, James (2000). *Gaia : A New Look at Life on Earth*. New York : Oxford University Press. [제임스 러브록, 『가이아 : 살아 있는 생명체로서의 지구(개정증보판)』, 홍욱희 옮김, 갈라파고스, 2023.]

Lucas, George R. (1990). *The Rehabilitation of Whitehead : An Analytic and Historical Assessment of Process Philosophy*. Albany : SUNY Press.

Luhmann, Niklas (1996). *Social Systems*. Trans. John Bednarz and Dirk Baecker. Palo Alto : Stanford University Press. [니클라스 루만, 『사회적 체계들 : 일반이론의 개요』, 이철·박여성 옮김, 노진철 감수, 한길사, 2020.]

Lyotard, Jean-François (1984). *The Postmodern Condition*. Trans. Brian Massumi. Minneapolis : University of Minnesota Press. [장-프랑수아 리오타르, 『포스트모던적 조건 : 정보 사회에서의 지식의 위상』, 이현복 옮김, 서광사, 1992.]

―――― (1991). *The Inhuman*. Trans. Geoffrey Bennington and Rachel Bowlby. Stanford : Stanford University Press.

―――― (1993). *The Postmodern Explained*. Trans. Julian Pefanis et al. Minneapolis : University of Minnesota Press.

Margulis, Lynn, and Dorion Sagan (2002). *Acquiring Genomes : A Theory of the Origin of Species*. New York : Basic Books.

Marx, Karl (1968). *Selected Works*. New York : International Publishers.

―――― (1992). *Capital : A Critique of Political Economy*. Vol. 1. Trans. Ben Fowkes. New York : Penguin. [카를 마르크스, 『자본 : 경제학 비판』 I-1·2, 강신준 옮김, 길(도서출판), 2008.]

Massumi, Brian (1992). *A User's Guide to Capitalism and Schizophrenia : Deviations from Deleuze and Guattari*. Cambridge, Mass. : MIT Press. [브라이언 마수미, 『천개의 고원 사용자 가이드』, 조현일 옮김, 접힘펼침, 2005.]

―――― (2002). *Parables for the Virtual : Movement, Affect, Sensation*. Durham : Duke University Press. [브라이언 마수미, 『가상계 : 운동, 정동, 감각의 아쌍블라주』, 조성훈 옮김, 갈무리, 2011.]

Maturana, Humberto, and Francisco Varela (1991). *Autopoiesis and Cognition : The Realization of the Living*. Berlin : Springer. [움베르또 R. 마뚜라나·프란시스코 J. 바렐라 지음, 『자기생성과 인지 : 살아있음의 실현』, 정현주 옮김, 갈무리, 2023.]

Maye, Alexander, et al. (2007). "Order in Spontaneous Behavior." PLoS ONE 2.5 (May) : e443. doi : 10.1371/journal.pone.0000443.

Meyer, Steven (2005). "Introduction : Whitehead Now." *Configurations* 13.1 (winter) : 1~33.

Nakagaki, Toshiyuki, Hiroyasu Yamada, and Agota Toth (2000). "Maze-solving by an Amoeboid Organism." *Nature* 47.6803 (Sept. 28) : 470.

Nietzsche, Friedrich (1968). *Twilight of the Idols/The Antichrist*. Trans. R. J. Hollingdale. New York : Penguin. [프리드리히 니체, 『바그너의 경우·우상의 황혼·안티크리스트·이사람을 보라·디오니소스 송가·니체 대 바그너』, 백승영 옮김, 책세상, 2002.]

Olson, Charles (1997). *Collected Prose*. Berkeley : University of California Press.

Oyama, Susan (2000). *The Ontogeny of Information : Developmental Systems and Evolution*.

2nd ed. Durham : Duke University Press.

Peckham, Morse (1979). *Explanation and Power: The Control of Human Behavior*. Minneapolis : University of Minnesota Press.

Pomeroy, Anne Fairchild (2004). *Marx and Whitehead: Process, Dialectics, and the Critique of Capitalism*. Albany : SUNY Press.

Postrel, Virginia (2004). *The Substance of Style: How the Rise of Aesthetic Value Is Remaking Commerce, Culture, and Consciousness*. New York : Perennial.

Pred, Ralph (2005). *Onflow: Dynamics of Consciousness and Experience*. Cambridge, Mass. : MIT Press.

Price, Lucien (2001). *Dialogues of Alfred North Whitehead*. Boston : David R. Godine. [알프레드 노스 화이트헤드·루시언 프라이스, 『화이트헤드와의 대화』, 오영환 옮김, 궁리, 2006.]

Ranciere, Jacques (2004). *The Politics of Aesthetics*. Trans. Gabriel Rockhill. New York : Continuum.

Robinson, Keith (2005). "Towards a Metaphysics of Complexity." *Interchange* 36.1-2 (Jan.) : 159~177.

_____ (2006). "The New Whitehead? An Ontology of the Virtual in Whitehead's Metaphysics." *Symposium* 10.1 : 69~80.

_____ (2007). "Deleuze, Whitehead, and the 'Process Point of View' on Perception." Unpublished essay.

Rorty, Richard (1981). *Philosophy and the Mirror of Nature*. Princeton : Princeton University Press. [리처드 로티, 『철학 그리고 자연의 거울』, 박지수 옮김, 까치, 1998.]

Schumpeter, Joseph (1962). *Capitalism, Socialism, and Democracy*. New York : Harper Perennial. [조지프 슘페터, 『자본주의·사회주의·민주주의』, 변상진 옮김, 한길사, 2011.]

Sha, Xin Wei (2005). "Whitehead's Poetical Mathematics." *Configurations* 13.1 (winter) : 77~94.

Shaviro, Steven (2002). "Beauty Lies in the Eye." In *A Shock to Thought: Expression after Deleuze and Guattari*, 9~19, ed. Brian Massumi. New York : Routledge.

_____ (2004). "The Life, After Death, of Postmodern Emotions." *Criticism: A Quarterly for Literature and the Arts* 46.1 (winter) : 125~141.

_____ (근간). *The Age of Aesthetics*.

Sherburne, Donald (1986). "Decentering Whitehead." *Process Studies* 15.2 : 83~94.

Simondon, Gilbert (2005). *L'individuation à la lumière des notions de forme et d'information*. Grenoble : Million. [질베르 시몽동, 『형태와 정보 개념에 비추어 본 개체화』, 황수영 옮김, 그린비, 2017.]

Smith, Brian Cantwell (1996). *On the Origin of Objects*. Cambridge, Mass. : MIT Press.

Stengers, Isabelle (2002a). "Beyond Conversation : The Risks of Peace." In *Process and Difference : Between Cosmological and Poststructuralist Postmodernisms*, ed. Katherine Keller and Anne Daniell, 235~255. Albany : SUNY Press.

_____ (2002b). *Penser avec Whitehead : une libre et sauvage création de concepts*. Paris : Seuil.

_____ (2005). "Whitehead's Account of the Sixth Day." *Configurations* 13.1(winter) : 35~55.

_____ (2006). *La vierge et le neutrino : les scientifiques dans la tourmente*. Paris : Les Empêcheurs de penser en ronde.

Sylvester, David (1987). *The Brutality of Fact : Interviews with Francis Bacon*. 3rd ed. New York : Thames and Hudson.

Thrift, Nigel (2005). *Knowing Capitalism*. London : Sage Publications.

Toscano, Alberto (2006). *The Theatre of Production : Philosophy and Individuation Between Kant and Deleuze*. New York : Palgrave Macmillan.

Trewavas, Anthony (2005). "Green Plants as Intelligent Organisms." Trends in *Plant Science* 10.9 (Sept) : 413~419.

Virno, Paolo (2004). *A Grammar of the Multitude*. Los Angeles and New York : Semiotext(e). [빠올로 비르노, 『다중 : 현대의 삶 형태에 관한 분석을 위하여』, 김상운 옮김, 갈무리, 2004.]

Warhol, Andy (1975). *The Philosophy of Andy Warhol*. New York : Harvest/HBJ.

Whitehead, Alfred North (1920/2004). *The Concept of Nature*. Amherst, N.Y. : Prometheus Books. [알프레드 노스 화이트헤드, 『자연의 개념』, 안호성 옮김, 갈무리, 근간.]

_____ (1925/1967). *Science and the Modern World*. New York : The Free Press. [알프레드 노스 화이트헤드, 『과학과 근대세계』, 오영환 옮김, 서광사, 2008.]

_____ (1926/1996). *Religion in the Making*. New York : Fordham University Press. [알프레드 노스 화이트헤드, 『종교란 무엇인가』, 문창옥 옮김, 사월의책, 2015.]

_____ (1929/1978). *Process and Reality*. New York : The Free Press. [알프레드 노스 화

이트헤드, 『과정과 실재 : 유기체적 세계관의 구상』, 오영환 옮김, 민음사, 2003.]

_____ (1933/1967). *Adventures of Ideas*. New York : The Free Press. [알프레드 노스 화이트헤드, 『관념의 모험』, 오영환 옮김, 한길사, 1997.]

_____ (1938/1968). *Modes of Thought*. New York : The Free Press. [알프레드 노스 화이트헤드, 『사고의 양태』, 오영환·문창옥 옮김, 치우, 2012.]

_____ (1951a). "Autobiographical Notes." In *The Philosophy of Alfred North Whitehead*, ed. Paul Arthur Schilpp, 3~14. New York : Tudor Publishing House.

_____ (1951b). "Immortality." In *The Philosophy of Alfred North Whitehead*, ed. Paul Arthur Schilpp, 682~700. New York : Tudor Publishing House.

Williams, James (2005). *The Transversal Thought of Gilles Deleuze : Encounters and Influences*. Manchester : Clinamen Press.

Wilson, Edward O. (1999). *Consilience : The Unity of Knowledge*. New York : Vintage. [에드워드 윌슨, 『통섭 : 지식의 대통합』, 최재천·장대익 옮김, 사이언스북스, 2005.]

Wittgenstein, Ludwig (2001). *Tractatus Logico-Philosophicus*. Trans. D. F. Pears and B. F. McGuinness. New York : Routledge. [루트비히 비트겐슈타인, 『논리-철학 논고(개정판)』, 이영철 옮김, 책세상, 2020.]

Žižek, Slavoj (2003). *The Puppet and the Dwarf : The Perverse Core of Christianity*. Cambridge, Mass. : MIT Press.

_____ (2006). *The Parallax View*. Cambridge, Mass. : MIT Press. [슬라보예 지젝, 『시차적 관점 : 현대 철학이 처한 교착 상태를 돌파하려는 지젝의 도전』, 김서영 옮김, 마티, 2009.]

: : 인명 찾아보기